U0571355

军民融合研究丛书

国防人力资源

主　编　曾立
副主编　郭　勤　谢玉科

National defense human resources

经济管理出版社
ECONOMY & MANAGEMENT PUBLISHING HOUSE

图书在版编目（CIP）数据

国防人力资源/曾立主编. —北京：经济管理出版社，2016.11

ISBN 978 – 7 – 5096 – 4924 – 4

Ⅰ.①国…　Ⅱ.①曾…　Ⅲ.①军事管理—人力资源管理—文集　Ⅳ.①E0 – 059

中国版本图书馆 CIP 数据核字（2017）第 025277 号

组稿编辑：王光艳

责任编辑：许　兵　吴菡如

责任印制：黄章平

责任校对：超　凡

出版发行：经济管理出版社

　　　　　（北京市海淀区北蜂窝 8 号中雅大厦 A 座 11 层　100038）

网　　　址：www. E – mp. com. cn

电　　　话：(010) 51915602

印　　　刷：三河市延风印装有限公司

经　　　销：新华书店

开　　　本：720mm×1000mm/16

印　　　张：23.25

字　　　数：417 千字

版　　　次：2018 年 1 月第 1 版　　2018 年 1 月第 1 次印刷

书　　　号：ISBN 978 – 7 – 5096 – 4924 – 4

定　　　价：98.00 元

· 版权所有　翻印必究 ·

凡购本社图书，如有印装错误，由本社读者服务部负责调换。

联系地址：北京阜外月坛北小街 2 号

电话：(010) 68022974　　邮编：100836

军民融合研究丛书

编 委 会

编委会主任：曾　立

编委会副主任：李湘黔　黄朝峰

编委会委员（按姓氏字母排序）：

董晓辉　郭　勤　何正斌　纪建强　鞠晓生

旷毓君　李辉亿　李　烨　李志远　廖国庚

刘　宁　孟斌斌　乔玉婷　苏海燕　谭　琦

吴　鸣　谢玉科　易金务　张伟超　张远军

张允壮　周长峰　周建设　邹小军

总　序

　　国防科技大学是一所直属中央军委领导的军队综合性大学，是首批进入国家"211 工程"建设计划的院校，是军队唯一进入国家"985 工程"和唯一被纳入国家"双一流"建设支持的院校。国防经济学科是国防科技大学第一个人文社会科学类学科点，1995 年获得硕士学位授予权，2005 年获得博士学位授予权，2006 年被评为湖南省"十一五"重点学科，2007 年获批湖南省"国防建设与区域经济社会发展研究基地"，2011 年被评为湖南省"十二五"重点学科，2013年设立学校"军民两用技术知识产权运用研究中心"，2014 年获批"应用经济学博士后科研流动站"。

　　多年来，国防科技大学国防经济学科聚焦军民融合发展，着眼破解经济建设和国防建设融合发展中的重大理论和实践问题，承担了以国家社会科学基金重大项目"中国特色军民融合式国防建设资源配置与管理研究"为代表的一大批国家和军队重要科研课题；出版了《战略性新兴产业军民融合式发展研究》《军民融合武器装备研发投资》等一批高水平学术专著；在《经济研究》、*Defence & Peace Economics* 等国内外权威期刊发表《军民融合何以能富国强军》等多篇论文；撰写的《加快新常态下军民融合科技创新体系建设的意见和建议》等一批研究报告受到了中央军民融合发展委员会办公室、国家发展改革委员会、工业和信息化部、军委政治工作部、军委装备发展部、军委战略规划办公室等相关部门领导和机关的高度肯定；建成了"国防与财富"国家精品视频公开课等多门重点课程，在军民融合研究领域取得了丰硕成果。

　　本丛书围绕军民融合发展主题，从学校国防经济学科点多年的研究成果中遴选出 350 余篇优秀论文，分为《国防研发投资》《国防工业发展》《国防科技创新》《国防采购改革》《国防人力资源》和《国民经济动员》六个专题，集中展示了学科点军民融合领域的理论研究成果。希望这些研究成果能够为军民融合理论和实践工作者提供一定的参考借鉴，对促进军民融合发展战略深入实施，推动我国经济建设和国防建设在更广范围、更高层次、更深程度上实现协调发展、平衡发展、兼容发展，加快形成全要素、多领域、高效益的军民融合深度发展格局有所裨益。

目　录

培养高素质的创造型军事指挥人才[*]

吴建功　曾　立　彭　辉　刘　华

多年来，我们学院适应新时期军事战略方针调整和社会主义市场经济体制逐步建立的新形势，从培养学员创造性开展工作的能力入手，逐步建立起了符合新型军事指挥人才成长特点和规律的创新教育模式，取得了明显的成果。

一、认清新时期军队院校创新教育的目标和要求，构建"学习—研究—实践"的创新教育模式

在构建创新教育模式的过程中，我们根据世界军事发展的客观要求，根据军队现代化建设的实际需要和指挥院校学员的特点，首先确定了创新教育的目标和具体的教育要求，认为指挥院校毕业学员至少必须在五个方面具有创造性工作能力：①在军事指挥方面，能管好兵、带好兵，当好军事指挥员；②在政治工作方面，能当好政治指导员，善于开展思想政治工作；③在军事训练方面，能当好军事教练员，用先进的军事思想创造性地组织部队科技练兵；④在文化工作方面，能创造性地开展基层文化工作；⑤在军事研究方面，能当好军事问题"研究员"，善于研究解决基层建设中遇到的新情况、新问题。根据这一目标，我们在教育中做到了三个"结合"，即将知识学习与专题研究结合起来，课堂教育与能力培养结合起来，创新思维与创新实践结合起来，形成了"学习—研究—实践"的创新教育模式。

---

* 本文原载于《思想教育研究》2000 年第 1 期。

二、按照创新教育的内在要求，努力追求最佳教育效果

强化学习环节，打好学员创新的知识和素质基础。一是不断进行创新意识教育。组织学员学习党的三代领导核心的教育思想和现代教育的理论，学习英模人物的先进事迹，让学员明白，只有具备很强的创新能力的现代军事指挥人才，才能适应军队现代化建设的迫切需要。我们充分利用湖南良好的人文地理环境，进行湖湘文化熏陶，组织学员参观毛泽东故居、刘少奇故居、雷锋纪念馆和湖南第一师范等，对学员进行革命领袖的风范教育，进行雷锋精神教育，让学员懂得要干出一番事业，既要有创新精神，又要有百折不挠的毅力和恒心。二是科学设置适应培养学员创新素质要求的课程。在开设政治理论、军事技术等基础课程的同时，坚持开设《中国传统文化》《军校美育》《艺术鉴赏》、军事运筹学、军事指挥学、《孙子兵法》研究、基层政治工作、机关政治工作等课程，为学员奠定创新的知识基础。

强化研究环节，培养学员分析、研究问题的能力，打牢学员的创新思维基础。组织每届学员到部队实习、调研、开展"双向式"研究。在学员到各部队去之前，学院拟定若干课题，让学员结合部队建设实际，创造性地开展研究工作。仅1998届的实习生就为部队提出合理化建议30多条，其中大部分被部队采用。学员返校后，又将诸如兵器操作、炮兵战术、基层连队管理等新的课题带回来研究。从1995年至今，学员就参加了27个课题的研究，发表学术论文140余篇。1995届学员成立了 C^3I 系统研究小组，在教员和军事专家指导下，开发、研制出了炮兵指挥软件，被部队采用。学院在各中队成立了"邓小平理论研究小组"，并在每年的10月份召开研究成果交流会。从1994年开始，语言教研室组织学员进行《孙子兵法》研究，并取得了比较多的成果。学员们共撰写论文近3000篇，有新意和较有深度的就有近百篇。通过自主的研究活动，培养了学员研究问题、分析问题的能力，为当好军事问题"研究员"提供了条件。

强化实践环节，培养学员的创新实践能力，让学员在实践的大舞台上充分施展创新才华。一是进行管理实践，培养学员按照《军队基层建设纲要》管好兵、带好兵的能力。在学员队实行"模拟连"制度，连队干部全部由学员轮流担任，自主开展经常性的管理工作和思想政治工作。从1995年开始，各学员队每年由"模拟连"根据《军队在基层建设纲要》的要求，确定每一年度的工作目标，制

定年度达标规划和具体措施，年终时由中队和学院进行达标验收和评比，以此鼓励学员运用目标管理的方式创造性地开展工作。二是进行指挥实践，培养学员指挥作战能力。在每年的实弹演习和抗洪抢险斗争中，按照"模拟连"编制让学员大胆地进行指挥实践。在每年的综合演习中，当学院确定了演习的目标和原则之后，其他战斗演习任务都由学员按"模拟连"编制组织实施，从演习方案的拟制、战斗队形的配置到目标的选择和炮兵的射击指挥都由学员组织完成。通过演习，学员组织指挥能力和技战术水平都有明显提高。对于每年的抗洪抢险，学院都把它当作一次战役，从行军路线的确定到部队的开进，从受领任务到实施战斗，都让学员参与研究。1994年到1999年，学院先后四次参加湖南地区的抗洪抢险，次次出色完成任务，所守堤埂无一决口，1998年被中央军委荣记集体三等功。还有两个学员队立集体二等功。三是进行政工实践，培养学员开展思想政治工作的能力。在各学员队开展的"模拟连"活动中，让学员积极主动地学会做经常性思想政治工作；在每年的演习和抗洪抢险斗争中，引导学员学会做战时思想工作。四是进行文化工作实践，引导学员练就扎实的文化工作能力。在各中队成立教歌组、表演组、板报组、报道组、裁判组，学员轮流参加，一方面学习、掌握多种文艺特长，另一方面培养创造性地开展基层文化工作的能力。五是进行军事教练实践，培养学员组织训练的能力。学院每年10月举行军事技能比武，将学员组织军事训练的能力作为重要内容。学员广泛开展群众性的教练活动，按班建立教练小组，学员轮流当小教官。六是进行社会实践，培养学员开展群众工作和社会工作的能力。在军民共建活动中，充分发挥学员的主观能动性，让他们自己结对子、找项目，创造性地开展军民共建活动。学院九中队与长沙市坪塘劳教所六中队结为军民共建单位，先后帮助560多名失足青年走上正途。1997年学院被中宣部和总政治部评为全国"军民共建社会主义精神文明先进单位"。

三、不断完善创新教育机制，为部队培养具有全面创新能力的高素质军事人才

　　建立创新教育机制是实施创新教育的重要保障。我们围绕"学习—研究—实践"的教育模式，不断健全和完善教育机制，建立起了比较完善的组织领导机制。学院每季度召开创新教育专题会，每月召开教学形势分析会，研究解决教学中的有关问题。建立创新教育的师资培训机制。学院每半年举办一次创新教育理

论培训班，每年选派骨干教员到军内外重点大学研修，掌握最新的创新教育思想。建立学科带头人制度，由教学、科研能力强的学科带头人带领广大教员进行全面的创新教育实践。建立教育评价反馈机制。利用自行研制的计算机测评系统以及传统的测评方法，在教育前（新生入学时）、教育过程中、教育结束时（学员毕业时）分阶段对学员的创新意识、创新思维、创新能力进行测评，根据测评结果及时修正和调整创新教育的相关内容。从 1992 年至今，我们共对 4500 多名学员进行了 14 次创新素质测评。对能自主学习、具有创新潜能、学年成绩全优的学员，进行学历层次升格等各种奖励。此外，我们还不断探索创新教育实践途径，学院在军内外共建立了 30 多个实践教学基地，每个学员队至少有两个进行社会实践的军民共建单位，保证了创新教育的开展。

国防科技人才人文素质教育的现状、问题与对策[*]

吴 鸣

21 世纪的到来使人类社会进入一个新的发展阶段。现代科学技术的飞速发展、经济生活的日益复杂化、社会问题越来越突出，给高等教育的发展提出了新的要求。人们常说 21 世纪各国之间的竞争主要是科技的竞争，而科技竞争成败的关键又在于人才的竞争。本文拟就我国国防科技人才人文素质教育的现状和误区进行客观分析，并在此基础上提出相关的对策建议。

一、人文素质教育在国防科技人才培养中的地位和作用

人文社会科学是关于人的价值、人的精神表现以及人与人社会关系的知识系统，包含文、史、哲、经、法、艺术、宗教、道德及心理学、文化学等学科领域，其对象是人自身及人与人的关系，其中大部分学科属于意识形态，具有明显的思想性、政治导向性。国防科技人才的培养就其专业方向来说，是以学习理工科的知识为主，使之能够适应未来高技术战争和国防现代化的需要。这也就使不少人认为，在国防科技人才的培养中，学习人文社会科学知识会影响专业知识的学习，会冲淡理工科大学的专业特色。这种认识无疑是错误的。实际上，无论是从国防科技人才的综合素质来考虑，还是从人才的专业发展来考虑，人文素质教育在国防科技人才的培养中都有着重要的地位和作用。

———————
* 本文原载于《高等教育研究学报》2001 年第 1 期。

1. 具有重要的思想政治导向作用

国防科技人才的培养是为军队现代化建设准备雄厚的、高质量的人力资源基础，政治合格是首先要解决的问题。重视人文素质教育，充分发挥其在人才培养中的政治导向作用，是国防科技人才培养必不可少的重要方面。事实上，军队院校中一直开设的马克思主义理论课和思想品德课，从其内容和功能来说，其实也是人文社会科学的组成部分，也是人文素质教育的重要内容。坚持"两课"教育，是社会主义大学的本质特征之一，也是我国军队院校不能动摇的基础课程，它对于培养军队现代化的建设者、接班人，具有其他学科不可替代的作用。因此，培养国防科技人才绝不能淡化意识形态和政治，绝不能削弱"两课"，丢掉马克思主义理论阵地。事实证明，改革开放越是深入，市场经济越是发展，越应当加强以"两课"教育为中心的人文素质教育。如果认为"两课"教育是游离于人文素质教育之外的，或者认为人文素质教育可以取代"两课"教育，这些观点实际上是对人文素质教育内涵的误解。

2. 具有完善人格、提高综合素质的作用

自然科学和人文社会科学在认识和掌握世界的方式和对象上有一定的差异。德国著名的社会学家马克斯·韦伯曾把这种差异概括为两种理性。他认为，一种是"工具理性"，以追求功利目的和发展效率为主；另一种是"价值理性"，着眼于考虑人的价值、人的需要和人的发展。前者是工具和手段，而后者则是目的。在实现现代化过程中，我们既需要"工具理性"，改造自然，发展生产，积累财富，又需要通过"价值理性"不断完善人格，发展自我，实现社会的全面进步。长期以来，我国的理工科大学一直有一种重理轻文的倾向，强调"工具理性"的功能，忽视"价值理性"的作用，使学生不能得到足够的人文素质教育，而使不少人思维方式机械刻板，人格设计不够完善。国防科技人才的培养虽说有一定的特殊性，比如爱国主义教育、献身国防的精神、坚定的政治信念等，都应该摆在首位，成为人文素质教育的核心和灵魂，但从国防科技人才的社会性上说，他们同样会受到社会上各种思潮的影响，会受到自身心理状况和思维方式的制约，因此，在提高综合素质和完善自我方面同样也需要通过人文素质教育来满足培养合格人才的要求。

3. 具有启迪心智、开发创造力的作用

研究证明，科学工作的创造力既需要有坚实的科技知识和能力，需要借助数理逻辑的力量，也需要激情、灵感和想象力。一项科学奇想、创造发明往往发生于直觉、顿悟的一闪念。在现实生活中不难发现，一些极富创造力、思想活跃、在科技工作中做出了重大贡献的人才，往往也具有较为深厚的文化底蕴，有较高的人文素质；那些具有浓厚的人文氛围、文理工结合的综合大学也更容易出科技领域中的顶尖级人才。面对当代世界日新月异的国防科技成果不断涌现，我们培养的人才是否具有强烈的创新欲望，是否具备很强的创新能力至关重要。这是能否将我国的国防科技研究达到和超过世界先进水平的前提。而要培养出这样的国防科技人才，人文素质教育起着不可忽视的作用。

4. 具有培养急需的复合型人才的作用

实践证明，一些过去单纯的理工大学办了文科以后，明显有助于培养多学科结合的复合型人才。现代科学的综合化发展，对国防科技人才也提出了新的要求。知识结构单一、专业过于狭窄的人越来越难以适应国防科技发展的需要。现代国防科技研究不仅是现代科技发展的一个侧面，而且往往还是现代科技发展的前沿，培养大批复合型的国防科技人才，使他们既具有扎实的专业基础，又具有丰富的社会科学知识、广阔的视野和很强的组织管理能力，国防科技的发展才有坚实的智力基础。人文素质教育有助于复合型人才的培养。

二、国防科技人才人文素质教育的现状及问题

由于国防科技战线是一种特殊的行业，它不仅要求从事这方面工作的人员有扎实的专业基础和创新能力，更要求有强烈的献身精神和严格的纪律观念。因此，在国防科技人才的培养中，在加强专业知识学习的同时，重视人文素质教育是必然的。应该说，在我国，国防科技人才的培养也积累了许多宝贵的经验，取得了不小的成绩。

1. 国防科技人才人文素质教育的成绩

第一，军队专业技术院校的政治理论教学一直受到高度重视。政治理论教学是人文素质教育的核心部分。总部近几年两次出台了有关加强和改善院校政治理论课教学的文件，对院校政治理论课教学的地位和作用、教学改革、理论研究、教员队伍的建设和加强领导等各个方面都做了全面的部署和明确的规定。从实际效果看，军队专业技术院校政治理论课教学，在帮助学员坚定建设有中国特色社

会主义的信念，牢固树立正确的人生观、价值观，学习马克思主义的世界观和方法论，提高认识问题、解决问题的能力等方面，都起到了重要作用。

第二，在提高国防科技人才的思想素质方面积累了宝贵的经验。几十年来，我国的国防科技战线在各项国防科研和试验任务中，继承和发扬了我军的优良传统和作风，逐步形成了同这支部队所担负的特殊任务相适应的独具特色的革命精神和优良作风。正是有了这些精神和作风，我国的国防科技战线才能够在条件十分艰苦的情况下，取得举世瞩目的成就。应该说，这些精神和作风的形成并不是偶然的，而是长期以来对国防科技人才进行思想教育的结果，是国防科技人才树立了正确的人生观、价值观的结果。从这个意义上说，以往我们对国防科技人才的人文素质教育在思想建设方面是卓有成效的。

第三，军队专业技术院校在加强学员人文素质教育方面做了许多工作。近几年来，在国内各个高等院校普遍加强了对学生进行人文素质教育的形势下，军队各专业技术院校也在这方面做了不少工作。一方面，在开好政治理论课的前提下，新增了一些人文社会科学课程。另一方面，采取走出去、请进来的方式，聘请校外的专家教授和实际工作部门的领导同志来学校讲学，让学员了解当代社会科学发展的新情况和我国社会经济发展中的现实问题。

然而，毋庸讳言，从军队专业技术院校学员的整体情况来看，人文素质教育在国防科技人才培养中仍亟待加强。

2. 国防科技人才人文素质教育存在的主要问题

第一，文化素养亟待提高。在大学期间可以说学员的绝大部分精力都放在了专业知识的学习上，即使选修了一些人文社会科学方面的课程，也一般都是应付了事，并未真正投入精力学习。因此，一般地说，学员毕业后，对文史哲知识知之甚少，有的甚至连基本的语言表达能力都没过关。有些学员分到工作单位后，业务能力不错，但试验报告都写不清楚，让单位的领导感慨万端。这种情况如果不改变，不要说难以适应现代科学发展的综合化要求，就连从事正常的本职工作可能都有较大的障碍。

第二，对社会历史和现实人生缺乏认识。有的学员心理承受能力很差，甚至不懂得如何待人接物，遇事易走极端，习惯用"专业"看待复杂的社会问题。培根说，"历史能使人聪慧；诗歌能使人灵秀；数学能使人精细；自然哲学能使人深沉；伦理学能使人庄重；逻辑学和修辞学能使人善辩"。同样，心理学、美学、公共关系学等人文学科也会给人以关心社会人生方面的启迪和指点。学习人文社会科学其实是学员在校园中间接了解社会、改造自我以提高自身适应社会发展要求能力的重要途径，失去了这个途径，对国防科技人才的成长十分不利。国防科技人才虽然是在特殊行业中工作，但他的工作离不开社会，社会上的各种问题都会对他产生这样那样的影响，冲击他的心灵。社会化程度很低的人才是无法真正适应社会发展要求的，国防科技人才同样也是如此。

第三，学习上急功近利的倾向较为明显。人文素质教育的一个重要意义在于让人理解人的使命，正确认识和处理人和自然、人与社会以及自我与他人之间的基本关系，进而明晰人生的价值与意义。如果对此没有一个基本的认定，人就可能陷于现实人生的种种苦恼中不能自拔。不少学员对课程的学习往往以有用还是无用来划分，而对"有用"又主要是考虑其直接对今后工作的好处，那些打牢基础、开扩视野、活跃思维的课程却被视为无用的课程。这种急功近利的人生态度使之很少关心人类自身的处境及命运问题。这显然是不利于培养合格的国防科技人才的。

第四，人文价值上存在着明显的缺失。重视科技知识的学习是十分必要的，但如果认为只有科技知识才是真才实学，人文社会科学只是"空头理论"，没有价值，这就有问题了。其实，离开了人文社会科学关于社会人生的价值判断，科学技术也会失去其应有的评价尺度，也就谈不上其意义和价值所在。人文价值的缺失可能导致政治方向上的模糊，走入思想认识的误区；也可能表现为法律观念淡薄，不懂得用法律手段保护自己的权益，甚至什么是违法行为都判断不清；还可能表现为不懂得做人的基本准则，道德修养差，审美情趣不高等。这些现象应该说在全国各个高校的学生中都有出现，军队专业技术院校的学员中也能找到不少实例。

3. 国防科技人才人文素质教育出现问题的主要原因

第一，生源基础的原因。我国的高中生过早分科，文科生不重视理化等学科的学习，理科生则只是将文科课程作为附带的学习课程，并不会投入很多时间和精力。因此，考入理工科大学的学生，一般地说，在人文社会科学和素养方面本身就存在先天的不足。作为培养国防科技人才主要园地的军队专业技术院校，其招生对象一般也是以高中生中的理工科学生为主，当然也会受到文理过早分科的负面影响。

第二，历史的原因。新中国成立前的中国高等教育基本上沿袭欧美，文理分家现象也很严重。20 世纪 20 年代发生的关于"科学与玄学"的有名论战，如果从学科的角度看，实际上涉及对科学技术、人文学科的社会作用的估量问题。1948 年，建筑大师梁思成教授在清华大学作过题为"半个人世纪"的讲演，批评文理分家的教育偏颇。新中国成立后，我国高等学校又深受苏联高校模式的影响，理、工、文科分家，致使在很长时期内我国除少数综合性大学外，绝大多数理工科院校学科单一，严重缺乏理工学科与人文社会科学相互渗透的条件。就军队专业技术院校来说，文理分家的情况更为严重。由军队需求所决定，学科的设置比地方大学更为单一，人文社会科学的学习条件和氛围更显不足。

第三，教育管理体制上的原因。长期以来高等教育高度集中的计划化和统一化，使理工科院校缺乏进行人文素质教育的回旋余地。按照我国的教育管理体制，高等学校的课程设置、教学计划、教学大纲等都有统一的规定，事实上限制了文、理、工学科的互补和渗透。加上理工科院校的课程设置偏重，专业技术知识的学习压力很大。学制管理实行统一的学年制和必修制，学校没有回旋的余地，学生也缺乏必要的自主权。军队专业技术院校由于培养人才的特殊性，实行高度集中的教育管理体制是必要的。但由于受我国教育模式的影响，军队专业技术院校同样存在课程设置偏重、学员专业学习负担过重等问题。

第四，社会环境方面的原因。经济效益指标对高校的办学思想和学生的学习兴趣有着重要的影响，使与经济效益关系不直接的人文素质教育得不到应有的重视。特别是人文社会科学一向被认为是软科学，难以用经济效益指标来衡量其真正的意义，被忽视或挤占当然是首当其冲。从学生来说，由于市场竞争的格局强化了学生的职业选择意识，这一意识会直接影响他们学习的兴趣方向，以实用主义观念看待课程的学习。军队专业技术院校虽然学员不存在太多的择业压力，但市场经济的发展所产生的竞争意识同样也会有所反映，因此，对待课程学习采取实用主义的态度仍然是十分普遍的。

第五，教师人文素质偏低。从事人文素质教育的师资力量薄弱也是这一教育难以有大作为的重要原因。同其他地方理工科大学一样，在专门培养国防科技人才的军队专业技术院校中，人文社会科学方面的教师主要是马克思主义理论课和思想品德课教师。这些教师长期担任公共课程，教学工作繁重，长期得不到进修提高的机会，不少教师的知识面和学术水平不一定担当得起对学生进行人文素质教育的重任。另外，其他专业课教师人才素质更是较差。所以，虽然有的学校已经开设了人文社会科学方面的课程，但实际效果并不理想，主要原因之一就是师资力量的限制。

三、加强国防科技人才人文素质教育的对策与思考

针对目前存在的问题，加强国防科技人才人文素质教育主要应从两个方面

入手。

1. 提高认识，转变观念，走出对国防科技人才人文素质教育的认识误区

第一，不能将思想政治教育等同于人文素质教育。思想政治教育是人文素质教育的一个部分，而且是核心部分。从教育目标来说，二者是完全一致的，都是为了培养全面发展的社会主义国防现代化建设的合格人才。在教育内容上，二者都把弘扬爱国主义、集体主义和社会主义作为主旋律，内容上相互依存、相互补充。但思想政治教育不是人文素质教育的全部，不能完全取代人文素质教育。这是因为，思想政治教育具有更加鲜明的政策性、时代性和直接性，而人文素质教育则包含的范围更广，需要注重介绍和传授古今中外一切优秀文化成果，内容涉及文、史、哲、经、艺等各种人文社会科学领域，具有明显的基础性、稳定性和非功利性。所以，我们在认识上必须清楚，思想政治教育虽然是人文素质教育的核心，但搞好了思想政治教育不等于就是搞好了人文素质教育。

第二，不能认为人文社会科学不是科学。在很多人的观念中，作为人文社会科学对象的人类社会现象，往往带有某种偶然因素，除了极个别的现象，一般很难人为地再现出来。判断善恶的标准也往往不完全取决于事情的真伪，而在于是否符合人类当时的价值取向。在这种观念的影响下，不重视人文社会科学学习的现象就自然会产生。事实上，人文社会科学与自然科学一样，都体现着各自研究对象的本质和规律，都具有科学的属性，不同的只是各自有着自己的一套研究方法和判断准则而已。如果因此而否定社会科学的科学性，否定社会科学对人类社会发展的重要意义，对培养全面发展的国防科技人才是不利的。

第三，不能将人文素质教育与专业学习对立起来。应该看到，人文素质教育对科学技术教育质量的提高有着重要的引导和推动作用，完整的现代教育应是人文素质教育与科学技术教育的有机整合。正如德国教育家所认为的那样：一个只有自然科学而无人文社会科学教育的学校，充其量只能算是一个专门的技术学校，而远非一所从事高等教育的大学。我们要为社会主义国防现代化培养合格人才，更应通过人文素质教育培养他们高度的社会责任感，提高他们献身国防的意识，培养全面发展的国防科技人才。

第四，不能简单地将人文素质教育等同于增设社会科学专业或开几门人文社会科学课程。目前有些学校在增设专业和增开课程方面步子迈得不小，但实际效果却不尽如人意，原因就在于所开设的人文社会科学课程流于形式，教学内容上刻板僵化，脱离实际，言之无物；考查方式也陈旧教条，使活生生的社会科学思想变成了面目可憎的压缩饼干。这样不仅不利于学员人文素质的提高，还会束缚

思维，抑制学员的创造性。所以，绝不能把加强人文素质教育简单地看成是增设专业和增开课程，而应下大力气改进教学内容和方法，使人文素质教育贴近社会，贴近生活，贴近学员的思想。

2. 采取措施，齐抓共管，营造国防科技人才人文素质教育的良好环境

第一，适当增开人文社会科学课程。加强国防科技人才人文素质教育必须增开人文社会科学课程，这是显而易见的。但课程开设的数量不应过多过滥，应有针对性。国内有的学者提出人文社会科学课程应占总课时的1/3。这种看法可能有失偏颇。事实上，作为理工科专业，其主要任务仍是学习科技知识，要增加社会科学课程，就必须要减少专业课程，即使是经过改革调整，专业课减少的空间也是有限的。同时，人文素质教育也不是单靠增加课时数量就能搞好的。所以，人文社会科学课程的开设应强调"少而精，要管用"的原则，而且应该有较大的弹性，对不同专业不要"一刀切"。

第二，增加理工科课程的人文含量。在国防科技人才的培养中，科学技术知识的学习是学员的主要任务，专业课程也必然是课时最多的课程。如果能在专业课程中注重人文素质教育，将科学技术知识中蕴含的人文精神正确地传授给学员，就能起到事半功倍的效果。从理工科学员来看，他们能够在专业学习中接受到人文精神的教育，不仅对他们的专业学习会有帮助，而且也会在学习中提高自身的人文素质。

第三，注重"隐形教育"的作用。所谓"隐形教育"是相对于正规课程教育而言的，它包括创建良好的校园硬环境，使学员受到美的熏陶；建设优美的校园软环境，如校风和队风建设，各种文艺、体育、科技活动等；建立和谐温馨的人际关系，包括教师的人格榜样力量和学员之间的相互影响等。在培养国防科技人才的院校加强校园文化建设，应在突出献身国防和科技精神的同时，充分体现人文素质教育的内容。

第四，强化社会实践环节的人文取向。提高学员的人文素质是一项综合性的工作，不能一讲人文素质教育就只盯住增加几门课程，开几次讲座，而忽视活生生的社会生活在培养学员的人文素质方面的重要作用。实际上，现实的社会生活到处都有开展人文素质教育的宝贵资源。近年来，各个军队专业技术院校都加强了学员的社会实践环节，对学员认识社会、了解生活、继承革命传统起到了重要的作用。但过去开展社会实践的指导思想和任务主要是围绕加强思想政治教育来展开的，没有把更广意义上的人文素质教育考虑进去，使得本来可以利用的渠道未能得到利用。应该说，来自社会实践的人文素质教育由于可以达到双向传输的

效果，比起校园内的教育更深刻、更直接、更持久。同时，在学员的学习时间十分有限的情况下，在社会实践环节中既加强思想政治教育，又注重人文素质教育，不是一举两得的事情吗？

参考文献

[1] 焦焕章，徐恩芳. 关于国外学校德育的若干考察 [J]. 比较教育研究，1995（5）.

[2] 华中理工大学课题组. 建构文化素质教育课程体系的理论与实践 [J]. 高等工程教育研究，1998（3）.

[3] 马桂秋. 科技人才学 [M]. 杭州：浙江教育出版社，1987.

[4] 文辅相. 提高学生整体素质促进社会全面发展 [J]. 教育研究，1994（11）.

[5] 纪宝成. 中国高等教育管理体制的历史性变革 [J]. 中国高等教育，2000（11）.

当前军队内部收入分配面临的
问题及对策[*]

曾　立

军队工资待遇制度改革，是当前和今后一个时期军队工资福利制度改革的重要内容，也是事关迈进 21 世纪我军后勤工作、政治工作，乃至军队稳定和发展全局的重要方面。一度存在的军队人员收入水平不高的情况，已经引起各级高度重视并正在着手加以解决，但当前军队内部收入分配存在的突出问题，同样必须引起各级的高度重视，认真加以研究和解决。

一、当前军队内部收入分配存在的突出问题

军委、总部对军队干部的物质生活待遇历来十分重视，经过多次调整改革，军队干部的工资收入有了显著提高，生活状况有了很大改善，调动了广大干部爱岗敬业的积极性。但是，由于军队内部收入分配关系还没有完全理顺，平均主义、吃"大锅饭"的现象仍然较为突出，分配不公、奖罚不明、效益不高等问题阻碍了部队现代化建设事业的发展。从调研的情况看，当前军队内部收入分配存在的问题集中表现在以下八个方面。

1. 没有体现作战部队的特殊性

作战部队特别是应急机动作战部队，由于所担负的任务不同，相对于非作战部队（如省军区、训练机构、后勤保障部门、预备役等），具有工作任务重、训

＊　本文原载于《军事经济研究》2001 年第 5 期。

练强度大、建设标准高、纪律约束严、风险机会多、工作时间长等特点，付出的超常劳动多，承受的生理压力大。然而，在收入上应急机动作战部队与非作战部队却没有差别，内部收入分配没有体现应急机动作战部队的特殊性，促使应急机动作战部队相当一部分干部想调往非作战部队，而非作战部队却没有人想调往应急机动作战部队。

2. 不能留住高科技人才

打赢高科技条件下的局部战争，掌握高性能、高技术的武器装备，需要一大批高学历的专业人才，虽然军委、总部制定了有关政策，加大了高科技人才的招收和培养比例，但由于军队内部收入分配没有相应的政策体现，使部队高科技人员的收入水平不仅与地方同类人员相比存在较大反差，而且与军队其他人员也没有拉开距离，体现不出他们存在的价值，造成了严重的失落感，"离心""离队"倾向日趋严重，有些人甚至不怕被"一撸到底"也要闹着转业，致使部队各种高素质人才流失严重，也影响了地方大学高学历毕业生走进军营，严重制约了我军质量建军、科技强军的进程。

3. 没有经济奖惩制度

精神鼓励没有与物质激励相结合，一方面是重精神鼓励，轻物质奖励，不足以调动广大干部争当先进和立功受奖的积极性。奖励标准低，奖励的面也窄，许多有突出成绩的人因名额限制立不了功、受不了奖。另一方面，经济处罚办法不多，对那些"大错不犯、小错不断"的人和事，没有经济处罚的政策依据，干多干少、干好干坏、干与不干区别不大，挫伤了大多数干部的工作积极性。

4. 超时劳动没有得到相应补偿

各级机关和部队经常加班加点的人员多，加班的时间长，许多人没有 8 小时工作制和双休日的概念，一年到头没有松闲的时候，越是节假日越忙。军人履行保卫祖国安全的职能，虽然不能处处讲"钱"，按时间算工资，把军事劳动商品化，但也不能长期超负荷运转，应从身体和精神恢复需要的角度给予相应的经济补偿。同时，各级一方面要求干部按规定休假，另一方面又由于各种原因不得不使干部放弃正常休假，继续担负值班和完成工作任务，在经济上却没有任何补偿。

5. 部分干部家庭生活困难多

一是探亲开支大。每年干部回家探亲看望妻儿、帮办家务、走亲访友等往往都要花去一笔钱，这是普遍现象，有些干部因妻子是农民或因家庭贫困、亲属患重病、亲属无人照顾等，这项开支就比别人大得多，一般要花掉一个人一年的工资积蓄，有的还不得不借债。二是家属就业难度大。由于多数部队地处乡镇，远离大中城市，地方小，安置有限，加上地方就业压力大，随军家属找工作难，即使是地方安排上了班，由于各种原因多半会下岗，而军队发给的困难补助少。三是有的干部家庭因遭受自然灾害，家庭成员长期生病、死亡等变故，造成干部特殊开支大，经济负担重，有的还要举债，背上了沉重的精神和经济包袱，而部队现行的困难救济远远解决不了问题。

6. 子女教育开支大

尽管各单位为解决干部子女教育问题想了不少办法，如交纳赞助费、搞好军民共建、派班车接送等，但由于乡镇学校教学条件有限，教学质量差，升学率低，为了孩子将来的前途，给孩子创造好一些的读书条件，多数干部还是倾其所有，有的交纳数千数万元的择校费，有的每月花数百元在城里租房或支付往返交通费，有的不定期聘请家教补课，这些费用都是干部承受不起的。

7. 基本医疗需要得不到保障

调查中有些部队反映，基层医疗单位（门诊部、卫生队、所）医疗人员技术水平较低，医疗设备陈旧简陋，医治一般的伤风感冒还可以，病情稍重一点就不行，加上远离军队体系医院，看病又很不方便，只好花钱到驻地地方医院和药店看病买药。现在许多干部手中都有不少药费开支票据，一年一般都在数百元，一些长期病号都在数千元以上，而这些都不可能在部队报销，加重了干部及其家庭的经济负担，增加了生活压力。

8. 区域之间的收入关系还没有完全理顺

地区不同，自然环境、物价水平、经济发展水平、城镇居民生活水平都不同。经济发达地区，军队干部维持生活所需要的开支比较大，与驻地干部相比收入存在反差，有的反差还比较大，如珠江三角洲地区。而经济落后地区，开支较小，与驻地干部收入的差距也比较小，许多甚至还是顺差。边疆、边远、高原、海岛等艰苦地区人员的精神和生理负担非常重，做出的牺牲和奉献特别大，几乎没有人愿意调到这些地区去工作。总部虽然出台了地区津贴的规定，但津贴标准比例失衡，经济发达地区和艰苦地区与其他一般地区相比，目前干部收入仍然偏低。

二、存在这些问题的原因及对部队建设的影响

分析这些问题产生的根本原因及其对部队建设的深刻影响，必须坚持马克思主义的唯物辩证法，坚持实事求是的原则，既看到军队内部收入分配的客观环境和主观条件，又看到市场经济发展和军队现代化建设对正确贯彻物质利益原则的客观要求，从而增强我们改革军队内部收入分配的紧迫感和责任感。

1. 平均主义思想严重

近些年来，在军队收入分配上我们虽然注重了整体水平的提高，以消除与社会越来越大的收入差距，确保了军人待遇和经济地位不下降，但是，在军队内部收入分配上却没有与市场经济的发展相适应，个人收入没有体现劳动数量和质量上的差别，平均主义、"大锅饭"的思想仍然十分严重，只是简单地按照资历、职务、军龄等确定收入标准，只要职务、军衔、军龄等条件一样，工资就一样；只要地区相同，不管干什么性质的工作，所处的环境怎么样，工资就基本相同，没有充分体现按劳分配的原则。邓小平同志说过，不讲多劳多得，不重视物质利益，对少数先进分子可以，对广大群众不行，一段时间可以，长期不行。因此，长此下去必然挫伤广大军队干部爱岗敬业、争先创优的积极性，就必然影响军队战斗力的提高。

2. 收入分配政策制度不完善

我军现行的工资分配政策，虽然体现了职务的高低、军衔（级别）的高低及军人职业的特殊性，较好地保障了军队干部的基本生活需要，但是，却没有充分体现军队内部人员的劳动差别，将工作任务、岗位、职责、难度、强度、表现、贡献、实绩等主观方面的差异，以及驻地环境、工作条件、家庭状况、家属就业、子女教育、身体素质等客观方面的差异都体现出来，从而处理好内部的各种收入分配关系。现行的军人职业津贴，虽然在一定程度上补偿了军人劳动的特殊消耗，增强了军人职业的吸引力，但由于只是一般性地、无差别地体现整个军人群体的特殊性需求，因而仍然没有在军队内部解决好职业个性差异所造成的收入需求差别问题。体现这些差异的收入分配政策制度缺乏和滞后，必然造成军队内部收入分配与国家经济形势的发展不相适应，与部队建设的要求不相适应，与

部队官兵的特殊需要不相适应。军队内部收入分配政策制度不完善，激励、补偿和调节功能不强，使广大官兵的一些切身利益得不到有效的维护和保障，特别是使驻在艰苦地区、边海防地区、落后乡村地区和经济不发达地区以及家乡亲人贫穷的基层干部，克服不了探亲、家属就业、子女上学、家庭消费和基本医疗等方面的实际经济困难，这就直接影响了部队的建设和战斗力的提高。

3. 收入分配管理体制僵化

收入分配管理体制是决定收入分配效率高低、影响各级加强收入管理的积极性、制约内部收入分配的科学合理性的一个重要条件。我军现行的收入分配管理体制，集中有余而灵活不足。在内部收入分配关系的处理上管得过多，统得过死，没有按照贯彻按劳分配原则的要求，划分各部队加强收入分配管理的责任、权力和利益；没有明确各级的职权，赋予部队各级主官评估干部工作业绩、进行收入调节、实施经济奖罚的政策依据和操作程序。各部队领导心里很想通过加强收入管理调动干部积极性，而实际上却根本做不到，因而难以通过正确贯彻物质利益原则，将解决思想问题与解决实际问题结合起来。在收入分配的过程中，总部怎么规定，各部队就怎么执行，没有任何变动的余地，完全是高度集中统一。这种体制对于统一和平衡全军干部的物质待遇，保持军队的高度集中统一是完全必要的。但是，在发展社会主义市场经济、物质利益对人们思想行为的驱动作用明显增大的情况下，必须发挥总部与部队的两个积极性，在实行宏观集中管理的前提下，使各部队能够按照政策要求，根据所属人员的素质、能力、水平、干劲、贡献和成果大小对其收入分配在一定程度上实施必要的调节，"奖优罚劣、奖勤罚懒"，从而充分调动官兵的工作积极性。

三、解决当前军队内部收入分配突出问题的对策

解决当前内部收入分配存在的突出问题，是军队收入分配制度改革的一项重要任务，我们要从正确贯彻物质利益的原则出发，按照责、权、利相统一，提高广大军队干部工作积极性的客观需要，着重做好以下三个方面的工作。

1. 树立内部收入分配的正确观念

树立新的思想观念，是解决当前军队内部收入分配突出问题的首要条件。必

须在批判和抛弃传统分配观念的基础上，树立适应形势发展需要的新观念。一是国家、集体与个人利益相结合的观念。必须承认对理想信念的追求与对物质利益的合理要求都是军队干部的正常需要，既要讲艰苦奋斗、无私奉献，又要讲物质利益和生活待遇，在自觉以个人利益服从国家和集体利益的基础上，通过努力实现和维护军队干部的切身利益，满足他们对物质利益的客观需要，调动广大军队干部爱岗敬业的积极性。二是按劳分配与军费效益相结合的观念。军队干部的实际收入水平应与其劳动量成正比，劳动付出多，得到的报酬就多，劳动付出少，得到的报酬就少。同时，要根据军费使用效益的要求，在现有军费水平条件下，看贡献的大小，贡献大，效益高，分配的收入就比别人多，相反就比别人少，从而彻底打破"大锅饭""平均主义"。三是整体平衡与系统保障相结合的观念。军队收入分配具有军队的特性，在总体上具有一致性和均衡性，保持整体上的协调发展。同时，必须根据劳动个性的差别，区分实际情况，建立结构合理、层次分明、相互关联的收入分配体系，充分发挥补偿、激励和导向的作用。四是国家政策和军队实际相结合的观念。必须突破军队收入分配完全跟国家的传统观念，在基本工资制度跟国家的大的原则下，按照军队的实际情况和按级负责的原则，抓大放小，建立体现军队内部各种差别、能够调动各级管理积极性、充满活力的内部分配机制。

2. 抓紧做好建章立制工作

要在全面清理现行军队干部基本工资、补助、补贴标准规定的基础上，完善、建立相应的法规制度，不合适的加以修改，没有的加以补充，从制度上体现并实现内部的各种差别，确保按劳分配与按生产要素分配相结合，这是解决当前军队内部收入分配突出问题的关键。目前，需要根据各个方面的实际情况，适时设立岗位津贴、特殊任务津贴、人才津贴、加班津贴，制定收入奖罚制度，完善家庭困难、子女教育、基本医疗津贴，优化地区津贴。

3. 逐步完善配套措施

军队内部收入分配是一项复杂的系统工程，必须站在全局的高度，实行综合治理。一是要整体设计，综合配套，不能单打独斗。解决军队内部收入分配存在的突出问题，必须与现有的法规制度相衔接。要将内部收入分配制度，纳入《国防法》《兵役法》《纪律条令》《军官服役条例》《文职干部条例》和《军官军衔条例》等法规条例制度的大环境中，进行配套性改革，使内部收入分配的政策在这些法规条例制度中体现出来。二是要循序渐进，分步实施，而不能一蹴而就。既不能因循守旧、故步自封，也不能不顾历史、一味求新，对现行政策中涉及内部收入分配的部分,该继承的要继承,该完善的要发展完善,该改革创新的要大胆地改革创新。要加强调查研究,掌握基本情况和基本数据,科学设计政策框架和具体政策措施,条件成熟一个,就出台一项,从而稳步发展。三是要按照易于操作的原则,建立健全内部考评制度。部队各级要实行年度和任期考评制度,准确反映军人劳动的个性差异及劳动付出和劳动成果,按照内部收入分配的有关制度规定和考评结果调节收入分配。同时,要大力加强收入分配宣传教育,调动所属人员的工作热情,正确评估分配后果和反馈政策信息,不断推进内部收入分配制度和决策的科学化。四是要实施目标管理责任制。军队内部收入分配涉及军、政、后、装各部门。各部门要在合理区分工作职责和管理目标的基础上,明确界定在整个收入分配中的供应、管理和监督职能,切实履行职责,分工负责,通力合作。后勤财务部门要及时供应经费,严格执行标准,按时组织发放和定期报告情况,切实保证军队内部收入分配政策制度的顺利实施。

从"军队人"到"社会人"*

——对长沙市 337 位转业军官职业角色转换情况的调查

廖国庚

我国每年有一大批转业军官（包括文职干部）退出现役，回归地方就业。退出现役的军官回归地方后，必须经过一个职业角色转换的过程。那么，转业军官是如何完成这一角色转换过程的呢？他们的职业角色转换的情况如何？他们在职业角色转换过程中有哪些困难？带着这些问题，笔者在湖南省委政策研究室的支持下，采取分群随机抽样的方法，于 2002 年 4 月至 7 月对 1996 年至 2000 年转业到长沙市及驻长沙的省直单位的转业军官进行了调查，共发放调查问卷 400 套（每套问卷由 A、B 卷构成，A 卷由转业军官填写，B 卷由转业军官所在单位填写），回收问卷 352 套，问卷回收率为 88%，其中有效问卷 337 套。问卷资料采用 SPSS 统计软件分析。

一、转业军官在职业角色转换过程中遇到的困难

退役军官职业角色转换，是指转业军官退出现役后，重新确定职业角色并成为新的合格职业角色的过程。由于转业军官的职业角色转换是全方位的急剧改变，所以，转业军官在职业角色转换的过程中，会面临一系列的困难和问题。那么，在这个过程中，他们主要遇到了哪些困难和问题呢？

根据研究者前期的资料收集和小范围的访谈，我们了解到，转业军官在职业角色转换过程中面临的主要困难大致有掌握新职业的知识和技能、落实职位职

---

* 本文原载于《社会》2003 年第 2 期。

务、适应职业角色关系和解决住房问题等。于是本调查将包括这些问题在内的一系列问题列入问卷中，请被访者自己选择其认为程度分别是第一、第二或第三类的困难。通过对有效问卷的初步统计显示，转业军官中认为自己在转业后及适应新角色的过程中，遇到的第一困难即"掌握职业知识与技能"的人占选择强度一的被访者总数的第一位（27.4%），而选择第二困难即"适应职业角色关系"的人占选择强度二的被访者总数的第一位（26.2%）等（参见表1，a部分）。而经过对数据的深度分析，例如对第一、第二和第三类困难的统计百分比值作加权百分比处理（将第一、第二和第三类困难的权重系数分别定为3、2、1，并乘以相应的百分比值，加总后除以6），可知转业军官在职业角色转换过程中所遇困难的认知强度依次是：①掌握职业知识与技能，②适应职业角色关系，③落实职位职务，④解决住房问题，⑤增加收入等（参见表1，b部分）。

表1　转业军官对其在转业过程中所遇困难的认知强度

统计结果 困难类型	a			b
	第一困难	第二困难	第三困难	困难类型
	百分比	百分比	百分比	加权百分比
掌握职业知识与技能	27.4	18.5	18.5	22.95①
落实职位职务	18.7	19.5	16.6	18.62③
适应职业角色关系	20.2	26.2	21.6	22.43②
解决住房问题	22.4	14.8	9.7	17.75④
家属子女就业	6.6	9.0	9.3	7.85⑥
增加收入	3.7	12.0	21.2	9.38⑤
其他	1.0	0	3.1	1.02⑦
合计	100.0	100.0	100.0	100.0

二、转业军官职业角色转换的现状

1. 职业规章制度继续社会化

转业军官进入新的职业岗位后，实现职业角色转换的一个重要内容就是掌握职业规章制度、谙熟职业行为规范的继续社会化。那么，在新环境中他们在这方面的职业继续社会化情况如何呢?

从转业军官与他们所在单位的综合评价看,其继续社会化的总体情况良好。从统计上看,转业军官职业规章制度继续社会化程度较低或很低(得分在 3 以下)的比重极小,大部分人的得分在 4 分以上(最低分 0 分,最高分 5 分),平均得分在 3.9~4.4 分之间。尤其在遵守规章制度方面,转业军官得分在 4 分以上的比例高达 90.3%,平均分为 4.39 分,各项指标总平均得分为 4.07 分。也就是说,转业军官规章制度继续社会化的总体情况良好(见表 2)。

表 2   转业军官职业规章制度继续社会化得分分布

项目	平均值
了解规章制度	3.93
了解岗位责任	3.93
遵守规章制度	4.39
工作作风适应	4.15
工作方式适应	3.9
总　　值	4.07

注:除总值和特别注明外,各指标值均为转业军官自我评价值和单位评价值的加权平均值,前者的权数为 0.3,后者的权数为 0.7。总值是按 5 分制计算的各分指标值之和。表 3~表 5 同。

2. 职业技能继续社会化

实现职业技能的继续社会化是转业军官职业角色转换的核心内容。从转业军官个人和其所在单位的综合评价看,绝大部分转业军官在职业知识和职业技能这两方面的得分在 3~4.99 分之间,平均得分分别为 3.7 分和 3.46 分,两项指标总平均得分为 3.57 分。这表明转业军官职业技能继续社会化的状况尚处于一般状态(见表 3)。

表 3   转业军官职业技能继续社会化得分分布

项目	平均值
职业知识	3.7
职业技能	3.46
总　　值	3.57

3. 职业角色关系继续社会化

适应新的职业角色关系是转业军官职业角色转换的又一重要内容。调查资料显示，转业军官职业角色关系不和谐或不太和谐（1 分为不和谐、2 分为不太和谐）的人数极少，绝大部分人的职业角色关系介于一般（3 分为一般）与很和谐（5 分为很和谐）之间，相当一部分人的职业角色关系很和谐，职业角色关系继续社会化总体水平达到了良好（见表 4）。

表 4 转业军官职业角色关系继续社会化得分分布

项目	平均值
与同事工作关系	4.23
与同事情感关系	4.2
与领导工作关系	4.04
与领导情感关系	3.72
角色关系协调技巧	3.99
总　　值	4.02

注："角色关系协调技巧"指标值为转业军官自我评价值。

4. 职业道德继续社会化

爱岗、敬业是职业道德的最基本要求。所以，转业军官实现职业角色转换的一个重要内容就是要实现爱岗、敬业的职业道德要求。资料显示，90% 以上的转业军官工作责任心很强或较强，达到了职业道德的要求。但是由于种种实际原因，54.1% 的转业军官工作不安心或不太安心（得分在 3 分以下），55.5% 的转业军官对从事的工作不太喜欢或一般（得分在 4 分以下），没有达到爱岗的职业道德要求，职业道德继续社会化总体水平只达到一般（见表 5）。

表 5 转业军官职业道德继续社会化得分分布

项目	平均值
工作责任心	4.35
工作喜欢度	3.34
工作安心度	2.75
总　　值	3.47

注："工作喜欢度"和"工作安心度"指标值为转业军官自我评价和感受值。

5. 职业角色功能发挥

转业军官实现职业角色转换成归根结底就是要充分发挥特定的角色功能。那么，转业军官是否充分发挥了职业角色功能呢?

从单位对转业军官的年终考核看，不称职或基本称职的比重极低，99.4% 的转业军官年终考核为称职、良好或优秀。其中称职的比例为 43.9%，良好的比例为 50.3%，优秀的比例为 5.2%。从职业成就看，得分在 3 分以下的只占 5%，得 33.99 分的占 37.8%，得 4～4.99 分和 5 分（5 分为满分）的各占 56.3% 和 0.93%，平均得分 3.73 分（标准差 0.52 分）。也就是说，大部分转业军官获得了所在单位较高的评价，职业成就总体水平为中等。从奖惩情况看，被调查转业军官中只有 1 人受过通报批评的处分，占 0.3%，其他 99.7% 的转业军官没有受过通报批评、警告、严重警告、降级、开除留用等形式的处分；69.7% 的转业军官受过单位级别或市（县）、省、部、国家级别的奖励。从职务升迁看，与转业军官转业后刚进入新职业角色时确定的职务相比，降 2 或 3 级的只占 2.4%，无升迁的占 55.6%，升迁过 1 级及以上的占 42%，其中升迁过 1、2、3、4 和 5 级的百分比，分别为 16.1%、15.2%、8.9%、1.2% 和 0.6%。从转业军官职业角色功能发挥总得分情况看，转业军官职业角色功能发挥平均得分 3.82 分（标准差 0.84 分），3 分以下的占 17%，3～3.99 分的占 37.5%，4～4.99 分的占 30.9%，5 分的占 15.1%，这表明转业军官职业角色功能发挥比较好，总体水平接近良好。

6. 职业角色继续社会化总体状况

从转业军官总得分情况看，职业角色继续社会化水平较低或很低（总得分在 3 分以下）的比例极低，只占 5.3%，绝大部分转业军官得分在 3～5 分之间，其中 3 分以上 3.5 分以下的比例为 39.5%，3.5 分以上 4.5 分以下的比例为 53.9%，4.5～5 分的比例为 1.3%，平均得分为 3.58 分（标准差 0.41 分），这反映了转业军官职业角色继续社会化总体水平达到了中等。

三、转业军官职业角色转换的方式

转业军官职业角色转换包括三个过程，即职业角色转换的准备、职业角色的获得、职业角色的适应。那么，在这三个过程中，转业军官是如何实现角色转换的呢?

1. 职业角色转换的准备方式

由于军人职业是流动性很强的职业,因此,为转业后更好地适应新的职业角色,在转业之前,绝大多数转业军官都做了一些准备,主要是学习地方适用或军地两用的职业知识和技能。调查显示,82.2%的被调查转业军官在转业之前做过"学习地方有用或军地两用的职业知识和技能"的努力。他们主要是通过参加自学考试(15.7%)、函授教育(33.5%)、短期培训(20.5%)、正规院校学习(22.8%)及自学(40.65%)等方式来进行职业知识和技能的准备。

2. 职业角色的获得方式

调查资料显示,69.1%的转业军官是通过军转办直接安排的方式获得职业角色的,23.1%的转业军官是通过社会关系引荐的方式获得职业角色的,7.8%的转业军官是通过到用人单位自荐、到人才市场与用人单位见面协商等市场化方式获得职业角色的。在获得职业角色的过程中,63.2%的被调查转业军官回答自己得到过战友或朋友、老乡、亲戚等社会关系的支持。其中回答获得过战友或朋友支持的转业军官为49.0%,获得过老乡支持的为10.7%,得到过亲戚帮助的为17.2%,其他为7.4%。

3. 职业角色的适应方式

适应新的职业角色包括一系列内容,但最重要的是学习和掌握新的职业知识和技能。转业军官转业后获得的职业知识和技能主要是通过参加各种培训教育,其中包括参加部门和单位举办的培训,参加电大、函大、夜大、刊大的学习,参加自学考试(71.2%);或通过自己在个人具体工作实践中获得知识和技能(67.7%);或向单位同事、领导请教(51.3%);或自学职业知识和技能(39.8%)等方式实现的。

转业军官职业技能的继续社会化[*]

——对长沙市 337 位转业军官的调查

廖国庚

我国每年都有一大批转业军官（包括文职干部）退出现役，回归地方就业。退出现役的军官回归地方后，必须经过一个由军人职业角色转变成地方职业角色的过程。在转业军官职业角色转换过程中，职业技能的继续社会化尤为令人关注。

2002 年 4～7 月，笔者采取分群随机抽样的方式对 1996～2000 年转业到长沙市及驻长沙的省直单位的转业军官进行了调查，共发放调查问卷 400 份，回收问卷 352 份，其中有效问卷 337 份。问卷采用 SPSS 统计软件处理。本文以对此次调查数据的分析为依据，探讨转业军官的职业技能继续社会化问题。

一、职业技能继续社会化：转业军官职业角色转换的核心问题

转业军官职业角色转换是指转业军官因社会原因退出现役后，不得不重新确定职业角色并成为新的合格职业角色的过程。转业军官职业角色转换包括职业技能的继续社会化、职业行为方式的继续社会化、职业角色关系的继续社会化等内容。在转业军官职业角色转换的过程中，他们面临的最大困难是掌握新的职业知识和技能，实现职业技能的继续社会化。调查资料显示，有 64.4% 的转业军官把掌握职业知识和技能列为他们职业角色转换过程中的主要困难。单位对此的反映与转业军官的个人反映基本一致。认为使转业军官掌握职业知识和技能是转业军

---

* 本文原载于《湖南社会科学》2003 年第 2 期。

官职业角色转换中的主要棘手问题的占70.5%。可见，转业军官职业技能的继续社会化是转业军官职业角色转换中的一个核心问题。

掌握职业知识和技能，实现职业技能的继续社会化，之所以成为转业军官职业角色转换中的核心问题，主要有以下三个方面的原因。

第一，掌握新的职业知识和技能在转业军官职业角色转换中居于关键地位。职业角色是指人们在一定的工作群体和劳动过程中所扮演的角色。而每一个工作群体都是有明确目标和任务的分工体系，它要求这个体系中的每一个角色承担特定的责任、完成特定的任务、发挥特定的角色功能。而职业角色要完成特定的任务、发挥特定的角色功能，最根本、最重要的是必须掌握特定的职业知识和技能。转业军官进入的部门主要是政府及其各职能机构、事业单位、企业，这些部门也都是有明确目标和任务的分工体系，对职业角色的要求亦如此。因此，转业军官进入新的工作岗位，成为新的职业角色后，掌握特定的、必要的职业知识和技能也就理所当然地成了他们实现职业角色转换的首要任务。

第二，转业军官的专业及业务对口度低。转业军官尽管97.9%的人具有大专以上学历，文化素质比较高，但是，由于军人职业是一种特殊性的职业，他们转业前学的专业和从事的工作与转业后从事的工作对口度比较低。从专业对口度看，不对口的和不太对口的占54.6%，基本对口的占24.9%，比较对口或完全对口的只占20.5%；从业务对口情况看，不对口和不太对口的占51.4%，基本对口的占28.8%，比较对口和完全对口的只占19.9%。转业军官专业和业务对口度比较低，决定他们实现职业技能继续社会化的任务十分艰巨，这样掌握职业知识和技能自然也就成了他们职业角色转换过程中的难题。

第三，转业军官年龄偏大。转业军官由于军队工作需要，转业时年龄大都比较大。在被调查的337位转业军官中，转业时年龄在30岁及30岁以下的只占10.1%，而31～35岁、36～40岁、41～45岁、45岁以上的分别占31.2%、37.7%、16.9%、4.2%。而年龄越大可塑性就越低，学习能力相对就越差。因此，转业军官年龄偏大加剧了转业军官职业技能继续社会化的难度。

二、转业军官职业技能继续社会化的现状

1. 转业军官职业技能继续社会化的指标设计及其处理

转业军官职业技能的继续社会化程度不仅体现在对职业知识的掌握上，同时

也体现在对职业技能的掌握上。因此，为度量转业军官的职业技能继续社会化程度，本调查设置了转业军官的职业知识、职业技能两大指标。两大指标分别由转业军官本人与所在单位打分（最高5分，最低1分）。

对调查中获得的指标数据，坚持转业军官个人评价与单位评价相结合的原则进行处理。具体来说就是对于既有转业军官个人评价和所在单位评价的指标采取加权平均的方法进行处理，其中所在单位评价值的权数与转业军官个人评价值的权数各为0.5。因为，无论是转业军官个人的自我评价，还是转业军官所在单位对转业军官的评价都既包含了客观的成分，也包含了主观的成分。

2. 转业军官职业技能继续社会化的现状

（1）职业知识水平。从转业军官对自我职业知识水平的评价看，认为自己职业知识水平很低或较低（得分在3分以下）的比重较大，占24.5%，认为自己职业知识水平一般（得分在3分以上4分以下）、较高（得分在4分以上5分以下）、很高（得分为5分）的比重分别为48.9%、23.6%、3%，平均得分3.22分。单位对转业军官的职业知识水平的评价明显高于转业军官的自我评价，3分以下、3分以上4分以下的比例分别减少了20.5、27.8个百分点，4分以上5分以下的比例增加了45.8个百分点，平均分高0.54分。对转业军官的自我评价与单位评价做加权平均处理，进行综合分析，转业军官职业知识水平很低或较低（得分在3分以下）的比重较低，绝大多数转业军官的职业知识水平为一般、较高，其中一般水平（得分在3分以上4分以下）的比例为62.7%，较高水平（得分在4分以上5分以下）的比例为22%，职业知识水平很高（得分为5分）的转业军官占1.2%，转业军官职业知识平均得分为3.49分（见表1）。

表1 转业军官职业知识得分分布

项目 \ 分值	得 分 （%）				合计	平均值	标准差
	3分以下	3分以上4分以下	4分以上5分以下	5分			
自我评价	24.5	48.9	23.6	3	100	3.22	0.83
单位评价	4	21.1	69.4	5.5	100	3.76	0.61
加权平均值	14.1	62.7	22	1.2	100	3.49	0.574

注：以上指标均采用5分制。加权平均值的权重系数为自我评价：0.5；单位评价：0.5。

（2）职业技能水平。从转业军官对自己职业技能的评价看，认为自己职业技能水平较低或很低（得分在3分以下）的比重较小，占6.7%；认为自己职业技能水平一般（得分在3分以上4分以下）的占25.9%；认为自己职业技能水平较高（得分在4分以上5分以下）、很高（得分为5分）的比例分别为64%、3.4%，平均得分3.63分。单位对转业军官职业技能水平的评价与个人评价基本一致，3分以下的比例为2.7%，3分以上4分以下的比例分别为35.6%，4分以上5分以下的比例为58.7%，平均分3.62分。对转业军官的自我评价与单位评价做加权平均处理进行综合分析，绝大多数转业军官职业技能水平处于一般、较高水平，其中一般水平（得分在3分以上4分以下）的比例为49.1%，较高水平（得分在4分以上5分以下）的比例为45.7%，职业技能水平很高（得分为5分）的占0.6%，平均得分为3.63分（见表2）。

表2　转业军官职业技能水平

项目 分值	得　分（%）				合计	平均值	标准差
	3分以下	3分以上4分以下	4分以上5分以下	5分			
自我评价	6.7	25.9	64	3.4	100	3.63	0.68
单位评价	2.7	35.6	58.7	3	100	3.62	0.59
加权平均值	4.6	49.1	45.7	0.6	100	3.63	0.49

注：以上指标均采用5分制，加权平均值的权重系数为自我评价：0.5；单位评价：0.5。

3. 对转业军官职业技能继续社会化程度的评估

若将转业军官职业知识得分与职业技能得分相加，并将总得分在6分以下即不及格的定为下下职业技能继续社会化水平，6~7分以下的定为中下继续社会化水平，7~8分以下的定为中等继续社会化水平，8~9分以下的定为中上继续社会化水平，9~10分的定为上等继续社会化水平，那么，转业军官职业技能继续社会化处于下下水平的占9.8%，处于中下水平的占26.1%，处于中等水平的占46.0%，职业技能继续社会化处于中上水平的占14.4%，职业技能继续社会化达到上等水平的占3.7%。从总体上看，多数转业军官职业技能继续社会化达到了中等或中等以上水平（见表3）。

表3　转业军官职业技能继续社会化程度

项目 技能继续社会化水平	下下水平	中下水平	中等水平	中上水平	上等水平	合计
样本数	32	85	150	47	12	326
有效百分比	9.8	26.1	46.0	14.4	3.7	100

三、影响转业军官职业技能继续社会化的因素

1. 转业军官的专业与业务对口程度

专业与业务对口程度即转业军官转业前学的专业和从事的工作与转业军官转业后从事工作的一致性程度。相关分析显示,转业军官的专业和业务对口程度与转业军官职业技能继续社会化相关程度高于其他所有因素（见表4）,是影响他们职业技能继续社会化的关键。

表4　各解释变量与职业技能继续社会化的皮尔逊相关系数

解释变量 ＼ 职业技能继续社会化显著性水平	技能继续社会化总值	职业技能	职业知识
一、社会实践 转业军官转业后工作年数	0.198 ****	0.198 ****	0.169 ***
二、人力资本 受教育年数	0.055	0.061	0.043
转业后受教育时间（未调前）	0.256 ****	0.086	0.276 ****
转业后受教育时间（调节后）	0.375 ****	0.184 ***	0.395 ****
责任心	0.270 ****	0.276 ****	0.238 ****
学习能力	0.379 ****	0.302 ****	0.425 ****
三、转业前后工作一致性 专业对口度	0.352 ****	0.246 ***	0.325 ****
业务对口度	0.365 ****	0.340 ****	0.315 ****
总对口度	0.403 ****	0.375 ****	0.313 ****

注:星号代表显著性水平,如下:****,达0;***,达0.001;**,达0.01;*,达0.05。

转业军官职业技能继续社会化,其实质就是要求转业军官掌握他们所担任的职业角色应该具备的知识和技能,对于专业和业务对口度较高的职业角色来说,意味着职业技能继续社会化的一部分任务在转业前已经完成,职业技能继续社会化相对容易;对于专业和业务对口度低的职业角色来说,情况却恰恰相反。因此,转业军官专业和业务对口的程度直接决定转业军官职业技能继续社会化的进程,影响他们职业技能继续社会化的程度和速度。

2. 转业军官转业后受教育程度

转业军官转业后受教育程度对职业技能继续社会化的影响，可以分两种情况考察，即控制和不控制专业和业务对口度因素。在不控制专业和业务对口度情况下，对二者做相关分析，结果显示二者低度相关；在控制专业和业务对口程度情况下（对业务和专业对口度高的转业军官的培训值作为缺失值处理），相关分析显示，二者相关程度明显提高（见表4）。因此，转业军官转业后受教育程度是影响转业军官职业技能继续社会化的主要因素。

转业军官转业后受教育程度对其职业技能继续社会化具有重要影响是由转业军官对培训的态度和转业后他们参加的教育培训的特点决定的，为帮助转业军官尽快实现职业角色转换，各部门、单位对转业军官进行了各种形式的教育和培训。同时，部分转业军官为提高自己的职业技能还自费参加了地方学校的成人教育。转业军官参加的这些教育培训大都具有这样几个特点：①针对性强。对转业军官的培训是针对他们所担任的职业角色进行的，培训内容与工作需要的一致性强。②具有较强的正规性。除时间很短的培训外，培训机构都要求转业军官按培训机构的纪律、学习计划，按时完成规定的学习任务，而且培训时间越长，正规化程度越高。而转业军官由于转业后专业和业务对口度低，迫切需要掌握新的职业知识和技能，参加培训时学习都比较努力。由于转业军官转业后参加的培训具有很强的针对性和较强的正规性，加上转业军官对待培训的态度又比较积极主动，因此，在其他因素不变的情况下，他们接受培训的时间越长，掌握的职业知识和职业技能就必然越多，职业技能继续社会化的程度也就越高。

转业军官转业后受教育程度对其职业技能继续社会化的影响是以他们转业前所受教育为基础的。转业前，转业军官大都受过良好教育，平均受教育年数为14.23年，最多的达20年，其中受教育在10年以下的只占1.5%，10～14年的占53.4%，15～20年的占45.1%，且学历大都为大学专科以上，最高学历为硕士。如果没有转业军官转业前所受良好教育为基础，转业军官转业后所受教育程度对转业军官职业技能继续社会化的影响就会大大受到制约。

3. 转业军官的学习能力

转业军官的学习能力是指转业军官接受新知识、新事物的能力。相关分析显示，学习能力与转业军官职业技能继续社会化呈显著正相关，转业军官学习能力越强，职业知识和职业技能水平越高（见表4）。

学习能力影响转业军官职业技能继续社会化是通过提高转业军官学习和掌握知识、技能的效率得以实现的。组织行为学理论认为，能力与知识、技能存在紧密的关系："一方面，能力是在获得知识和技能的过程中逐步形成和发展的，另一方面，已经形成的能力又制约着掌握知识和技能的快慢、难易。"学习能力与职业知识和技能的关系也是如此。因此，转业军官转业以后，他们在完成学习和掌握新的职业知识和职业技能任务的过程中，转业军官已培养起来的学习能力会自然而然地参加他们的学习过程，影响他们的学习效率，影响他们对职业知识和技能的掌握程度。

4. 转业军官的责任心

表4表明，转业军官的责任心是影响转业军官职业技能继续社会化的重要因素。转业军官责任心越强，他们的职业技能继续社会化程度就越高。

转业军官的责任心是通过以下两种方式影响转业军官的行为，从而影响他们的职业技能继续社会化的：一是通过影响他们的学习、工作的积极性和主动性来实现的；二是通过影响其学习、工作的认真程度来实现的。

5. 转业军官转业后的工作实践

相关分析显示，转业军官的职业技能继续社会化水平与工作实践的时间长短显著相关（见表4）。也就是说，转业军官的社会工作实践是影响转业军官职业技能继续社会化程度的又一重要因素。

实践是社会化的根本途径，这一观点不仅适用于人的一般社会化，同时也适用于转业军官的职业技能继续社会化。转业军官的工作实践不仅能使转业军官在教育培训过程中学到的职业知识和技能得到运用，还能使转业军官在教育培训过程中、在书本上学到的职业知识和技能得到检验、修正、补充和发展。转业军官转业后工作实践的时间长短直接影响转业军官的职业技能继续社会化水平。通过上述分析可知，转业军官的专业和业务对口程度、转业后受教育程度、学习能力责任心、转业后工作实践是影响转业军官职业技能继续社会化的主要因素，转业军官职业技能的继续社会化是这些因素综合作用的结果。

四、促进转业军官职业技能继续
社会化的几点建议

1. 提高"军地两用人才"的培养效率

如上所述，转业军官的专业与业务对口程度是影响转业军官职业技能继续社会化水平的一个主要因素，因此，要提高转业军官职业技能继续社会化水平，就必须积极采取措施，增强转业军官的专业对口程度，为此，军队就必须大力培养"军地两用人才"。改革开放以后，军队在培养"军地两用人才"方面取得了较大的成就，为转业军官实现职业技能的继续社会化创造了有利条件。但是，在培养"军地两用人才"方面，仍存在一些缺陷。据被调查军转干部所在单位反映，他们很需要懂法律、经济、管理或高科技知识的人才，然而军队提供的"军地两用人才"相当一部分是政工人才。因此，为了使转业军官更好地实现职业技能的继续社会化，军队应该预测社会对各类人才的需要，培养符合社会需要的"军地两用人才"，增强"军地两用人才"的培养效率。

2. 充分发挥市场机制在转业军官人才资源配置中的作用

目前，我国转业军官就业采用的是一种以计划分配为主、自主择业为辅的模式。对计划分配的转业军官的人才资源配置，我们已经开始注意发挥市场机制的作用，如让人才供需双方见面、实行双向选择等。但是绝大部分转业军官仍然主要是通过指令性计划方式配置的，市场机制作用的发挥还很不充分。今后，要充分发挥市场机制的作用，对所有计划分配的转业军官的人才资源配置都应该通过竞争方式解决，即把计划安排转业军官就业的各种岗位公之于众，然后按照公正、公开的考试办法将最符合要求的转业军官配置到相应职业岗位上。这样可以在目前的条件下最大限度地提高转业军官的专业和业务对口程度，做到人尽其才，才尽其用，从而提高转业军官的职业技能继续社会化水平。

3. 改革和完善转业军官转业后培训机制

加强对转业军官的转业后培训是促进转业军官职业技能继续社会化的根本之策。目前，我国对转业军官的培训至少存在两个方面的缺陷：一是忽视了对转业军官的岗中培训。目前，我们很注重对转业军官进行岗前培训，但是，在转业军官进入岗位以后，许多单位却往往忽视了对他们进行培训。本次调查显示，只有15.7%的转业军官在进入职业角色岗位后接受过自考、函授等为期较长的教育。这样做很不利于转业军官的职业技能继续社会化。二是培训经费严重不足。目前，我国转业军官的培训经费主要由国家、军队、地方共同解决，人均培训经费只有1000多元，远远不能满足培训工作的需要，严重制约了培训工作的发展。因此，为加强对转业军官的培训，提高转业军官的职业技能继续社会化水平，必须改革和完善现行的培训制度。

要进一步拓宽转业军官培训经费的筹集渠道，建立多途径筹措培训资金的资金筹措机制。具体可采取这样一些措施：①在军队干部工资中开设转业保险项目，每月征收 1～5 元的转业保险金，作为军官转业后培训的专项经费。军官转业意味着必须重新就业，所以，对军官来说，转业是一种如同"失业"一样的风险。要应付这种风险，需要也完全可以集众人之力来解决。同时，对这笔费用，军官也是有能力承担的。②通过国防彩票的方式募集资金，其中一部分用作培训资金。③通过接受捐赠的方式筹集培训资金，转业军官本人自筹一部分资金。

4. 增强转业军官的工作责任心

要深入贯彻《公民道德建设纲要》，通过各种形式加强对转业军官的职业道德教育，尤其是爱岗、敬业的教育，提高转业军官的责任意识。要完善组织内部的奖惩制度，强化转业军官的工作责任心。

退役军官就业保护：模式选择与建构[*]

廖国庚

退役军官（这里的"退役军官"相当于我国官方文件中常指的"转业干部"，为便于与国外进行比较研究，故采用此称呼）就业保护是中国特色社会保障制度体系中的一个重要内容。随着社会主义市场经济体制的建立和完善，我国原有的退役军官就业保护模式已逐渐暴露其弊端，选择和建构与社会主义市场经济相适应的新型就业保护模式已成为当务之急。因此，深入研究这个问题具有极为重要的意义。

一、退役军官就业保护的模式选择

尽管世界各国对退役军官实行就业保护的做法不尽相同，但总起来看有两种模式：一种是政府"哺乳"式就业保护模式。其特点是：主要由政府负责为退役军官安排工作，强调"给之以鱼"。采用这种保护模式的主要是实行计划经济或由计划经济向市场经济转型的国家，如俄罗斯与东欧的一些国家。另一种是政府与社会扶持式就业保护模式。其特点是：政府与社会力量为退役军官就业创造便利条件，提高他们的就业竞争能力，扶持他们就业，国家和政府不直接负责安排工作，强调"授之以渔"。采用这种模式的主要是实行市场经济的发达资本主义国家，如美国、英国等国家。

从我国的国情看，我们对退役军官的就业保护必须选择政府与社会扶持式就业保护模式。这是由我国现行的退役军官就业保护模式的缺陷和政府与社会扶持式退役军官就业保护模式的优点决定的。

※　本文原载于《湖南师范大学社会科学学报》2003 年第 3 期。

我国现行的退役军官就业保护模式是一种政府"哺乳"为主、扶持为辅的就业保护模式。这种就业保护模式存在一系列弊端：一是这种退役军官就业保护模式与社会主义市场经济体制相适应的用人机制相矛盾。随着我国市场经济体制的建立和完善，市场主体拥有了用人自主权，实行了新的用人制度，如企事业单位普遍实行了聘任制、合同制，各级政府机构实行了考核录用、竞争上岗的制度，竞争择业成为劳动者实现就业的主要方式。而现行的退役军官就业保护模式仍然主要是运用行政手段和指令性计划、采用"给予工作"的方式对退役军官实行就业保护，这与社会主义市场经济相适应的用人机制相矛盾，引起了一些用人单位的强烈不满。二是这种退役军官就业保护模式使精简政府机构的改革任务难以落到实处。在现有的退役军官就业保护模式下，国家党政机关依然是退役军官就业安置的主渠道，为保护退役军官就业，每年政府不得不身先士卒地接收大量退役军官，甚至不惜出台政策扩编，2001 年颁布的《军队转业干部暂行安置办法》明确规定："党和国家机关按照军队转业干部安置计划数的15% 增加行政编制，所增加的编制主要用于安排师、团职务的军队转业干部。""一面减，一面加"，使党政机构改革步履艰难，陷入了困境。三是这种退役军官就业保护模式不利于退役军官素质的提高。我国传统的退役军官就业保护模式主要是一种"给之以鱼"的就业保护模式，很容易使退役军官产生"等、靠、要"的依赖思想。同时由于没有压力，因此，也就不利于提高退役军官在市场经济中的竞争能力。四是这种退役军官就业保护模式忽视了社会力量的作用。由于在这种体制下政府主要依靠行政手段和指令性计划保护退役军官就业，而无须借助社会力量，因此，在保护机构、培训资金的筹集、培训工作的开展等方面，都主要是政府在唱"独台戏"，缺乏社会力量的参与。

而扶持式退役军官就业保护模式克服了现行退役军官就业保护模式的种种缺陷，具有以下优点：首先，由于扶持式退役军官就业保护模式是政府与社会力量为退役军官创造各种便利条件，而无须政府直接给退役军官安排工作，因此，这种退役军官就业保护模式能够适应社会主义市场经济的发展要求，既不会损害市场主体的利益，也不会妨碍政府机构改革。其次，政府与社会扶持式退役军官就业保护模式，是一种"授之以渔"的就业保护模式，实现就业需要退役军官自己唱主角，这有利于调动退役军官的学习主动性和积极性，有利于增强他们在就业竞争中的竞争能力。

由上述分析可知，现行的退役军官就业保护模式已失去了生存的土壤，扶持式退役军官就业保护模式是对退役军官实施就业保护的最佳选择。

二、扶持式退役军官就业保护模式设计

1. 我国政府与社会扶持式退役军官就业保护模式设计的原则

设计我国政府与社会扶持式退役军官就业保护模式，必须借鉴国外先进国家的经验，遵循社会主义市场经济的基本规律，符合中国的基本国情。具体来说，必须坚持以下三条原则。

（1）以提高退役军官就业竞争能力为核心。在社会主义市场经济条件下，人力资源是通过市场机制配置的，而市场机制配置人力资源又是通过竞争机制和供求机制实现的，优者胜劣者汰。在这种背景下，退役军官能否成功实现第二次就业，从根本上说，取决于他们自身素质及职业技能的高低。所以，对退役军官实施就业保护，最根本的就是要提高他们的素质和职业技能，增强他们的就业竞争能力，而不能简单地"给之以鱼"。可以说，在市场经济条件下，这是对退役军官就业的最大、最根本的保护。

（2）间接保护手段与直接保护手段相结合，以间接保护手段为主。在社会主义市场经济条件下，市场主体具有独立的利益和自主权力，这是保证它们正常运行的基本条件。市场经济的这个特点决定通过宏观调控手段保护退役军官就业，必须顺势而为，在不损害市场主体独立的利益和自主权力的前提下进行。经济手段、法律手段都是间接的调控手段，主要运用这两种保护手段保护退役军官就业不会损害市场主体的自主权。而行政手段是一种直接手段，运用过多，会损害市场主体的利益，干扰其生产活动的正常进行。可见，坚持间接保护手段与直接保护手段相结合、以间接保护手段为主的原则，是遵循社会主义市场经济基本规律的必然要求。

（3）保护社会化。对退役军官的就业保护，不能仅仅依靠国家和政府，还应该充分调动社会各界的力量。应该实行就业保护组织机构的社会化、服务者社会化、保护资金筹集的社会化。退役军官就业保护必须坚持社会化原则，这首先是由军人劳动提供的产品和服务的特殊性决定的。马克思曾精辟地指出，军人虽不生产谷物，但生产保卫。军人生产和向社会提供的是特殊的公共商品和服务，即整个国家的安全利益、和平环境。这种商品或服务，不像一般商品那样在私人之间交换，而是在供应上具有"非竞争性"、消费上具有"非排他性"和"非拒绝性"。军人劳动提供的产品和服务的特殊性表明，一切群体和公民都是国防安全这种产品的消费者、受益者，因此，无论是国家和社会各方面力量，还是公民都有保护退役军官就业的责任。同时，政府的力量是有限的，也只有充分调动社会各界的力量，对退役军官的就业保护才能有效实施。

2. 我国政府与社会扶持式退役军官就业保护模式的框架设计

中国特色的退役军官就业保护模式主要包括以下几个方面：

（1）退役军官就业保护的组织机构。实施对退役军官的就业保护，需要有与之相适应的、完善的组织机构。这些组织机构是国家和社会对退役军官就业实施有效保护的组织保证。退役军官就业保护的组织机构，应该包括两个方面：一是退役军官就业保护的政府组织机构。退役军官就业保护过程是复杂的，从退役军官离开部队，到对他们进行培训，再到他们走向就业岗位，需要协调多方面力量，没有具有权威性的政府组织机构，退役军官就业保护就无法实施。二是退役军官就业保护的社会民间组织机构。对退役军官实施就业保护必须有社会民间组织机构，这是遵循退役军官就业保护社会化原则的要求。

（2）军队、政府与社会多方配合的培训制度。马克思指出："要改变一般人的本性，使他获得一定劳动部门的技能和技巧，成为发达的和专门的劳动力，就要有一定的教育或训练。"教育或训练，是劳动者获得职业技能，实现个人社会化的根本途径，同时也是退役军官获得职业知识和技能，实现职业技能继续社会化的根本途径。因此，要增强退役军官就业竞争能力，就必须加强对退役军官的培训。但是，对退役军官的培训工作是一个涉及军队、政府以及各社会力量的复杂工作，培训经费需要军队、政府以及各社会力量共同筹措，培训工作的开展需要军队、政府和各社会力量共同参与。只有军队、政府、社会各方面力量既有分工，又有合作，才能保证培训工作的顺利开展，才能保证对退役军官的培训具有良好的效果。因此，要对退役军官实施就业保护，就必须建立一个军队、政府、社会多方协调配合的培训制度。同时，建立一个军队、政府、社会协调配合的培训制度，实现退役军官就业培训的社会化，也是坚持退役军官就业保护社会化原则的基本要求。

（3）退役军官就业保护的优惠政策体系。保护退役军官就业必须有一系列的优惠政策，因为退役军官为国家安全做出了重大贡献。职业军人（包括军官、文职干部、志愿兵）的劳动是一种特殊性劳动，这种劳动的特殊性从投入的角度看表现为：不仅要投入可度量的肉体（包括平时体力、脑力活动的超负荷，战时鲜血、生命付出的无条件），还要投入不可度量的精神（严格的纪律，封闭的环境，单调的生活，以及两地分居带来的压抑感、孤寂感、内疚感等精神损耗），不仅要投入自身，往往还要投入家庭亲人的幸福、安定、就业和就学等正当权益，是一种"高风险、高强度的劳动，含有超额成本"的劳动。根据马克思的劳动力生产和再生产理论，职业军人劳动的高风险、高强度投入，理应获得相应的补偿。但是，由于我国经济不发达，人均经费投入少，职业军官劳动成本的高投入很难得到应有的补偿。因此，职业军人的劳动也是一种高奉献的劳动，在部队工作时间越长，奉献就越大。退役军官在部队服役年限大都较长，牺牲很多，奉献很大，为国家安全做出了巨大贡献。据对长沙市退役军官的调查，退役军官平均服役年数为17.75年，最长的达29年（2002年4～7月笔者对长沙市337位转业军官调查分析数据）。为褒扬退役军官做出的巨大贡献，补偿他们的劳动高成本投入，国家和社会理所当然应该给予他们就业上的优惠，同时，这样做也有利于稳定军心，维护军队的稳定和发展。

（4）退役军官就业保护的法律支持体系。退役军官就业保护工作必须走依法保护的路子。退役军官就业保护工作是我国社会保障事业的一项十分重要的工作，通过法律手段保护退役军官就业是我国实行依法治国的基本要求。同时，退役军官就业保护工作，是全社会的工作，涉及社会的各个系统，各个层次，是一项庞大且复杂的系统工程。随着社会主义市场经济体制的建立，各利益主体地位的确立以及人们思想观念的变化，社会各系统、各层次的关系变得更为错综复杂。这种复杂关系通过行政命令已无法协调。面对这种情况，我们也只有将退役军官就业保护工作纳入法制化轨道，通过法律关系调节社会各个层次、各个系统的行为，才能使退役军官就业保护行之有效。退役军官就业保护要走依法保护的路子，就必须有一个退役军官就业保护的法律支持体系，包括完善的退役军官就业保护的法律法规、法律咨询服务体系、法律执行的监督体系等。

三、建立扶持式退役军官就业保护模式的对策思路

建立政府与社会扶持式退役军官就业保护模式，必须通过对原有退役军官就业保护模式进行改革和创新来实现。

1. 建立和健全退役军官就业培训制度

首先，要建立军队、政府与社会的培训分工合作制度。就军队来说，其目标是实现战斗力的最大化，不可能投入大量资金对现役军官进行为退役直接服务的培训，所以，其培训任务应该主要是提高现役军官的基本素质和综合能力，为退

役军官退役后的职业培训奠定坚实的基础。一是应该提高现役军官的文化层次。目前，我国现役军官的文化水平仍然不高。有关资料显示，目前军队现役军官具有大学本科学历的仅占21.4%。只有提高现役军官的文化层次，使他们在文化层次上具有了比较优势，退役后他们才能具有就业竞争优势。二是应最大限度地开设军地通用课程，改善现役军官的知识结构，使现役军官不仅具有军队专用的职业知识和技能，同时也具有军地通用的职业知识和技能。当然军队还应该鼓励现役军官参加各种成人教育的学习。就政府和各社会力量而言，其任务是对退役军官进行职业培训，并为退役军官进行职业培训提供各种便利条件。职业培训的目的是根据退役军官的知识结构、社会对各类人才的需求，培养和提高他们重新就业所需要的知识和技能。在职业培训中，政府的职能是通过制定政策对退役军官转业后的职业培训进行宏观管理。高等学校的职能是按照要求具体实施对退役军官的职业培训。高等学校具有师资力量强、学习环境优越、管理先进等优势，由它们承担退役军官的培训任务不仅能够节约培训经费，同时还能够保证退役军官转业后职业培训的质量。

其次，要建立军队、政府、社会与个人共同筹集培训资金的制度。开展对退役军官的职业培训，关键的是要解决培训资金问题。目前，我国退役军官的培训经费主要由国家财政、军队、地方财政共同解决，培训资金筹措渠道窄，人均培训经费只有1000多元，这无疑不能满足培训工作的需要。为此，必须建立充分调动国家、军队、退役军官个人、社会各界的力量，多渠道筹集培训资金的制度。①建立军队与政府的退役军官就业培训基金。培训基金由军队、中央政府、地方政府拨款共同解决。②在军队干部工资中开设退役保险项目，每月征收1～5元的退役保险金，作为军官退役后培训的专项经费。军官退役意味着必须重新就业，所以，对军官来说，退役是一种如同"失业"一样的风险。要应付这种风险，需要也完全可以集众人之力来解决。同时，对这笔费用，军官也是有能力承担的。③通过国防彩票的方式募集资金，其中一部分用作培训资金。国防事业事关中国全体公民的安全，运用发行国防彩票的方式筹集资金，完全可以说是取之于民，用之于民，是可行的。④通过接受各种赞助和捐赠的方式筹集培训资金。⑤通过退役军官本人自筹方式筹集资金。

2. 制定和完善退役军官就业保护的优惠政策

首先，要完善退役军官就业保护的税收优惠政策。税收手段是一种通过税率调节利益分配，引导市场主体行为的经济手段，对退役军官实行就业保护必须充分运用这种手段，制定和完善退役军官就业保护的税收优惠政策。2001年国务院军转工作小组等部门联合颁布的《关于自主择业的军队退役干部安置管理若干问题的意见》明确指出，自主择业的退役军官从事个体经营的，3 年内免征营业税和个人所得税。对为安置自主择业的退役军官就业而新开办的企业，凡安置自主择业的军队退役干部占企业总人数 60%（含 60%）以上的，3 年内免征营业税和企业所得税。这标志着我国已经开始注意运用税收手段保护退役军官就业。但是，在保护退役军官就业方面，税收手段的作用远未发挥，应该进一步完善保护退役军官就业的税收优惠政策，以增强企业、事业单位接收退役军官就业的积极性。一是无论是新企事业单位，还是老企事业单位，只要接收退役军官达到一定比例的都应该给予税收优惠。二是税收优惠应该分层次。对于企事业单位接收退役军官达到一定比例以上的，要根据比例的大小给予不同程度的税收优惠。

其次，要制定退役军官就业优先政策。在美国，为保护退役军官就业，国家制定了一系列规定，使退役军官在就业方面拥有优先权。比如，美国政府规定，在职业竞争考试中，退役军官（包括其他退伍军人）比其他人员额外加 10 分；政府雇用警卫人员、通信员、管理人员时，必须首先从退役军官中招聘，只有当招收数量未达到指标时，才考虑非退役军人。我国对退役军官实行就业保护，完全可以借鉴美国的经验。国家和政府应该根据我国的国情和退役军官的实际情况，制定一系列的退役军官就业优先政策。退役军官就业优先应该包括两个不同层次：一是绝对优先权，即只要招聘干部或员工就业，就必须首先满足退役军官的就业需求。二是相对优先权，即在就业竞争中，在同等条件下给予退役军官优先就业的权利，具体措施是在职业竞争考试中，给退役军官加分的优惠。目前，国家和政府可考虑对党政部门、企事业单位招聘党务工作者、保卫人员等，给予退役军官绝对优先权，其他招聘则给予退役军官相对优先权。

最后，制定退役军官教育优惠政策。在受教育方面，退役军官如愿意或需要接受地方各大学的专本科或研究生教育，国家应该制定政策给予他们优惠。这一优惠政策应该包括两个方面：一是入学优惠。对于愿意或需要接受各层次教育的，可免考或降低录取标准。二是学费优惠。对于入学接受教育的退役军官，应减免部分学杂费。

3. 加强退役军官就业保护的法制建设

加强退役军官就业保护的法制建设，目前最为关键的是要制定一套较为完善的退役军官就业保护的有关法律，对退役军官就业培训、就业保护的方式手段、组织机构设置、退役军官个人及国家和社会的权利与义务等做出明确而细致的规定，使退役军官就业保护有法可依。2001 年我国已经出台了《军队转业干部暂行安置办法》等法规，对退役军官的就业保护做出了一些规定，但是仍然存在许多不完善的方面。一是由于《暂行办法》仍没有突破原有的制度框架思路，不可能也没有对扶持式退役军官就业保护模式的具体实施做出明确的规定，即使对其中某个方面如职业培训做了一些规定，但也只是粗线条的，缺乏可操作性；二是《暂行办法》毕竟不是真正意义上的法律，其规定的效力缺乏强制性。法的效力包括保护力和约束力两个方面，而现行的《暂行办法》只表现出对退役军官就业保障的保护力，没有体现出在这些规定无法实现或受到侵害时的约束力。因此，必须进一步加快退役军官就业保护方面的立法工作。

4. 完善退役军官就业保护的组织机构

在美国，为保护退役军官就业，不仅设置了一系列的退役军官就业保护的政府机构，同时还成立了许多社会民间机构，如陆军协会、空军协会、退伍军人协会等。在我国，目前，退役军官的就业保护工作主要由国家、省、市的军队退役军官安置工作机构负责，缺乏社会力量参与，不能满足退役军官就业保护工作的需要。因此，我们不仅要完善退役军官就业保护的政府组织机构，同时还应该成立退役军官协会、退役军官职业介绍所等民间机构保护退役军官就业，以实现退役军官就业保护组织机构的社会化。

参考文献

[1] 马德普. 社会主义价值观 [M]. 北京：中央编译出版社，1997；魏友先. 职业军人劳动的特殊性及其成本补偿 [J]. 西安政治学院学报，2000（1）：79.

[2] 马克思，恩格斯. 马克思恩格斯全集：第23卷 [M]. 北京：人民出版社，1960.

[3] 魏友先. 职业军人劳动的特殊性及其成本补偿 [J]. 西安政治学院学报，2000（1）：78.

[4] 张东江等. 当代军人社会保护制度 [M]. 北京：法律出版社，2001.

[5] 高强等. 国外社会保障与财政管理 [M]. 北京：中国财政经济出版社，1999.

转业军官职业角色继续社会化的度量[*]

廖国庚

一、转业军官职业角色继续社会化的概念界定

科学界定转业军官职业角色继续社会化这个概念，最关键的是要把握其内在本质。那么，转业军官职业角色继续社会化的本质是什么？要厘清这个问题，必须把握以下三个方面。

1. 必须把握个人社会化的本质

关于个人社会化的本质，理论界尽管颇有争论，但比较一致的看法是将个人社会化看作个人的社会性的形成过程。T. 帕森斯认为，社会化过程就是角色学习，形成社会性的过程。费孝通认为："社会化就是指个人学习知识、技能和规范，取得社会生活的资格，发展自己的社会性的过程。"吴江霖认为："怎样把自然人变成社会人就是社会化。"郑杭生认为："社会化就是指作为个体的生物人成长为社会人，并逐步适应社会生活的过程。"刘金初、陈成文认为："个人社会化是个人被动接受和能动选择社会的文化教化以实现自己的社会性的人生发展的全部过程。"笔者比较同意上述观点。因为，社会或群体是由不同的个体组成的，社会和群体要存在和有效运作，就需要个体具有社会所需要的社会特质（社会性）。我们提出个人社会化这个问题，其根本目的就是要使个人与社会一致，或者说使个人被社会同化，成为社会或群体的合格成员，以维护社会和群体的存在和有效运作。

---

[*] 本文原载于《学术论坛》2003 年第 3 期。

转业军官职业角色继续社会化，作为社会化的一种类型，从本质上看，同样也是要形成社会性。但与一般的社会化不同的是，这里的社会性是相对于组织而言的，更确切地说，是要形成和发展组织要求具备的社会特质（社会性），其含义要具体得多。因为，转业军官职业角色继续社会化的根本目的，是要使转业军官与他们进入的组织一致化，成为组织的合格成员，以维护组织结构和保证组织目标实现。因此，转业军官职业角色继续社会化的本质，就是转业军官形成和发展组织要求其具备的社会特性（社会性），成为一个新的合格职业角色的过程。

2. 必须明确转业军官职业角色继续社会化的内容

"组织的社会化就是一个组织将其新雇员带入自身文化系统的过程。"尽管转业军官职业角色继续社会化与组织的社会化是从不同的角度谈论组织新成员的社会化的（前者从成员自身的角度，后者从组织角度），但是，在社会化的内容上具有共同性，这就是组织文化。那么，何谓组织文化？组织文化代表着组织成员所共同拥有的信仰、期待、思想、价值观、态度和行为的一种复合形式，具体而言包括人们相互影响的常规行为、组织内工作集体共同遵守的规范和标准、组织具有的主要价值观念、通过有形的设计而在组织中传播的情绪和氛围，以及组织成员同顾客或其他外部人员相互影响的方式等。当然，转业军官职业角色继续社会化的内容，除了组织文化以外，还包括职业技能，即职业角色顺利开展工作，履行职业角色责任，发挥职业角色功能所需要的知识和能力，如管理技能、社会交往技能等。因此，从内容上看，转业军官职业角色继续社会化就是转业军官学习和内化组织文化和职业技能的过程。

3. 必须弄清转业军官职业角色继续社会化的缘由

一个合格社会成员之所以必须进行继续社会化，一是由于社会向前发展，社会或群体对社会成员有了新的要求；二是由于社会流动，社会成员必须承担新的角色。转业军官之所以必须进行职业角色继续社会化，是由于第二种原因，即由于职业流动导致劳动环境和劳动方式的急剧变化引起的。但是，它不是由于一般的社会流动引起的，而是由于转业军官职业流动导致劳动环境和劳动方式的急剧变化引起的。

综上所述，转业军官职业角色继续社会化，就是指转业军官由于劳动环境和劳动方式的急剧变化，主动或被动学习组织文化与职业技能，形成和发展组织要求其具备的社会特质（社会性），成为一个新合格职业角色的过程。

二、转业军官职业角色继续社会化度量的理论构想

1. 文献研究与评价

在我国理论界，唯一研究过转业军官职业角色继续社会化度量的是王绥雄。1995年，他在硕士论文《试论海口市转业军官的角色转换》中从角色功能的发挥、角色间关系的调适、角色行为模式的转换三个方面对转业军官职业角色转换（这里的职业角色转换其实就是职业角色的继续社会化）这个概念进行了测量。他认为角色功能发挥是衡量转业军官职业角色继续社会化的首要标准，是角色间关系的调适、角色行为模式转换的基础。为测量转业军官职业角色功能的发挥，他设计了"转业军官对工作岗位上取得的成绩的满意程度""工作胜任"（校正指标）"职务提升""立功受奖情况"四个指标；为测量转业军官职业角色关系的调适，他设计了"对自己与同事关系的满意程度""对自己与上下级关系的满意程度""情感沟通的频率"三项指标；对转业军官行为模式转换则采用"工作方式和工作作风适应情况"一项指标进行测量。

王绥雄对转业军官职业角色继续社会化度量的研究，无疑具有启迪意义。但是，由于缺乏可资借鉴的研究成果，他关于转业军官职业角色继续社会化度量的研究仍存在较大的缺陷，主要表现在：第一，测量指标不全面。从第一层次的测量指标看，作者从角色功能的发挥、角色间关系的调适、角色行为模式的转换三个方面测量转业军官职业角色继续社会化无疑是正确的，但是忽视了两个极为重要的方面，即职业技能、职业道德和制度规范两个方面的转换。因为在现代社会，无论何种劳动组织对职业角色在职业技能和职业规范方面都有具体的要求，转业军官如果不具备特定的职业技能，不遵守一定的职业规范，他就很难算是一个合格职业角色，也很难说实现了职业角色的继续社会化。显然不从职业技能和职业规范两个方面测量转业军官职业角色继续社会化是不全面的。从第二层次的测量指标看，也同样存在指标不全面的问题，比如转业军官功能发挥，除了可以从"立功受奖""职务晋升"方面测量外，还可以从转业军官受惩罚的情况、单位对转业军官年终考核情况等方面进行测量。第二，存在部分无效测量指标。用"工作成就满意度""工作关系满意度"等满意度指标测量转业军官职业角色继续社会化，是无法达到测量的目的的，同时会影响测量的信度和效度。因为不同

的职业角色有不同的参照标准，高满意度的转业军官，由于其参照标准的问题，很可能在角色继续社会化实现程度上很低。第三，部分指标表述模糊。指标表述明确、清楚，没有歧义，这是确保测量结果有效的基本前提。但是，在上述测量转业军官角色继续社会化的指标中，有部分指标没有达到这个要求。比如"您对上下级关系是否满意"的表述较为模糊，到底是问被调查者与上级关系满意呢，还是问与下级的关系满意呢？而与上级关系满意和与下级关系满意是两个不同的问题。类似的问题还有"您对新单位的工作作风和工作方式适应吗"的表述。第四，未对量表进行检验。或许是由于设计的测量转业军官职业角色继续社会化的量表包含的变量太少，或许是因为没有意识到这个问题，作者并未对量表进行检测，因此，其测量表在实际运行中是否具有实用性也就不得而知。

2. 转业军官职业角色继续社会化度量的理论构想

既然转业军官职业角色继续社会化是转业军官形成和发展组织要求其具备的社会特质（社会性），那么，对转业军官职业角色继续社会化的度量问题也就成了一个根据组织对职业角色的要求度量合格职业角色的问题。依据这一思路，转业军官职业角色继续社会化指标体系，应包括以下四大类、22个变量。

（1）职业角色功能发挥情况。"组织是精心设计的以达到某种特定目标的社会群体"。为实现组织目标，组织建立了一定的组织结构，进行了目标的细分，具有了像韦伯所描述的"把为实现组织目标所需要的工作量，作为正式的职责分配到每个工作岗位"的特征。由于组织中任何职业角色都是基于实现组织目标而分化出来的组织结构中的一个节点，因此，每一个职业角色都必须服务于组织整体结构的维持和组织目标的实现，履行特定的角色责任，发挥特定的角色功能。这是组织对每一个职业角色的行为期待，任何职业角色如果不能满足组织对他的这种期待，就不能算是一个合格职业角色。正如乔纳森·特纳所说的，当角色被安置于组织中后，组织目标就成了角色分化、评价、安置和充分判定的重要标准。转业军官进入地方组织，参加新的职业岗位，也同样会遇到组织的这种期待。因此，测量、判定、评价转业军官是否已成为一个合格职业角色，或者说，职业角色继续社会化实现程度如何，归根结底要看他们是否发挥了组织期待其发挥的特定角色功能。

因此，转业军官职业角色功能发挥情况主要从以下三个方面进行测量：①转业军官年终考核结果；②转业军官转业后奖惩情况；③转业军官转业后工作成绩评价。

（2）职业专业技能继续社会化程度。由于职业角色必须发挥特定的职业角色功能，因此，为保证职业角色能够发挥特定的角色功能，组织中每一个就业的职业角色就必须在技术素质上合乎要求，即掌握特定的职业专业知识和专业技能。正如彼得·布劳所指出的："一个人如果要高效率地工作，他必须具备必要的技能，并充分、合理地运用这些技能。一个组织如果要有效和高效地运作，它的每一个成员必须具备完成任务所需要的专门技能。"否则，他便不能成功地履行职业角色的职责，发挥特定的职业角色功能，也就不能说是一个合格的职业角色。转业军官进入地方组织，进入新的职业岗位，要发挥职业角色功能，无疑也必须在技术素质或专业技能上满足组织对自己的行为期望，否则，他便称不上是一个合格职业角色，更无法实现职业角色继续社会化。所以，转业军官职业专业技能继续社会化水平高低，是测量转业军官职业角色继续社会化程度的一个重要指标。

转业军官职业专业技能继续社会化水平，可以运用这样几个指标测量：①转业军官工作熟练程度；②转业军官业务知识；③转业军官业务水平。

（3）职业角色规范继续社会化程度。组织是由不同的职业角色组成的，如果组织中的每一个职业角色都各自独立地作出自己的决定，他们的工作将无法协调，就会因此影响组织的效率和组织整体功能的发挥。"为了确保不管多少人从事某项工作，其结果都能一致，而且不同的工作之间能得到协调"，发挥有效功能，现代社会组织为组织中各职业角色设置了种种规范，规定了每一个成员角色的责任及其相互关系，并要求其遵从。因此，一个合格职业角色应该具有遵从组织规范的社会特性。转业军官一旦进入新的职业岗位，也就进入了一个规范系统，就必须实现角色规范的继续社会化。所以，转业军官职业角色规范继续社会化程度也就成了衡量转业军官职业角色继续社会化程度的重要标准，成了转业军官职业角色继续社会化测量指标体系中的一个重要组成部分。

转业军官职业角色规范继续社会化的内容是多方面的，包括国家的政策、法律、法规，也包括组织的规范。但是，本文是从转业军官职业角色转换的角度探讨这个问题的，因此，这里的规范内容仅限于组织规范。转业军官职业角色规范继续社会化程度主要用以下指标测量：①制度规范了解；②岗位责任了解；③制度规范遵守；④工作方式适应；⑤工作作风适应；⑥转业军官工作责任心；⑦转业军官工作积极性；⑧转业军官对工作的喜欢程度；⑨转业军官安心新工作岗位程度。

（4）职业角色关系继续社会化程度。现代社会组织，从分工看，是一个按照等级制度原则理性构建起来的分工系统；从人员看，是一个占据不同职业地位的有序排列组合的职业角色系统，每一个职业角色都是职业角色系统的一个连接点，他的周围活动着其他的角色。在角色结构的整体框架中，角色间存在互动关系。角色间互动关系是否融洽和谐，对角色功能的发挥，对组织目标的实现具有重要影响。因此，组织期待它的每一个成员都能处理好上下左右职业角色之间的关系。转业军官一旦进入了新的职业角色岗位，也就走进了新的职业角色关系网络，他必须设法满足组织在这方面对他的行为期望，实现职业角色关系的继续社会化。否则，他便不能算是一个合格的职业角色。因此，衡量转业军官是否实现了职业角色继续社会化，重要的一条就是要看他是否实现了职业角色关系继续社会化。

转业军官职业角色关系继续社会化水平运用转业军官与新岗位同事的工作关系和情感关系、与新岗位领导的工作关系和情感关系、与新岗位下级的工作关系和情感关系、协调职业角色关系的技巧7个指标来测量。

三、转业军官职业角色继续社会化量表设计及其测定

1. 测量指标的内容与刻度

（1）转业军官职业角色专业技能继续社会化。为测量转业军官的业务知识和业务水平，设置这样一个问题："如果采用5分制给您（B卷为'该转业干部'）下列方面打分，您认为能够打多少分（分数为整数分）"；为测量转业军官的工作熟练程度，在B卷中设置了"该转业干部现在的工作熟练程度如何"的问题，测量刻度为很高、较高、一般、较低、很低。

（2）转业军官职业角色规范继续社会化。为测量转业军官对单位规章制度和岗位责任的了解情况，设置了"现在，您对您转业后新工作岗位的职责了解如何"和"您对您转业后新单位的规章制度了解如何"的问题，测量刻度为：很了解、比较了解、一般、不太了解、了解甚少。为测量转业军官遵守单位规章制度、适应新单位工作作风和工作方式以及工作责任心和工作积极性的情况，设置了"如果采用5分制给您（B卷为'该转业干部'）下列方面打分，您认为能够打多少分"的问题。为测量转业军官的爱业情况，设置了"您喜爱自己从事的岗位工作吗（非常喜欢、比较喜欢、一般喜欢、不太喜欢、一点也不喜欢）"和"如果有机会的话，您想不想调动一下工作（非常想、比较想、无所谓、不太想、一点也不想）"两个问题。

（3）转业军官的职业角色关系继续社会化。为测量转业军官与同事、领导、下级的工作关系是否和谐，设置了"您（B卷为'该转业干部'）与同事、下级及上级领导的工作关系方面，您（B卷为'他'）能够打多少分（关系很和谐为5

分、关系不和谐为1分)"的问题。为测量转业军官与同事、领导、下级的情感关系是否融洽,设置了"您(B卷为'该转业干部')与同事、下级及上级领导的情感关系方面,您(B卷为'他')能够打多少分(关系很融洽为5分,关系不融洽为1分)"的问题。为测量转业军官是否掌握新职业角色关系的协调技巧,设置了"我不知如何处理好职业角色之间的关系""处理好职业角色之间的关系并不是什么难事"的问题,测量刻度为:常常、较常、有时、偶尔、从未。

(4)转业军官职业角色功能发挥情况。为测量转业军官的角色功能发挥情况,在B卷中设置了"转业到新单位后,该转业干部正式受过下列奖励各多少次(全国级奖励、省级奖励、长沙市级奖励、市属区或县级奖励、本单位级的奖励)""该转业军官下列年度(指2001年、2002年)年终考核情况如何(不称职、基本称职、称职、良好、优秀)""转业到新单位后,该转业军官受过下列处分各多少次(通报批评、警告处分、严重警告处分、降职降级处分、开除留用处分、其他处分)"等问题。此外,还在A、B卷中分别设置了"如果采用5分制给您(B卷为'该转业干部')的工作成就打分,您认为您自己(B卷为'他')能打多少分(分数为整数分)"的问题。

2. 测量指标的处理

(1)对通过A、B卷由转业军官本人和所在单位共同给出的指标数据,其指标值确定的方法是:对转业军官个人给出的数据和所在单位给出的数据进行加权平均,计算综合值,其中所在单位评价值的权数与转业军官个人评价值的权数各为0.5。如果缺少任何一方的评价,将其作默认值处理。之所以将所在单位评价值的权数与转业军官个人评价值的权数都确定为0.5,是因为无论是转业军官个人的自我评价,还是转业军官所在单位对转业军官的评价都既包含了客观的成分,也包含了主观的成分。就转业军官个人的自我评价而言,一方面,由于最了解转业军官的是他们本人,他们的自我评价具有一定的客观性、真实性;另一方面,由于转业军官受个性和评价立场的影响,他们的自我评价有可能过高或过低,具有一定的主观性。就转业军官所在单位评价而言,由于评价者立场公正,克服了转业军官自我评价的缺陷,评价结果具有客观性和公正性,但由于对转业军官不够了解或为了维护所在单位的声誉而有意无意地隐瞒真实情况,其评价结果也同样可能存在不客观的成分。由于转业军官个人评价和所在单位评价各有优缺点,因此,对二者给出的指标数据按照0.5:0.5的权重系数计算加权平均值,能使指标数值更加符合转业军官的客观实际情况。

(2)对于仅由转业军官个人或转业军官所在单位一方填写的指标,无论是通过A卷还是B卷获得的数据资料均视为有同样效用的数据资料。

3. 对测量表的测定

（1）测量表的结构检测。前面所设计的用多维指标测量转业军官职业角色继续社会化的框架，由4个副量表（角色功能发挥，角色专业技能继续社会化、角色规范继续社会化、角色关系继续社会化）共计22个变量组成，然而，这只是一个理论假设，它在实际运作中的实用性如何，各因素的结构是否像预测的那样分门别类并有机组合，下面将采用因素分析法进行检验。

因素分析法又称因子分析法，是一种潜在的结构分析法。其优势是通过观察各变量之间的内在数量关系并进行系统归纳，将诸多因素简化、复合成几大类别，以便从总体上把握其结构矩阵以及共同因素序列。在此基础上对这些复合因素间的相互关系及其运行机制予以系统解析。通过因素分析法的步骤，即求相关矩阵、估计共同性、抽取共同因素和作因素转轴，验证构成转业军官职业角色继续社会化总量表的多维侧面及其类型特征。

由于"与下级的情感关系和工作关系"两个指标是涉及人数比例较小的指标，因此，除这两项指标外，其余20个指标全部投入因素分析。从共同性看，除"协调职业角色关系的技巧"一个指标的方差贡献率稍微低些外（0.465），其他指标在各个新因子中的负荷系数（即方差贡献率）均在0.5以上。

将20个变量斜交转轴的结果表明，20个变量全部入选并复合成转业军官职业角色继续社会化的6个侧面，总解释量为66.767%。6个因素的特征值分别为3.518、2.691、2.413、2.048、1.967、1.745。因素1命名为职业专业技能继续社会化，因素2命名为职业角色关系继续社会化，因素3命名为角色职业崇敬，因素4命名为角色功能发挥、因素5命名为角色规范认知，因素6命名为角色职业热爱（见表1）。由于因素3、因素5变量太少，况且这两个因素在理论划分的类型上均与因素6有关，因此，将因素3、5、6合并为一个因素，命名为职业角色规范继续社会化。

对转业军官职业角色继续社会化的测量指标进行因素分析的结果，基本证实了上述度量理论构想，但具体结构略有修正：①转业军官职业专业技能继续社会化程度指标体系增加"工作作风适应""工作方式适应"两个指标，使之达5个指标。工作作风、工作方式本身属于组织规范的范畴，但是，一个职业角色适应了该组织的工作作风和工作方式，实际上也就是掌握了与某种工作相关的技能，因此，这两项指标也就与职业技能产生了紧密的关系。②转业军官职业角色规范继续社会化调整为7个测量指标，即"工作责任心""工作积极性""制度规范遵守""工作安心程度""工作喜欢程度""制度规范了解""岗位责任了解"。

表1 转轴后的因素矩阵（Rotated Component Matrix）

项目 \ 因素	1	2	3	4	5	6
业务水平	0.839	0.145	0.148	0.19		
工作熟练程度	0.761		0.138	0.22	0.199	
业务知识	0.639		0.142	0.169	0.272	
工作作风适应	0.517	0.336	0.15	-0.168	0.227	0.339
工作方式适应	0.508	0.362	0.124	-0.196	0.237	0.339
与领导工作关系	0.23	0.763	0.193	0.11		0.103
与同事情感关系	-0.167	0.698	0.176		0.296	
与同事工作关系	0.149	0.675	0.288	0.144		
与领导情感关系		0.578			0.426	0.258
协调角色关系技巧	0.236	0.552			-0.185	
工作责任心	0.115	0.103	0.875	0.195		
工作积极性	0.189	0.154	0.822	0.228		
规章制度遵守	0.164	0.144	0.770			
奖励	0.104		0.105	0.851		
工作成就	0.224		0.295	0.765		0.113
考核	0.256	0.291		0.590		
规章制度了解	0.18				0.853	
岗位责任了解	0.136				0.823	
工作安心程度		0.112		0.141		0.849
工作喜欢程度	0.102	0.186				0.824

分析方法：主成分分析。

（2）量表的信度检测。信度是优良的测量工具所必备的条件，因此，对转业军官职业角色继续社会化测量表进行因素分析后，还必须进行信度分析。一般来说，如果一个量表的信度越高，则代表量表越稳定。信度有外在信度与内在信度之分。在"多选项量表"中，内在信度特别重要。在社会科学领域中，量表可接受的最小信度系数如何，是多数研究者最为关注的，但学者们的看法未尽一致。学者 Devellis、Nunnally 等认为，总量表的信度系数在0.7以上是可接受的最小信度值；Gay 等人认为，总量表的信度系数最好在0.8以上；而 Bryman 和 Gramer 认为，如果总量表的内在信度 α 系数在0.8以上，表示量表有较高的信度。内在信度检验最常用的方法是 Cronbach's alpha 系数法。此处检验的是量表的内在信度，采用的就是该系数法。信度分析的结果显示，转业军官职业角色继续社会化总量表的 Cronbach's alpha 系数（简称 A 系数）为 0. 8162，根据 Bryman 和 Gramer 的观点，该量表信度较高。其他各分量表的标准 alpha 系数均在 0. 60 以上，其中职业角色专业技能继续社会化分量表的 α 系数为 0. 7513，角色功能发挥分量表的 α 系数为 0. 7486，职业角色规范继续社会化分量表的 α 系数为 0. 6742，职业角色关系继续社会化分量表的 α 系数为 0. 7367。

通过对转业军官职业角色继续社会化测量表的因素分析和信度检测，可以得出这样一个结论：文中设计的测量表在实际运行中具有较强的实用性。但是，该量表仍然存在不足之处：一是该量表中有些指标仍比较粗放，应该进行细化，比如转业军官的业务知识，如果能够细化为若干个细指标，测量效果将会更好；二是总量表的 α 系数只有 0. 8162，各分量表的信度系数都在 0. 8 以下，量表信度仍不够理想，有待进一步提高。

参考文献

[1] 社会学概论编写组. 社会学概论 [M].天津：天津人民出版社，1984.

[2] 吴江霜. 社会学与社会心理学 [M].北京：工人出版社，1986.

[3] 郑杭生. 社会学概论新修 [M].北京：中国人民大学出版社，2002.

[4] 刘金初，陈成文. 新编社会学教程 [M].长沙：湖南人民出版社，1997.

[5] ［美］黑尔里格尔. 组织行为学 [M].北京：中国社会科学出版社，2001.

[6] 王绥雄. 试论海口市转业军官的角色转换 [D].硕士论文（未发表）1995.

[7] 戴维·波谱诺. 社会学（第十版） [M].北京：中国人民大学出版社，1999.

[8] H. H. Gerth and C. Wright Mills（eds. ）. From Max Weber：Essays in Sociology [M]. NewYork：Oxford University Press，1946.

[9] 乔纳森·特纳. 社会学理论的结构：下册 [M].北京：华夏出版社，2001.

[10] ［美］彼得·布劳. 现代社会中的科层制 [M].北京：学林出版社，2001.

[11] 吴明隆. 统计应用实务 [M].北京：中国铁道出版社，2000.

适应人才市场化 建立和完善军队人才队伍建设机制[*]

李 亮 张伟超

纵观世界军事发展史，军事领域的竞争归根结底是人才的竞争。未来信息化战争中，敌我双方的较量将更加突出地表现为高素质人才的较量。随着科学技术作用的进一步凸显，知识战争的到来，我军要推进中国特色的军事变革，加快军队的改革和建设，完成机械化、信息化建设的双重任务，必须加强军队人才队伍建设，抓好人才战略工程的实施。因此，培养、使用并保留大批高素质人才，建立和完善军队人才建设的有效机制，是中国特色军事变革的重要内容，也是推进这一变革的重要保证。而随着我国社会主义市场经济体制的建立和加入世贸组织，人才资源市场化配置的格局已初步形成，人才市场化的趋势日益增强，建立和完善军队人才建设的有效机制，必须很好地适应人才市场化的趋势。

社会主义市场经济的发展，使传统的经济管理和人事管理体制逐步打破，我国的干部人事制度改革不断深化，人才市场化趋势日益明显，呈现出以下几个方面的显著特征：一是人才培养市场化，根据市场需求来培养人才。我国通过改革教育体制、调整教育结构，并在原有公办教育基础上建立了各级民办学校和各类人才培训机构，逐步走出了一条人才培养市场化道路，根据市场需求信息制定和调整人才培养计划，社会需要什么样的人才，市场经济建设缺少什么样的人才就培养什么样的人才。二是人才配置市场化，运用市场机制来配置人才资源。人才资源与其他资源经济社会一样，其配置和利用以市场经济形式下获得的为最优，市场机制能充分开发出市场参与者的内部潜能。1983 年我国在沈阳率先建立首家人才流动服务机构，到 2003 年全国有各级人才市场和人才服务中介机构共3500 余家，从 1996 年到 2001 年，全国有 1400 多万人通过人才服务机构实现流动，为国有企业、非国有企业分别引进配置人才 280 万人、200 多万人，"单位

---

* 本文原载于《高等教育研究学报》2003 年第 4 期。

自主用人，人才自主择业"的双向选择机制深入人心。人才资源的市场化配置促进了以契约为基础的平等的新型人事关系的确立，人才自主择业的权利受到尊重和保护，人才创业发展的空间更加广阔。三是人才使用市场化，按照市场规律使用人才。目前，人才使用已经逐步商品化，人才的使用、选拔往往参照市场的供求、价格因素，引入公平、公开、择优的竞争机制和淘汰机制，做到了"能者上，庸者下"。四是人才管理市场化，用市场关系、物资利益来吸引、留住、激励人才。在市场经济条件下，用人单位更多地采用提供优越的工作、生活环境和经济上的奖励来管理人才，激发优秀人才的活力，实现优秀人才的价值。

党的十五届五中全会就明确提出了要建立和完善机制健全、运行规范、服务周到、指导监督有力的人才市场体系目标。江泽民同志强调："要完善开放、灵活的人才市场配置机制，打破人才部门、单位壁垒，鼓励人才合理流动，培养形成与其他要素市场相贯通的人才市场，建立人才结构调整与经济结构调整相协调的动态机制。"他还提出："迎接新的军事发展的挑战，关键在人才"，"人才是兴军之本，必须把培养和造就大批高素质人才作为军队现代化建设的根本大计来抓。"在这场军事变革中，面对未来战争，我军面临的主要矛盾是现代化水平与现代战争的要求不相适应。其中一个重要的因素是官兵素质与未来高科技战争不相适应，人才队伍建设亟待加强。适应市场经济和新军事变革的需要，实施军队人才战略工程，为推进中国特色军事变革、实现军队现代化跨越式发展提供强大的人才和智力支持，要以"三个代表"重要思想为指导，以建设信息化军队为目标，以加强制度建设为保障，完善管理机制，使我军人才队伍建设整体水平有大的提高，使得各类人才充足、综合素质优良、结构布局合理。军队人才战略工程是涉及各个领域、各个环节的复杂的系统工程。根据我军的实际情况，很有必要结合当前人才市场化趋势的特点，对军队人才建设的政策和相关机制进行调整，建立完善军队人才建设的有效机制。

一、适应人才培养市场化趋势，建立和完善
"多出人才、快出人才"的培养机制，
保障人才数量和持续性发展

我军官兵科学文化水平偏低，与未来高科技战争不相适应。目前，我军具有全日制本科学历的只占27.3%，全日制研究生仅占3.9%，且大都集中在军官队伍中。而美军军官100%达到大学本科以上文化程度，硕士、博士的比例高达

38.4%，其中美国空军中硕士、博士的比例高达51%。俄罗斯军官98%受过高等教育，指挥军官全部大学毕业。就连发展中国家印度也要求营职军官都必须具有硕士以上学位，还经常派士兵到国外受训。我军现代化作战指挥人才缺乏，与未来高科技战争不相适应。高科技战争中，需要具有创新性的知识型人才，而联合作战指挥员更是既能指挥作战又能从事理论研究的集技术战术于一身的复合型人才。我军院校培养这种复合型指挥员的工作才进行不久，各部队严重缺乏这种复合型人才，这已成为制约我军现代化发展和军事斗争准备的突出问题。我军的人才培养主要依靠自己的各类技术、指挥院校，近年来，我军已加强了军事院校教育改革，启动了"军事院校重点建设工程"，初步构建起适应军队现代化建设的新的学科体系；走军地结合的道路，发挥地方院校的优势和长处，依托国民教育系统培养人才。从2000年起，北京大学、清华大学等50余所知名高校承担了为军队培养干部的任务。适应人才培养市场化趋势，军队还可以利用地方高等教育，根据需要每年从地方高校毕业生这个"人才市场"中招收思想合格、综合素质较高的毕业生参军入伍，这样就可以多出人才，快出人才，而且还可以避免重复建设，优化资源配置。培养人才并非只是院校的事情，而是全军共同的任务。注重在岗位上培养人才，也是建立和完善"多出人才、快出人才"培养机制的一个重要环节。军队还要建立和完善各级官兵的培训体制和各个学历层次的培训体系，要从制度上、程序上将军人终身教育纳入各类军事人才成长的全过程，选拔素质较高的军官、士兵进入高校，进行继续教育，并向科技发达的国家派出更多的留学人员；同时还要加快不同军种、兵种间交叉培养复合型军事指挥人才的步伐。这样才能保障我军有源源不断的人才来源，做到大规模培养人才，大幅度提高素质。

二、适应人才配置市场化趋势，建立和完善 "广纳群贤，流动有序" 的用人机制， 保证人才的需求和质量

要想顺应社会主义市场经济发展的潮流，建立好的用人机制，还应面向人才市场，建立人才交流的广阔渠道，为部队"广纳群贤"提供便利。发达国家把吸引和保留高素质军事人才作为最优先考虑的事务。美军《2010年联合构想》明确提出，招募和保留具有献身精神的高素质人才是美军建设的头等大事。在市场经济条件下，军队与地方在用人观念、经济收入、福利待遇等方面拉大了差距，军队应运用行政、法律等手段对军队人才流动进行调控，但更应注重经济手段的运用，注重

市场经济手段对军队人才流动的宏观调控作用。军队人才建设的有关部门不能成为吸纳人才和进行人才交流的"绊脚石"，而应是"促进剂"和"催化剂"。要从军队人才建设的长远利益出发，顾全大局，筹措经费用于人才建设，遵循市场经济规律，运用市场经济手段，尽快建立和完善军队人才配置机制，做到人才的进出顺畅，流动有序，保证军队的人才需求和人才质量。在岗位上如果得不到重用，不能人尽其才，也会严重挫伤已有人才的积极性和主动性，造成军队人才资源的浪费。所以，建立和完善军队人才选拔和使用机制，要按照社会主义市场经济体制和军队建设的内在要求，在选拔人才、使用人才上引入竞争机制，按照市场对人才的评价标准大胆发现、使用高素质人才，并为他们充分发挥聪明才智和潜质潜能营造一个良好的环境。不为所有，但为所用，也是顺应社会主义市场经济中人才使用市场化趋势，建立好的用人机制的重要方面。要根据人才市场规律，逐步打破人才的部门所有制、单位所有制，使各方面的优秀人才更好地为部队建设服务。

三、适应人才管理市场化趋势，建立和完善"以人为本，人尽其才"的管理机制，充分发挥人才效应

马克思主义历来强调人是管理中最活跃、最重要且起决定作用的因素，主张重视人、尊重人、关心人、教育人、激励人、以人为核心，以人为根本。马克思主义的管理原则、管理制度、管理方法、管理手段都贯穿着"以人为本"的思想。在社会主义市场经济条件下，贯彻"以人为本"的管理思想，离不开价值规律的作用，离不开市场对人才的评价标准。建立和完善军队人才管理机制必须以人为本，适应人才管理市场化趋势，才能做到人尽其才。我军既面临着"战场"的挑战，又面临着"市场"的考验；在人才管理上，既有管理不严、人才流失的问题，又有卡得过死、人才使用不当等不合理现象，造成一方面人才紧缺，另一方面又人才闲置浪费。因此，建立和完善军队人才管理调控机制，应按照社会主义市场经济的要求，要走人才管理市场化和信息化的道路，适应人才市场实际情况，加大经费投入吸引人才，对引进博士、硕士等专业技术人才给予一定的科研启动资金与安家费；借鉴市场经济运作方式，建立各种人才的资料信息库；运用市场机制，根据工作实际和个人特点合理配置和管理人才。通过有效的管理机制的作用，对岗位不合适、专业不对口的各类人才进行及时调整和合理安排，做到人尽其才、才尽其用；通过有效的管理机制的作用，不断满足人才的合理需要，发挥

人才的主体性、能动性和创造性；通过有效的管理机制的作用，使人才到最利于发挥特长的岗位上发挥作用，为他们施展才华创造良好的条件，确保军队人才管理的最大效益。

四、适应人才使用市场化趋势，建立和完善"尊重人才，凝聚人才"的激励机制，激发人才队伍的活力

在人才市场化趋势日益明显的情况下，人才的流动性加大，军队吸引、保留人才，发挥人才作用的难度也越来越大。优秀人才的流失和闲置会给军队造成巨大的损失，影响现役军人的积极性和工作效率，影响新装备、新技术、新战法的研制推广和应用。吸引、保留人才，充分发挥人才的积极主动性，除了要发扬我军光荣传统，继续加强政治思想教育工作，加强"军魂"意识教育，激发各类人才热爱军队、安心本职工作、献身国防的光荣感、责任感之外，还需顺应人才市场化趋势的要求，建立和完善尊重人才、凝聚人才，充分体现人才价值的激励机制。对于工作出色、有重大贡献的军队人才，应在调资晋级、提拔任用、立功受奖方面优先考虑；给在特殊岗位担任重要任务的专业技术人员提高补助标准，使之获得更多的劳动报酬；为作战部队的技术骨干发放岗位津贴，增加其实际收入；对有突出贡献的专业技术人员实行重奖，使之先富起来；为军队人才的子女入托入学、家属就业安置等生活学习方面提供良好的保障服务；为军队人才的退役安置当好参谋等。使在部队工作的人才得到较高的社会评价和社会尊重及其相应的经济报酬，为他们消除经济、政治、心理上的后顾之忧，这样才能使军队的优秀人才有价值感和成就感，安心工作、舒心工作、放心工作，更好地为军队建设服务。

参考文献

[1] 郑甘. 我军干部制度的一项重大改革——依托普通高校培养军队干部 [J]. 解放军画报，2001（3）.

[2] 于锡国. 我国初步形成人才资源市场化配置格局 [EB/OL]. 新华网·济南，2002 - 11 - 29.

[3] 人调发 1994 年第 7 号（文件），加快培育和发展我国人才市场的意见。

[4] 人事部人才流动开发公司：1999 年度部委人才市场中介机构年审情况，2000 年 2 月（内部报告）。

相对收入水平与军事人力资本激励[*]

李辉亿

一、引言

人才流失或激励不足，特别是高技术人才流失或激励不足的现象已经引起了我军管理层和理论工作者的广泛关注。不少学者借鉴西奥多·W. 舒尔茨把人力资源转化为人力资本的方法，把"军事人力资源"转化为"军事人力资本"，对军事人力资本的投资成本与收益、军人的工资、福利水平进行了广泛而深入的研究，取得了不少成果。一般认为，军事人力资本就是指军事人力和凝结在军事人力上的知识和技能的总和。军事人力资本的绝对收入水平过低是引起我军人才流失与激励不足的主要原因。军事人力资本的收入水平不仅应包括与地方经济领域同水平的收入，而且应包括风险收入、特殊环境补偿性收入以及其他收入。^①军人的工资水平应该高于地方同类人员的工资水平。但是，由于目前国家公务员的工资水平已经不与企业同类人员的工资水平挂钩，政府部门的公务员的收入结构出现多样化、复杂化的特点，基本工资占总收入的比重逐渐缩小，近几年只占收入总额的 30%，^②结果使得 1985 年确定的"军人基本工资高于国家公务人员20%"的标准时至今日已经失去了它的现实针对性。经济待遇偏低是引起军事人才流失的主要原因之一，提高经济待遇是激励军事技术人才努力工作、继续服役的重要手段。^③

---

* 本文原载于《军事经济研究》2003 年第 4 期。

① 唐海海. 微观军事人力资本投资收益分析及政策启示 [J]. 军事经济研究，2001（10）.

② 张洁. 公平理论在军人工资制度改革中的应用 [J]. 军事经济研究，2002（6）：35.

③ 何铁彦，黄瑞新. 关于控制军事人才流失的辩证思考 [J]. 军事经济学院学报，2002（2）：16.

另外，我军目前还存在不同程度的军人非意愿退出现役的现象，我国理论界对这一现象未做深入研究。国外的学者在 20 世纪七八十年代曾对军事人力资本的供给做过一些实证性的研究，研究主要是以澳大利亚、加拿大、英国和美国为例。研究结果表明，人力密集型部队和资本密集型部队对军事人力资本的供给与需求是有差异的，不同素质的军事人力资本的价格水平也是有差异的，影响军事人力资本供给的主要因素是军地之间收入差异、军队内部的相对收入水平和社会失业率等因素。[1] 除了爱国主义、个人的感情、荣誉感、社会地位等都可能是部分军人不愿意退出现役的重要原因以外，经济原因应当也是其中一个非常重要的因素。换句话说，不少军人对目前军队提供的经济待遇水平是能够接受的，愿意继续留在部队。所以经济待遇偏低的说法并不适用于所有军人，因为作为任何理性行为人，收益的多少是诱导个体做出某种选择的一个重要原因。事实上，从军事人力资本流失的对象来看，流失的主要是一些学历高，技术水平好，特别是军民通用的专业技术水平好的技术人才。经济待遇偏低是指高素质军事人才的绝对收入水平偏低。这部分人要走，军队想挽留，人力资本的供求是不均衡的；而另外一些人可能并不想走，军队可能会要求他们退出现役，人力资本的供求也是不均衡的。所以，应该加强对军队内部人力资本的相对收入水平的研究。笔者认为，在收入分配上，军队内部人力资本的收入差别过小是引起人才流失并导致激励不足的另一个重要原因。不同效能的人力资本的工资差别不是很大，这就在一定程度上抑制了军人不断提高其自身人力资本水平和发挥效能的积极性和主动性。

二、军事人力资本的均衡价格差异

在义务兵役制度和在非义务兵役制度下，均衡价格的形成与市场的供求关系是不同的。从需求方面来看，不管是义务兵役制度还是非义务兵役制度，军队对军事人力资本的需求量是由军队的编制大小来决定的，而军队的编制大小又是根据国家的安全系数来确定的。只要国家的安全系数和军队的编制大小一经确定，在某一时点或某一时段，军事人力资本的需求量就会相对稳定。从供给方面来看，在义务兵役制度下，军事人力资本受每个公民必须服兵役的"制度约束"，军事人力资本的供给不是一种市场化的行为，军事人力资本的供给量是相对稳定

---

① Hartely, "The Defense Economy", 1995.

的。但是，在完成法律规定的服役期限以后，军事人力资本又会受市场人力资本价格的影响，因为人力资本的所有者有选择继续留在军队还是退出现役的自由。在这种情况下，军事人力资本的供求关系又表现为一种市场化的行为。在非义务兵役制度下，军事人力资本的供给可以看作是一种完全的市场化行为，军事人力资本的供给与需求完全受人力资本市场价格的影响。所以，在市场经济条件下，不论是在义务兵役制度下还是在非义务兵役制度下，军事人力资本的均衡价格都会受市场价格的影响，只是受市场价格影响的广度和深度不同而已。本文分析的是在义务兵役制度下受市场价格影响的那部分军事人力资本价格水平的确定，在图 1 中用军人工资来表示军事人力资本价格。

1. 两点假设

假设 1：假设在某一时点或某一时段，军队需要高水平、中等水平和低水平三种人力资本，并假定对高素质的人力资本的需求量小于中等素质的人力资本的需求量，对中等素质的人力资本的需求量小于低素质的人力资本的需求量。由于高素质的人力资本的投资成本要高于中等水平和低水平的人力资本的投资成本，由成本曲线引导出来的供给曲线的位置也会不一样，高素质的人力资本的供给曲线要高于中等素质的人力资本的供给曲线，而中等素质的人力资本的供给曲线要高于低素质的人力资本的供给曲线。

假设 2：军队和军事人力资本的所有者对军事人力资本存在信息不对称。由于信息不对称，能力高的人有强烈的动机将有关自己能力的信息传递给军队的管理者。人力资源的教育投资程度和技术水平可以作为一种可信的信息传递工具。能力高的人会选择更多的教育投资和"干中学"（Learning by Doing），通过更高的受教育水平和技术水平来暗示军队管理者自己是能力最高的人。根据受教育水平和技术水平这一信息，管理者克服信息不对称，将能力高和能力低的人力资本区分开来。

2. 军事人力资本的均衡价格

在国家的安全系数和军队的编制大小已经确定的情况下，军事人力资本的需求总量是相对固定的，需求总量 $Q = Q_高 + Q_中 + Q_低$。在图 1 中，$Q_高$ 表示的是军队对高素质的军事人力资本的需求量，$Q_中$ 表示的是军队对中等素质的军事人力资本的需求量，$Q_低$ 表示的是对低素质的军事人力资本的需求量。$S_高$ 表示的是高素质人力资本的供给曲线，它是一条正斜率的曲线；$S_中$ 表示的是中等素质的人力资本的供给曲线；$S_低$ 表示的是低素质的人力资本的供给曲线。同样都是正斜率的曲线，[①] $W_{高}$ 是高素质的人力资本的均衡价格水平，$W_{中}$ 是中等素质的人力资本的均衡价格水平，$W_{低}$ 是低素质的人力资本的均衡价格水平。

3. 图形的现实意义与扩展

在图1中，由于存在均衡工资水平的差别，政府如何定价就值得探讨。如果政府不考虑人力资本素质的高低，实行无差别定价法，假设定在 $W_{低}$，由于价格太低，高素质的人力资本和中等素质的人力资本会出现供不应求的现象。由于中等素质以上的人力资本的投资得不到补偿，军队就难以从社会上吸纳高素质的军事人才。已经被吸纳的高素质军事人才在完成规定的服役期限以后，就会要求退出现役。军队为了减少人才流失，就会采取办法防止中等素质以上的人才退出现役。吸引人才和防止人才流失正是目前各个单位的领导面临的一个难题。我们只是提倡以事业"留人"、感情"留人"和合理的待遇留人，全军还没有形成一套统一的办法。各个单位采取的都是临时的应对之策，操作起来往往具有较大的弹性。实际工作中，各个单位的主观认识与客观条件都不尽相同，采取的办法千差万别，实施的效果也就各不一样。各个单位在采取措施留住人才的时候，这部分军事人力资本自己也有一个对未来的合理预期，而这种预期往往是以自己和他人在本单位过去的经验为基础的。如果预期是令人满意的，军队是可以留住人才的。

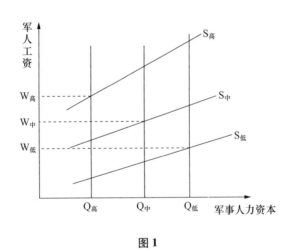

图1

---

① 在义务兵役制度下，由于普通的人力资本的供给受义务兵役制度的制度约束，在某一确定的价格水平下，所有适龄青年都有服兵役的义务，因而供给量基本上不受价格的影响，即存在类似买方垄断的现象，普通的人力资本的供给价格弹性几乎为0。它的供给曲线可以看作是一条平行于横轴的直线。不管普通的人力资本的供给曲线的形状如何，在本文中不会影响所得出的结论。故本文使用正斜率的供给曲线，因为它既符合雇佣兵役制度，也基本符合义务兵役制度下超期服役的情形。

如果预期不令人乐观，中等素质以上的人力资本就会要求退出现役。如果是普遍性地出现这种情况，则其后果将令人担忧。

如果政府统一定价为 $W_{高}$，结果是中等素质和低素质的人力资本会出现供过于求的情况。这种定价办法的好处是，高工资吸引了社会上高素质的人力资本向军队流动，军队对人力资本可以择优选择。不利的后果有：一是受国家财力的制约，政府拿不出足够多的军费来满足所有高、中、低三种素质的军事人力资本的高工资。二是用如此高的工资来满足军事人力资本的需要，把高素质人才吸引到军队中来，可能会造成全社会人力资本的浪费，对整个社会的经济增长不利。三是高工资会诱导人力资本向军队大量流动，军事人力资本的择优选择可能会更多地受到某些人为因素的干扰，譬如，在具体的执行过程中可能会因人际关系的干扰而出现偏差，极易出现高素质人才被排挤的现象。四是平均化的高工资会使高素质的人力资本所有者和低素质的人力资本所有者产生一种预期：原来每个人并不需要那么高的教育程度就可以享受同样高的工资待遇。人力资本的投资积极性会降低，在"干中学"的工作积极性也会降低。如果这一现象产生示范效应，会打击所有人力资本投资的积极性，降低军事人力资本的素质。所以，工资水平无论是定得过高还是定得过低，都会影响军事人力资本投资。

如果政府统一定价为 $W_{中}$，其情形只是上述两种情况的综合而已。结果是既存在高素质的人力资本供不应求的现象又存在低素质的人力资本供过于求的现象，会出现上述高工资和低工资两种情况下的不利情况。所以，政府对军事人力资本的定价要采取差别定价方法，对高素质的人力资本要定价为 $W_{高}$，对中等素质的人力资本要定价为 $W_{中}$，对低素质的人力资本要定价为 $W_{低}$，从而使不同水平的军事人力资本的供给与需求维持一个均衡的状态。这样才能使军事人力资本的构成保持一个合适的比例。

该模型还存在以下几个方面的推论：

推论1：如果军事人力资本的素质有 N 个层次，那么在每一个层次上都有一个均衡点，总共有 N 个均衡点，有 N 种不同水平的均衡价格。在每一个均衡价格水平上，其对应的军事人力资本的供给与需求是相等的，所以在理论上存在 N 种合适的价格水平。

推论2：如果军事人力资本的需求结构发生了变化，对高素质人力资本的需求增加，而对低素质的人力资本的需求减少，则会引起人力资本需求曲线的移动，高素质人力资本的需求曲线向右移动，低素质的人力资本的需求曲线向左移动。事实上，在编制大小一定的情况下，一方的增加往往是以另一方的减少为前提的。至于供给曲线，由于人力资本的投资周期比较长，在短期内可以把它看作是不变的。结果是，高素质的人力资本的均衡价格越来越高，而低素质的人力资本的均衡价格越来越低。

推论 3：从长期来看，也存在一些引起人力资本价格下降的因素。随着人力资本投资效率的提高，人力资本投资成本有下降的趋势，会限制人力资本价格的过快增长。此外，如果整个社会对人力资本投资收益有比较好的预期，会刺激人力资本投资，人力资本的供给增多，供给曲线向右移动，同样对人力资本的价格上升起到抑制作用。所以，不必担心高素质的军事人力资本价格的无限上涨。

推论 4：对于同一素质的人力资本，如果在民用经济领域与军事经济领域存在两种高低不同的价格水平，那么原来的军事人力资本的均衡价格就会被打破。只要民用经济领域人力资本的价格高于军事经济领域，那么就会引起人力资本向民用经济领域流动，减少军事人力资本的供给量，引起军事人力资本的价格上涨，从而形成新的均衡价格。所以，从长期来看，军事人力资本价格与民用经济的人力资本价格有趋同的趋势。

三、相对收入水平的经验分析

严格地说，相对收入水平应该包括两个方面的含义，一是军队和地方的收入之比，二是军队内部不同军人之间的收入之比。军人收入的绝大部分来自于工资，可以用军人的工资来表示军人的收入水平，所以军人之间的相对收入水平就是军人的工资之比。譬如，高低两种素质的军人的相对收入水平就可以用高素质的人力资本与低素质的人力资本的工资之比来表示，用 I_1 表示，如下式所示：

$$I_1 = W_{低} / W_{高}$$

在差别定价方法下，I_1 值是小于 1 的。低素质人力资本的收入与高素质人力资本的收入差距越大，其值越小，人力资本的投资积极性就越高。从我军的具体情况来看，军人之间的工资水平是有差别的，但是人力资本收益的大小主要表现在服役年限和职位的高低上。虽然军人的服役年限和职务也部分地反映了其人力资本存量的大小，但是对那些服役年限短、职务低而具有高水平军事人力资本存量的军人，需要经过很长的时间方能逐渐得到提升从而相应地增加收益。因而不管各个单位留住人才的政策规定得多么详细，调整得多么及时，也难以准确及时地反映出军人的军事人力资本存量的水平和效率。因为这种反映是近似的、间接的和迟缓的。在科学技术飞速发展的现代社会，知识呈现出加速贬值的趋势，而贬值的人力资本的预期收益将大为减少。这就迫使一部分军民通用型的军事人力资本急于退出军事领域，力图在民用经济领域实现自己的市场收益。正是这些原因造成近几年军队中青年高技术人才的流失。

对于同一素质的人力资本，军队和地方的相对收入水平可用军地之间的平均收入水平的比来表示，如下式所示：

$$I_2 = W_军 / W_地$$

只要 $W_军$ 的收入水平低于 $W_地$，则 I_2 的值就会小于 1，收入差距越大，则 I_2 的值就会越小。军事人力资本的投资积极性，特别是专业性强的军事人力资本的投资积极性就越低，军事人力资本要求退出现役的意愿就越强烈。

从总体上来看，我国军事人力资本的供求总量仍然是均衡的，结构基本上是合理的。但是人才的流失现象依然严重，人才流失抵消了引进人才的积极效果。我国军事人力资本的供求均衡是一种局部的均衡，它存在各种不稳定性因素。义务兵役制度作为一项制度约束，可以保证军队吸纳到足够多的军事人力资本。但是在服完规定的现役以后，能不能留住高素质军事人力资本，能不能进一步吸纳高素质军事人力资本，就要看新的制度设计是否合理。制度设计合理的一个重要方面就是制度是否具有一定的稳定性，并且能给人一个合理的收入预期。我国目前的军事人力资本激励和供求均衡受一些不稳定的非制度性因素的影响比较大。譬如，为了提高军事人力资本的受教育水平，就要进行投资，而投资是要花成本的，而成本是要有出处的。当个人不愿承担或者无力承担这些成本时，军队就要承担投资成本，有些时候可能还要弥补个人因学习而产生的机会成本。所以，投资成本最终还是要落在单位身上。单位愿不愿意，能不能够承担这种投资成本就具有不确定性。首先，这种人力资本的投资是附着在军人身上的，它存在一个人力资本的所有权问题。市场上和军队的人力资本产权的归属是不同的。市场上的人力资本可以认为是由个人投资形成的，全部产权只属于作为其载体的劳动者个人，其人力资本的产权行使不受交易对方的约束。一旦进入军队，人力资本就转化为劳动者和军队共同所有。因为军队通常会通过教育投资使人力资本得到改善、积累或转变，以满足战争的需要。同时，人力资本所有者也可以通过军事实践活动，譬如"干中学"的方式来达到同一目的。军队中的人力资本是军人和军队共同投资所形成的。因此军队中的人力资本产权归属并不唯一，产权的使用要受到投资双方的共同制约。然而，人力资本使用的控制权并不归投资双方所共有。人力资本无论是由谁的投资所形成，其载体只能是人，使用的控制权都天然地归劳动者所有。在使用权转让以后，形式上人力资本的使用权可以归军队所有，但实质上军人本身对其始终保持着终极控制权，随时可以公开或隐蔽地关闭和收回。这正是军事人力资本的复杂性，这种复杂性影响了军队管理者对于引进人才和进行人力资本投资的积极性。其次，人力资本使用控制权的天然私有性决定了军事人力资本的实际应用的方向仍然存在着不确定性，即存在着履约风险。

而要在细节执行的过程中充分发挥军事人力资本的作用，就必须考虑军人的意愿和要求，这样，人力资本才能正常和充分地发挥作用，否则就会出现人力资本"消极怠工"的现象。

由于对军事人力资本投资具有收益的不确定性，人力资本产权的私有性，各级军队管理者对军事人力资本投资的认识就会千差万别。这种认识上的差别再加上其他因素，将会直接影响各单位对军事人力资本投资的积极性，从而使得军事人力资本的供求均衡存在一些不稳定性因素。

单个军人对人力资本投资所产生的预期收益率对人力资本激励也有显著的影响。就目前的知识人力报酬水平看，如果进行人力资本投资与收益的比较，向知识投资是极不合算的。中国社会科学院经济研究所诸建芳等对全国 12 个省的企业职工的人力资本投资的个人收益率进行了抽样调查，运用模型对 1992 年调查数据进行回归估计，结果表明，全体职工的基础教育收益率为 18%，专业教育收益为 30%。换言之，职工每增加一年基础教育或专业教育，可增加年收入18% 或 30%。这个估计远低于杰密森和加格（1987 年）的估计（城市男性为45%，女性为 5%）。但是即便是杰密森和加格的估计，仍然低于世界各国平均水平。这种现象在军事经济领域同样存在。较低的预期收益率不仅使军队难以吸纳高素质的军事人力资本，而且迫使一部分军事人力资本要求退出现役，向高收入的民用经济行业流动。因制度约束不得不留下来的那部分高素质军事人力资本，也因过于平均化的相对收入水平而缺乏继续进行人力资本投资的积极性，甚至不愿在"干中学"中投入过多的时间、精力和金钱。军队管理者不得不依赖自己的领导艺术和人格魅力来调动军事人力资本的积极性。

四、政策启示

1. 深化军人工资改革

军人工资水平，除了体现军人的服役年限和职位的高低外，还应体现人力资本的投资成本和收益。在进一步提高军人的工资福利待遇的同时，应加大对高技术人才的奖励和补贴的力度。根据人力资本的素质，可以考虑以受教育程度和技术水平作为标准，对军事人力资本实行差别定价，这种定价方法不应该是目前各个单位自己独立的主张（譬如，目前有些单位就增设了对高素质军事人力资本工资外的补贴），而应该是一项全军统一的政策。因为，军事单位不同于民用经济企业，除了节约以外，它本身并不创造财富。实行统一的差别定价方法，一是可以补偿高素质人力资本累积的人力资本投资，使其人力资本投资取得合理的回报，从而使人力资本所有者对人力资本投资形成合理预期，提高人力资本投资的积极性。二是可以适当补偿军事人力资本在自学过程和干部培训中发生的各种成本，提高"干中学"的积极性。当然，也要注意部分人力资本传递的教育信息的不真实性。

2. 国家要加大对军事人力资本的投资力度，特别是对军事专用性人力资本投资要实行重点倾斜

因为人力资本的所有者都想通过提高自己的教育水平和技术水平向管理者传递自己能力高这一信息，并且更愿意接受军民通用性的人力资本投资，为退出现役做准备。对于这两种军事人力资本投资应该区别对待。国家对专业性军事人力资本投资的增加，不仅要符合军事人力资本供求的动态均衡的要求，更要符合未来高技术战争发展的迫切需要。

3. 军事人力资本的价格政策要与民用经济领域的人力资本的价格政策相协调，并能够紧跟民用经济领域人力资本价格政策的变化趋势

目前，在民用经济领域，一流的技术工人可以拿到与总经理相等的岗位工资。要想把一流的军事科技人才吸引到最重要的特殊工作岗位中去，这种做法就值得我们借鉴。

4. 对军事人力资本的管理要把制度约束、领导艺术和经济手段三者结合起来

制度约束在很多情形下并不是完全刚性的。单位领导也会变动，领导艺术会因领导的不同而不同。所以要把制度约束、领导艺术和经济手段结合起来，互为补充，使我军的人力资本管理能够应对来自国内和国际两个市场的竞争。

参考文献

［1］袁明全. 军队收入分配概论［M］.北京：海潮出版社，2001.

［2］张建琦. 人力资本交易与国有企业的契约关系［J］.中山大学学报（社科版），2000（2）.

［3］杜云. 中国人力资本教育投资分析［J］.世界经济情况，2002（12）.

［4］U. Bhaskar, Alan Manning, Ted To. Oligopsony and Monopsonistic Competition in Labor Markets［J］. The Journal of Economic Perspectives，2002（3）.

关于深化军人收入分配理论研究的思考*

李辉亿　祖建明

一、必须借鉴国内外的最新研究成果

古典经济学家曾把收入分配理论视为经济理论的核心部分，如李嘉图就认为政治经济学的研究主题应该是商品在参与生产过程的各阶级间的分配规律。亚当·斯密也曾专门论述常备军、司法、行政机构对于维护国家安全、保障社会的整体利益的必要性。新古典经济学家继承了古典经济学家从生产要素角度研究分配规律的传统，发展了现在已经成为经济学教科书基本组成部分的生产要素分配理论。其代表人物马歇尔也曾说过，企业生产总量的增加，不仅依赖于内部经济，而且依赖于外部经济环境（如国家安全）。在 20 世纪 50 年代，收入分配的重心转向个人收入分配理论，即从国民收入在工资、利润、利息间的分配转向由基尼系数描述的个体之间收入分配的差距，并重点研究这种差距与经济增长的关系，收入分配成为经济理论研究的一个热点问题。库兹涅茨（Kuznets）关于经济增长与收入分配不平等的倒"U"形关系的著名假说就是在这一时期提出来的。在 20 世纪 70 年代初随着理性预期革命的兴起，宏观经济学家热衷于从个人最优化的理性行为出发建立宏观经济理论的微观基础，为了简化模型，他们抽象掉个体差异，广泛使用代表性人假设，理论界对收入分配的研究兴趣有所下降。但在 20 世纪 80 年代中后期随着新增长理论的崛起，收入分配的研究得到了复兴。当代收入分配理论的最新发展主要表现在经济学家从不同角度研究收入分配

* 本文原载于《军事经济研究》2003 年第 8 期。

的政治经济机制、收入分配格局的动态演化和对收入分配福利的重新评价。这些研究不是专门以军人作为研究对象的，但是对于研究军人的收入分配有许多相通的地方，值得我们学习和借鉴。譬如说，国外一些文献从个人的教育—生育决策角度研究收入分配与经济增长的关系，提出了教育—生育决策机制。他们把代表性个人视为一个家族，利用模型研究家族的初始财富人力资本投资与生育决策间的关系。Perotti（1996）指出，在教育决策方面，富有的家庭人力资本的投资往往高于贫穷家庭人力资本的投资。而生育决策是父母对其人力资本投资的机会成本和抚育小孩的直接成本权衡的结果。人力资本高的父母抚养子女的机会成本高，其子女的教育成本也高，从而对子女数量的需求小；人力资本低的父母抚育子女的机会成本小，子女的教育成本也小，其对子女数量的需求大。借鉴Perotti的研究方法，从教育—生育决策的角度研究收入分配对军事人力资源配置的影响应该是一个非常有前途的研究方向。战后，国外学者直接对军队收入分配进行研究的文章也不少，不过他们大多是把它和军事人力资源的配置结合起来进行研究的。他们采用理性人假设，构造军队"国防安全"的生产函数，从军事人力的供给、需求和市场均衡价格出发，分析了义务兵役制和非义务兵役制中军事人力的定价原理。其中，美国学者从理论、实证和政策三个大的方面对军事人力资源进行了比较深入的研究。Questert 和 Nakaodad 在 1983 年就针对国防部或军队的买方垄断地位进行了深入分析。Ridge 和 Smith 在 1991 年就指出，国防部作为人力资源的买方，应该运用经济理论构建一个军事劳动的需求函数，军事劳动力的需求就由其产出（或国家安全程度）、相对工资水平和其他因素来决定。他们还指出，人力密集型兵种和资本密集型兵种对人力资源的需求是不一样的。对这些问题进行实证方面的研究比较有代表性的是他们为英国国防部测算的军事人力资源的需求方程①。利用 1952~1978 年的数字对这个方程进行检验，结果表明，英国的国防开支与军事人力资源的需求呈明显的正相关关系。此外，20 世纪 90 年代以来，Buddin、Mehay 和 Thomas & Kocher 还对预备役部队的收入分配进行了分析。总的来说，国外对军队的收入分配的研究比我们要早，而且研究方法上要比我们规范。这主要表现在实证分析和计量检验上面。这是值得我们学习的。当然，由于兵役制度与军队性质不相同，我们不能照搬他们的理论。

新中国成立后，国内对军人收入分配的研究可以划分为两个阶段：第一个阶段是 20 世纪 90 年代以前，理论工作者运用马克思的劳动价值理论，对军人收入进行了定性分析。生产性劳动与非生产性劳动是那个阶段研究的焦点。第二个阶段就是 90 年代以后，理论工作者借鉴西方的收入分配理论，对军人收入进行了

---

① Hartley，"The Defense Economy"，1995.

一些定性方面的研究，军事人力资源的激励机制逐渐成为研究的焦点。近几年来，理论工作者相继发表了一些有价值的研究成果，提出了一些新的理论观点。从教材和著作方面来看，《军人待遇经济学》《军人收入分配概论》和《中国军队福利制度研究》等著作，或者是在理论研究方面，或者是在实证分析方面都有新的突破。譬如，《军人待遇经济学》就对军人待遇的对象进行了重新界定。书中认为，"有军籍的人，应当享受军人待遇；离休、退休和牺牲人员由于一生的绝大部分或最主要部分都是在军队度过，其社会人的性征理所当然要由军事属性来决定；复员、转业军人当其社会性征占主导地位时，也应具备军人属性"。书中还把战俘和特种人员都纳入军人待遇体系并对军人待遇的效益进行了经济学评价。这些研究是很有启发意义的。《军人收入分配概论》运用了不少西方经济学的基本理论和分析方法，特别是对一些模型的运用很有特色。譬如，书中对劳动力市场的供求状况进行的剖析很有特色。在166页，编者在对纵向差异劳动力市场模型与军队高技术人才流失问题进行分析时，根据劳动者对工作差异的敏感性程度，先对劳动者与厂商之间的竞争进行一般分析，然后对军队高技术人才流失问题进行具体分析。书中得出的"由于劳动者这种偏好的变化，使得从事工作差的工作人数减少"的结论也是很有价值的。此外，书中还对横向差异劳动力市场模型与军人工资水平的确定与工资增长的分析也富有启发意义。《中国军队福利制度研究》提出的军事机构的最佳福利组合模型和"军队办社会""福利资源配置的基本条件是每元福利支出的边际效用相等""军队福利货币化""高福利—低工资"和"福利配置'模拟帕累托最优'的均衡条件"等理论观点是很有价值的。

二、必须遵循理论创新的规范，在理论创新和实证分析上多下功夫

总的来看，国内对军人收入分配的研究在理论上逐渐深化，在方法上日趋规范。但是与地方学者对居民的收入分配研究，或者与国外同类研究相比，还是存在一定的差距。主要表现在两个方面：一是借鉴国外的地方多，本土化的少，特别是有我军特色的少。譬如说，有的学者采用的西方经济学模型带有很强的"模型特定性"或"问题特定性"的条件。但是条件是模型特定的或问题特定的，这种理论能运用的范围就有局限性。除此之外，有些模型过于复杂。理论是一个信息节约的工具，理论模型不是越复杂越好，而要尽可能地简化，限制条件要尽

可能的少。要用很少的给定条件，来解释观察到的现象。二是被学者用来解释军人收入分配现象的理论，没有不断地接受经验现象的检验，有的甚至从来没有进行计量检验。著名经济学家林毅夫就指出："国内经济学者一般善于写文章，阐述观点，而不乐意做经验实证的工作……实际上，对于经济学家来说，养成经验实证的习惯是培养对理论发展做出贡献的一个重要方法。"

传统的军人收入分配制度与当前的外部环境存在许多不相适应的地方，需要有新的军人收入分配理论。以军人的相对收入水平下降而导致军队人才流失的经验事实为例，按照传统的劳动价值理论就难以做出令人信服的解释。传统劳动价值理论的基本观点就是军人劳动提供的是安全服务，是一种非生产性的劳动。因为"只有生产资本的雇佣劳动才是生产劳动"。"非生产性劳动就是不同资本交换，而直接同收入即工资或利润交换的劳动"。军人要得到收入并不是无代价的，为了得到收入，他们把自己的服务提供给别人，这些服务本身有使用价值，由于它们的生产费用，也有交换价值。但是军人的劳动价值的量又如何确定呢？对于同一劳动，如果从量上进行比较的话，是生产性劳动的价值高还是非生产性劳动的价值高？传统的劳动价值理论难以做出令人信服的回答。作为军人集体应该从国民收入中得到多少份额呢？军人与军人之间又是如何分配这一份额的呢？什么样的分配方式是有效率的？什么样的分配方式又是公平的？是注重效率还是注重公平？什么样的收入分配方式对军事人力资源是有吸引力的？理论是行动的先导，要想准确地回答上述问题，就必须对传统的劳动价值理论进行创新。对于收入分配的研究，在民用经济领域，由于不少学者"多年来一直坚持对中国的收入分配问题进行规范、深入的实证研究，已经是成就斐然"。比较而言，军队的研究已经落后了。在军队，据我所知，对于军人收入分配的研究还没有形成权威性的研究成果，尽管总部机关和军事经济理论工作者各自都发表了一些有价值的研究报告和学术观点。造成这种研究上的差距的原因，除了军事经济领域研究对象的特殊性以外，另外一个重要原因就是研究方法问题。按照国际上的研究规范，研究收入分配应该对收入分配的状况及其变化进行实证分析，而且对大样本数据的统计分析和计量经济学分析要占主要部分。

一个理论是几个重要社会经济变量之间的逻辑关系体系。因此，当一个现象可以用一个内部逻辑一致的理论来解释的时候，通常也可以通过不同变量的选择组合，而同时形成几个内部逻辑严谨并同样可以解释这一现象的若干个其他理论。以当前部队出现的"让走不愿走，想留留不住"的怪现象这一经验事实为例，机会成本理论与理性预期理论在一定程度上都可以解释这一现象。机会成本理论以那些掌握了军民通用技术的高素质人才离开部队的预期收益远远大于离开部队的机会成本来解释为什么"想留留不住"，以那些没有掌握军民通用技术或技能的军人由于预期收益小于机会成本来解释为什么"让走不愿走"。理性预期理论还以"上有政策，下有对策"来解释军人如何通过提高自己的学历层次以符合新的干部晋升条件而达到继续留在部队的目的。人力资本理论同样可以解释这一现象，而且效果可能更好。个人在教育、R&D 等人力资本方面的投资具有规模报酬递增效应，而教育投资等又多发生在高素质（主要表现为高学历、高技能）群体中。当前军人的收入分配制度又不遵循人力资本投资的规模报酬递增规律，所以高素质军事人才选择不同的退出路径，进入当前民用经济领域中的人力资本投资规模报酬递增的行业或部门。但是，这里采用的还是比较静态的分析方法，教育投资与高素质人才又是如何形成的呢？能不能进行人力资本投资要受初始财富的约束，所以有必要对收入分配格局的动态演化进行深入的分析。为了研究收入分配格局的动态演化，一般应该分析从一种收入分配格局到另一种收入分配格局的传导机制（变量）。初始收入分配格局决定当期传导变量值，后者对不同个人的当期收入产生不同影响，从而使得期末收入分配格局发生变化，这种变化反过来又改变下期传导变量值。正是在与传导变量的这种交互作用的过程中，从而使得收入分配格局发生变化。Galor 和 Zeira（1993）用 OLG（Overlapping generations）模型在一个小型开放经济中从人力资本投资角度研究了收入分配格局的动态演化。他们假定寿命为两期的个人或者作为不熟练劳动力在两期都工作或者在第一期进行人力资本投资然后在第二期作为熟练劳动力工作[①]。使用不熟练劳动力的传统部门的工资率较低，使用熟练劳动力的现代部门生产效率和工资率较高。该模型的核心是人力资本投资决策。他们假定存在人力资本投资门槛 h，任何初始财富小于 h 的人要想成为熟练劳动力必须从金融市场借款。个人通过比较效用的大小决定是否进行人力资本投资，显然初始财富大于 h 的人进行人力资本投资是最优的。他们证明初始财富小于 h 的个人并不都会借款进行人力资本投资，初始财富在某一值 f < h 之下的人即使可以借到足够的钱，他也不会进行人力资本投资，因为他作为不熟练劳动力在两期都工作效用更高。可见较高水平的教育投资仅限于初始财富较高的个人。个人的初始财富完全决定其人力资本投资决策，决定其收入、消费，也决定其留给后代的遗产。把 Galor 和 Zeira 的理论运用到军事领域中来，可以得出一些有价值的结论。高技术局部战争条件下，部队显然是一个效率高的现代部门，它需要的是熟练劳动力，而军事人力资本投资（如读军校）几乎不受上面提到的个人初始财富的约束。这一理论可以解释为什么目前军队还有足够的吸引力。军事人力资本投资完成以后，人力资本的产

---

① 两期指的是年轻期和年老期，其基本含义是，个人只在年轻时获得收入，它依赖于全社会的平均禀赋和个人禀赋水平。个人储蓄的一部分收入用于年老者消费，但其年老时的消费还要受到财政转移支付政策的影响，它将储蓄超过平均水平的个人收入转移一部分给储蓄较少的人。

权如何界定呢？投资收益情况又如何？这在理论上是要进一步深化的。人力资本投资一旦凝结在军人身上，就变成军事人力资本存量，它就附着在人的身上。尽管军队名义上拥有军事人力资本的所有权或收益权，但是人力资本的终极控制权始终掌握在个人手中。如果能够把军队对人力资本的投资看作是一种"特殊福利"的话，这种福利应该属于军人的非货币形态的机会收入。而这种机会收入已经提前支付了。时过境迁，已经沉淀起人力资本存量的个体由于受到外界的影响，他会根据自己现有的资本存量和预期收益与其他人进行对比，然后做出是否退出军事领域的决定。如果退出未获批准，他会消极，会关闭自己的部分知识功能。对此，有的理论工作者提出了"赔钱"和"赔钱加惩罚"的主张，这种办法简单易行，但仍为治标不治本之策。理论研究发展到这个地步，已经有不少创新了，我认为还不够。有没有更新的理论和更好的解决办法呢？

三、必须具有较强的现实针对性和
一定的前瞻性

中国经济正处在从计划经济体制向市场经济体制转变、从封闭经济向开放经济转变的过程中。中国军队正处在由人力密集型向技术密集型、数量规模型向质量效能型转变的过程中。经济体制转轨所带来的最深刻的变化之一就是收入分配格局的变动。这种变动将直接影响中国军队的"两个转变"。为应对这种变动，军队的工资、福利制度改革已经开始启动。从理论上讲，这有利于提高军人的收入水平和完善军队内部的收入分配结构。但是，现实的收入分配制度运行却出现了一些带有"悖论"性质的现象：一是国家用于军人工资、福利待遇的投入总量在增加，但是现实中军队与地方的相对收入水平却呈下降趋势。其结果是，尽管单个军人的绝对收入水平在不断增加，但对收入水平的满意程度却在下降。二是国家经济体制改革的不断深化和完善，为军人收入分配制度改革提供了良好的外部环境和体制保障，但是现行的军人收入分配制度与地方收入分配制度的兼容性太差，军人收入分配制度与社会经济环境不相适应的态势难以打破，不利于人才兼容。其结果是制约了军队与地方之间人力资源的合理流动，影响了军队的人才队伍建设。三是长期以来在军队内部形成的收入分配平均化倾向引起了军队人力资源的收入与激励不兼容的矛盾。其结果是片面强化了部队的晋升激励，弱化了收入的激励作用。这些问题事关我军现代化建设的大局，对此，经济理论工作者应该做出有说服力的回答。

我军当前面临的一个最突出的问题就是如何确定适当的军人工资、福利待遇，以保持部队人才队伍的稳定性和提高军队的吸引力。要回答这个问题，不能单凭一个"涨"字就了事。在给定的军费约束（即军队工资、福利总支出一定）条件下，要进行收入分配的比较静态研究。总量一定，就必然要研究结构问题。在工资、福利支出总量一定的情况下，要想使军队的人力资源配置得到的总效用最大，就必然要求军队支出的每一元货币所得到的边际效用相等，换句话说，就是要使军队花费在军人身上的每一元钱所得到的边际战斗力相等。有了价值判断，还要有实证分析，即回答我军现在的收入状况到底是什么样的这么一个问题。要回答这个问题，不能人云亦云。譬如说，现在不少学者把高素质人才退出军事领域都描述为"人才流失"，并把原因解释为实际收入水平太低。这几乎已成定论。我觉得这个问题还需要深入研究。首先，把高素质人才退出军事领域这种现象描述为"人才流失"的准确程度如何就值得探讨。因为，任何一个系统与外界都存在物质、能量和信息的交换，这是一个公理，所以就有必要深入地研究什么是"人才流失"，"人才流失"与人才的"正常流动"有什么关系。要回答上述问题就必须先回答军事人力资本的产权归属。我们认为，军事人才有不同于私人物品的特点，它的产权不是完全排他的。放在整个社会的框架内考虑的话，军事人才既是军队的人才，也是个人的人才，还是整个社会的人才，对军队来说是人才流失对社会来说可能是人才增值，对个人来说也可能是个人价值的新实现。就军队系统而言，只有当人才的"正常流动"超过一定的"度"才能叫作"流失"，这个"度"既可以理解为数量，也可以理解为结构（譬如因为某个或某些关键军事人力资源的变动而影响整个系统的稳定性或正常成长）。研究这个问题还要与我们所站的角度结合起来考虑，即既要站在军队的角度，从军队的需要出发；也要站在全社会的角度，从经济建设的角度出发；还应当站在军人个体的角度，从维护军人的自身权益出发。国家、军队和个人三者之间的利益从根本上说是一致的，所以不管从什么角度出发，只要我们的研究是公正的、客观的、善意的，我们的研究应该都是有意义的。一般来说，我们应该站在军队的角度来研究这个问题，当然，这并不排除在必要的时候也会站在另外的两个角度。其次，把"人才流失"的原因解释为实际收入水平太低，也是需要进一步研究的。军队的实际收入水平是不是真的低，低到什么程度？要回答这些问题必须通过实证分析才能准确地回答。由于资料缺乏和部队保密等方面的原因，要准确而又客观地描述军队的实际收入分配现状是要颇费一番功夫的。不带价值判断的现象描述，需要详细地占有资料，并做规范的统计分析。这个步骤的重要性怎么形容都不过分，因为它是全部分析、研究的基础。此外，还要描述地方的收入分配现状。这本来也是一个非常复杂的问题，所幸的是，地方专家对这个问题的研究已经接近或达到了国际同等水平，在调查研究的基础上①，他们相继发表了一些有权威性的研究报告。不少学者得出军队"人才流失"的原因是实际收入水平太低，我们有理由相信他们对军队和地方的收入分配是进行了一番比较的。至于这个结论的真实性如何，还需要做进一步的研究。如果把"人才流失"看作是"果"，把实际收入水平太低看作是"因"，研究是否真的存在人才流失就是对"果"的研究的深化。还有两个问题的研究需要继续深化。一是对收入水平太低这个"因"的研究需要深化；二是对"因"与"果"的逻辑关系的研究需要深化。实际收入水平是高是低需要作比较研究才能知道。如果以军人的收入总量作为研究对象，首先就要研究军队部门对 GDP 的贡献大小，以确定它在整个社会创造的财富中应占多大的份额。这里需要有理论创新。对于这个问题，很多文章都把军队占国民收入的份额单纯地看作是政府决策的结果。其实，研究军人的收入总量的决定时，军人的劳动价值总量才是最主要的内生变量。军人收入总量的决定不是政府想给多少就给多少这样一个简单的问题。从根本上讲，它是由军人劳动创造的国家安全对 GDP 的贡献率决定的。动态地看，它与经济增长、国家安全形势的变化密切相关。比较军人收入总量的多少可以拿它与军人集体劳动总量的贡献比②；也可以与其他公共部门作比；还可以与整个社会的平均水平或社会的其他阶层比。如果以单个军人收入作为研究对象，那么军人收入总量应该作为前提条件。既然军人收入总量是军队集体劳动提供的国防安全的报酬，那么单个军人的报酬（即收入）应该等于他对国防安全的边际贡献率。单个军人的收入的多少应该与他的边际贡献率正相关，边际贡献率取决于他所提供的劳动的质与量。比较单个军人收入水平的高低，也可以与自己比，即与自己的军事劳动的贡献比，以此确定单个军人收入水平的绝对量的大小。比较单个军人收入水平的高低，还可以与其他公共部门的公务员比，与非公共部门的居民比。通过比较，假如能够得出军人实际收入水平比较低的结论的话，那么实际收入水平较低与军队人才流失存不存在必然的联系也是需要再作深入分析的，因为军人做出退出军队的决策的原因实在太多了。这就需要一个去粗取精、去伪存真、由此及彼、由表及里的分析过程。最后，如果军人的实际收入水平太低而引起"人才流失"的说法成立的话，还要根据前面的价值判断和实证分析，最后给决策层提出相关的政策建议。

研究军人的收入分配不能就分配论分配，必须落到高技术局部战争中军事人力资源的配置效率上面来，落到军队的战斗力上面来。在一定的军费约束条件下，如果所有军人劳动所创造的总效用（即总的战斗力）不能满足国防安全的需要的话，就要重新配置军事人力资源，追加军人劳动总量。追加军人的劳动量，无非通过两个途径：一是增加现有军人的劳动强度或提高劳动效率；二是动员新的军事人力资源。国家安全形势发生了变化，军费和军人收入总量也要跟着发生变化。所以动态地研究军人集体收入总量和单个军人的收入水平就要放松军费不变的约束条件，进入比较动态研究。

理论研究还必须具有一定的前瞻性，所以深入研究军人的收入分配制度还必须符合中央军委确立的新时期军事战略方针。我国新时期军事斗争准备，从应付一般条件下的局部战争向打赢现代技术特别是高技术条件下的局部战争转变，这场战争的重要内容是高科技的较量，说到底是人才数量和质量的对比。在知识经济时代与开放经济条件下，人才的竞争更加白热化，因而人才兼容，扩大人才基数，提高人才综合素质显得更为迫切。而人才的兼容与综合素质的提高首先就离不开收入分配的制度兼容和制度创新。研究军人的收入分配制度对于寻找合适的人才兼容路径，推进我军的人才队伍建设，实现我军的人才发展战略将具有重要的意义。

参考文献

［1］赵子忱. 国家公职人员的收入决定——以军人为例的理论分析［J］. 经济研究，2002（8）.

［2］尹恒，龚六堂，邹恒甫. 当代收入分配理论的新发展［J］. 经济研究，2002（8）.

［3］王振初，杨兴道. 军人待遇经济学［M］. 济南：黄河出版社，1997.

［4］袁明全，赵昌彦. 军人收入分配概论［M］. 北京：海潮出版社，2001.

［5］郝万禄. 中国军队福利制度研究［M］. 北京：国防大学出版社，2001.

［6］林毅夫. 经济学研究方法与中国经济学科发展［J］. 经济研究，2001（4）：81.

［7］马克思. 剩余价值理论［M］. 北京：人民出版社，1975.

［8］林毅夫. 1999年中国经济学研究述评［J］. 经济研究，2000（11）.

［9］刘精松，王祖训. 跨世纪的国防建设［M］. 北京：学习出版社，2000.

国防人力资源的配置效率与扩张路径[*]

——兼论军队"五支队伍"的结构比例

李辉亿

一、军队组织的层级分解与"五支队伍"的形成

在现代高技术战争条件下，军队光靠事前计划是难以维持部队的战斗力的。为了保持战斗力，军队必须调整各个任务单元的活动，使之适应战争环境的变化。例如，在伊拉克战争中，当盟军遇到的抵抗比预期水平高（或低）的时候，当伊拉克军队采取自杀性的袭击方式的时候，盟军各个军事单元的兵力部署与进攻方式就随之改变。正如后来美军中央司令部总结的那样，不要以完全集权的方式处理战场中有关的技术和环境信息，否则，很多时候就不可能实现效率。这用中国人的话说，就是"将在外，君命有所不受"。战场中出现的这种情形即便是在平时的军政训练中也同样存在。事实上，无论是战时还是平时，执行某项具体任务的军事单元往往会面临着比计划制订者复杂得多的信息加工难度：信息不能简单地传递到各个任务单元。有些有价值的信息适合于在现场及时加以利用；有些信息适合于在不同的任务单元之间进行共享，以便实现良好的组织协调；而其他的信息则应该以平等的方式在各单元内部加以利用，以避免不同的任务单元犯同样的致命性错误。有时，即使各任务单元信息共享潜在上是有利的，但由于不同的行动参与人的信息加工能力存在巨大的差别，联合信息加工仍然得不偿失。不过，当环境的不确定性非常高的时候，让多个单元重复同样的信息加工过程可能利大于弊，因为这可以使未来的选择留有余地。可见，在军队的各个组织结构

---

* 本文原载于《湖湘论坛》2004 年第 1 期。

中，每个任务单元的任务分工和信息加工活动（认知活动）常常呈现出错综复杂的关系。

提高任务单元的认知活动能力，进而提高其战斗力水平，可以得益于信息和通信技术（如计算机、网络和传递器）的发展，这已经越来越成为事实。但是，人的因素，特别是人力资源的知识结构、智力水平以及由此形成的认知能力，在任何时候仍然是不可或缺的。经由不同的投资方式而凝聚起来的人力资本各不相同，因而不同的人所拥有的信息存量以及利用信息存量处理信息增量的技能各不相同。在任一时点上，个人会很容易发现，利用自己已有的知识和技能处理那些与自己头脑中储存的信息具有高关联度的信息，要比处理其他信息省力得多。人力资源认知的差异性源于各个任务单元的性质和外部环境的特征，所以，组织内部不同的任务单元往往被分配去加工不同的信息。基于这种认知活动的分工而形成不同的任务单元，使得军队在根本上呈现为一种层级结构。与其他的组织一样，军队的组织结构也是一种上级和下属的垂直关联及下属不同任务单元间的水平关联关系。

"五支队伍"的层级分解模式就是把国防人力资源按照不同的功能进行的分解。在亚组织域中，国防人力资源被分解为"指挥军官队伍""参谋队伍""科学家队伍""专业技术干部队伍"和"士官队伍"[①]。显然，"五支队伍"只是军队层级分解模式的一种。不同模块的不同功能源于各个模块掌握的信息（包括知识）特点和信息处理水平以及由此产生的认知差异性。面对同样的一场伊拉克战争，指挥军官队伍看到的是新军事变革中的新型战略与战术，科学家队伍看到的是高科技武器的研究与开发，而士官队伍看到的则是平时的训练有素在战时的极端重要性，如此等等。军队的战斗力就来源于五支队伍的合力水平。分层中的每支队伍都是具有某一类型知识结构与相近信息处理水平的国防人力资源的集合。其实，遵循这样的层级分解方法，每一支队伍还可以进一步细分[②]。为使问题不变得过于复杂，我们这里只把军队分解到亚组织域这一层次，并且只分为五个基本任务单元，并假定每一个任务单元之间只呈现出水平关联关系[③]。

各个队伍在稀缺的国防资源（人力、物质和资金）的使用方面完全有可能存在竞争关系。军队管理的重要任务之一就是在这些存在错综复杂的技术和信息关系的队伍之间配置稀缺资源，为军队的协调发展提供一个适当的总体框架。军队管理层必须解决的问题之一就是，如果给定一定数量的国防预算，每支队伍应

---

① 严格地说，应该还有士兵队伍。也许考虑到士兵的流动性和义务兵役制度的无偿性等特点，五支队伍里面没有包括士兵队伍。

② 譬如，专业技术干部还可以根据学科门类进行细分，或者根据专业技术职务进行细分，等等。

③ 也就是说，我们不考虑五支队伍中可能存在某种形式的垂直关联关系。

该保持多大的规模是合适的？换句话说，每支队伍在变化、发展的过程中存不存在一个合理的数量界限呢？如果有，界限在哪里呢？界限又是如何随时间的变化而变化呢？这个问题的另一种表述则是：在既定的国防费约束条件下五支队伍应该如何分配有限的国防资源才是有效率的呢？

二、国防人力资源的最优配置与五支队伍结构比例的优化路径

为了讨论简单起见，我们先假设国防人力资源只分解为两支队伍——队伍 A 和队伍 B 的情形。军队的战斗力由队伍 A 和队伍 B 组合形成。由于队伍 A 和队伍 B 是构成军队战斗力的两大基本要素，它们可以选择不同的组合方式形成同样的战斗力水平。在直角平面坐标上，如果我们用横轴表示队伍 B 的数量，用纵轴表示队伍 A 的数量，我们可以画出一条类似于等产量线的等战斗力曲线，即线上任何一点所表示的队伍 A 与队伍 B 不同数量的组合，都能合成相等的战斗力。等战斗力曲线与经济学中的等产量线相似，所不同的是，它所代表的是战斗力水平，而不是产量。

现实中，人们总希望军队的等战斗力曲线离原点越远越好。军队到底能否"生产"出足够多的战斗力呢？它要受一定时期国防费的制约。依据上面的假设，我们认为，国防费预算线就是一条表明在国防费与人力资源价格既定的条件下，军队所能购买到的两支队伍数量的最大组合的线。国防费预算线表明了军队合成战斗力的限制条件，即它所购买的战斗力要素所花的钱不能大于或小于所拥有的国防费。大于国防费预算是无法实现的，小于国防费预算又无法实现军队战斗力的最大化。国防费预算线可以写为：

$M = P_A \times A + P_B \times B$

其中，M 为用货币表示的国防费预算，P_A、A、P_B、B 分别为队伍 A 与队伍 B 的价格与购买量。

把等战斗力曲线与国防费预算线合在一个图上（见图 1），那么，国防费预算线必定与无数条等战斗力曲线中的一条相切于一点。在这个切点上，就实现了队伍 A 与队伍 B 的最佳组合（E 点）。

根据效用最大化原理可推得：队伍 A 和队伍 B 这两种国防人力资源的边际战斗力之比等于两者的价格之比，而前者又等于两种国防人力资源的边际替代率。所以，军队在进行国防人力资源的优化配置时，只有当两种国防人力资源的边际替代

率之比与它们的价格之比相等时，国防人力资源的配置才能达到最优化。

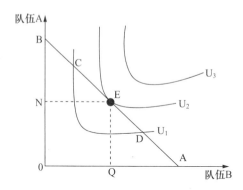

图1 国防费效率最大化的原则

由此还可以推论：军队对五支或多支队伍的国防人力资源进行优化配置时，只有当所有国防人力资源的边际替代率之比与它们的价格之比相等时，国防人力资源的配置才能达到最优化，既定国防费条件下战斗力达到最大化。

假设全部国防人力资源只分解为两支队伍：科学家队伍和指挥军官队伍，我们来看看国防人力资源的动态扩张情况。国防费增加，则国防费预算线向右上方平行移动，不同的等战斗力曲线与不同的国防费预算线相切，形成科学家队伍与指挥军官队伍的不同的最佳组合点，将这些点连接在一起，就得出国防人力资源的扩张路线。扩张线的含义是：当军队沿着这条线扩大战斗力水平时，可以始终实现两种国防人力资源的最佳组合，从而使军队规模沿着最有利的方向扩大。一般来说，随着军队规模的变化，不同队伍中国防人力资源的增减并不同步，从而大体会形成三种国防人力资源的扩张路线。

如图2所示，军队的战斗力合成只使用科学家队伍和指挥军官队伍两种国防人力资源，L_1 单位的指挥军官队伍和 K_1 单位的科学家队伍被用来合成 U_1 单位的战斗力，全部国防费预算为 M_1。随着经济的发展和国防安全形势的变化，国家将增加国防费预算，扩大国防开支。在科学家队伍和指挥军官队伍两种人力资源价格不变的情况下，国防费预算线向右移动。即：为了适应信息技术引致的新军事变革，军队将使用较多的科学家国防人力资源，而使用较少量的指挥军官队伍。也就是说，科学家的使用以递增的比率增加，而指挥军官的使用则以递减的比率增加，这表明在技术进步的基础上要形成等量的战斗力，使用科学家比使用指挥军官更适合未来战争的需要，此时的国防费预算为 M_2。如果对国防安全的需求继续增加，国防费预算线继续向右移动，军队可以沿袭前面的国防人力资源的投入决策，将使用 L_3 单位的指挥军官队伍和 K_3 单位的科学家队伍，国防费预

算为 M_3。图 2 中的三条国防预算线 M_1、M_2、M_3 分别与三条等战斗力线相切，连接这些切点的线就是国防人力资源的扩张路线。

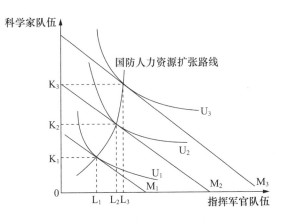

图 2　高科技密集型国防人力资源扩张路径

图 2 表示的是高科技密集型的国防人力资源的扩张路径。它是一条上凹形的国防人力资源扩张线，它表示在长期中，军队从技术上侧重于使用相对较多的科学家队伍和相对较少的指挥军官队伍，以实现军队战斗力的增加。如果科学家队伍代表知识与资本投入，指挥军官队伍代表军事劳动投入，那么上凹形的国防人力资源扩张线其实是一条知识—资本密集型的扩张路径。这种扩张路线可以从美军的现代化与信息化发展中得到证实。世界新军事变革要求军队的战斗力合成必须走知识—资本密集型的发展道路。

反之，人力密集型扩张路线，其形状是一条下凹形的曲线。这种扩张路线表示，在长期中，军队在技术上侧重于使用相对较多数量的指挥军官队伍和相对较少的科学家队伍。扩张路径在某一特定的历史时期可以适应劳动力资源丰富而科学技术和资本都相对短缺的经济与社会条件，军队使用相对较多的一般劳动力，而使用相对较少的科学技术与资本投入。

两支队伍国防人力资源投入比例不变的扩张路径表示，在长期中，军队使用科学家人力资源与指挥军官人力资源都以不变的比例增加。

很明显，五支队伍人力资源的动态扩张过程要比两支队伍假设下的人力资源的动态扩张过程更为复杂。从理论上说，如果按照五支队伍优先发展的先后次序进行排列组合，且每一种排列组合为一种扩张路径，那么至少存在 120（5×4×3×2×1）种可能的动态扩张路径，这还不包括各种等比例的扩张情况。但是归纳起来，所有这些动态的扩张路径不外乎三种基本的扩张情形：军事人力密集型的国防人力资源扩张路径；资本—知识密集型的国防人力资源扩张路径和等比例式的国防人力资源的扩张路径。

显然，一国应该选择什么样的国防人力资源的扩张路径，与本国的国防技术水平、资源的禀赋情况和军事战略安排有很大的关系。国防技术水平高，资本丰富的国家，应该选择知识—资本密集型的国防人力资源扩张路径；反之，国防技术水平低，而人力资源丰富的国家，就可以选择劳动力密集型的国防人力资源的扩张路径；介于二者之间的，就可以考虑国防人力资源等比例变化的扩张路径。

上面讨论的是在假定国防人力资源的价格不变的前提下展开的。国防费规模扩大，国防费预算线平行向右移动，国防费扩张路径的上凹、下凹或不变主要由不同类型的国防人力资源的配置比例决定。实际上，国防人力资源的价格是变动的，这就会造成国防费预算线的斜率发生变化。此时，讨论国防人力资源的扩张路径就要将国防费预算线斜率的变化与国防人力资源的结构比例都考虑进来，国防人力资源扩张路径的形状也将相应有所变化。

军队组织的层级分解与
五支队伍结构比例的优化路径

一、军队组织的层级分解

要应对复杂多变的战场形势，军队光靠事前计划是难以维持部队的战斗力的。为了保持战斗力，军队必须随时调整各个军事单元的活动，使之适应战争形势的变化。例如，在伊拉克战争中，当盟军遇到的抵抗比预期水平高或者低的时候，当伊拉克军队采取自杀式袭击的时候，盟军各个军事单元的兵力部署与进攻方式就随之改变。正如后来美军中央司令部总结的那样，不要以完全集权的方式处理战场中有关的技术和环境信息，否则，很多时候就不可能实现效率：用中国人的话说，这就是"将在外，君命有所不受"。战场中出现的这种情形即便是平时的军政训练中也同样存在。事实上，无论是战时还是平时，执行某项具体任务的军事单元往往会比计划制订者面临着复杂得多的信息加工难度——信息不能简单地传递到各个任务单元。有些有价值的信息适合于在现场及时加以利用；有些信息适合于在不同的任务单元之间进行共享，以便实现良好的组织协调；而其他的信息则应该以平等的方式在各单元内部加以利用，以避免不同的任务单元犯同样的致命性错误。有时，即使各任务单元知识和信息共享潜在上是有利的，但由于不同的行动参与人的知识和信息加工能力存在巨大的差别，联合知识与信息加工仍然得不偿失。不过，当环境的不确定性非常高的时候，让多个单元重复同样的知识和信息加工过程可能利大于弊，因为这可以使未来的选择留有余地。可

※　本文原载于《军事经济研究》2004 年第 3 期。

*　本文原载于《军事经济研究》2004 年第 3 期。

见，在军队的各个组织结构中，每个任务单元的任务分工和知识、信息加工活动（认知活动）常常呈现出错综复杂的关系。

提高任务单元的认知活动能力，进而提高其战斗力水平，可以得益于信息和通信技术（如计算机、网络和传递器）的发展，这已经成为事实。但是，人的因素，特别是人力资源的知识结构、智力水平以及由此形成的相关认知能力，在任何时候仍然是不可或缺的。因为经由不同的投资方式而凝聚起来的人力资本各不相同，而不同的人所拥有的信息存量以及利用信息存量处理信息增量的技能也各不相同。在任一时点上，个人会很容易发现，利用自己已有的知识和技能处理那些与自己头脑中储存的信息具有高关联度的信息，要比处理其他信息省力得多。人力资源认知的差异性源于各个任务单元的性质和外部环境的特征，所以，组织内部不同的任务单元往往被分配去加工不同的信息。基于这种认知活动的分工而形成不同的任务单元，使得军队在根本上呈现为一种层级结构。与其他的组织一样，军队的组织结构也是一种上级与下属的垂直关联和下属不同任务单元间的水平关联关系。

单纯从人力资源的角度对军队进行相应的层级分解其实可以形成多个任务单元，单元的个数与分层的标准及细分的程度有关。譬如，按照人力资源的素质，国防人力资源可以分解为低等素质人力资源、中等素质人力资源和高等素质人力资源；按照国防人力资源的区域位置，可以分为 A 战区的国防人力资源、B 战区的国防人力资源、C 战区的国防人力资源……按照兵种结构，国防人力资源可以分为陆军人力资源、空军人力资源、海军人力资源……五支队伍的层级分解模式就是把国防人力资源按照不同的功能进行模块式的分解。在亚组织领域中[1]，国防人力资源被分解为"指挥军官队伍""参谋队伍""科学家队伍""专业技术干部队伍"和"士官队伍"。[2] 显然，五支队伍只是军队层级分解模式的一种。

不同模块的不同功能源于各个模块掌握的信息（包括知识）特点和信息处理水平以及由此产生的认知差异性。面对同样的一场伊拉克战争，指挥军官队伍看到的是新军事变革中的新型战略与战术，科学家队伍看到的是高科技武器的研制与开发，而士官队伍看到的则是平时的训练有素在战时的极端重要性，如此等等。军队的战斗力就来源于五支队伍的合力水平。分层中的每支队伍都是具有某一类型知识结构与相近信息处理水平的国防人力资源的集合。其实，遵循这样的

---

① 青木昌彦在《比较制度研究》中将分类的第二层次称为亚组织领域。

② 严格地说，应该还有士兵队伍。也许考虑到士兵的流动性和义务兵役制度的无偿性等特点，五支队伍里面没有包括士兵队伍。

层级分解方法，每一支队伍还可以进一步细分。① 为使问题不变得过于复杂，我们这里只把军队分解到亚组织领域层次，并且只分为目前公认的五个基本任务单元，且假定每一个任务单元之间只呈现出水平关联关系，② 如图 1 所示。

在图 1 中，各个队伍在稀缺的国防资源（人力、物质和资金）的使用方面完全有可能存在竞争关系。军队管理的重要任务之一就是在这些存在错综复杂的技术和信息关系的队伍之间配置稀缺的组织资源，为军队的协调发展提供一个适当的总体框架。军队管理层必须解决的问题之一就是，如果给定一定数量的国防预算，每支队伍应该保持多大的规模是合适的；换句话说，每支队伍在变化、发展的过程中存不存在一个合理的比例，如果有，每支队伍的界限在哪里，比例又是如何随时间的变化而变化的。这个问题的另一种表述则是，在既定的国防费约束条件下五支队伍应该如何分配有限的国防资源才是有效率的。

图 1   国防人力资源的层级分解

二、两支队伍下队伍 A 与队伍 B 的最佳比例组合

为了讨论简单起见，我们先假设国防人力资源只分解为两支队伍——队伍 A 和队伍 B。军队的战斗力由队伍 A 和队伍 B 组合形成。队伍 A 和队伍 B 可以选择不同的组合方式形成同样的战斗力水平。如图 2 所示，横轴表示队伍 B 的数量，纵轴表示队伍 A 的数量。U_0 为等战斗力曲线，等战斗力曲线是这样的一条线，线上任何一点所表示的队伍 A 与队伍 B 不同数量的组合，都能合成相等的战斗力。等战斗力曲线与效用函数中的无差异曲线相似，所不同的是，它所代表的是战斗力水平，而不是效用。显然，战斗力 = U（A，B）。

---

① 譬如，专业技术干部还可以根据学科门类进行细分，或者根据专业技术职务进行细分，等等。

② 也就是说，我们不考虑五支队伍中可能存在某种形式的垂直关联关系。

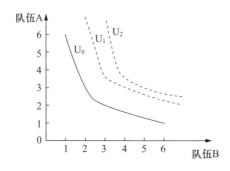

图2 等战斗力曲线

从图2易知，在既定的国防费约束条件下，队伍A的数量增加，队伍B的数量就会减少。而且，队伍B与队伍A之间的边际替代率是递减的。因为随着队伍B数量的增加，队伍B每增加一个单位所增加的边际战斗力是递减的。这样，每增加一定数量的队伍B所能代替的队伍A的量越来越少。边际替代率也就是等战斗力曲线的斜率。等战斗力曲线的斜率递减决定了它是一条凸向原点的曲线。

现实中，人们总希望军队的等战斗力曲线离原点越远越好。但军队到底能否"生产"出足够多的战斗力要受一定时期国防费的制约。

国防费预算线就是一条表明在国防费与人力资源价格既定的条件下，军队所能购买到的两支队伍数量的最大组合的线。国防费预算线表明了军队合成战斗力的限制条件，即它所购买的战斗力要素所花的钱不能大于或小于所拥有的国防费。大于国防费预算是无法实现的，小于国防费预算又无法实现军队战斗力的最大化。国防费预算线可以写为：

$$M = P_A \times A + P_B \times B$$

其中，M为用货币表示的国防费预算总额，P_A为队伍A中人力资源的价格，A为队伍A人力资源的数量；P_B为队伍B中人力资源的价格，B为队伍B人力资源的数量。

在某一确定的时期，国防费的预算规模、队伍A和队伍B的价格可以看作是固定的，因而可以把M、P_A、P_B看作既定的常数，所以给出A的值，就可以求出B的值，当然，给出B的值，也可以解出A。

在图3中，如果用全部货币购买队伍B，就可以购买L单位，如果用全部货币购买队伍A，可以购买K单位，连接K和L点则为国防费预算线。该线上的任何一点，都是在国防费预算一定和要素价格一定时，能购买到的队伍A与队伍B的最大数量的组合。在预算线以内的任何一点所购买的队伍A与队伍B

B 的组合，是可以实现的，但并不是最大数量的组合，即没有用完货币预算，如图 3 的 D 点。在该线以外的任何一点，例如 E 点，所购买的队伍 A 与队伍 B 的组合大于 C 点时，无法实现，因为所需要的货币超过了既定的国防费预算。

如果要素价格不变，国防费预算变动，或者是国防费预算不变，两种要素的价格发生了同方向和同等程度的变动①，则国防费预算线会平行移动。国防费预算增加，国防费预算线向右上方平行移动。国防费预算减少，国防费预算线向左下方平行移动。如图 3 所示，KL 是原来的国防费预算线。当国防费预算增加时，国防费预算线移动到 U_1；当国防费预算减少时，国防费预算线又从 U_1 移动到 KL。

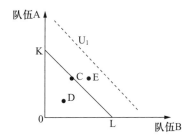

图3　国防费预算线及其变动

把等战斗力曲线与国防费预算线结合起来分析，我们可得队伍 A 与队伍 B 最佳的比例组合。

如果把等战斗力曲线与国防费预算线合在一个图上，那么，国防费预算线必定与无数条等战斗力曲线中的一条相切于一点，在这个切点上，就实现了队伍 A 与队伍 B 的最佳比例组合。可以用图 4 来说明这一点。

在图 4 中，U_1、U_2、U_3 为三条等战斗力曲线，其战斗力大小顺序为 $U_1 < U_2 < U_3$。KL 为国防费预算线：KL 与 U_2 相切于 E，在这一点上就实现了队伍 A 与队伍 B 的最佳组合。也就是说，在国防费和两种国防人力资源价格既定的条件下，Q 数量的队伍 B 与 N 数量的队伍 A 结合，能够合成战斗力的最大化，即既定战斗力下成本最小或既定成本下战斗力最大。

---

①　指队伍 A 和队伍 B 单个人力资源上涨同样的幅度，或者下降同样的幅度。如果队伍 A 的人力资源价格变动而队伍 B 的人力资源价格不变动，或者二者变动的幅度不相同，就会引起国防费预算线的旋转。

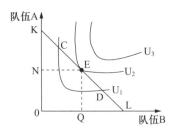

图4 国防费效率最大化的原则

在既定的国防费预算线 KL 下，为什么只有在 E 点时才能实现要素的最佳组合呢？这是因为，从图4上看，C、E、D 都是相同的国防费成本，但 C 点和 D 点在 U_1 上，而 E 点在 U_2 上，$U_1 < U_2$，所以 E 点时的战斗力水平是既定的国防费预算时的最大战斗力水平。在 U_2 上战斗力是相同的，除 E 点外，其他两种要素组合的点都在 AB 线之外，成本大于 E 点，所以 E 点时的成本是既定战斗力时的最小国防费成本。

对于这个切点，下面给出相应的数学证明。

上述问题的实质是，军队在既定的国防费预算约束 $M = P_A \times A + P_B \times B$ 下寻求战斗力函数值 $U(A, B)$ 的极大化，这是一个条件极值问题，即：

$$\max U(A, B)$$

A，B

s. t. $M = P_A \times A + P_B \times B$ (1)

这类条件极值通用的求解法为"拉格朗日乘数法"，先制造一个"拉格朗日函数"：

$$L = U(A, B) + \lambda(M - P_A \times A - P_B \times B)$$ (2)

其中，λ 为拉格朗日乘数，用（2）式分别对 A、B 和 λ 求偏导，可得：

$$\frac{\partial U / \partial A}{P_A} = \frac{\partial U / \partial B}{P_B} = \lambda$$ (3)

$$\frac{\partial U / \partial A}{\partial U / \partial B} = \frac{P_A}{P_B}$$ (4)

（3）式的经济含义为：队伍 A 和队伍 B 这两种国防人力资源的边际战斗力（即 $\partial U / \partial A$ 和 $\partial U / \partial B$）与它们的价格之比都相等，都等于货币的边际效用。在此，可发现拉格朗日乘数 λ 恰好等于货币的边际效用。因此，当队伍 A 与队伍 B 的比例处在 N:Q 这样一个位置时，军队为两支队伍所花的每一元钱所产生的边际战斗力相等，此时，国防费的使用效率就达到最大化，即既定的国防费所生产的战斗力总量最大。

由此可以推论：当军队使用既定的国防费"购买"五支或者五支以上的国防人力资源队伍合成战斗力时，当五支队伍处在这样一种比例位置时，军队支出的每一元钱所产生的边际战斗力相等，战斗力总量才能达到最大化。

（4）式的经济含义为：队伍 A 和队伍 B 这两种国防人力资源的边际战斗力之比等于两者的价格之比，而前者又等于两种国防人力资源的边际替代率。所以，军队在进行国防人力资源的优化配置时，只有当两种国防人力资源的边际替代率之比与它们的价格之比相等时，国防人力资源的配置才能达到最优化。

由此还可以推论：军队对五支或多支队伍的国防人力资源进行优化配置时，只有当所有国防人力资源的边际替代率之比与它们的价格之比相等时，国防人力资源的配置才能达到最优化，既定国防费条件下战斗力才能达到最大化。

三、五支队伍结构比例的优化路径

假设全部国防人力资源只分解为两支队伍：科学家队伍和指挥军官队伍，我们来看看国防人力资源的动态扩张情况。在图 5 中，国防费增加，则国防费预算线向右上方平行移动，不同的等战斗力曲线与不同的国防费预算线相切，形成科学家队伍与指挥军官队伍的不同的最佳比例组合点，将这些点连接在一起，就是国防人力资源的动态扩张路线。

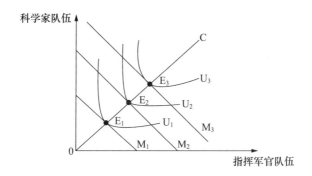

图 5　国防人力资源的扩张路线

在图 5 中，M_1、M_2、M_3 是三条不同的国防费预算线，从 M_1 到 M_3，国防费预算线向右上方移动，说明国防费在增加。M_1、M_2、M_3 分别与等战斗力曲线 U_1、U_2、U_3 相切于 E_1、E_2、E_3。把 E_1、E_2、E_3 连接起来的 OC 线就是国防人力资源的动态扩张线。

扩张线的含义是：当军队沿着这条线扩大战斗力水平时，可以始终实现两种国防人力资源的最佳比例组合，从而使军队规模沿着最有利的方向扩大。

一般来说，随着军队规模的变化，不同队伍中国防人力资源的增减并不同步，从而大体会形成三种国防人力资源的扩张路线，如图6所示，军队的战斗力合成只使用科学家队伍和指挥军官队伍两种国防人力资源，L_1 单位的指挥军官队伍和 K_1 单位的科学家队伍被用来合成 U_1 单位的战斗力，全部国防费预算为 M_1。随着经济的发展和国防安全形势的变化，国家将增加国防费预算，扩大国防开支。在科学家队伍和指挥军官队伍两种人力资源价格不变的情况下，国防预算线向右移动。但为了适应信息技术引致的新军事变革，军队将使用较多的科学家人力资源[1]，而使用较少量的指挥军官队伍。也就是说，科学家的使用以递增的比率增加，而指挥军官的使用则以递减的比率增加。[2] 这表明，在技术进步的基础上要形成等量的战斗力，使用科学家比使用指挥军官更适合未来战争的需要。此时的国防费预算为 M_2。如果对国防安全的需求继续增加，国防费预算线继续向右移动，军队可以沿袭前面的国防人力资源的投入决策，将使用 L_3 单位的指挥军官队伍和 K_3 单位的科学家队伍。此时的国防费预算为 M_3。图6中的三条国防预算线 M_1、M_2、M_3 分别与三条等战斗力线相切，连接这些切点的线就是国防人力资源的扩张路线。

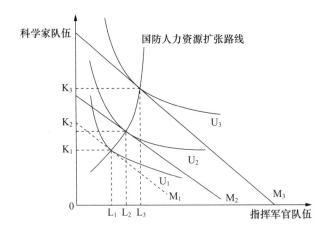

图6　高科技密集型国防人力资源扩张路径

---

①　即用资本密集型部队和知识密集型部队逐步替代人力密集型部队。

②　如果编制大小保持不变，那么科学家队伍的增加必须以指挥军官队伍的减少为前提，即指挥军官队伍的增加值为负值。

图6表示的是高科技密集型的国防人力资源的扩张路径。它是一条上凹型的国防人力资源扩张线。它表示在长期中，军队从技术上侧重于使用相对较多的科学家队伍和相对较少的指挥军官队伍，以实现军队战斗力的增加。如果科学家队伍代表知识与资本投入，指挥军官队伍代表一般军事劳动投入，那么上凹型的国防人力资源扩张线其实是一条知识—资本密集型的扩张路径。这种扩张路线可以从美军的现代化与信息化发展中得到证实。其原因在于世界新军事变革要求军队的战斗力合成必须走知识—资本密集型的发展道路。

图7表示的是人力密集型国防人力资源扩张路径，其形状是一条下凹型的曲线。这种扩张路线表示在长期中，军队在技术上侧重于使用相对较多数量的指挥军官队伍和相对较少的科学家队伍。如果科学家队伍仍然代表知识与资本投入，指挥军官队伍代表一般劳动投入，那么这种下凹型的扩张线就相当于军事劳动密集型的国防人力资源的扩张路径。这种扩张路径在特定的历史时期可以适应劳动力资源丰富而科学技术和资本都相对短缺的经济与社会条件，军队使用相对较多的一般劳动力，而使用相对较少的科学技术与资本投入。

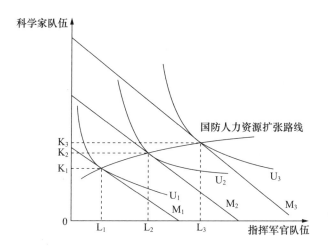

图7　人力密集型国防人力资源扩张路径

图8表示的是两支队伍国防人力资源投入比例不变的扩张路径。这种扩张路径表示在长期中，军队使用科学家人力资源与指挥军官人力资源都以不变的比例增加。

很明显，五支队伍人力资源的动态扩张过程要比两支队伍假设下的动态扩张过程更为复杂。从理论上说，如果按照五支队伍优先发展的先后次序进行排列组合，且每一种排列组合为一种扩张路径，那么至少存在120（5×4×3×2×1）种

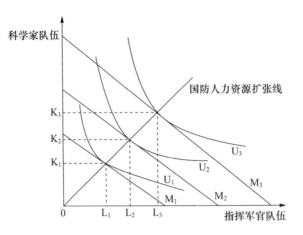

科学家队伍

国防人力资源扩张线

指挥军官队伍

图8　等比例的国防人力资源的扩张路径

可能的动态扩张路径，这还不包括各种等比例的扩张情况。但是归纳起来，所有这些动态的扩张路径不外乎三种基本的扩张情形：军事人力密集型的国防人力资源扩张路径、资本—知识密集型的国防人力资源扩张路径和等比例的国防人力资源扩张路径。

　　显然，一国应该选择什么样的国防人力资源的扩张路径，与其国防技术水平、资源禀赋情况、军事战略安排有很大的关系。国防技术水平高，资本丰富的国家，应该选择知识—资本密集型的国防人力资源扩张路径；反之，国防技术水平低，而人力资源丰富的国家，就可以选择劳动力密集型的国防人力资源的扩张路径；介于二者之间的，就可以考虑国防人力资源等比例变化的扩张路径。

　　上面讨论的是在假定国防人力资源的价格不变的前提下展开的。国防费规模扩大，国防费预算线平行向右移动，国防费扩展路径的上凹、下凹或不变主要由不同类型的国防人力资源的配置比例决定。实际上，国防人力资源的价格是变动的，这就会造成国防费预算线的斜率发生变化。此时，讨论国防人力资源的扩张路径就要将国防费预算线斜率的变化与国防人力资源的结构比例都考虑进来，国防人力资源扩张路径的形状也将相应有所变化。

设立在职干部岗位津贴 增强军队干部工资制度的激励功能[*]

李辉亿 路 萍 塞 沙

军队干部工资制度改革是一个发展变化的历史过程。目前军队干部的工资标准是在国家公务员工资标准的基础上，军队结合自己的特点建立和完善起来的。当前，新一轮的国家公务员工资制度改革已经启动，其基本思路是优化工资结构，增强干部工资制度的激励功能。军队如何创新干部工资制度，增强军队干部工资制度的激励功能呢？笔者就此谈点浅见。

一、军队干部工资制度运行情况总体良好

对于目前军队干部工资制度的运行情况，我们通过对多年来的实践分析，有一个基本判断，就是总体上是良好的。主要表现在两个方面：第一，在现有工资制度体系下，部队人才队伍基本稳定，军队基本上能够吸引人才和留住人才。我们在对军队科技干部的抽样调查中发现，80%以上的科技干部表示愿意留在部队继续工作，明确表示不愿意继续留在部队工作的不足20%，这20%中还有相当一部分并不是因为收入原因而要求退出部队[①]。这个比例基本上符合经济学界比较认可的"80:20规则"。即任何一个组织不需要建立一个可以创造出高达100%的留住人员的薪酬战略，因为这样会给组织造成沉重的经济负担，而且无法克服。一个可以留住80%人员的薪酬制度，意味着该组织的整体与核心不会受到极少数人"跳槽"带来的负面影响。第二，对于在部队工作到退休的干部来说，

＊ 本文原载于《军事经济研究》2005年第11期。

① 详情请参阅李辉亿等主持完成的全军财务研究中心立项课题《军队科技人员收入分配制度创新研究》，2004年7月，如果没有特别的说明，文章中的数据都来源于这一课题。

军地收入总量基本上是平衡的。有一点我们必须承认，不管军队实行什么样的工资制度，干部在军队工作的报酬应该合理并且和地方是总体平衡的。从我们掌握的情况来看，有相当一部分干部认为与地方相同或相近单位的同级（职）工作人员相比军队干部要低30%~40%。不过，他们比较的仅仅是"工作期收入"，并没有考虑到退休以后的收入。目前，地方人员的收入主要由三大部分组成：档案工资＋岗位津贴＋其他福利奖金。军队干部的收入主要由两大部分组成：档案工资＋其他福利奖金。我们在抽样调查中算过一笔账，就"工作期收入总量"而言，地方科技人员比军队科技人员高42.4%。就"退休期收入总量"而言，地方科技人员要比军队科技人员低31.5%，对于这一点我们不能避而不谈。对此，我们也算了一笔总账，如果以80岁作为军队退休干部的平均寿命，把工作期收入和退休期收入相加，如果不考虑贴现，地方要比军队低12.4%；如果考虑贴现，地方比军队高0.02%。换句话说，如果军队干部干到退休，而且能够超过80岁的平均寿命，就收入而言，目前在军队工作与在地方工作的收入基本上是相当的。军队干部工资制度具有明显的补偿性特征，但是，这种补偿性工资制度的激励功能是不足的。

二、目前军队干部工资制度激励功能不足的主要表现

1. 收入激励不兼容

从激励的时间段来看，在职期的激励作用相对较弱，收入激励不兼容。把军队"工作期收入"和"退休期收入"进行对比，军队干部在退休期20年的工资收入总量远远超过工作期30年工资收入总量，军队干部工资制度的这种补偿性特征，不仅减弱了工资制度对在职干部的激励作用，而且增加了军转安置的困难。为了能够得到退休期的高工资补偿，部分干部想方设法争取熬到退休，而不愿退出现役。

2. 劳动贡献激励不足

军队干部个人贡献与收入分配在时间分布上不匹配，劳动贡献激励不足。就个人贡献而言，军队干部在职期的贡献应该高于退休期，但是收入却不是最高的。相反，贡献最低的退休期，收入反而是最高的。军队干部个人贡献与收入分

配在时间分布上的不匹配，不仅挫伤了在职干部的工作积极性，而且不符合社会主义按劳分配的基本原则。

3. 时间分布不匹配

军队干部家庭消费与收入分配在时间分布上不匹配。对于任何人来说，在职期往往是家庭消费最高的时期，在这一时期，个人要面临购房、结婚、生子、送学、养老等方面的消费支出，是一生中家庭负担最重的时期。军队干部在工作期较低的收入水平难以满足这些消费支出，不少家庭只好过着拮据的生活或者谋求其他办法，这会带来许多不利的影响。譬如，会造成部队高、精、尖人才的流失。虽然调查中只有不足 20% 的人员要求退出现役，但这 20% 基本上是部队的高、精、尖人才，许多是学科带头人或项目负责人，他们的流失给军队建设造成的损失是难以估量的。再譬如，会影响干部家庭的和谐稳定。在调查中我们发现，低工资是目前军队夫妻关系不和的一个主要原因，即使是夫妻关系比较好的家庭，也因为低工资而使不少干部，特别是男同志承受了较大的精神压力。不少干部因为自己未能完全尽到"为人子""为人夫""为人父"的诸多责任而苦恼，影响了干部工作的积极性和部队战斗力的提高。

4. 延迟发放工资损害干部经济利益

把本该在工作期间发放的工资延迟到退休后补偿实际上损害了所有干部的经济利益。货币是有时间价值的，如果国家把同样数量的工资从退休后转移到退休之前发放，不仅保护了那些不能干到退休的在职干部的经济利益，而且对于那些能够干到退休的同志来说，实际上也可以得到多倍于退休后发放的时间价值[①]。从这个意义上说，低水平的工作期工资收入，高水平的退休期工资收入，实际上是财政在"延迟发放工资"，减轻了财政总的负担。但对于那些想在部队干到退休而因各种原因不得不退出现役的同志来说，由于享受不到退休后的高工资，势必要蒙受一部分损失，而且退出部队的时间越晚，损失越大。

5. 对科技干部的激励作用尤其不明显

军队有两种主要的激励方式：晋升激励和收入激励。晋升激励的对象主要是行政干部，对于科技干部来说，激励主要依赖于收入激励。但是，军队干部工资

---

① 查复利终值和现值表，容易知道，现在的 1 元钱，如果按目前 4% 左右的银行利率，相当于 20 年后的 2.191 元，30 年后的 3.243 元，如果按 6% 的银行利率，相当于 20 年后的 3.207 元，30 年后的 5.743 元。反之，20 年后的 1 元钱，如果按目前 4% 左右的银行利率，大约相当于现在的 0.456 元，按 6% 的银行利率，相当于现在的 0.312 元。

制度基本上是一种相对平均的年功序列制，资历、工作年限是影响工资水平的主要因素，个人贡献在工资收入中难以得到体现，科技干部的工作积极性难以得到充分发挥。所以，军队必须优化干部工资结构，设计出具有较好激励功能的干部工资制度。

三、设立在职干部岗位津贴，增强军队干部工资制度的激励功能

新一轮国家公务员工资制度改革的基本思路是贯彻落实公务员法的要求，增强工资制度的激励功能。早在 2003 年 4 月，劳动和社会保障部副部长王东进同志就指出，我们要站在人力资本战略的高度，设计具有较强激励性的薪酬制度。这次国家改革公务员工资制度和清理规范公务员津贴补贴工作是中央有关改革完善党政机关职级工资制度计划的具体落实。军队必须适应国家公务员工资制度改革的要求，努力增强军队干部工资制度的激励功能。

增强军队干部工资制度激励功能的基本思路必须从优化军队干部工资制度的结构入手。军队干部工资制度结构的变化经历了从"二结构"到"三结构"，再从"三结构"到"四结构"的变化过程。目前正考虑准备转变为"两结构"。但是，这种变化只是"基本工资"的变化，并不涉及工资总体结构的变化。从工资的总体结构来看，全部工资可以分为基本工资、福利、保险、奖励和津贴五个组成部分，基本工资只是其中的一部分。根据这次国家清理规范津贴补贴和规范公务员工资分配秩序的总体考虑，我们认为，在简化军队干部基本工资结构的同时，建立一块适合军队特点的在职干部岗位津贴，可以增强军队干部工资制度的激励功能①。

全部工资的五个组成部分都具有差异性和刚性两个方面的特点。福利基本上是每个干部都可以享受的收益，而且它一般不轻易取消，所以具有低差异性、高刚性的特点。基本工资具有高差异性和高刚性的特点。基本工资对于每个干部来说差异是明显的，而且一般只能上升不能下降，表现出极强的刚性。

---

① 这里的岗位津贴不同于总后（1998）财字第330号文件中规定的"专业岗位津贴"。专业岗位津贴主要是指航空专业、航海专业、武器试验专业和技侦密码专业等专业的补贴。也不同于总后勤部财务部1997 年 12 月 1 日《人员生活待遇财务法规汇编》中规定的"基层岗位津贴"和总参、总政、总后（2000）参训字第404号规定的"教研室主任副主任、学员队干部岗位津贴"，以及 2001 年开始实行的"应急作战部队干部岗位津贴"。

奖金通常具有高差异性和低刚性的特点。对于干部来说，可能有奖金，也可能没有奖金，可能拿高奖金，也可能拿低奖金。保险则比较复杂，既有可能是高差异性、低刚性的，也有可能是低差异性、高刚性的。津贴由于种类繁多，有的是低差异性、高刚性的，有的则是高差异性、低刚性的。军队干部工资制度的设计，就是将上述五个部分合理地组合起来，不同的组合方式，便形成不同的工资制度模式。

一般来说，有三种主要的工资模式：高弹性的绩效工资模式、高稳定的年功序列制工资模式和折中的混合型模式。高弹性的绩效工资模式的主要特点是，工资主要是根据员工的工作绩效决定。这种模式的优点就是将员工的劳动贡献与员工的劳动报酬直接联系起来，工资制度的激励功能十分明显。缺点是员工缺乏稳定性与安全感。反映在工资的总体结构上，奖金和津贴的比重较大，而福利、保险的比重则较小，而且基本工资部分通常要实行计件工资、提成工资等绩效薪酬。显然，要实行这种工资模式必须满足一个基本条件：员工的业绩应该是易于观察和识别的。而军人的工作是典型的"团队生产"，单个军人的业绩在理论上存在，但在实践中难以识别，所以，军队很少采用这种工资模式。

高稳定的年功序列制工资模式的主要特点是，员工的工资主要取决于本单位的收益状况，与个人的工作绩效关系不大。其优点是员工的个人收入相对稳定，给人以较强的安全感。缺点主要是缺乏激励功能，单位的负担会变得越来越重。反映在工资的总体结构上，薪酬的主体部分是基本工资，奖金的比重很小，而且主要是采取平均发放的方式。

折中的混合型模式是前面两种模式的综合。这种模式既有弹性，能够不断地激励员工提高工作效率，而且还具有稳定性，给员工一种安全感，使员工关注长远的发展目标。比较而言，这是一种比较理想的工资模式。

我军干部的工资制度基本上就属于第二种模式。军队干部工资的主体部分是基本工资，奖金的比重非常小，工资结构中奖金的激励功能相对缺乏。所以，我们认为，可以考虑在军队干部工资中增加一块明显带有奖励性质、具有激励功能的在职岗位津贴。专业技术人员可以按照专业技术职务设岗，而行政人员可以按行政职务（或相应职务）设岗。岗位津贴坚持"按需设岗、竞争上岗、以岗定薪、优岗优薪、易岗易薪"的原则，将岗位职责、工作质量、成果业绩进行适当的量化，使之具有一定的可操作性。年终则按各类人员的岗位职责，对德、能、勤、绩进行严格考核，考核结果作为套档晋职（级）的依据。

四、设立在职干部岗位津贴的具体办法

1. 理论上的四种办法及其可行性

根据我们掌握的资料，如果要使军队在职干部的收入略微超过地方同级（职）人员的收入，每人需要平均增加工资 15000 元，这一数字与地方相同或相近部门的年平均岗位津贴差不多。问题是，设立在职干部岗位津贴有没有可行性和可操作性。从理论上说，存在四种办法：一是直接增加军费。二是不直接增加军费，采取"减员增薪"的办法。三是由驻军所在地的地方财政解决，中央财政给予适当的调节。四是直接调节军队干部的工资收入在在职期和退休期之间的分布。

第一种办法，直接增加军费。我们估算，部队精简之后，军队的在职干部为 60 万人，以人均增加工资 15000 元计算，每年需要增加人员生活费开支 90 亿元。根据财政部于 2005 年 3 月 5 日向十届全国人大三次会议提交的预算报告，2005 年军费计划支出为 2446.56 亿元。90 亿元岗位津贴相当于 2005 年军费支出的 3.7%。如果国民经济发展水平和军费增长速度允许我们增加 3.7 个百分点的军费开支用于设立在职干部岗位津贴，这种办法属于上上之策。

第二种办法，减员增薪。与第一种办法不同的是，这种办法是在不改变军费规模的情况下，通过军队人力资源结构的调整带动军费结构的优化。由于采取的是先减员后增薪的办法，军费的压力就会小一些。这种办法的优点主要是把现有军队人力资源的结构调整和工资制度的结构优化综合起来，体现了军事经济体制改革的战斗力标准，既符合我国军事经济发展战略的基本要求，也适应当前我国公务员工资制度改革的新要求。与第一种办法相比，这种办法可以不受国民经济发展水平和军费增长速度的制约，只是提高人员生活费占军费的比重。不过，由于增薪要以减员为条件，增薪势必受到减员的时间和效果的影响，比较而言，这种办法属于中上之策。

第三种办法，军人的岗位津贴由驻军所在地的地方财政解决，中央财政给予必要的调节。我们了解到，地方财政给军队人员发放岗位津贴或其他名义的补助补贴，在 20 世纪 90 年代东部和南部的发达地区就已经开始出现。现在，许多地方政府仍把它作为拥护军队、关心子弟兵的重要举措。提出这种办法的一个主要理由是驻军的消费支出对当地的经济增长有一定的贡献。由于我国地方财政差别比较大，中央财政应该根据驻地的经济发展水平，给予适当的调节。这种办法要以增加地方的财政负担为条件，并且混淆了中央财政与地方财政职能上的区别，属于下下之策，基本上可以不予考虑。

第四种办法，调节军队干部的工资收入在工作期和退休期之间的分布。如果受国民经济发展水平和军费增长速度的制约，在人员生活费不能提高的情况下[1]，我们可以通过适当调节工作期和退休期收入分配比例的办法，来优化军队干部的工资结构。这种办法只是改变工资收入的时间分布，对于军队来说，属于中策。

所以，我们必须针对不同的主客观条件，采取最合适的办法设立在职干部岗位津贴。不过，不管是增加干部一生的工资总量，还是不增加干部一生的工资总量，我们都应该在保证干部一生工资收入总量不变的前提下，提高在职期的工资收入，使之超过退休期的工资收入，从而使收入的时间分布既与个人贡献的时间分布相匹配，也与个人消费的时间分布相匹配，这样既能调动广大在职干部的积极性，也能增强军队与地方工资制度的兼容性，且符合我国社会保障制度发展的大方向。

2. 岗位津贴的基本比例

以全军财务研究中心国防科大分中心 2004 年在长沙市部分高校了解到的情况来看，地方科技人员的平均岗位津贴约为 15000 元，与他们的年平均档案工资相当，也就是说，平均岗位津贴与平均档案工资的比约为 1:1。并且职称越高，平均岗位津贴与平均档案工资的比则更高，副教授、教授的岗位津贴与档案工资的比一般达到 2:1、3:1。譬如湖南师范大学教授岗位津贴最高档为 4.5 万元/年，湖南大学教授岗位津贴最高档为 5 万元/年，中南大学教授岗位津贴最高档为 5 万元/年。上述岗位津贴都属于基本岗位津贴，除此之外，各校还设立了关键岗位或特殊岗位津贴。譬如中南大学规定"在校两院院士的校内岗位津贴按 12 万元/年执行"，湖南师范大学规定"两院院士和国务院学科评议组成员实行固定津贴，标准分别为每人每年 12 万元和 7.5 万元"。参照地方的岗位津贴标准，结合军队的特点，我们认为军队干部的岗位津贴可以这样设置：设置普通岗位和特殊岗位两种。一般干部属于普通岗位，特殊岗位主要针对"高、精、尖"特殊人才。普通岗位的平均津贴与地方大致相当，为 15000 元/年，特殊岗位津贴参照地方标准，可拟定为 8 万~10 万元/年。

地方的岗位津贴与工资是平行的，岗位津贴与工资之比一般超过 1:1。我们

---

[1] 确切地说，是降低了远期人员生活费的比重，提高了当期人员生活费的比重，可以近似地看作是两期人员生活费总量没有上升。

估算的军队平均工资为 21000 元，如果军队的平均岗位津贴也定为 15000 元/年，则军队的岗位津贴与工资的比为1:1.4，不包括其他奖励福利在内，因为设置岗位津贴，军队干部的年平均收入上升为 36000 元，岗位津贴占总收入比重约为 40%（15000∶36000）。如果考虑到军队的档案工资（不是收入）已经高于地方，军队干部的岗位津贴应该略低于地方才合理的话，我们可以把岗位津贴定为 1000 元/年，岗位津贴占总收入的比重约为 30%（10000∶31000）。我们认为，岗位津贴占总收入的比重在 30%～40% 是合适的。这样，档案工资占总收入的比重则为 60%～70%，其他部分占 10% 左右。

军队如果设立了岗位津贴，军队与地方的工资结构就基本上相同了，都包括三大块：第一块是档案工资，按照这一次改革的要求估计只包括职务工资和军衔工资两部分，第二块是岗位津贴，第三块是其他津贴福利奖金。

所以，军队可以以这次国家公务员工资制度改革为契机，积极开展合理归并现有津贴补贴奖金的各项工作，建立军人岗位津贴，实行统一的项目和发放办法，充分调动广大在职干部的积极性。在过渡时期，岗位津贴宜采用"老人老办法，新人新办法"的传统做法，积极稳妥地推进军队干部工资制度改革。

国防人口流动与农村人力资本的提升[*]

易金务　吴　勇　余峰　侯永平

人才"奇缺"与劳动力"过剩"并存，是建设社会主义新农村面临的"两难"境地。在继续有序转移农村剩余劳动力的同时，积极开发农村人力资源，努力提升农村人力资本，是推进新农村建设的关键。我国广大农村既是国防人口流动的重要来源，又是国防人口流动的主要出口；既是国防人口流动的供给方，又是国防人口流动的受益者。充分发挥国防人口流动对提升农村人力资本的重要作用，是加强农村人力资源建设的重要途径，也是贯彻落实科学发展观、构建社会主义和谐社会的重要举措。

一、国防人口流动的内涵与特征

从经济学意义上说，人口流动是指人口为寻求与生产资料更合理的配置，而在不同的工作岗位、职业以及不同的就业区域之间的迁移或流动。国防人口流动是社会人口流动的特殊表现形式，指从事军事防务和作战活动的人口群体或个体在空间位置的移动，既包括部队官兵因入伍与退役、调动工作单位、探亲休假等发生的个体人口流动，也包括军事单位因执行训练、作战和调防等任务而发生的群体人口流动。为了研究和叙述的方便，本文特指兵员应征入伍（人口由农村流入部队）和军人服满现役后退役回到地方（人口由军队流回农村）的人口军地双向流动。

国防人口流动相比民事人口流动既有共同的属性，又有自身的特征。

＊　本文原载于《南京政治学院学报》2006 年第 5 期。

1. 国防人口流动的广泛性

一是国防人口来源的广泛性。《中华人民共和国兵役法》规定，我国公民，不分民族、种族、职业、家庭出身、宗教信仰和教育程度，都有服兵役的义务，国防人口流动来源于全国各个地区、各个行业、各个民族、各个阶层。二是国防人口分布的广泛性。国防人口因防务需要经常流动于大江南北，分布在祖国辽阔的疆域上。三是国防人口退役的广泛性。国防人口退役后回到全国各地参加现代化建设，其中大多数回到农村参加社会主义新农村建设。据统计，目前分布在我国广大农村的退役军人约5000万，这是一支建设社会主义新农村的不可替代的重要力量。

2. 国防人口流动的频繁性

历经20世纪80年代以来相继实行100万、50万、20万的裁军后，人民解放军的总员额保持在230万人左右，加上人民武装警察部队，目前我国现役军事总人口约为350万。按照规模和城乡替补比例推算，在未来建设新农村的关键10年，将有500多万的农村青年应征入伍，同时有500多万的青年军人退役返回农村，国防人口流动总量将达到1000万人次以上，军地人口的双向流动数量大，频率高。

3. 国防人口流动的组织性

国防人口严格依法征集，入伍后实行严格的军事管理。国防人口流动以指令性的、有组织的群体流动为主。随着经济全球化的发展，民事人口的国际流动将更加频繁，地方政府对民事人口流动的管理也日趋宽松，而国防人口主要是在国内流动，国际流动受到严格限制。

4. 国防人口流动的层次性

国防人口构成的层次性，决定了国防人口流动的层次性。从人员分类和职务等级看，国防人口流动可分为军官的流动、军队文职干部的流动、士官的流动、士兵的流动、非编制文职人员的流动、军队职工的流动等。回流农村的退役军人，主要是士官和士兵两个层次，该群体不仅男性人口比例高，而且整体素质远远高于农村现有人员和其他流动人口。从年龄构成看，国防人口中的士官和士兵主要集中在18~30岁这个年龄段，他们具有青春的活力和发展的潜力。

5. 国防人口职业的风险性

军队是执行政治任务的武装集团，是肩负特殊历史使命的人口群体。平时，他们要接受常人难以承受的高强度军事训练，参加近似实战的军事演习，以及承担抢险救灾、应对突发事件等急难险重任务。战时，他们要奔赴前线，冲锋陷阵，用鲜血以至生命保卫国家的主权和领土完整，保卫人民的生命财产安全。国防人口的风险系数远高于其他人口群体。同时，大多数军人要面临退出现役二次就业的问题，这是国防人口的职业风险。经过艰苦环境磨炼和各种风险考验的退役军人，正是新农村建设所需要的中坚力量。

6. 国防人口流动的收益性

国防人口从地方流入部队，再从部队流回地方，是一个充分开发人力资源、迅速提升人力资本价值的过程。国防人力资源投资，直接目的不是获取更大的经济收益，而是着眼于国家安全的需要和军人整体素质的提高；投资来源主要是国家财政下拨的军费。由于国防人力资源投资的周期性，投资收益不仅具有明显的滞后性，而且具有广泛的社会效益和外溢效益，即国家投资，地方收益；政府投资，企业收益；集体投资，个人收益；一方投资，多方收益；短期投资，长期收益。特别是长期以来部队高度重视军地两用人才培养，为新农村建设提供了取之不尽、用之不竭的人力资源宝库。

7. 国防人口流动的可持续性

安全与发展是人类永恒的两大课题，只要还存在着战争根源，就必须加强国防和军队建设，国防人口流动就会不间断地持续下去。国防人口是从社会青年中按照一定条件择优选拔而组成的，在军营中又经过系统、严格的政治、军事、文化和专业训练，其思想政治素质、科学文化素质、军事专业素质和身体心理素质明显高于其他群体。国防人口的军地双向流动，为新农村建设的可持续发展不断注入生机和活力。

二、国防人口流动是农村人力资本提升的重要途径

美国著名经济学家舒尔茨认为，在发展中国家广泛存在的贫困，很大程度上是人力资本匮乏的结果；在改善穷人福利中起决定性作用的生产要素是人力资本的提升。我国是世界上人口最多的发展中国家，提升农村人力资本是建设社会主义新农村的重中之重。国防人口流动不仅可以通过转移农村剩余劳动力促进人力

资源的合理配置，而且能够提升农村的人力资本，对农村经济发展和社会进步产生积极而深远的影响。

1. 国防人口流动促进知识型人力资本的提升

知识型人力资本表现为人力资本载体所具有的认知能力、自学能力和智力等，这种人力资本主要是通过正规教育、在职培训或个人自学而获得的。科学文化知识是人力资本的基础，没有文化的军队是一支愚蠢的军队。当前，在推进中国特色军事变革的过程中，高新技术在武器装备中的大量应用，对部队官兵的知识结构提出了更高的要求，建设以官兵全员学习、全过程学习、终身学习、创造性学习为基本特征的学习型军队，就是要持续不断地通过多种渠道、多种方式的学习，提升官兵的知识型人力资本，建设信息化时代的强大军队。

部队从农村征募兵员后，首先将其从一名普通老百姓培养转变为一名合格的士兵，这实际上就是对农村入伍青年进行人力资本教育投资的过程。入伍教育包括思想政治教育、军事理论教育、军事技能教育、作风纪律教育和科学文化知识教育等。在职培训是部队提升官兵知识型人力资本的又一重要途径，各个部队都会定期举办高科技知识和各类业务知识的培训班。同时，部队每年都要选送人员外出学习深造，或邀请专家学者到部队讲学。通过入伍教育、自学和在职培训等方式，普遍提升了农村入伍青年的知识型人力资本。根据 2000 年全国第五次人口普查的数据推算，每 10 万名现役军人具有大专以上文化程度的为 36198 人，是全国平均水平的 10 倍；具有中专和高中文化程度的为 36154 人，是全国平均水平的 3.2 倍。尤其近几年，全军共有百万名官兵通过全日制学习或在职学习获得大专以上学历，其中 3 万多人获得博士、硕士学位。随着国防和军队现代化建设的不断推进，用于培养高素质新型军事人才的费用将逐年增加，国防人口的整体素质将不断提高，国防人口流动对农村人力资本提升的作用将日益增强，成为农村经济发展的推动力。

2. 国防人口流动促进技能型人力资本的提升

技能型人力资本是人力资本培育的方向。部队通过军事、政治、文化、体能和民用技能等方面的培训，使农村入伍青年的技能型人力资本得到了明显提升，能够以自己的技能和特长，对国防建设和地方经济建设做出贡献。

部队官兵经过培训与实践所获得的技能，很大一部分是军地通用的专业技能，如汽车驾驶技术、机械修理技术、建筑设计与施工技术、电工通信技术、医疗卫生技术等。据统计，目前全军部队 85% 以上的士兵在服役期间接受了多种民用技术培训，相当多的人获得了技术等级证书，在退出现役返回农村后，可以凭借技能型人力资本获取长期收益，为新农村建设贡献自己的力量；退役军人的技能资本可以产生外部性效应，通过对周围群众的示范效应或者直接的帮助与传授，提高农民的人力资本存量水平，拉动农村经济发展。研究表明，学习会增强进一步学习的能力和动力，而学习能力的增强会产生递增的效应，从而产生良性循环，在边际递增的基础上提高农民的能力素质，提高农村人力资本水平。国防人口流动产生的技能溢出效应，为新农村建设提供了大量的技能型人力资源。

3. 国防人口流动促进管理型人力资本的提升

军队是一个具有严密组织、严明纪律、严格管理的特殊群体。经过部队的教育培训，正规的管理养成，岗位的实际锻炼，退役军人不仅具有坚定的理想信念、顽强的拼搏精神、良好的工作作风，而且具有较强的管理水平和工作能力。一是把握全局的能力。退役军人视野比较开阔，时代意识和政治意识较强，能够顾全大局，把握方向，冷静思考，正确判断。二是组织协调的能力。他们团队精神强，能够发动群众，依靠集体力量战胜困难。三是宣传教育的能力。他们关心国际、国内大事，能够自觉地贯彻和宣传党的创新理论与路线、方针、政策。四是调查研究的能力。他们注重理论与实践的结合，善于从实际出发分析、解决问题。部队通过多种途径的培训，造就了大批管理型人才，提升了退役军人的管理型人力资本，在新农村建设中发挥着重要作用。

中国农村是一个相对较为松散的生产集合体，农村基层组织的管理和领导者的个人能力直接关系到农村社会主义事业的发展。充分发挥具有一定管理经验和知识水平的退役军人在农村建设中的骨干带头作用，可以把部队的战斗力转化为农村的生产力。据统计，安徽芜湖市就曾在 3000 多名在部队担任过正、副班长的农村退役军人中选拔出 2400 多名担任乡、村级干部，这些退役军人带领当地农民兴办实业、发家致富，对当地的经济发展做出了重要贡献。

三、促进国防人力资本转化为农村人力资本的对策建议

坚持"以人为本"的发展理念，通过国防人口流动把部队的战斗力要素转化为农村的生产力要素，把军事人力资本转化为农村人力资本，不仅需要军人个体付出艰辛的努力，而且依赖于各级政府和农村党组织创造良好的条件。

1. 确立国防建设与经济建设相互促进的思想观念，把开发国防人力资源作为各级政府和农村党组织的重要职责

构建社会主义新农村离不开高素质的退役兵员人力资源。各级地方政府和农村党组织应把开发退役兵员的人力资源作为新农村建设的一项重要工作，从政策和机制上充分发挥退役兵员人力资本的效能。现实中一些地方政府和农村党组织常常被动地对待退役军人的复员安置工作，未能充分发挥这部分人力资源的作用。这就要求地方政府和农村党组织转变思想观念，制定切实可行的政策措施，建立或完善有关法律、法规，为退役兵员参与新农村建设创造良好环境。

2. 充分发挥退役兵员的作用，使国防人口成为社会主义新农村建设的带头人

社会主义新农村建设为退役军人在农村创造一番事业提供了重要机遇。各级地方政府和农村基层组织应紧紧抓住吸引人才、培养人才、用好人才三个环节，充分发挥退役军人的作用，使他们成为新农村建设的骨干力量和带头人。地方政府和农村党组织应当建立人才信息库，对每年退役回乡军人的综合素质、业务水平、组织管理能力、专业技能等进行系统摸底。对服役期间成绩突出的，可择优推选为村干部、村民代表或各级人大代表，支持有管理才能和创业精神的农村退役军人在新的战斗岗位上再立新功，再创辉煌。

3. 建立和完善退役军人培训机制，提高国防人口的经营管理能力和劳动技能

退役军人充实到新农村的建设队伍中，无疑会对新农村建设产生巨大推动作用。但也应看到，从一名革命军人转变为一名新农村建设的骨干，需要有一个转换期、适应期和磨合期。因此，建立和完善退役军人的职业与技能培训机制，是充分发挥退役军人人力资本优势的重要环节。

第一，运用政策与法律技能培训。通过集中办班、咨询服务、印发资料以及利用广播、电视等手段，对退役军人开展基本权益保护、法律知识、政策法规等方面知识的培训，提高退役军人依法维护自身权益的意识，增强退役军人预防和处理不测事件的能力，协调解决退役军人在创业中遇到的各种矛盾和问题。

第二，生产劳动技能培训。对于退役军人欲从事的行业、岗位，按照相关领域对从业人员基本技能和技术操作规程的要求安排培训内容、设置培训课程。培训重点可以是建筑、现代农业装备使用、制造、驾驶等新农村建设必需的职业

技能。

第三，现代农业技术培训。充分利用各级农技推广站等现有教育资源，举办农业技术、良种推广培训班，有针对性地提高退役军人农业生产技术水平，特别是掌握提高茶叶、林果、花卉、畜牧、中药材等经济价值较高的农产品的生产技术水平。

有效推进退役军人的职业技能培训工作，关键要依靠当地政府的推动，制定培训工作的发展规划以及出台扶持政策；建立有效的退役军人培训经费筹措、管理机制；对参加培训的退役军人进行补贴，使尽可能多的退役军人参加培训。

4. 实行用地、贷款、税费等优惠政策，为国防人口建设新农村营造良好投资环境

鉴于农村投资环境相对较差，国家应通过一定的政策措施鼓励退役复员军人返回农村创业，投身于新农村建设。各级地方政府和农村党组织应该提供全方位的咨询、法律、中介、信息、技术等服务，对退役军人实行政策倾斜和必要的对口帮扶，采取适当方式解决退役军人创业中的实际困难。

退役军人在承包、创办各种经济实体的过程中所需的资金，信贷部门应按规定给予优先、优惠贷款。农业银行和农业信用社可设立专项扶持贷款，实行优惠利率，以鼓励和支持退役军人的创业活动。退役军人创办企业所需用地，符合当地经济发展要求的应优先办理，并适当减免其所得税、土地使用税、房产税，在注册资金上给予适当放宽。同时，地方政府要保护退役军人获得的合法经济收益。对于在贫困地区从事教育、技术等工作的退役军人，应尽量为他们创造较好的工作环境和条件，在工资、评定职称、家属就业及子女入学等问题上给予优惠。退役军人引进、消化和吸收的农业高新技术产业化项目应优先列入各类科技计划中，加大扶持力度。

5. 建立"城乡一体"的社会保障网，为国防人口建设新农村解除后顾之忧

国防人口是一支建设新农村的生力军。要吸引和留住优秀的退役军人参与到新农村的建设中来，建立和完善退役军人的社会保障制度显得刻不容缓。我国现行的退役军人社会保障制度是在长期的计划经济条件下形成的，在市场经济体制的建立与发展进程中出现了许多新情况、新问题。原先与计划经济相适应的具有行政强制性的政策制度现在很难得到有效保证，退役军人及其家属在生活保障方面的问题越来越突出，这些问题如果解决不好，将直接影响到退役军人建设新农村的热情甚至是这一特殊群体的稳定。

当前农村的社会保障事业几乎是一个空白，城乡社会保障覆盖率之比高达22:1，占全国总人口近60%的农村居民仅享用20%左右的医疗卫生资源，农村医疗、生命、财产等保险事业和农村公共福利事业的缺失严重影响了农村经济的发展和农民生活水平的提高。探索建立"城乡一体"的社会保障制度，形成吸引退役军人的长效社会保障机制，为退役军人解除后顾之忧，是退役军人建设新农村的强大支撑。当前，应主要通过建立三个保障体系来构建退役军人"城乡一体"的社会保障制度：建立城乡一体的社会养老保障制度，使农村退役军人养老保障向城市社会养老保障过渡；建立城乡一体的医疗保障制度，促进农村退役军人医疗保障向城市医疗保障过渡；建立最低生活保障制度，促进农村退役军人最低生活保障向城市最低生活保障过渡。通过建立"城乡一体"的退役军人社会保障制度，还可以为建立农村社会保障网提供经验借鉴，为最终实现农村人人有保障的社会主义新农村铺平道路。

军事人力资本产权的性质及其运作*

谢玉科　黄　伟

一、人力资本产权的基本内涵

产权是指由物的存在及关于它们的使用所引起的人们之间相互认可的行为关系，是人们对物品的所有及其派生出的使用、占有及收益的关系。

人力资本的"产权"与"物"的产权不同，它们之间既存在着一般共性，又存在各自的特殊性。其共性主要表现在人力资本"产权"与物的"产权"具有相似的构成要素。制度经济学家认为，所谓人力资本产权是市场交易过程中人力资本所有权及其派生的使用权、支配权和收益权等一系列权利的总称。其四个要素组成：一是人力资本所有权。人力资本首先要确定归属问题。人力资本所有权是指排除他人对人力资本的控制权，表现为对人力资本价值自身（即劳动）的补偿。所有权本身是无法出让的。二是人力资本使用权。是指人力资本产权主体在权利允许范围内以各种方式使用人力资本，它是人力资本所有权的派生形式，表现为劳动者自愿在工作岗位上通过劳动生产物品和提供劳务。三是人力资本处置权。是指人力资本产权主体在权利所允许的范围内以各种方式处置人力资本的权利。人力资本处置权能够使人力资本处于最佳市场位置和最佳使用状态，从而达到人力资本使用效率最大化的目标。四是人力资本收益权。是指人力资本产权主体享有由人力资本使用而产生的经济利益的分配权。这是确立人力资本产权的意义之所在。

在只有物质资本产权而无人力资本产权情况下，劳动者所支配的人力资本是

*　本文原载于《军事经济研究》2006年第8期。

从属并服从物质资本的运转的，物质资本在社会经济的运转过程中起支配作用，资本家（物质资本所有者）与劳动者（人力资本所有者）之间的关系表现为"资本雇用劳动"的关系。在人力资本产权确立的情况下，人力资本所有者的经济地位与物质资本所有者的地位是平等的合作关系。因此，人力资本产权表现为劳动者不仅要求得到人力资本自身价值的补偿即工资收入，而且应该得到剩余价值部分的索取权，即分配利润。因为，工资只是劳动力商品价值的表现形式，是维持和再生产劳动力所必需的生活资料的价值，"获取利润"才是人力资本产权的动力所在，其获利的途径是人力资本的收益权，收益权的实现将对人力资本产权主体产生巨大的激励作用。

二、军事人力资本产权的性质

军事人力资本是指凝结在军事劳动者身上的知识、技术、能力和健康状况的总和，它作为社会资本的重要组成部分，同样需要进行产权界定。军事人力资本产权是军事劳动者拥有的一种特殊产权，是在一定合约和国家法规限制条件内，军事劳动者由于使用其拥有的人力资本而引起的受损或受益的权利，它包括军事人力资本的所有权、使用权、处置权和收益权，是一组"特殊"的权利束。军事部门作为纯公共部门提供的产品为"纯公共产品"，即国防安全，公共产品的产出机制和回报机制与私人产品的产出机制和回报机制存在根本的区别，因此，军事部门人力资本产权及其实现途径亦不同于一般的人力资本产权。首先，在市场经济条件下，军事部门的人力资本产权本质上是军事劳动者与军事部门的公共产权所有者（国家）进行交易的一种市场合约。军事人力资本产权的形成和运转虽然处于国家的计划和控制之下，但是，它的真正实现依然离不开市场。拥有人力资本的个人在他没有与其他任何利益主体发生交易时，其所拥有的只是对自身人力资本的所有权，即物权，而不是产权。产权只有在交易中才能实现，军事人力资本产权也不例外。所以，军事人力资本产权是产权主体（国家和军事劳动者）对产权客体（军事人力资本）的相关权能完成交易的结果。其次，形成的市场合约又是一种特殊的市场合约。其特殊性由国家与军事劳动者之间特殊的委托—代理关系决定，根据委托—代理理论，军队劳动者与军队的关系本质上是一种委托代理人关系，委托代理的主体是国家与军事劳动者，委托代理的客体是军事资源配置和使用权力。由于军队是国家的武装集团，它与在个人私产基础上形成的组织形式不同，其资产的构成与运用属于"公共产权"范畴，"公共产权"

具有不可追溯为个人私产的性质,"公共产权"最终成为不能分解给任何个人的"抽象",并不存在某一具体个人对"公共产权"负责。因此,这种委托代—理关系中,军队公共产权的特征是"没有最终委托人的代理人",在庞大的军事体系中,实际上活动的便是众多的"代理人",而并没有可以追溯的最后委托人,它与企业组织中的委托—代理关系存在根本的区别,是没有建立在普遍市场合约基础上的委托—代理关系。

由于军事人力资本产权是一种"特殊市场合约",致使其存在不同于一般人力资本产权的特殊性质。

1. 产权交易的非最优性

在市场经济条件下,军事人力资本产权的实现同样有赖于市场交易,但是,由于交易费用和交易双方有限理性的存在,使得军事人力资本交易契约具有非最优性。首先,是国家(军事部门的公共产权所有者)和军事劳动者之间存在信息不对称问题引起的产权交易非最优。在产权交易过程中,军事劳动者有必要将资本的价值信息传递给国家。由于军事劳动者生产的是国防安全,军事人力资本的价值无法通过市场直接检验,国家获取军事人力资本的价值信号往往是通过文凭和证书等媒介而间接进行,如军队在招聘人才时,应征者通过文凭和证书等来表明其价值信息。但是,这些信号极可能失真,从而导致军队人才引进和使用的失当,引起产权交易的非最优。其次,国家和军事劳动者之间"没有最终委托人"的委托—代理关系引起的产权交易的非最优。"没有最终委托人"的委托—代理关系是最具道德风险的代理关系,这种委托—代理关系易导致契约双方的行为难以得到有效的约束,某一方违约时可能无法承担责任。

2. 产权的残缺性

军队是受国家计划和控制的强力部门,它提供的是国防安全这一公共产品,具有很强的公域性,因此,人力资本进入军队时,某些权利必然受到限制甚至被删除。相对于私人部门来说,军事人力资本产权存在残缺性。具体表现为:一是军事人力资本产权的收益权没有充分实现。在社会的私人部门中,劳动者根据其人力资本价值可享有部门的剩余价值索取权,如企业分红、经营者的股权和期权等。然而,军队的公共属性使之不能如企业般产生利润,因此,军事人力资本产权被删除了剩余价值的索取权,其收益权只能通过国家根据某一固定标准提供的工资和福利及一些非物质利益来实现。二是军事人力资本产权的支配权受到限制。军队内部的资源配置不是纯粹按照市场机制来进行,它在很大程度上取决于国家政治因素和军队的发展战略,军事人员的进入、配置和使用都处于国家的计划之下，因此，军事人力资本产权不可能完全具有市场中人力资本自由流动的能力，个人拥有的人力资本的支配权不多。

3. 产权的强外部性

军事劳动者的职责就是保家卫国，提供国防安全产品，它为整个国家服务，因此，军事人力资本产权具有强外部性。若是这种外部性为外部正效应，意味着军事劳动者创造的价值一部分无偿地奉献给了社会，为社会经济发展提供了安全可靠的发展环境，个人收益率低于社会收益率。根据公共经济学理论，正外部效应可能会导致产品及服务供给不足或低效率供给，解决这个问题的方法就是提高人力资本的个人收益（包括非物质形态收益）率使之接近社会收益率。若这种外部性为负外部效应，个人收益率就要高于社会收益率，个人成本大于社会成本。因此，解决负外部效应的关键，是完善法律法规，从严治军，增加腐败成本，降低个人非正当收益率。

三、军事人力资本产权的运作

所谓军事人力资本产权运作，是指国家和军事劳动者通过交易人力资本产权，使人力资本在军队内部得到合理的配置和使用，从而使国家和军事劳动者双方受益的过程。国家的受益主要指获得可靠的国防安全产出，军事劳动者受益主要指军事人力资本产权能得到有效的实现。

1. 建立市场＋计划双重调节的军事人力资本市场

军事人力资本的运行机制特别是军事人力资本的流入和流出必须尽可能与国家人才市场接轨，按照人才市场的规律和法则行事，否则，市场法则的作用，将会使军队在人力资本的配置中处于劣势和被动地位，严重影响军事人力资本投资效益和产出效益。构建军事人力资本市场，关键在于确立独立的军事人力资本供给和需求主体，通过产权界定，确认人力资本载体对人力资本的所有权。军事人力资本载体即为独立的人力资本供给主体。国家（军事公共产权的所有者）即人力资本产权的需求主体。人力资本市场上，国家与其他的人力资本需求主体处于平等的地位，国家和军事劳动者以劳动契约的形式规定各自的权利与责任。但是，军队提供的是纯公共产品，具有高度稳定性和集中统一性，因此，还必须用强有力的计划手段来引导军事人力资本市场，通过经济、行政和立法等手段，有效控制和克服军事人力资本市场的盲目性和无序性，保证军事人力资本的有序流动和高效运转。

2. 建立真实反映军事人力资本价值的激励机制

第一，要确立客观反映军事人力资本存量的军人工资标准，具体的标准应取决于两个原则：一是军事人力资本产生的社会收益率，军人的工资标准应尽可能地接近社会收益率，以避免产权外部性带来的"公共产出降低"问题。二是取决于社会人力资本的平均收益水平。为了增强军队的凝聚力和对高素质人才的吸引力，军人工资标准不能低于社会人力资本的平均收益水平。第二，构建动态反映军事人力资本变量的工资自动增长机制。军事人力资本是一项能动的资本，教育投资和"干中学"经验积累都会使人力资本自动增值，工资水平作为军事人力资本收益权的经济实现，要与人力资本价值保持一致。第三，建立和完善奖励体系。军事人力资本产权的公共属性决定了其激励机制与企业人力资本产权的利润激励机制存在实质区别，企业是私人资本基础上的个体激励，其人力资本收益具有很强的差异性和个体性，而军人的工资为等级工资，它具有平均性和统一性特点，不利于鼓励先进。因此，军事人力资本更需要有效的奖励体系，对成绩突出的军人，要根据其创造的价值大小，给予相应的物质奖励，并通过非物质奖励，增强其成就感和荣誉感，以进一步激发其工作热情。

3. 建立防止军事公共产权缺乏的机制

产权经济学家认为，产权清晰到个人是最经济的，个人产权主体才会有动力多渠道地实现产权的保值增值。然而，军事公共产权的特殊性决定了国家与军事劳动者之间是一种没有"最终委托人的代理关系"，公共产权是无法追溯到个人的一种抽象。因此，为防止国家（军事公共产权所有者）的利益受到侵害，在军队建立一个防止公共产权缺乏的机制是重要的。在这个机制中，一是要从上至下建立严格的职责体系，要在军事人力资本产权整体运作过程中形成严格、有效、完善的责、权、利、控机制，以保证国家军队建设目标的实现；二是要切实推行依法建军方略，建立严格可行的执法、执权的监督体系，真正做到用法律规范来限制侵害国家利益行为的发生。

4. 制定适应军事人力资本运行规律的运营模式和战略规划

与物质资本不同，人力资本具有实现价值的自发性，相应地构建军事人力资本运营模式和战略规划，必须基于两个原则：一是有利于军队发展战略目标的实现；二是有利于军事人力资本自身发展的需要。对任何一个组织来说，其制定的运营策略和战略规划，如果无法为人力资本提供足够的价值实现的机会，人力资本最终会另觅其他的自我实现市场，最终会影响组织目标的实现。因此，宏观上，必须以军队的发展战略为基准制定长期的人力资本运营战略规划，为具体的人力资本运营提供指导；微观上，要建立一套"公正、准确、科学、完善的军事人才评估、选拔、任用"的用人机制，为军事人力资本实现自我价值创造公平的竞争环境。

论自主择业军转干部就业税收
优惠政策的完善[*]

廖国庚　滕　云

就业税收优惠政策是自主择业军转干部就业支持政策体系的重要组成部分。探讨这一政策的完善，对于促进自主择业军转干部第二次就业、拓宽自主择业之路、顺利推进新型军转安置制度的建立，都具有十分重要的意义。

一、完善自主择业军转干部就业税收
优惠政策势在必行

为帮助自主择业军转干部实现第二次就业，增强自主择业安置方式的吸引力，我国政府制定了自主择业军转干部就业的税收优惠政策。其内容主要包括以下两个方面：

1. 录用税收优惠政策

即对录用自主择业军转干部就业的单位，国家视情况给予税收优惠，以调动其吸纳自主择业军转干部就业的积极性。《关于自主择业的军队转业干部安置管理若干问题的意见》明确规定："对为安置自主择业的军队转业干部就业而新开办的企业，凡安置自主择业的军队转业干部占企业总人数 60%（含 60%）以上的，经主管税务机关批准，自领取税务登记证之日起，3 年内免征营业税和企业所得税。"《财政部、国家税务总局关于自主择业的军队转业干部有关税收政策问题的通知》（财税〔2003〕26 号）也作了同样的规定。

---

* 本文原载于《经济与社会发展》2006 年第 11 期。

2. 创业税收优惠政策

即对于自主创业的自主择业军转干部，国家视情况给予税收优惠，以鼓励其自主创业。《关于自主择业的军队转业干部安置管理若干问题的意见》规定："从事个体经营的，经主管税务机关批准，自领取税务登记证之日起，3 年内免征营业税和个人所得税。自主择业的军队转业干部须持有师以上部队发给的转业证件，税务机关对此进行相应的审核认定。"《财政部、国家税务总局关于加强军队转业干部、城镇退役士兵、随军家属有关营业税优惠政策管理的通知》（财税〔2003〕18 号）进一步规定："个体经营是指雇工 7 人（含 7 人）以下的个体经营行为，军队转业干部、城镇退役士兵、随军家属从事个体经营凡雇工 8 人（含 8 人）以上的，无论其领取的营业执照是否注明为个体工商业户，军队转业干部和随军家属均按照新开办的企业、城镇退役士兵按照新办的服务型企业的规定享受有关营业税优惠政策。"也就是说，自主择业军转干部无论是从事个体经营，还是创办私营企业，都拥有创业税收优惠。

自主择业军转干部就业税收优惠政策，体现了党和政府对自主择业军转干部的关怀，为自主择业军转干部顺利实现第二次就业创造了良好的政策环境。自该政策出台以后，对自主择业军转干部的就业发挥了重要的支持作用，使不少自主择业军转干部依靠就业税收优惠政策的支持，顺利实现了第二次就业。

但是，还应该看到，自主择业军转干部就业税收优惠政策还存在一些缺陷，主要是录用税收优惠政策还不甚科学、合理：一是录用税收优惠政策缺乏统筹考虑。在设计这一政策时，没有与下岗失业人员税收优惠政策联系起来考虑，致使这一政策与下岗失业人员税收优惠政策孤立分割，使得即使吸纳自主择业军转干部和下岗失业人员就业的人数达到总人数 60% 的企业，也无法享受税收优惠。二是录用税收优惠政策不符合社会公平原则。该规定只适用于新创办企业，不适用于已创办企业，这对已创办企业是极不公平的。因为根据社会公平原则，为安置自主择业军转干部就业，推进新型军转安置制度建立而承担同等改革成本的单位，应该享受同等税收优惠。三是录用税收优惠政策门槛太高。"60%（含60%）以上"这个标准过于"苛刻"①，将许多吸纳自主择业军转干部就业应该得到鼓励的企业排除在了优惠的门外，削弱了新创办企业吸纳自主择业军转干部就业的积极性。四是录用税收优惠政策的优惠价格缺乏弹性。税收优惠价格都是"3 年内免征营业税和企业所得税"，缺少区分度和层次性，不利于激励企业吸纳尽可能多的自主择业军转干部就业。

---

① 见胡磊相关论文：《自主择业军队转业干部经济补偿研究》。

由于录用税收优惠政策存在明显缺陷，这一政策的实施效果仍然不甚理想。据笔者 2005 年下半年对湖南长沙等地的调查，自 2001 年以来，各地税务机关批准的符合 3 年内免征营业税和企业所得税条件的企业非常少。也就是说，受惠于录用税收优惠政策的自主择业军转干部并不多，更加明确地说，就是现有的录用税收优惠政策没有发挥其应有的作用。而自主择业军转干部对整个税收优惠政策的评价也不高，并且转业时和调查时的看法存在比较大的差距，认为说不清、不太合理、很不合理的比例从 37.5% 上升到了 57.6%，上升了 20.1 个百分点（见表 1）。

表 1　自主择业军转干部对税收优惠政策的评价

项目	转业时的看法		现在（调查时）的看法	
	频数	有效百分比（%）	频数	有效百分比（%）
非常合理	13	7.8	10	6.1
比较合理	78	46.4	51	30.9
说不清	21	12.5	21	12.7
不太合理	22	13.1	48	29.1
很不合理	20	11.9	26	15.8
不知道	14	8.3	9	5.4
合计	168	100.0	165	100.0
未回答	12		15	

资料来源：2005 年下半年笔者对长沙等地自主择业军转干部的调查分析数据。

因此，为促进自主择业军转干部就业，增强自主择业安置方式的吸引力，拓宽自主择业之路，顺利推进新型军转安置制度的建立，必须进一步完善自主择业军转干部就业税收优惠政策。

二、完善自主择业军转干部就业税收优惠政策的基本思路

完善自主择业军转干部就业税收优惠政策，主要是要完善录用税收优惠政策。针对录用税收优惠政策存在的种种缺陷，完善这一政策的思路有以下两种。

1. 最优思路

完善自主择业军转干部就业税收优惠政策的最佳思路是：改变"按照吸纳自主择业军转干部就业人数达到企业总人数一定比例的标准给予税收优惠"的做法，对吸纳自主择业军转干部就业的单位，借鉴现行下岗失业人员就业优惠政策关于录用税收优惠的成功经验，按照×××元每年每人的定额标准给予税收优惠。

我国对下岗失业人员的就业税收优惠政策，其优惠方法经历了一个由不完善到完善的过程。2005年底前，对于吸纳下岗失业人员就业的企业，按照吸纳下岗失业人员就业人数达到企业总人数一定比例的标准给予不同程度的税收优惠。由于按比例优惠的方法存在较大缺陷，所以，2006年开始改为按照4000元每年每人的标准给予税收优惠。2006年《财政部、国家税务总局关于下岗失业人员再就业有关税收政策问题的通知》（财税〔2005〕186号）规定："对商贸企业、服务型企业（除广告业、房屋中介、典当、桑拿、按摩、氧吧外）、劳动就业服务企业中的加工型企业和街道社区具有加工性质的小型企业实体，在新增加的岗位中，当年新招用持《再就业优惠证》人员，与其签订一年以上期限劳动合同并依法缴纳社会保险费的，按实际招用人数予以定额依次扣减营业税、城市维护建设税、教育费附加和企业所得税优惠。定额标准为每人每年4000元，可上下浮动20％。"下岗失业人员税收优惠政策的变化，反映我国对税收优惠规律的认识提高到了一个新的层次。

自主择业军转干部就业税收优惠政策与下岗失业人员就业税收优惠政策，虽然在对象上存在差异性，但在优惠方法上存在共同性。因此，完善自主择业军转干部就业税收优惠政策，完全可以借鉴下岗失业人员就业税收优惠政策中的经验，按照×××元每年每人的定额标准给予税收优惠。总的想法是：①税收优惠政策适用范围应该扩展到已创办企业。②税收优惠价格不能高于下岗失业人员税收优惠政策的每人每年4000元的定额标准，应该具有弹性，可上下浮动。至于优惠价格具体为多少、适用于哪些行业，应根据国家的财力、自主择业军转干部存在的资本缺陷和对国家、社会的贡献情况，在进行充分调查和认真研究、讨论的基础上予以确定。

按照×××元每年每人的定额标准给予税收优惠，既简单易行，又可以确保每一个为自主择业军转干部就业做出过贡献的企业公平地享受税收优惠，增强广大企业吸纳自主择业军转干部就业的积极性，因而是一种比较理想的税收优惠政策完善思路。

2. 次优思路

完善自主择业军转干部就业税收优惠政策的另一种思路是：对原有政策进行修补，即仍然按照吸纳自主择业军转干部就业人数达到企业总人数一定比例的标准给予税收优惠，但对税收优惠的具体标准和价格等进行适当调整。具体设想是：

第一，打破自主择业军转干部税收优惠政策与下岗失业人员税收优惠政策之间的分割现象。自主择业军转干部税收优惠政策，在适用对象方面必须将自主择业军转干部、下岗失业人员合并起来考虑，将现有规定中的"凡安置自主择业的军队转业干部"调整为"凡安置自主择业的军队转业干部、下岗失业人员"。这一调整既体现了社会问题"统筹解决"的原则，又符合构建社会主义和谐社会的要求。

第二，适当扩大税收优惠政策的范围。我国对下岗失业人员的税收优惠政策不仅适用于新创办的企业，而且适用于已经创办的企业。根据有关规定："在2005 年底前，对新办的服务型企业（国家限制的行业除外），吸纳下岗失业人员达到企业职工总数30% 以上的，给予3 年免征营业税、城市维护建设税、教育费附加和企业所得税的优惠；对吸纳比例不足30% 的，按吸纳下岗失业人员占企业职工总数比例的倍数给予减免企业所得税的优惠，即每吸纳1%，减免3% 的企业所得税；对新办商业零售企业只从事零售业务的，可以享受除营业税以外的政策优惠。对现有服务型企业以及只从事零售业务的商业零售企业，在2005 年底前，如果其新增岗位中吸纳下岗失业人员达到企业职工总数的30% 以上，可在3 年内每年享受减征30% 企业所得税的优惠；对于兼营批发业务的商业零售企业，以及劳动服务企业中的加工型企业以及街道社区具有加工性质的小型企业实体，在2005 年底前，每吸纳一个下岗失业人员再就业，即可按每人每年2000 元的标准扣减企业所得税。"2006 年《财政部、国家税务总局关于下岗失业人员再就业有关税收政策问题的通知》（财税〔2005〕186 号）作出的新规定也同样将老企业纳入了税收优惠政策的适用范围。

我国对自主择业军转干部的税收优惠政策的适用范围，也应该参照下岗失业人员的税收优惠政策予以完善，税收优惠政策的适用范围不能仅限于新创办企业，也应该适用于已创办企业。这样的调整有两个方面的依据：一是由政策目的决定的。我国制定上述税收优惠政策的目的，毫无疑问，是激励企业单位自觉吸纳自主择业军转干部就业，拓宽自主择业之路。为此，税收优惠政策的完善应该尽量扩大适用范围。二是由社会公平原则决定的。对于吸纳自主择业军转干部就业达到一定比例的组织，它们都为军转安置制度的改革承担了一定成本，做出了贡献，理应得到公平的奖励。

第三，适当调整税收优惠的具体标准。美国心理学家佛隆（Victor H. Vroom）提出的期望理论认为：某一活动对某人的激发力量取决于他所能得到结果的全部预期价值乘以他认为达成该结果的期望概率。只有目标效价（全部预期价值）、期望概率（实现全部预期价值的可能性）适当，才能形成激励，如果期望概率过低或者全部预期价值实现的可能性很小，就难以产生激励。佛隆的期望理论在这里也是适用的。因此，为激励企业单位吸纳自主择业军转干部就业，必须将"60%"这个"苛刻"标准予以调整。该标准的调整应该参照下岗失业人员的税收优惠最低标准，稍微予以提高，比如将最低优惠标准确定为35%或者40%。

第四，调整税收优惠价格。改变税收优惠价格为固定价格的做法，按照吸纳自主择业军转干部就业人员占企业总人数的不同比例，分配给予不同程度的税收优惠，如3年内免征10%～100%等不同比例的营业税和企业所得税。

参考文献

[1] 财政部，国家税务总局. 财政部国家税务总局关于下岗失业人员再就业有关税收政策问题的通知[EB/OL]. http：//www. chinatax. gov. cn/innersearchResult. jsp，2006 - 01 - 31.

[2] 郭瑞轩. 下岗失业人员享受哪些税收优惠[N]. 人民日报，2004 - 05 - 19.

[3] 张德. 组织行为学 [M]. 北京：高等教育出版社，2004.

团队激励：国防科技创新的
重要动力源[*]

张伟超　杨艳军

我国国防科技创新中存在着激励困境，实行团队激励是突破这一困境的重要途径。

随着信息社会的到来和新军事变革浪潮的兴起，国防科技创新则成为军事变革的决定性因素和重要基础。为提高自主创新水平，广泛调动积极性，竞争性激励机制已被许多部门采用。实行竞争性激励机制是一种手段，目的在于广泛调动积极性，但合作也是实现工作目标的一种手段，而且完成重大任务必须实行合作。竞争与合作应作为一个完整的组织激励机制巧妙运用，以达到在国防科技创新中增强团队活力和组织凝聚力的双重目标，也就是实现国防科技创新的团队激励，使创新团队成员人尽其才，才尽其用，互助合作，实现工作效率最大化。

一、当前国防科技创新中普遍存在激励困境

国防科技创新工作作为团队性工作的一种，个人的努力在团队中具有外部性、信息不对称、垄断性等特点，个人趋利性会导致团队创新性活动中容易出现如下几类问题。

1. 激励不足导致的社会惰化和搭便车

在国防科技创新中，传统的绩效考核方法常常难以奏效，这主要是由创新工作具有高度合作性、团队成员具有较强的互补性、工作业绩是团队产出性决定

＊　本文原载于《国防科技工业》2006 年第 11 期。

的。虽然对团队成员实施激励的依据是工作业绩，但这种业绩更多的是一种相对的比较，人们更看重的是排序，而非真实的贡献。在现实中就会出现这样的问题：所有人都没有达到要求的实际业绩，但有些成员因排名靠前而得到收益。而且，这种制度还会导致另一种现象的发生：激励的评价指标是由多种因素构成的，当工作业绩十分接近时，起决定作用的往往是诸如资历、年龄、学历等非工作业绩指标，有时甚至是某些偏好。这些因素综合作用，其结果可能导致都不努力工作。

2. 过度激励导致的团队凝聚力弱化

作为理性人，当个体意识到相对排名是获得收益的关键因素后，其工作的重心是希望比别人出色，而是否完成了工作任务则成为相对次要的目标。国防科技创新团队是建立在协作基础上的，这种激励机制将会导致团队成员受到双重束缚，一方面他需要他人的协作和协作他人，这样他所在团队的工作目标才会实现；但另一方面他又必须确保自己个人的业绩，帮助他人会导致他人的工作业绩超过自己的业绩，这样团队成员会感受到来自其他成员的竞争和威胁，所以团队成员往往采取消极合作的态度，甚至放弃与他人的协作，使得知识、信息、经验的交流、沟通和共享变得非常困难。在团队工作中，互助合作的团队精神是必不可少的，而在传统的激励方式下，同事之间的过度竞争将不利于国防科技创新的顺利进行。

3. 激励不当导致的低效率合作

在国防科技创新团队工作中工作业绩无法准确衡量，所选择的激励方式、激励指标都缺乏客观或可验证的依据，这会直接导致激励不当。一旦实行了不适合的激励，致使创新活动中部分成员的积极性不高，而没有发挥出自身本该在活动中应有的作用，而其他人只有通过花费更高的成本对其进行补足，才能实现目标，这种合作，对整个团队而言缺乏效率，可以通过激励机制的调整加以改进。

二、国防科技创新的特点决定了
团队激励的重要性

面对当前国防科技创新中普遍存在的激励困境，究其根源是由国防科技创新工作中外部性、信息不对称性和垄断性所导致的激励不相容所致，要走出激励困境，就必须要在国防科技创新工作中引入团队激励，从而实现个人与团队的激励相容。

1. 团队激励是克服国防科技创新活动的外部性引发的激励不相容的有效路径

在国防科技创新活动中，个人付出的努力越多，则该团队其他成员的工作效率越高，这种由合作而产生，不具备排他性和竞争性的产物，可以称为"团队物品"，如果缺乏工作者之间的合作行动，团队物品就生产不出来。而团队物品就像公共物品一样，会导致个人的理性必然与集体理性发生冲突。合作是有效率的，能产生额外的生产率，但是每个人努力所带来的好处会平均分配，成本对个人却不同，工作的努力就具有了"外部性"，就像消费的外部性一样，会导致囚徒困境，个人的理性最终导致集体低效率。而团队激励是以团队整体工作效果为依据实施的，每个成员的收入都适当依赖于其他成员的努力程度。团队激励把国防科技创新活动中的外部性转化，使别人的努力能更大地提高产出，从而增加自己的收益，这种激励机制通过诱使"团队合作"，克服外部性导致的激励不相容。

2. 团队激励是克服国防科技创新活动的信息不对称性引发的激励不相容的重要手段

团队工作中，工作的成果是共同努力形成的，而每个工作者由于分工和技能的差异，都拥有私人信息。这种私人信息不仅使工作者之间无法进行比较，还引起了管理者很难对工作者的努力程度实施监督或监督成本很高，业绩也无法准确衡量，因而理性的个人就存在通过隐瞒行动或隐瞒信息，来降低自己成本，从而获取利益的动机。而团队激励回避了事后对团队工作中个人业绩的衡量，运用"信息甄别"的原理，根据创新活动的需要，采用事前的机制设计，以成员在团队工作中的显性指标为标准实行激励，个人则根据已有的机制选择使自己收益最大化的努力程度。团队激励中"雇主先行"的机理，在很大程度上降低了在信息不对称的条件下，个人隐瞒行动或隐瞒信息的动机，从而达到实现个人与集体的激励相容的目的。

3. 团队激励是克服国防科技创新活动的技能垄断性引发的激励不相容的根本方法

工作团队是由技能具有互补效应的人员构成，随着团队内部工作分工的细化，个别环节的专业化倾向会加强，从而产生团队中的技能垄断，在没有可替代的工作者可以或者愿意参与的情况下，一个必然的结果就是，各专业工作者成本与收益不相称导致的激励扭曲。而团队激励剔除了传统激励中对不同领域内的业绩进行比较的不利因素，实现对团队内部的科学比较，降低了有垄断性技能的个体或群体滥用垄断优势造成整体的缺乏效率的可能性。同时，团队激励不仅减少了不同领域之间的无谓竞争，还在私人信息相对较少的同领域内促成互相监督、竞争氛围的形成，在这种机制下，个体只有通过付出努力才能得到相应的收益，实现个人与集体的激励相容。

三、实现国防科技创新团队激励的现实路径

要在激励不足和过度激励并存的情况下，实现满足国防科技创新需求的团队激励，必须要从激励困境的根源入手，对现行激励机制中存在的问题分别加以克服，以实现个人与团体的激励相容。根据理论分析可知，增强创新团队内部活力和凝聚力的双重目标，可以通过团队间激励的分配、激励方式改革等的综合运用实现。

路径一：以团队工作的整体效果为指导，实行全局性激励。国防科技创新任务中，个人的努力在一定程度上具有互补性。仅靠调动部分的积极性，并不一定能有效地完成任务，这就要求激励要破除旧的观念，从全局、整体出发，兼顾团队中各个组成部分，适当调动所有成员的积极性，以实现工作效率最大化为目标，克服激励不当引发的"搭便车"、缺乏合作以及低效率合作等问题，在激励中把团队工作的整体绩效作为个人收益的依据，同时，以促进人员的发展后劲和符合团队长远发展规划为指导原则，实现对参与团队性工作成员的全局性激励。

路径二：以团队工作中的重要程度为依据，实行分层次激励。为改进激励效果，提高效率，必须打破平均主义，改进旧的激励机制，引入分层次激励制，以达到最优激励点。所谓分层次激励，可以认为是将总激励分成两部分，一部分先在所有团队成员中分配，另一部分在符合某种条件的工作成员中分享。这相当于一部分表现突出的人员在享受了所有团队成员的基本报酬后，再享受特殊的剩余部分。进行层次分配改进激励效果的条件是：要对在团队工作中起相对重要作用的那一部分人员实行额外激励，这样可以实现个人与集体的激励相容，调动这部分人员的工作积极性，提高他们的工作努力程度，增加整个团队的工作效率，以达到改进激励效果的目的。

路径三：以团队工作中的技能为指向，实行多方式激励。团队工作中的技能垄断引发了个人与集体的激励不相容，但同样，也可以运用这种技能垄断，引入多方式激励，实现对成员努力程度的激励。由于个体需求的多样性、多层次性、

动机的复杂性等原因，相同的激励措施起到的效果不尽相同，即使是对于一个人，在不同时期和不同环境下也有不同的需求，故在激励机制的设计过程中要依据权变的观点，体现多样性、适应性。所谓多方式激励是指给团队工作人员提供两条或多条激励方式，包括货币激励、非货币激励以及两者相结合的晋升激励等，团队成员可以根据各自的能力和性格特点来设计不同的发展方向，从而改善激励效果。同时，这种机制在一定程度上避免了人员之间的过度竞争，达到了增强组织凝聚力的效果。

论自主择业军转干部就业优惠
政策的完善*

廖国庚

就业优惠政策是自主择业军转干部就业支持政策体系的重要组成部分，体现了党和国家对自主择业军转干部的关心和爱护。探讨这一政策的完善，对于促进自主择业军转干部第二次就业、拓宽自主择业之路、顺利推进新型军转安置制度的建立，具有十分重要的意义。

一、自主择业军转干部就业优惠政策的基本内容

为支持自主择业军转干部就业，我国中央政府出台了对自主择业军转干部的就业优惠政策。其内容主要包括以下三个方面：

1. 教育优惠政策

掌握必要的民用知识与技能是自主择业军转干部顺利实现第二次就业的先决条件。为激励自主择业军转干部参加培训，改变知识结构，掌握民用技能，增强就业竞争能力，国家在受教育方面给予了自主择业军转干部一系列优惠权利。《军队转业干部安置暂行办法》第四十九条规定："各级教育行政管理部门应当在师资、教学设施等方面，支持军队转业干部培训工作。对报考各类院校的军队转业干部，应适当放宽年龄条件，在与其他考生同等条件下，优先录取；对获二等功以上奖励的，应适当降低录取分数线投档。"对自主择业军转干部的教育优

---

* 本文原载于《军事经济研究》2006年第12期。

惠，是一种以增强就业竞争能力为目的的间接就业优惠，因而，教育优惠政策是自主择业军转干部就业优惠政策的重要组成内容。

2. 录用优惠政策

录用优惠政策包括两个方面的政策内容：一是录用优先政策，即当自主择业军转干部在与其他群体竞争就业时，国家视情况给予其优先被录用的权利，这是一种直接的录用优惠政策。《关于自主择业的军队转业干部安置管理若干问题的意见》对此作出了明确规定："党和国家机关、人民团体、企业事业单位从社会上公开选用人员时，在同等条件下，应优先选用自主择业的军队转业干部。""对参加全国统一组织考试取得专业技术资格证书或者执业资格证书以及参加职业技能鉴定取得国家职业资格证书的自主择业的军队转业干部，地方用人单位应在同等条件下优先录用、聘用。"二是录用税收优惠政策，即对录用自主择业军转干部就业的单位，国家视情况给予税收优惠，这是一种间接的录用优惠政策。《关于自主择业的军队转业干部安置管理若干问题的意见》指出："对为安置自主择业的军队转业干部就业而新开办的企业，凡安置自主择业的军队转业干部占企业总人数60%（含60%）以上的，经主管税务机关批准，自领取税务登记证之日起，3年内免征营业税和企业所得税。"

3. 创业优惠政策

根据国家现行政策规定，自主择业军转干部的创业优惠主要体现在三个方面：一是拥有优先办理创业执照的权利。《关于自主择业的军队转业干部安置管理若干问题的意见》指出："自主择业的军队转业干部申请从事个体经营或者创办企业，符合条件的，凭有关转业证件，工商行政管理部门应当优先办理。"二是拥有创业税收优惠。《关于自主择业的军队转业干部安置管理若干问题的意见》规定："从事个体经营的，经主管税务机关批准，自领取税务登记证之日起，3年内免征营业税和个人所得税。自主择业的军队转业干部须持有师以上部队发给的转业证件，税务机关对此进行相应的审核认定。"财政部、国家税务总局在有关加强军队转业干部、城镇退役士兵、随军家属营业税优惠政策管理的文件中规定："个体经营是指雇工7人（含7人）以下的个体经营行为，军队转业干部……从事个体经营凡雇工8人（含8人）以上的，无论其领取的营业执照是否注明为个体工商业户，军队转业干部和随军家属均按照新开办的企业……的规定享受有关营业税优惠政策。"也就是说，自主择业军转干部无论是从事个体经营，还是创办私营企业，都拥有创业税收优惠。三是拥有创业信贷优惠。《军队转业干部安置暂行办法》明确规定，对从事个体经营或者创办经济实体的自主择业的军队转业干部，金融部门"应当视情况提供低息贷款"。

从上可见，我国对自主择业军转干部的就业优惠政策已经初步形成轮廓，这为自主择业军转干部顺利实现第二次就业提供了良好的政策环境。

二、自主择业军转干部就业优惠政策的主要缺陷

自主择业军转干部就业优惠政策出台以后，对自主择业军转干部的就业发挥了重要的支持作用，使不少自主择业军转干部依靠优惠政策的支持，实现了第二次就业。但也应该看到，自主择业军转干部就业优惠政策还存在以下一些缺陷：

1. 政策可操作性不强

现行政策虽然对就业优惠作出了一些明确的规定，但还不具体、细致，缺乏可操作性。比如《军队转业干部安置暂行办法》第四十九条关于教育优惠的规定，其中"应适当放宽年龄条件，在与其他考生同等条件下，优先录取"的规定就很不具体，基本没有可操作性，因为"适当""同等条件"是两个非常灵活的词，可以有众多解释。《关于自主择业的军队转业干部安置管理若干问题的意见》关于录用优先的规定，也存在类似问题，其中使用了两个"同等条件"。而《军队转业干部安置暂行办法》第三十三条关于创业优惠的规定："应当视情况提供低息贷款"，也同样存在规定不具体的问题。由于政策规定不具体，在实践中很难操作，执行难度很大。

2. 政策优惠不当

首先政策优惠不当体现在教育优惠方面，比如《军队转业干部安置暂行办法》第四十九条关于教育优惠的规定："对获二等功以上奖励的，应适当降低录取分数线投档。"这条规定，不仅条件苛刻，而且优惠度十分有限。因为，"应适当降低录取分数线"后加上的是"投档"而不是"录取"二字。政策优惠不当还体现在录用优惠方面。比如《关于自主择业的军队转业干部安置管理若干问题的意见》关于录用优先的政策，都是在"同等条件下"优先。这粗看起来好像是优惠，但细想起来，这种优惠实在是非常有限。

3. 政策的系统性不强

目前，自主择业军转干部的就业优惠政策，尽管已经形成轮廓，但系统性不

够强，在教育优惠、录用优惠、创业优惠等各个方面，都不同程度地存在政策空位的现象。比如关于学杂费方面的优惠，现行教育优惠政策就没有相应的规定。比如现有录用优惠政策中关于录用优先的规定，与美国《退役军人优先就业法》做出的规定相比，还非常粗略，对于自主择业军转干部在哪些方面、哪些行业拥有录用优先权以及拥有何种程度的优先权，没有予以明确规定。再比如现有创业优惠政策中关于创业信贷优惠，仍缺乏与之配套的实施细则。

4. 政策缺乏强制性和约束力

法的效力包括保护力和约束力两个方面，而现行的《军队转业干部安置暂行办法》《关于自主择业的军队转业干部安置管理若干问题的意见》提出的一些就业优惠政策，只表现出对军转干部就业的保护力，没有体现在这些政策无法实现或受到侵害时的约束力。比如自主择业军转干部应该享受的就业优惠，有关部门和单位不给予怎么办？答应给予却拖着不办怎么办？缺少对这些侵权行为在什么样的场合以及按照什么方式来追究其责任等程序性的前提规定，违反程序的行为就得不到有效的制裁，就业优惠政策就可能流于形式，难以得到真正意义上的落实。

三、完善自主择业军转干部就业
优惠政策的对策

完善自主择业军转干部就业优惠政策，总的来说，就是要针对现行政策存在的诸缺陷，增强政策内容的规范性、可操作性、系统性、强制性与优惠方式的科学性。为此，必须重点做好以下几方面工作：

1. 完善教育优惠政策

一是要针对现行教育优惠政策存在"政策可操作性不强"、"优惠度太低"的缺陷，增强可操作性和优惠度。建议对《军队转业干部安置暂行办法》第四十九条规定做如下调整：第一，将"对报考各类院校的军队转业干部，应适当放宽年龄条件"改为"对报考各类院校的自主择业军队转业干部，研究生考试年龄条件放宽×岁（比如5岁），其他则不受年龄条件限制"。自2001年开始，我国普通高考对考生年龄限制已经解禁，即使是70岁的老人都可以参加考试，享有同等受教育的权利。就研究生教育来说，目前虽然要求考生年龄一般在40岁以下，但也有放宽的趋势。2001 年教育部学生司有关负责人在答记者问时就表示，"本科生的年龄放宽以后，研究生整个的招生年龄也会做出相应的调整"。基于上述情况，对于正处于壮年时期的自主择业军转干部来说，除研究生教育以外，其他教育方面就更不应该受年龄条件的限制，而研究生教育则可考虑放宽年龄限制。第二，将"在与其他考生同等条件下，优先录取"改为"比其他考生降低××分（比如 15 分）录取"或者"给予××分的加分优惠"。第三，将"对获二等功以上奖励的，应适当降低录取分数线投档"改为"对获二等功以上奖励的，降低××分（比如 30 分）录取"，或者"给予××分的加分优惠"。

二是要拓宽教育优惠政策的范围。对自主择业军转干部，不仅要在考试年龄、录取标准上给予优惠，而且应该在学费上给予优惠。对于入学接受教育的自主择业军转干部，应减免一定百分比的学杂费。

2. 优化录用优先政策

首先，要将自主择业军转干部录用优先政策明确、具体分为两个不同层次：一是绝对优先。所谓绝对优先，就是无条件的、完全的优先，只要招聘干部或员工就业，就必须首先满足自主择业军转干部的就业要求。目前，除福建省外，国家及其他地区，没有任何这方面的规定，因此，对于哪些部门招聘人员应给予自主择业军转干部绝对优先权，要进行研究和探索。二是相对优先，就是有条件的、一定程度的优先，即在就业竞争中，满足一定条件后给予自主择业军转干部优先录用的权利。换句话说，相对于其他就业竞争对手，自主择业军转干部享有一定程度的录用优惠，比如一定程度的加分优惠。除《关于自主择业的军队转业干部安置管理若干问题的意见》中提出的两项相对优先权外，还要拓展相对优先权的范围，探讨在其他哪些行业的就业竞争中，应该给予自主择业军转干部相对优先权。

其次，关于录用优先的规定要明确、具体，避免含糊其词、模棱两可。比如对于《关于自主择业的军队转业干部安置管理若干问题的意见》提出的"在同等条件下，应优先选用自主择业的军队转业干部""地方用人单位应在同等条件下优先录用、聘用"中的"同等条件"要进行具体化，比如给予一定程度的加分。

更具体地说，笔者认为，当前应在完善《关于自主择业的军队转业干部安置管理若干问题的意见》中关于录用优先的规定的基础上，考虑在如下方面作出一些具体规定：一是在就业竞争考试中，凡参加就业竞争考试的自主择业军转干部可以根据军兵种的不同、条件艰苦程度的不同和立功受奖的不同而给予不同的加分。二是党政机关在招聘雇用保安人员、通信人员以及管理人员时，必须首先聘用自主择业军转干部；军事单位招聘文职人员时也必须首先招聘雇用自主择业军转干部。三是对伤残军人以及荣立二等功以上的自主择业军转干部，只要符合基本要求，在就业竞争中要给予免试录用。

3. 改革录用税收优惠方法

要改变"按照吸纳自主择业军转干部就业人数达到企业总人数一定比例的标准给予税收优惠"的做法，对吸纳自主择业军转干部就业的单位，借鉴现行下岗失业人员就业优惠政策关于录用税收优惠的成功经验，按照×××元每年每人的定额标准给予税收优惠。

我国对下岗失业人员的录用税收优惠政策，其优惠方法经历了一个由不完善到完善的过程。2005 年底前，对于吸纳下岗失业人员就业的企业，按照吸纳下岗失业人员就业人数达到企业总人数一定比例的标准给予不同程度的税收优惠。由于按比例优惠方法存在较大缺陷，所以，2006 年开始改为按照 4000 元每年每人的标准给予税收优惠。2006 年《财政部、国家税务总局关于下岗失业人员再就业有关税收政策问题的通知》规定："对商贸企业、服务型企业（除广告业、房屋中介、典当、桑拿、按摩、氧吧外）、劳动就业服务企业中的加工型企业和街道社区具有加工性质的小型企业实体，在新增加的岗位中，当年新招用持《再就业优惠证》人员，与其签订一年以上期限劳动合同并依法缴纳社会保险费的，按实际招用人数予以定额依次扣减营业税、城市维护建设税、教育费附加和企业所得税优惠。定额标准为每人每年 4000 元，可上下浮动 20%。"下岗失业人员税收优惠政策的变化，反映我国对税收优惠规律的认识提高到了一个新的层次。

自主择业军转干部录用税收优惠政策与下岗失业人员录用税收优惠政策相比，虽然在对象上存在差异性，但在优惠方法上存在共同性。因此，完善自主择业军转干部录用税收优惠政策，完全可以借鉴下岗失业人员录用税收优惠政策中的经验，按照×××元每年每人的定额标准给予税收优惠。总的想法，一是税收优惠政策适用范围应该扩大到已创办企业。二是税收优惠价格不能高于下岗失业人员税收优惠政策的每人每年 4000 元的定额标准；应该具有弹性，可上下浮动。至于优惠的价格具体为多少、适用于哪些行业，应根据国家的财力、自主择业军转干部存在资本缺陷和对国家社会的贡献情况，在进行调查研究的基础上予以确定。

按照×××元每年每人的定额标准给予税收优惠，既简单易行，又可以确保每一个为自主择业军转干部就业做出过贡献的单位公平地享受税收优惠，增强广大企业吸纳自主择业军转干部就业的积极性，因而是一种比较理想的录用税收优惠政策完善思路。

4. 细化创业信贷优惠政策

对于《军队转业干部安置暂行办法》第三十三条提出的"对从事个体经营或者创办经济实体的自主择业的军队转业干部……金融……部门,应当视情况提供低息贷款"的规定,必须尽快制定配套政策,予以细化。要借鉴国家对下岗失业人员实行信贷优惠的成功经验,明确自主择业军转干部的贷款审批手续、贷款金额、贷款优惠利率,使自主创业的军转干部真正享受创业信贷优惠。

5. 加强就业支持方面的法制建设

针对自主择业军转干部就业优惠政策存在"缺乏强制性和约束力,难以得到落实"的缺陷,必须将包括就业优惠在内的就业支持工作纳入法制化轨道,建立完善的法律保障机制。为此,必须进一步加快自主择业军转干部就业支持方面的立法工作。要认真研究西方发达国家关于退役军人就业支持的法律,借鉴其成功经验,结合我国国情,制定《退役军人安置法》《退役军人优先就业法》《退役军人培训法》等法律,保护自主择业军转干部再就业权益不受侵犯。

创新军事人力资本管理应注重价值评估[*]

廖　鸣　张伟超

一、军事人力资本管理的创新必须价值评估

军事人力资本是指通过对军人进行各种教育、训练后所形成的存在于军人体内的知识、技能、体力和精神等的存量之和。作为一种资本，其价值体现为能够生产出军队战斗力和国防安全。

在国防和军队建设中，为了建设创新型军队，实现战斗力的整体提高，要求军事人力资本管理有所创新。这种创新，在宏观上要使军事人力资本与军事物质资本达到最佳的投入比率；微观上要在军队内部建立一套公平、公正的人员评价、激励和约束制度，充分发挥军事人员工作的主动性。为了实现这两个目标，要对我国军事人力资本状况有一个较为明确的量化，找到军事物质资本和军事人力资本的最优组合，还要创新各种管理手段和方法，对结果进行价值评估，从而实现国防安全产出的最大化。

创新型军队管理的本质是创新，要通过各个要素的重新组合来提高部队的战斗效能。对于军事人力资本管理在整个国防和军队建设中起到的作用，以往更多的是从定性的角度进行研究。但如果不能对军事人力资本价值进行一定的量化，对其进行价值评估，就难以使国防费在人力与武器装备之间合理分配，难以有效提高军事人力资本管理效能，不利于国防建设的协调发展。

新军事变革突飞猛进，创新型军队建设和国防建设要求尽快提高部队人员管

*　本文原载于《军事经济研究》2007 年第 2 期。

理水平，亟须建立在现代管理科学基础上的价值评估。在社会主义市场经济条件下，军事人力资本管理的核心价值取向定位在效率本位和能力本位上。制定与之相应的制度，尤其是公平与公正的人员评价、激励和约束制度，真正做到"功必赏，过必罚""能者上，庸者下"，才能充分调动军人的积极主动性。激励—约束理论认为，管理是组织内部的核心问题，而激励（包括起反向激励作用的约束）又是管理的核心问题。人力资本的评估将人的劳动结果放在重要的位置上，因为人力资本是创造财富或形成战斗力的资产，使用人力资本也是使用劳动力创造财富或形成战斗力的能力。同是在一个岗位上，但做出的贡献不一定相同，要从劳动结果上评估每个军事劳动力的价值。公平有效的评价制度不仅能传递信息使军事人员关注自身的发展，还能使其报酬与其付出成正比。因此，应该建立一个公平完整的价值评价体系，创新现代化军队的军事人力资本管理。

二、对军事人力资本进行价值评估应把握其特殊性质

　　人力资本价值评估，是对人力资本的价值量进行测算和估量，估算的价值量包括人力资本自身内含的价值，即劳动力的价值量大小，以及劳动力在未来可能创造的价值量。一般来说，价值评估的重点在于其创造的和可以创造的价值，而不是自身内含的价值。人力资本价值量的大小与很多因素有关。首先与劳动力的价值因素有关，即维持劳动者本人及其家庭的物质文化生活所必需的生活资料的价值，这是劳动力的成本。劳动力只有收回这部分投资，才能维持其再生产。其次与不同国家和地区的不同时期社会经济文化发展程度和水平有关。一般来说，一个国家或地区的社会生产力水平愈高，劳动力再生产所必需的生活维持费和技能培训费就愈高，劳动力的价值量就愈高。因此，评估军事人力资本时要考虑劳动者的学历、资历、经历、职称、地区生活水平等因素。

　　作为人力资本的一种，除了上述因素，军事人力资本还有其自身的一些特性，这些特性使得对其进行价值评估不同于一般人力资本的价值评估。在对军事人力资本进行价值评估时，特别应注意把握好其特殊性质。

1. 军事人力资源流动的特殊性

　　军事人力资源的进入和退出具有严格的规定，其流动具有高度计划性。军事人力资本积累过程的长期性决定了军事人力资源流动的高度封闭性。由于服役年

限和部队人事调动的种种硬性规定，不但军队与地方之间，而且军队内部人才流动都受到诸多限制，受市场经济供求关系影响较小。

2. 军人岗位的特殊性

军人生产出来的是公共产品——战斗力和国家安全，军人职业具有奉献的性质以及高风险性，这是其他职业所无法替代和比拟的。在对军事人员进行价值评估时，必须注意到军人职业的高风险性，并将这种高风险性纳入价值评估体系，做出正确的评估。

3. 军人报酬的特殊性

军人的工资是以固定工资方式支付的，包括基础工资、军衔工资、职务工资、军龄工资等，是一种平稳的工资结构。即使同一档次之间的人员努力程度差别巨大，也很难通过获得货币的差别直接反映出来。因此，直接的工资报酬对军人的激励不是很明显。体现激励作用的货币激励机制公平理论认为，当一个人付出努力并取得报酬后，他们更为关注的不是报酬的绝对值，而是将所取得的报酬与付出的投入比较，并且将自己的绩效与所处环境中他人的绩效相比较，用以衡量报酬是否公平合理以及是否受到公平待遇。因此，应当按绩效给付报酬，并且团体成员之间相互平衡。否则，不公平感会直接影响工作积极性。

三、军事人力资本创新管理中价值评估的具体方法

从评估的时间角度，评估方法可分为成本法、折现法、期望价值法、现值法以及其他方法。从计量对象上，评估方法可以分为人力资本个体价值评估和人力资本群体价值评估。对军事人力资本进行价值评估，由于其特殊性质，主要通过成本法计算军事人力资本的投入量，这适用于为军事人力资本的投入决策提供基础数据；通过确定军事人力资本与其他生产要素之间的比例来确定军事人力资本的价值，它适用于创造性劳动的人力资本的评估，如科技人员和管理人员等。下面将对确定军事人力资本价值的两种方法做具体的探讨。

1. 用成本法对军事人力资本的价值评估

成本法包括历史成本法、重置成本法和机会成本法三种，它们都是按劳动力

的成本计算，通过考虑其学历、职称和工龄等劳动力成本，相应地加入不同的系数来计量。其中，机会成本法和重置成本法较为适合对军事人力资本进行评估。

机会成本是指在一个特定用途上使用某种资源，而没有把它用于其他可供选择的更好的用途上所放弃的利益。机会成本法计算军事人力资本价值较简单的方法是，考量军事部门对军事人力资本的总投入，并乘以一个加权系数，加权系数一般可以用当期银行利率表示。如果这里不考虑人力资本的折旧问题，则 t 时期的军事人力资本价值为：

$$V = \sum_{0}^{t} C_t (1 + r)^t$$

其中，V 表示机会成本，C_t 为军事部门对军事人力资本的总投入，r 为当期银行利率。

重置成本法是指在现行的价格与标准下，更新重塑具备一定素质和能力的劳动力，并使之处于在用或待用状态所耗费的成本。它需要考量两个部分的价值：一是军人入伍以前发生的人力资本存量，二是入伍以后获得的资本存量，这里不考虑两者可能发生的重叠。资本存量由社会、学校、家庭和个人的投资而得到。假设这个部分的军事人力资本价值是由两个部分构成，分别是教育投资 E 和除教育以外的所有其他消费 C。那么军人入伍前的人力资本存量则为：

$$V_1 = \sum_{0}^{t} \left[(E_t + C_t) + (1 + r)^t \right]$$

其中，E_t 表示一个人出生后第 t 年的教育投资，C_t 表示一个人出生后第 t 年的教育以外的消费支出，r 为贴现率，可以理解为银行利率或是 t 年中的平均通货膨胀率。

军事人力资本价值，是军人参军入伍后，在服现役期间由国家、军队、社会、家庭和个人等投资获得的资本存量。这部分成本应包括：对军人的教育、训练投资；军人薪酬收入；国家和军队对军人的食品、被服、医疗、住房等方面的投资；军人复退安置费和转业等费用；军事人力资本内部流动带来的成本；其他方面的投资。由于军事劳动者本身可以分为军官、文职干部、士官和士兵等不同层次，所以又可分别对这些层次进行计量。这部分军事人力资本的重置成本可记为：

$$V_2 = \sum_{1}^{t} (e_{t1} + e_{t2} + e_{t3} + e_{t4})$$

其中，e_t 表示上述项目的第 t 项，e_{t1}、e_{t2}、e_{t3}、e_{t4} 分别代表了军官、文职干部、士官和士兵四个层次。

如果要计算军官入伍前的人力资本存量，则确定军官的平均受教育年限为 X 年，其中小学阶段教育为 X_1 年，初中阶段教育为 X_2 年，高中阶段教育为 X_3 年，

大学阶段教育为 X_4 年，研究生阶段教育为 X_5 年。同时收集目前各个阶段平均投入的资本量，再将各个阶段受教育时间乘以年教育支出，则可求出目前军官队伍的教育资本存量。但是，所求出的教育存量没有考虑各个阶段、时间段和不同地区教育质量的差异，也就没有一个准确的贴现值，从而对准确度有一定的影响。

由于整个军事劳动领域的人力资本数据比较庞大，在进入军队前其资本存量又有很大的差别，参军入伍后，在服现役期间由国家、军队、社会等投资获得的资本存量又存在一定的保密性，所以在实际操作中，统计的难度是比较大的。

此外，军队人力资本中的教育资本投入对国民经济部门还存在一定的外部性。国防部门对军事人力资本的投入在无形中为国民经济部门准备了大量的熟练劳动力，这在发展中国家尤为明显。这些国家的国防部门是现代化程度很高的部门，其对人力资本投资也远高于一般国民经济部门，这些人力资本外溢到国民经济部门后，可以带动国民经济发展，这种衍生影响在某些经济学家看来甚至超过其他所有影响。

2. 用贡献比率法对军事人力资本的价值评估

成本法主要是对军事人力资本自身所包含的价值进行评估，是生产和再生产军事劳动力所需要的价值，但价值评估的重点还是在于劳动力所创造的和可以创造的价值，也就是军事人力资本的产出价值。

有两种方法可以被用来衡量军事人力资本产出，即国防安全的产出：一种是用机会成本来计量；另一种是借用柯布—道格拉斯生产函数，以贡献比率法对军事人力资本进行价值评估。柯布—道格拉斯生产函数将生产要素分为三部分，一是科技进步，二是劳动，三是资本。利用生产函数可以确定这三个部分的收益分成，即按劳动力能创造出来的生产劳动成果收益来进行计算。由于成果是许多生产要素作用的结果，所以可采用资产评估中的收益分成法的思路来确定劳动力价值。它引进了劳动分成率的概念，分成率的理论基础是生产函数中的劳动贡献加技术贡献中所含有的劳动力贡献对生产劳动成果收益的贡献。收益分成法可以用于人力资本的总体评估，也可用于单个劳动者的评估，以此确定物质资本与人力资本的分配比例。军事人力资本的价值既然是国防资本投入和国防安全产出的函数，那么国防安全产出就可以看作是由军事人力资本和军事物质资本共同生产的。国防安全实质上就是军事人力资本和军事物质资本的生产函数。

将国防安全的生产要素分为三部分，一是科技进步等要素，二是军事人力资本，三是军事物质资本，从而建立柯布—道格拉斯生产函数。

$$d_t = A(t) \cdot k_t^a l_t^b$$

其中，$d(t)$ 表示 t 时期的国防安全产出水平，l_t 表示 t 时期的军事劳动力数量，

k_t 表示 t 时期的军事物质资本存量水平，$A(t)$ 表示国防安全产出中除了军事人力资本和军事物质资本之外的其他要素，如技术进步、军事理论和军队体制编制等带来的国防安全的增进。若采用中性技术条件，指数 a 与 b 之和为 1，即 $a+b=1$。

对上式取对数，得到：

$$\ln d_t = \ln A(t) + a \cdot \ln k_t + b \cdot \ln l_t$$

将 $A(t)$ 用 a_t 表示，对上式求导，可得到：

$$\Delta d_t/d_t = \Delta a_t/a_t + a \cdot \Delta k_t/k_t + b \cdot \Delta l_t/l_t$$

其中，$\Delta a_t/a_t$ 表示国防安全产出的其他要素对国防安全的贡献份额，$a \cdot \Delta k_t/k_t$ 和 $b \cdot \Delta l_t/l_t$ 则分别表示军事物质资本和军事人力资本在国防安全产出中的贡献份额。

令 $C = b \cdot (\Delta l_t/l_t)/(\Delta d_t/d_t)$，那么，$C$ 就表示军事人力资本在国防安全产出中的贡献比率，即用产出法计量的军事人力资本的价值。

由 $a+b=1$，则有：

$$d_t = A(t) \cdot k_t^a \cdot l_t^b = a \cdot k_t^a \cdot l_t^{1-a} = a_t \cdot l_t \cdot (k_t/l_t)^a$$

记 $e_t = d_t/l_t$，$f_t = k_t/l_t$，则柯布—道格拉斯生产函数可以表示为：

$$e_t = a_t \cdot f_t^a$$

求导后得：

$$\ln e_t = \ln a_t + a \cdot \ln f_t$$

其中，e_t 表示军事劳动力的人均国防安全产出量，f_t 表示军事劳动力的人均军事物质资本量。这样，我们根据这个式子，通过一些数据，进行计量经济学回归分析就能够得出 a、b 值和 $\ln a_t$ 的大小。但是，为了得出 C 值，必须还要得到 d_t 值的大小，或者求出它与某个可测量值的函数关系。由于安全的产出衡量的是国家对安全的偏好，这个偏好又决定了对国防安全的投入，又如前面的假设，国防的需求与国防供给是相均衡的，那么可以分别用两个函数来表征 d_t：

$$d_t = p \cdot GDP$$

$$d_t = m \cdot CI$$

其中，GDP 为国民生产总值，CI 为中央财政收入，p 代表了国民对国防安全的偏好系数，而 m 代表国家对国防安全的偏好系数，这两个偏好系数都可以理解为国防安全产品基于社会分工理论的价值系数。根据我国现状，中央财政收入对国防安全方面的投入的相关度较之国民生产总值与其相关度更大，有经济学者求出过其两个近似值，即 p 和 m 的数据。如果代入数据，以最小二乘法对方程 $\ln d_t = \ln A(t) + a \cdot \ln k_t + b \cdot \ln l_t$ 求解，可求出与 GDP 或 CI 相关的军事人力资本的取值，进一步也可得出 C 的大小，即军事物质资本和军事人力资本在国防安全产出中的贡献份额。

参考文献

[1] 耿东华，樊秋景．军事人力资本的内涵浅析 [J].山西高等学校社会科学学报，2005，17（2）．

[2] 基斯·哈特利，托德·桑德勒．国防经济学手册（中文版）[M].北京：经济科学出版社，2001.

[3] 邓小红．价值评估模式述评 [J].国有资产管理，2002（2）．

[4] 刘烜，张放平．人力资源价值计量模式的建立与实证研究 [J].长沙交通学院学报，2004（9）．

[5] 柯镇洪，黄悦，张文贤．人力资源计量与评估的经济学分析 [J].世界经济文汇，2000（5）．

国防研发中的团队激励机制设计[*]

杨艳军　张伟超

国防科技进步是保证国家安全和经济稳定发展的重要基础，国防研发是国防科技进步的主要源泉。作为国防研发中最具创造力的驱动因素，研发人员无疑已经成为核心资源，其积极性和创造性的发挥是研发活动成功的关键。同时，由于现代国防科技的快速发展和复杂多变的技术环境，国防研发表现为更大范围内、更高层次上的研究探索，需要多个领域的研发人员通力合作，以项目团队的形式共同完成。国防研发的高效率来自团队中每个研发人员的积极性和创造性，然而国防研发的团队性和专业化也意味着一定程度的信息不对称、市场垄断和外部性，市场失灵普遍存在。如何权衡国防研发的团队合作性和个体竞争性，通过有效率的激励政策，改变个人激励法，从而克服其中的市场失灵，是当前的一个重要课题。

一、当前国防研发团队中普遍存在市场失灵

当前，我军对国防研发的激励机制实际上是按照"锦标赛"规则设计的，在这种机制下，个人趋利性会导致团队研发活动中出现如下问题：

1. 激励不足导致的社会惰化和"搭便车"

在国防研发中，传统的绩效考核方法常常难以奏效，这主要是由研发工作具有高度合作性、研发团队人员之间具有较强的互补性、工作业绩的团队产出性决定的。虽然对研发人员实施激励的依据是个人工作业绩，但在团队工作中，这种

---

* 本文原载于《军事经济研究》2007 年第 3 期。

个人业绩更多的是一种相对的比较，人们更看重的是排序，而非真实的贡献。在现实中会出现这样的问题：所有人都没有达到要求的实际业绩，但有些成员因排名靠前而得到收益。这种制度还会导致另一种现象的发生：激励的评价指标是由多种因素构成的，当工作业绩十分接近时，起决定作用的往往是诸如资历、年龄、学历等非工作业绩指标，有时甚至是某些偏好，即当团队成员均努力工作或均不努力工作时，资历老、学历高等非工作业绩的人将获得较大的收益。这些因素综合作用，其结果可能导致都不努力工作。

2. 过度激励导致的团队凝聚力弱化

作为理性人，当个体意识到相对排名是获得收益的关键因素后，其工作的重心是希望比别人出色，而是否完成了工作任务则成为相对次要的目标。国防研发团队是建立在协作基础上的，当前的激励机制将会导致团队成员受到双重束缚：一方面需要他人协作和协助他人，这样他所在团队的工作目标才会实现；另一方面他又必须确保自己个人的业绩，帮助他人会导致他人的工作业绩超过自己的业绩，这样团队成员会感受到来自其他成员的竞争和威胁。所以团队成员往往采取消极合作的态度，甚至放弃与他人的协作，使得知识、信息、经验的交流、沟通和共享变得非常困难。在团队工作中，互助合作的团队精神是必不可少的，而在传统的激励方式下，同事之间的过度竞争将不利于国防研发的顺利进行。

3. 激励不当导致的低效率合作

在国防研发中个人工作业绩无法准确衡量，军队所选择的激励方式、激励指标都缺乏客观、可验证的依据，这会直接导致激励不当：对重要程度相对小的成员激励分配比例可能过大，而对贡献大、重要程度高的人又激励不足。没有人愿意替他人承担风险而不要求对他人的控制权，也没有人能不替他人承担风险就能取得对他人的控制权。一旦实行了不适合的激励，致使研发活动中部分成员的积极性不高，而没有发挥出自身本该在活动中应有的作用时，其他人只有通过花费更高的成本对其进行补足，才能实现目标。当存在部分影响工作全局且具不可替代性的工作无法完成时，其他任何人努力所形成的结果都是无效的。

二、团队激励是国防研发团队中市场失灵的解决办法

当前国防研发中的市场失灵，究其根源是由国防研发中个人研发行为的外部

性、信息不对称性和垄断性所导致的激励不相容所致。通过团队激励的有效实施，把团队与委托人、团队成员与成员之间的利益关系理顺，能够使团队成员更紧密地团结在一起，与团队"荣辱与共"，从而达到成员个人与企业"双赢"的效果。

1. 团队激励是克服外部性引发的市场失灵的有效路径

在国防研发中，个人付出的努力越多，则该团队其他成员的工作效率越高，这种由合作而产生，不具备排他性和竞争性的产物，可以称为"团队物品"。如果缺乏工作者之间的合作行动，团队物品就生产不出来。而团队物品就像公共物品一样，会导致个人理性与集体理性发生冲突，引发"囚徒困境"。合作是有效率的，能产生额外的生产率，但是每个人努力所带来的好处会平均分配，成本对个人却不同，工作的努力就具有了"外部性"，个人的理性最终导致集体低效率。尽管努力对每个人都是有利的，但是每个人都会选择偷懒这个占优策略。而团队激励是以团队整体工作效果为依据实施的，每个成员的收入都依赖于其他成员的努力程度。当帮助别人并不增加自己的边际成本，或者边际成本较小时，理性的人往往会选择"合作"。团队激励把国防研发活动中的外部性转化，使别人的努力能更大地提高产出，从而增加自己的收益，实现外部性内部化。这种激励机制通过诱使"团队合作"，克服个人研发行为外部性导致的市场失灵。

2. 团队激励是克服信息不对称性引发的市场失灵的重要手段

在国防研发中，研发成果是研发成员共同努力形成的，而每个工作者由于分工和技能的差异，都拥有私人信息。这种私人信息，不仅使工作者之间无法进行比较，还使得管理者很难对工作者的努力程度实施监督或监督成本很高，业绩也无法准确衡量，因而理性的个人就存在通过隐瞒行动或隐瞒信息来降低自己的成本，从而获取利益的动机。团队激励回避了其他激励机制中必须通过事后对团队工作中个人业绩进行衡量这个瓶颈，运用"信息甄别"的原理，根据国防研发的需要，采用事前信息甄别机制的设计，以成员在团队工作中的显性指标为标准，实行激励，个人则根据已有的机制设计选择使自己收益最大化的努力程度。团队激励中"雇主先行"的机理，在很大程度上降低了在信息不对称的条件下个人隐瞒行动或隐瞒信息的发生概率，从而达到个人与集体的激励相容的目的。

3. 团队激励是克服技能垄断性引发的市场失灵的根本方法

国防研发团队是由技能具有互补效应的人员构成的，随着团队内部工作分工的细化，个别环节的专业化倾向会加强，从而产生团队中的技能垄断。在没有可替代的工作者可以或者愿意参与的情况下，可能会引发由各专业工作者成本与收益不相称导致的激励扭曲。而团队激励剔除了其他激励方式中对不同领域内的业绩进行比较的不利因素，实现对团队内部的科学比较，降低了有垄断性技能的个体或群体滥用垄断优势造成整体缺乏效率的可能性。同时，团队激励不仅减少了不同领域之间的无谓竞争，还在私人信息相对较少的同领域内促进互相监督、竞争氛围的形成。在这种机制下，个体只有通过付出努力才能得到相应的收益，这在一定程度上改变了个人的目标函数，实现了个人与集体的激励相容。

三、国防研发团队激励机制设计

按照团队激励的特征，激励机制的设计可分为两部分：关注团队整体绩效的团队目标激励机制，关注团队中成员个体差异的团队分配激励机制。

1. 以团队工作的整体效果为指导，建立团队目标激励机制

团队目标激励机制是指组织根据一定的绩效评估标准对团队所取得的绩效进行合理评估，按其绩效支付团队整体薪酬。在国防研发团队中，研发人员作为代理人，其行为是根据外生激励以实现自身效用最大化为目标，而研发管理者作为委托人，其行动是通过对激励机制的调整，实现研发人员个人利益目标与军队目标的相容，进而使团队工作效益最大化。根据国防科技创新团队工作中外部性、信息不对称、技术垄断的特点，以及创新团队中分工的不同，假设研发团队由研发人员 M、W 组成，团队工作生产函数满足：

$$Y = f(a_M, a_W) + \varepsilon = a_M^\alpha a_w^{1-\alpha} + \varepsilon$$

两者在团队工作中的行为及相互关系如图1所示。

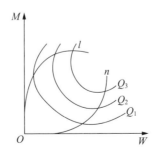

图1

横轴 *OW*、纵轴 *OM* 分别代表研发人员 *W* 和 *M* 的努力程度，Q_1、Q_2、Q_3 为 *M*、*W* 不同努力程度组合所形成的等产出曲线，曲线 *l*、*n* 为脊线，在脊线以外区域的等产出曲线的斜率都为正。这意味着，在范围外，所有研发人员努力程度都同时增加，也只能维持一定的产出水平。在脊线以内区域，研发人员之间的努力程度具有可替代性，是研发活动的经济区域。这说明在国防研发任务中，个人的努力在一定程度上具有互补性，仅靠调动部分官兵的积极性，并不一定能有效地完成任务。这就要求激励机制的重建要破除旧的观念，从全局、整体出发，建立团队目标激励机制——团队成员的共同努力取得团队绩效，达到预定目标。组织根据一定的绩效评估标准对团队所取得的绩效进行合理评估，兼顾团队中各个组成部分，按其绩效支付团队整体薪酬，适当调动所有成员的积极性，把团队工作的整体绩效与个人收益紧密结合起来，使研发团队所有成员的努力程度都选择在经济区域内，实现团队合作有效率。

2. 以团队中的工作差异为依据，建立团队分配激励机制

团队分配激励机制是指团队根据恰当的分配标准，把组织对团队的激励总额在团队成员之间进行二次分配，使成员个人满意度提高。改进激励效果，提高效率，必须打破绝对的平均主义，在团队目标激励机制的基础上，建立团队分配激励机制，将激励分配比例、激励方式进行适当的调整，以达到最优激励。

第一，以团队工作中的重要程度为依据，实行分层次激励。所谓分层次激励，可以认为是将总激励分成两部分，一部分先在所有团队成员中分配，另一部分在符合某种条件的工作成员中分享。这相当于一部分表现突出的官兵在享受了所有团队成员的基本报酬后，再享受特殊的剩余部分。

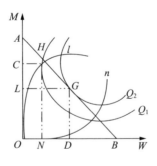

图 2

AB 为等成本线，表示委托者用于激励的既定成本所能得到的研发人员的不同努力程度组合。如图 2 所示，不同的激励分配方式中，*M* 和 *W* 的努力水平 a_M、

a_W 均随着自己所占的激励分配份额 τ、$1-\tau$ 的递增，呈先递增后递减的趋势。这主要是因为在团队工作的情况下，团队成员的努力是相互作用的，当自己所得的激励在一定比例限度内时，个体所得的比例越大，其为之付出的努力程度也就越大，但是随着激励的增加，对研发人员努力程度的激励效果呈先递增而后边际递减的趋势，因此，在团队工作中对成员的激励，要选择恰当的激励分配比例 τ。

假设 M 和 W 的效用函数同时满足：$U_i(y_i, a_i) = y_i - c(a_i) = y_i - \frac{1}{2}a_i^2$，$y_i$ 是研发人员所得的激励份额，Y 为总福利，最优激励分配方案的选择可以表述如下：

$$\max \quad Y = f(a_m, a_w) + \varepsilon = a_m^\alpha a_w^{1-\alpha} - \frac{1}{2}a_m^2 - \frac{1}{2}a_w^2$$

$$\text{s. t.} \quad a_m \in \arg\max (1-\tau)W_m + \tau(C + \lambda a_m^\alpha a_w^{1-\alpha} - W_w) - \frac{1}{2}a_w^2$$

$$a_w \in \arg\max \tau(W_w) + (1-\tau)(C + \lambda a_m^\alpha a_w^{1-\alpha} - W_w) - \frac{1}{2}a_w^2$$

经计算可得：$\tau_1 = \frac{1+\alpha}{2}$ 时，M 选择最大的努力程度，在 $\tau_2 = \frac{\alpha}{2}$ 时，即 W 选择最大努力程度。显然，使 M、W 的努力程度同时达到最大，即 $\tau_1 + \tau_2 = \frac{\alpha}{2} + \frac{1+\alpha}{2} = 1$，只有在 $\alpha = \frac{1}{2}$ 的条件下，也就是 M 和 W 在工作中的重要程度相同时成立。在大多数情况下，这两种激励分配是不能并存的：在 M 努力程度最大的 A 点，W 的努力程度不足，而在 W 努力程度最大的 B 点，M 的努力程度不足，因此其中任选一种都不能成为最佳决策，对官兵激励的最佳方案应该在能使工作效益函数最大化的 G 点。这样可以实现个人与集体的激励相容，调动官兵的工作积极性，提高他们的工作努力程度，从而克服团队工作中社会惰化和"搭便车"问题，增加整个团队的工作效率，以达到改进激励效果的目的。

第二，以团队工作中的技能为指向，实行多方式激励。所谓多方式激励是指团队根据研发人员对激励不同的偏好，给团队工作人员提供两条或多条激励方式，包括货币激励、非货币激励以及两者相结合的晋升激励等，以实现激励最小成本条件下的效果最大化，多方式激励机制可用图 3 表示。

AB、CD、EF 为等成本线。团队工作中，在对团队整体的激励程度已定的情况下，激励机制的设计实质上就是一个关于激励分配的问题。同样的激励成本，不同的激励分配所得到的等产出曲线可能不同。如同一等成本曲线 CD 上的点 H、N，很显然点 N 所在的产出更高。激励最佳分配曲线是由等成本曲线与等产出曲线之间的切点连接而成的曲线 LG，而这条曲线的位置是由团队激励等成本曲线的斜率决定，归根结底是由 W、M 这两者之间对不同的目标函数，也就是对激励的不同偏好决定。由于个体需求的多样性、多层次性、动机的复杂性，相同的激励措施起到的效果不尽相同，即使是对于同一个人，在不同时期和不同环境下也有不同的需求，故在激励机制的设计过程中要依据权变的观点，体现多样性、适应性。团队成员可以根据各自的能力和性格特点来设计不同的发展方向，最大化个人的利益预期 U_i，因为团队中的个人往往选择努力的边际收益与边际成本相等时的努力程度，当 U_i 增大时，个人愿意付出的努力程度 a_i 也会随之增大，这就达到了整个团队在总体激励程度不变的情况下，通过激励方式的调整，实现激励的帕累托改进，改善了激励效果。同时，这种机制在一定程度上避免了研发人员之间的过度竞争，达到了增强组织凝聚力的效果。

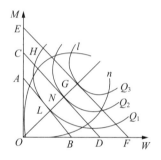

图 3

军事人力资本产权界定的路径
依赖及选择*

谢玉科

一、军事人力资本产权界定的路径依赖

军事人力资本产权是指市场交易过程中军事人力资本所有权及其派生的使用权、支配权和收益权等一系列权利的总称，是军事组织和军事人员由于控制和使用军事人力资本而引起的受损或受益的权利，它是一组"特殊的"权利束。界定军事人力资本产权，就是确定产权主体所拥有的相关权利束的内容及边界，它不仅是产权界定过程中操作规则层面的变化，而且是军事人力资本运作领域的一场制度变迁。因此，界定军事人力资本产权不得不提到制度变迁过程中客观存在的路径依赖。所谓路径依赖，是指军事人力资本产权的界定路径对现存制度安排存在一定的依赖关系，它以约束其运行方向和运行速度的方式来对军事人力资本产权界定制度的形成产生阻力。

1. 军事人力资本产权界定在理论上的路径依赖

传统经济理论认为，国防安全不具备商品的属性。商品有两个基本属性：一是劳动的产品；二是具有使用价值的属性。当两种条件同时具备时，物品才能称为商品，并通过市场交换。而国防安全不需要通过市场交换，因而没有交换价值，没有必要花成本去获得，国防安全自然不是商品。在该观点影响之下，理论界进一步认为，生产出国防安全的军事人力资源亦是无须和无法纳入市场体系

---

* 本文原载于《军事经济研究》2008 年第 3 期。

的，军事人力资源的征召和运用是建立在国家法律强制的基础之上的，是国家在法律框架内运用的一种自由物品。这种观点阻碍了军事人力资本产权的界定。

根据委托—代理理论，在军队体系中，军事人员与军队的关系本质上是一种委托代理关系，它与在个人私产基础上形成的企业内部委托代理关系不同。作为委托方的企业物质资本所有者和代理方的企业管理人员（企业人力资本所有者），为保护各自"资本"的权益，有足够的动机和策略来界定企业人力资本产权。但军队作为国家的武装集团，其资产的构成与运用属于"公共产权"范畴，"公共产权"是最终不能分解给任何个人的"抽象"，不存在某一具体个人对"公共产权"负责。因此，军队的委托代理关系的特征是"没有最终委托人的代理人"（Agency without Principle）的代理关系。在这种代理关系下，要么是缺乏委托方的参与，使得军事人力资本产权界定困难重重要么是界定的军事人力资本产权无限膨胀，侵害国家和军队的公共利益。

博弈论认为，在一切社会经济活动中，经济人间的合作对策使每个参与的经济人所选择的策略是，在合作中，如何在参与人之间分配费用及分享权益，以使经济人在获得个体理性最优的同时，也能实现合作整体的资源最优配置。根据纳什均衡，（限额，限额）是参与者共同的准则，通过关联博弈可达到的帕累托最优均衡是一种内生机制，所以，只通过参与人之间的行动互相制约即可达到，不需要参与人以外的外力的强制作用来界定产权和划分配额。根据这种观点，在国防经济领域，国家推动军事人力资本产权的界定是不可取的和不必要的，军事人员的自我理性及市场机制的作用能"自动解决"军事人力资本产权的界定。

2. 军事人力资本产权界定在实践中的路径依赖

（1）在界定模式方面，传统的人力资本产权界定方式在一定程度上对创建符合军事需求的军事人力资本产权界定模式起阻碍作用。目前，国内学者对人力资本产权归属问题所持的主要观点有：一是人力资本的产权天然属于其承载者即个人。该观点认为，人力资本与其承载者不可分离的特点，决定了人力资本"天然"地属于人力资本载体，即人力资本产权绝对私有，个人拥有其人力资本属于一种"天赋人权"。二是认为人力资本产权是多元化的，人力资本可以被以一定的形式购买，其产权就会部分或全部地属于购买，购买合约往往具有时效性，且易受外部条件或制度环境的制约。三是从企业产权角度理解人力资本产权的归属，认为人力资本产权问题是人力资本能否拥有企业所有权，即企业控制权和剩余索取权的关键。三种观点是从人力资本的自然属性、可交易性和收益性等方面解释人力资本产权归属，它显然无法在军队适用。由于军队的公共属性，我国军事人员身上的人力资本大部分是由军队投资形成的，若军事人力资本"天然"地属于军事人员个体，显然损害了国家和军队的利益。再者，军事组织内的人力资本并不存在如企业般的可交易性和收益性，由此，从组织控制权和剩余索取权的角度来界定军事人力资本产权亦不可行。上述人力产权界定模式存在的缺陷阻碍了新模式的建立。

（2）不同的军事人力资本产权界定途径存在着矛盾，在军事人力资本产权界定的方法选择上造成一定的混乱。一是新古典经济学认为市场机制可以使私人物品领域的资源配置实现高效率，但对国防等公共领域的资源配置就很难做到这一点，只有引入政府行为才能克服诸如国防等公共领域的资源配置的市场失效问题。因此，持该观点的人主张由政府来确定军事人力资本产权构成及边界，并通过政府干预来解决外部性问题。二是对所有公共领域的资源实行私有产权制度。这种观点认为，只有市场才能解决资源配置的效率问题，确定军事人员对其人力资本的绝对私有权，建立军事人力资本产权市场，让军事人力资源就像私人资源一样在市场上进行交换，按照市场规则流动。三是建立法律制度，强行界定军事人力资本产权。该观点认为在任何大规模的交易现实中，产权不可能是纯粹的一种私人合约，只要涉及产权的"排他性收益权"，通常都要强调产权要被强制实施，因此，以国家暴力为基础的法律对产权的保护具有无可非议的优势，尤其是国防领域的资源更加需要法律的强制性来维持其公共性。上述界定途径相互矛盾，给军事人力资本产权界定造成一定的混乱。

二、解决我国军事人力资本产权界定的途径

界定军事人力资本产权确实存在不少困难，但军事人力资本产权权能是可分的，这就决定了军事人力资本产权界定是现实可行的。界定军事人力资本产权，并不能简单地肯定公有或承认私有，必须在疏通理论认识的基础上，根据成本收益来分析，进而合理配置。

1. 树立军事人力资本产权化观念

从经济学的意义上来说，凡是通过投资形成并能带来收益的都叫资本，军事人员的知识技能等显然是通过投资形成，并生产出国防安全这一公共产品，能给人们带来收益，因此，它是资本。随着知识军事形态的到来，军事人力资源素质不断提高，凝结在军事人员身上的知识技能资本性日益增强，军事人力资本对战斗力的贡献越来越大，所以在理论认识上必须改变以往固有的观念——军事人力

资本是不存在的。在市场经济条件下，军事人力资本还必须产权化，它既是我国市场经济深化的结果，也是协调国家和军事人员的利益、有效激励军事人员的必然选择。与国防领域的物力资本不同，军事人力资本作为一项财产，当其收益权受损时，其资产价值便立即贬值或荡然无存。为有效保护军事人力资源，必须对军事人力资本做产权化处理，并进行科学的界定。

2. 重视军事人力资本产权界定的法制建设

政府作为社会制度的供给主体，必须为军事人力资本产权界定提供法制规范。在新制度经济学看来，法律或国家的出现实际上是一种新制度的产生，该制度对内保持稳定和明确产权，从而降低交易费用，使社会节省资源。目前，我国政府对包括军队在内的公共领域人力资本产权界定出现立法职能缺失现象，造成军事人力资源管理混乱现象。一方面，军事人力资源管理方式与市场经济体制还存在诸多冲突之处；另一方面，军事人力资本的收益权由于没有得到制度上的保障，人员工作的积极性在很大程度上受到挫伤。这些要求政府必须在法律上明确军事人力资本的产权边界，尽量使军事人力资本产权量化到特定的组织或个人，从而使侵权行为无论发生在军队与个人之间，还是个人之间，都能从法律的角度，以平等的产权主体身份解决纠纷。交易双方如军队和个人，能以买方和卖方的身份进行协商，避免以漠视产权方式支配和利用军事人力资源。

除此，国家还要加强军事人力资本产权的市场机制建设。产权只有在市场交易中才能实现。当前，我国人才市场体系基本形成，已对军事人力资本宏观配置产生了深刻的影响，军事人力资本的运作特别是流入和流出必须尽可能与国家人才市场接轨，遵循市场的规律和法则。否则，市场法则的作用，将会使军队在人力资本的配置中处于劣势和被动地位，严重影响军事人力资本投资效益和产出效益。构建军事人力资本市场机制，关键在于通过产权界定，确立独立的军事人力资本供给主体和需求主体。军事人力资本载体即为独立的人力资本供给主体，军队为军事人力资本产权的需求主体。人力资本市场上，军队与其他的人力资本需求主体处于平等的地位，国家和军事人员以劳动契约的形式规定各自的权力与责任。

3. 创建新的军事人力资本产权"主体三角"模式

军队作为典型的公共组织，具有很强的公域性，人力资本一旦进入军队，其产权就呈现出新的特征。如与企业人力资本产权相比，在计划支配作用下军事人员无法拥有完整的支配权；再者，军队不能如企业般产生利润，军事人员无法享有剩余价值索取权，军事人力资本不能像企业人力资本"无须封顶"地充分实现收益权。这些新特征揭示了一个重要规则：军事人员无法拥有完整的人力资本产权，认为人力资本天然属于其承载体的传统人力资本产权界定模式，并不符合军队的实际。因此，必须根据军事人力资本产权的新特征，创建新的军事人力资本产权界定模式。

在人力资本进入军队之前，要承认其载体作为人力资本的供给主体拥有相对完整的人力资本产权。但是，在进入军队以后，则要根据"谁投资谁收益"这一重要的经济规则来界定军事人力资本产权，军事人力资本产权主体不再是"唯一"的，而是由军人个体、军队和政府共同构成的"主体三角"。按照"投资—收益"规则，军事人力资本产权"主体三角"有两层含义。一是军事人力资本产权的不同权利束在"主体三角"间进行分割，其中任何单一主体都不享有完整的军事人力资本产权。一般情况下，军人个体占有部分军事人力资本产权，侧重行使军事人力资本的所有权；军队占有部分军事人力资本产权，主要通过军队法规、制度、管理方式侧重从微观上行使军事人力资本的直接支配权和使用权；政府占有部分军事人力资本产权，通过国家法律、法规和国家强制等方式侧重从宏观上行使军事人力资本的间接控制权。二是军事人力资本产权的收益由"主体三角"共同享有。军人个体进行人力资本投资主要是为了获取未来的货币收益与非货币收益，如职务晋升、荣誉、成就感等；军队对军事人力资本进行投资具有明显的针对性和专用性，主要是为了追求战斗力的提高和军队未来的发展优势；政府对军事人力资本投资基础性很强，主要指在军事人力资本形成过程中对教育、卫生、文化等方面的投入，政府的目的在于提高国民素质、国家竞争力和综合国力，促进经济社会发展。

军事人力资本的产权界定是一项复杂的工作，必须在深化理论认识的基础之上，加强法规制度建设，借助市场手段，并采取符合军队实际情况的军事人力资本产权界定模式，才能在实践中合理地界定军事人力资本产权，以切实保证军人个体的产权要求得以实现，又能有效维护军队和政府的正当权益不受损失。

参考文献

［1］谢玉科，黄伟．军事人力资本产权的性质及运作［J］.军事经济研究，2006（8）.

［2］周其仁．市场里的企业：一个人力资本与非人力资本的特别合约［J］.经济研究，1996（5）.

［3］袁兆亿．知识经济条件下的人力资本产权问题［J］.学术研究，1999（11）.

［4］张维迎．所有制、治理结构及委托代理关系［J］.经济研究，1996（9）.

军事人力资本的特征分析[*]

李志远

现代市场经济条件下，军事人力资本已与社会人力资源成为不可分割的整体，从军队建设的成本收益角度来分析，其形式已发展为军事人力资本。军事人力资本是加强我军质量建设的第一要素，是构成军队先进战斗力的决定性因素。世界军事实力的竞争归根到底是军事人才的竞争，而我军军事人才队伍的相对弱势，这更要求我们加快军事人力资本的研究和建设。

军事人力资本是指通过对军人进行各种教育、训练后所形成的存在于军人体内的知识、技能、体力和精神等的总和。军事人力资本作为资本，它可以在对军人进行一定量的投资后，在一定时期内得到资本收益，这里的资本收益就是指军队战斗力和国防安全产出。通常根据军事劳动领域中的劳动力规模来确定军事人力资本的数量；其质量则是蕴含在军事劳动者身上的一种提供安全产品的生产能力，通常是以知识、技能、资历、工作经验和熟练程度等特性共同表现出来的。

由于军事人力资本在其表现上，既区别于军事物质资本，又区别于一般人力资本，从而表现出其不同的特征。

一、军事人力资本区别于军事物质资本的特征

军事人力资本作为一种特殊的资本，与军事劳动领域内的物质资本相比有明显的不同，其主要特性有以下几种：

＊ 本文原载于《出国与就业》2009 年第 2 期。

1. 不可逆性

军事人力资本以军事劳动者为载体，一旦投资就固化在了劳动者身上，不能转移，也不能撤回，不存在退出机制。投在军事劳动者身上的资本形成的军事劳动技能和工作能力，被固化为劳动者本身的一部分。这种投资往往可以得到丰厚的回报，可以产生出较高的效益，但却不可能像军事劳动领域内的某些物质资本那样抽回原有投资，也不能把已有投资直接转换到其他军事劳动者身上，相反，还要不断追加投资，以维护军事劳动力的再生产。

2. 相互依赖性

在知识经济中，任何一种资本的价值都依赖于其他相关的资本。对于军事人力资本来说，军事人力资本个体与个体的不同专长，使军事人力资本个体具有片面性，如果军事劳动者个体之间没有协作，就不能实现军事人力资本的价值增值，另外，军事人力资本不与非军事人力资本结合，就不能发挥作用，生产不出军事劳动产品。军事人力资本的相互依赖性使军事人力资本群体功能与其个体功能具有质与量的根本区别，能够产生个体简单相加所产生不了的协作效率。从军事人力资本的运作过程看，相互依赖、相互合作是促进军事人力资本所有者个体利益和群体利益共同增进的有效方式。现代高技术条件下的军兵种联合协同作战就是军事人力资本具有相互依赖性的重要例证。

3. 价值性

军事人力资本首先是一种资本，是一种价值存量，它本身具有价值并且能够创造价值。军事人力资本的价值性很大程度上来源于对军事人力资本的投资，表现为能够为军事劳动部门现在和未来带来收益，这里的收益就是军队的战斗力和军事威慑力。

4. 流动性

军事人力资本的价值存在于军事劳动者个体的身上，其价值的增值必须通过军事劳动者的活动来实现。军事劳动者由于所从事劳动的特殊性，造成流动性很强。既然军事人力资本依附于军事劳动者身上，那么它必然会随着军事劳动者的流动而流动，因此对于军事物质资本来说，军事人力资本的流动性更强。它依附于军事劳动者身上的某些素质和能力，从而与依附于生产资料上的军事物质资本区别开来。

5. 外部性

军事人力资本的运用与军事物质资本有一个重大区别，当它被使用时，其具有的军事劳动技能和工作能力的价值往往不可全部收回。军事人力资本生产的是一种公共安全产品，无论是军事劳动部门本身还是社会都不能较为准确地测算出军事人力资本所有者给社会、国家带来的精确价值。因此，军事人力资本对军事劳动领域乃至整个社会而言具有正的外在性，即军事人力资本所有者的贡献在个体利益上的体现具有不充分性，给予社会、国家的收益大于个体所得收益。这种外在性还具有宏观效用和长远效用，军事人力资本所有者所创造的效用，往往要通过较长的时间和较全面的判断才能分析得出。

二、军事人力资本区别于一般人力资本的特征

在具有一般人力资本所具有的资本特性的同时，军事人力资本又具有特殊的资本特性，可以将军事人力资本的资本特性概括为以下几点：

1. 产权特性

人力资本天然属于个人，人力资本与其所有者不可分离。根据人力资本理论，知识、技能、健康是自己所控制的人力资本。军事劳动部门中人才流失的主要原因就是由于军事人力资本的回报率低，不能达到军事劳动者理想的人力资本回报率。这两种现象是现代军事劳动条件下军事劳动者个体的人力资本意识强化及其人力资本实现的例证。军事人力资本产权是军事劳动者拥有的一种特殊产权，是在一定合约和国家法规限制条件内，军事劳动者由于使用其拥有的人力资本而引起的受损或受益的权利，它包括军事人力资本的所有权、使用权、处置权和收益权，是一组"特殊"的权利束。军事人力资本产权具有产权交易的非最优性、产权的残缺性，即人力资本进入军队时，某些权利必然受到限制甚至被删除。相对于私人部门来说，军事人力资本产权存在残缺性、产权的强外部性等特点。

2. 军事专用特性

所谓军事人力资本的专用性，是指军人在军事组织工作的过程中，通过学习和经验积累形成的一些特殊知识和技能。这种人力资本一旦投资于军事组织生产

的特定用途，若再挪作非军事的用途，其价值就会大大降低甚至不复存在。军事劳动部门都会对军事劳动者进行军事劳动技能和知识投资，如军事科技训练、在职培训、作战演习等。通过在军事劳动者身上所进行的各种投资而形成的人力资本，必须发挥其军事专用特性，否则会降低军事人力资本投资的收益。一个具有军事劳动专用性资本的人若要退出军事劳动领域，就会给军事劳动部门和本人造成损失，因为不同的劳动领域对人力资本的评价标准不一致，特别是军事人力资本更是如此。因此，对于军事劳动领域中的高端人才，必须实行军事人力资本职业化，并且不断加大对这些人才的军事人力资本投资，这样才能保证军事劳动部门和高端人才的收益双赢，同时可以更有效地实现对军事人力资本的激励，使军事人力资本成为军事劳动部门核心能力的基础。

3. 价值模糊性

军事人力资本作为一种资本，其价值体现为能够生产出军队战斗力和国防安全。国防安全是一种公共产品，它和军队战斗力都是一种无形的产品，所以很难确定它们的价值度，这和企业生产有本质的区别。军事人力资本价值的模糊性使得对其量化评估更为困难。

4. 能动性

在军事劳动领域中，军事人力资本相对于非军事人力资本，它在军事劳动生产和再生产过程中处于主动地位，非军事人力资本则处于被动地位。军事劳动者将自身的劳动作用于非军事人力资本，才能创造出战斗力和军事威慑力。人力资本发挥作用，主要靠激励，而不是强制。这一人力资本理论的基本观点对军事人力资本仍然适用。尽管军事劳动是一种特殊的劳动，有自己的劳动特点，但首先军事劳动者是自然人，有思维和意识，其行为有能动性。要使军事人力资本能够产生较好的作用，必须依靠有效的激励机制，才能发挥出军事劳动者的积极性和创造性。否则，就会降低军事人力资本的投资收益，特别是对高尖端等智力型军事劳动者，强制往往会失灵，监管的有效性也会大大降低。

5. 军事人力资本存在契约的不完备性

一个完备的契约是指这种契约准确地描述了与交易有关的所有未来可能出现的状态，以及每种状态下契约各方的权力和责任。如果一个契约不能准确地描述与交易有关的所有未来的可能性状态以及各种状态下契约各方的权力和责任，这个契约就是不完备契约。在实际交易中，制定和执行的契约往往都是不完备的。也就是说，契约中总包含某些方面的不足或者被遗漏的条款。契约可能不会提及某些情况下各方的责任，而对另一些情况下的责任只做出粗略或模棱两可的规定。

军事人力资本存在的契约的不完备性，主要表现在对军事人力资本投资的内容、数量和质量、运营效率、双方收益、退出时补偿等内容均没有或难以进行详细的界定。由于军事人力资本的专用性增强，造成军事人力资本投资的高度不可逆性。由于契约的不完备，双方都担心专用性投资所产生的准租金被对方占有，军事人力资本存在的契约的不完备性和信息的非对称性，诱发了军事人员的机会主义行为，两种机会主义行为——事前机会主义行为和事后机会主义行为，都造成了效率的损失。其表现为：军事人力资本在军队岗位时，会采取规避风险的行为，如抑制军事专用性投资，增加通用性投入，或利用团队效应偷懒，甚至寻求尽快退出军事人力资本市场，以避免被套牢程度加深，造成军事人力资本隐性或显性流失。

参考文献

[1] 潘鸿等．"军事人力资本"的概念界定与特点分析 [J].军事经济研究，2002（6）．

[2] 耿东华，樊秋景．军事人力资本的内涵浅析 [J].山西高等学校社会科学学报，2005，17（2）．

[3] 谢玉科，黄伟．军事人力资本产权的性质及运作 [J].军事经济研究，2006（8）．

基于层次分析法的国防生培养质量模糊综合评价[*]

刘望琼　李辉亿　朱　丹

为了有效履行我军新世纪新阶段的历史使命，深入贯彻落实科学发展观，我军走起了依托国民教育培养军事人才的路子。1998 年，总政治部与北京大学、清华大学签订为军队培养干部协议书，至今全国承担国防生培养任务的普通高校已扩大到 115 所。人才培养，事关战略全局，质量是关键。由于国防生培养质量受到诸多因素的影响，而且各个影响因素带有一定程度的模糊性，具有非线性特征，无法给出绝对精确的判断。因此，本文采用基于层次分析法的模糊综合评价法，构建国防生培养质量评价模型，力求真实地反映出普通高校国防生培养质量，为进一步提高国防生综合素质提供可靠的依据。

一、国防生培养质量评价模型

1. 国防生培养质量评价指标体系

结合信息化战争对军事人才的新要求，根据普通高校国防生培养工作现状，我们在征求有关专家与领导意见的基础上，经过反复讨论，综合分析，将普通高校国防生培养质量的评价指标划分为两个层次：4 个一级指标与 13 个二级指标。一级指标有高校办学水平、学生个人素质、日常训练管理和激励约束机制。一级指标中，高校办学水平包括高校综合实力、文化氛围和教学质量 3 个二级指标；学生个人素质包括学生选录质量、个人努力程度和学生家庭背景；日常训练管理

---

* 本文原载于《军事经济研究》2009 年第 3 期。

包括思想政治教育、日常生活管理和军事素质训练；激励约束机制包括全程筛选机制、毕业分配机制、奖学补贴机制和违约惩罚机制。

2. 运用层次分析法确定国防生培养质量评价指标权重

（1）构造判断矩阵。我们采用成对比较的方法，对若干评价指标分别进行两两比较，对其相对影响程度做出判断并赋值，构造若干判断矩阵。赋值方法如下：设评价指标为 x_1，x_2，…，x_n，从中任取 x_i 与 x_j，比较它们对目标的相对影响程度，可按 1~9 标度给 x_i/x_j 赋值，如表 1 所示。

表 1　1~9 标度赋值表

x_i/x_j 赋值	相对影响程度
1	x_i 与 x_j 影响程度相同
3	x_i 比 x_j 的影响程度略大
5	x_i 比 x_j 的影响程度大
7	x_i 比 x_j 的影响程度明显大
9	x_i 的影响程度绝对大于 x_j
2，4，6，8	x_i 与 x_j 的影响程度在两个相邻等级之间

根据专家判断得到 x_i/x_j（i，j = 1，2，…，n），可建立 n 阶方阵 $A = (\alpha_{ij})_{n \times n}$。其中，$\alpha_{ij} = 1/\alpha_{ji}$。

（2）对判断矩阵进行一致性检验。由于判断矩阵是根据专家的主观判断得出来的，不一定在整体上具有一致性，因此必须进行一致性检验。

如果对所有的 i，j，k = 1，2，…，n，总有 $x_i/x_k = (x_i/x_j) \times (x_j/x_k)$，则判断矩阵具有一致性。否则，就是不一致。一致性指标为：

$$CI = \frac{\lambda_{\max} - n}{n - 1}$$

其中，$\lambda_{\max}$ 为判断矩阵的最大特征值，n 为矩阵阶数。

根据最大特征值可以计算出一致性指标 CI，为了分析判断矩阵在一致性方面是否可以接受，可计算比值 CR：$CR = CI/RI$，其中 RI 是随机一致性指标，如表 2 所示。

表 2　一致性指标

n	1	2	3	4	5
RI	0	0	0.58	0.90	1.12
n	6	7	8	9	10
RI	1.24	1.32	1.41	1.45	1.49

当 $CR < 0.1$ 时，认为判断矩阵的一致性可以接受。否则，就说明判断矩阵的偏离程度太大，其合理性值得怀疑，应当对判断矩阵做适当调整。

（3）确定指标权重。根据判断矩阵，可以采用特征值法计算各层级指标权重。如计算出判断矩阵的最大特征值 λ_{max}，将其代入特征向量方程，求出对应于特征值 λ_{max} 的特征向量 $x = (b_1, b_2, \cdots, b_n)$，将其归一化，得：

$$X = \left[\frac{b_1}{\sum\limits_{j=1}^{n} b_j}, \cdots, \frac{b_n}{\sum\limits_{j=1}^{n} b_j} \right] = (b'_1, b'_2, \cdots, b'_n)$$

向量 X 即为判断矩阵中的各影响因素在目标层中的权重。

3. 对国防生培养质量做出模糊综合评价

（1）建立评语集。设评语集为 V，评价者对各个指标的评语为优秀、良好、中等、合格、不合格五个等级，则 $V = \{$优秀，良好，中等，合格，不合格$\}$。以满分 100 分作为基准，界定各种等级的评语所处的分值区间，并取其算术平均值为各个等级赋值，如表 3 所示。

（2）数据的模糊变换。首先，从二级指标开始进行单层次综合评价。设国防生培养质量二级指标 A 的权重向量为 W，A 的评价矩阵为 R，则 A 的综合评价结果为 $E = W \times R$。然后，采用同样的方法，将其结果 E 参与一级指标的评价。最后，得出多层次模糊综合评价结果。

表 3　评语集赋值表

等级	分值区间	赋值
优秀	$90 \leqslant x < 100$	95
良好	$80 \leqslant x < 90$	85
中等	$70 \leqslant x < 80$	75
合格	$60 \leqslant x < 70$	65
不合格	$x < 60$	55

二、实例分析

我们选取湖南大学、中南大学、长沙理工大学三所地方高校的国防生作为调查对象，这三所高校分别与不同军兵种签约，为军队培养人才。我们设计了问卷调查表，分别从三所高校选培办、老师、管理人员中选取了数十名专家参与调查。为了确保调查结果真实、可靠，在选取专家时，不仅要求他们必须熟悉国防生培养工作，而且要具有较强的事业心和责任感，逻辑思维能力和评判能力较强，能够从不同的角度提供较为全面的意见。为了提高计算效率和精度，在计算指标权重时采用层次分析法软件 yaahp version 0.4.1 作为计算工具。在进行模糊矩阵运算时，主要利用 Excel 软件的公式运算等功能实现矩阵乘法运算。

1. 专家单独判断

下面以某位专家为例，说明各评价指标权重的计算过程。

专家 1 关于一级指标的判断矩阵如表 4 所示。

表 4　关于"国防生培养质量"的判断矩阵 A

指标	高校办学水平	学生个人素质	日常训练管理	激励约束机制
高校办学水平	1	1/5	1/3	1/2
学生个人素质	5	1	2	4
日常训练管理	3	1/2	1	2
激励约束机制	2	1/4	1/2	1

专家 1 关于二级指标的判断矩阵分别如表 5、表 6、表 7、表 8 所示。

表 5　关于"高校办学水平"的判断矩阵 A1

指标	高校综合实力	高校文化氛围	高校教学质量
高校综合实力	1	1/3	1/5
高校文化氛围	3	1	1/2
高校教学质量	5	2	1

表 6　关于"学生个人素质"的判断矩阵 A2

指标	学生选录质量	个人努力程度	学生家庭背景
学生选录质量	1	1/2	4
个人努力程度	2	1	7
学生家庭背景	1/4	1/7	1

表 7　关于"日常训练管理"的判断矩阵 A3

指标	思想政治教育	日常生活管理	军事素质训练
思想政治教育	1	3	4
日常生活管理	1/3	1	1/5
军事素质训练	1/4	5	1

表 8　关于"激励约束机制"的判断矩阵 A4

指标	全程筛选机制	毕业分配机制	奖学补贴机制	违约惩罚机制
全程筛选机制	1	1/5	1/2	1
毕业分配机制	5	1	3	3
奖学补贴机制	2	1/3	1	2
违约惩罚机制	1	1/3	1/2	1

　　将专家的判断矩阵输入 yaahp 软件后，即可实时检测矩阵一致性。在实际调查工作中，经过一致性检测，对于个别判断矩阵不符合一致性要求的，可以请有关专家重新做出判断，对于某些一致性程度较差的数据则可直接剔除。专家 1 的判断矩阵的一致性检测结果如表 9 所示。

表 9　一致性检测结果

判断矩阵	A	A1	A2	A3	A4
CR 值	0.0079	0.0036	0.0019	0.3975	0.0182

　　经过检测，除判断矩阵 A3 外，其余判断矩阵的 CR 值均小于 0.1，达到一致性要求。因此，请该专家重新对于"日常训练管理"有关各指标相对重要性程度做出判断，得到新的判断矩阵 A3 如表 10 所示。

　　经检测，CR = 0.0236 < 0.1，达到一致性要求。

表 10　关于"日常训练管理"重新做出的判断矩阵 A3

指标	思想政治教育	日常生活管理	军事素质训练
思想政治教育	1	5	4
日常生活管理	1/5	1	1/2
军事素质训练	1/4	2	1

采用 yaahp 软件，根据专家 1 的判断矩阵进行计算，其结果如表 11 所示。

表 11　专家 1 确定的评价指标权重

一级指标	二级指标	一级指标对总目标的权重	二级指标对一级指标的相对权重	二级指标对总目标的绝对权重
高校办学水平	高校综合实力	0.0861	0.1095	0.0094
	高校文化氛围		0.3090	0.0266
	高校教学质量		0.5816	0.0500
学生个人素质	学生选录质量	0.5065	0.3150	0.1596
	个人努力程度		0.6026	0.3052
	学生家庭背景		0.0823	0.0417
日常训练管理	思想政治教育	0.2651	0.6833	0.1811
	日常生活管理		0.1168	0.0310
	军事素质训练		0.1998	0.0530
激励约束机制	全程筛选机制	0.1424	0.1156	0.0165
	毕业分配机制		0.5323	0.0758
	奖学补贴机制		0.2208	0.0314
	违约惩罚机制		0.1313	0.0187

2. 专家集体判断

采用 yaahp 软件"群决策"功能，将我们选取的各位专家的单独判断结果进行几何加权平均，可得到集体判断的结果，即各评价指标的绝对权重。在问卷调查过程中，我们发现老师与管理员的偏好很不一样，因此，区分老师与管理员两类人员，得出了两种结果，如表 12 所示。

研究发现，老师和管理员对于国防生培养质量的影响因素的看法存在差异。具体来说，老师认为，最重要的影响因素是高校教学质量和军事素质训练，其次是高校综合实力、文化氛围及思想政治教育，筛选机制及学生家庭背景是不甚重要的。管理员认为，最重要的影响因素是学生选录质量和思想政治教育，其次是日常生活管理和军事素质训练，不甚重要的是学生家庭背景、筛选机制和奖学补贴机制。经过分析，这种差异可能与老师或管理员的工作重心、知识背景有关。一般来说，老师比管理员更了解高校办学能力，因此老师对高校办学水平更为重视，而管理员比较熟悉学生的日常生活，所以对学生选录质量和日常管理训练更为重视。他们都认为家庭背景对国防生培养质量影响不大，主要是因为国防生有国防奖学金补助学费和生活费，为学生减轻了经济负担，因而其培养质量与家庭背景基本不相关。而奖学补贴机制之所以没有受到重视，或许是因为一旦成为国防生，每人均可以无差异地享受国防奖学金，激励作用并不明显。至于全程筛选机制，可能是因为在实施过程中，执行并不严格，约束作用不够强，因而没有受到老师与管理员足够的重视。

表 12　老师与管理员的集体判断结果

指标序号	指标名称	老师集体判断	管理员集体判断
1	高校综合实力	0.083	0.0598
2	高校文化氛围	0.0853	0.0608
3	高校教学质量	0.093	0.0701
4	学生选录质量	0.0822	0.1129
5	个人努力程度	0.0744	0.0796
6	学生家庭背景	0.0673	0.0482
7	思想政治教育	0.0833	0.1135
8	日常生活管理	0.0789	0.1002
9	军事素质训练	0.0933	0.0841
10	全程筛选机制	0.0582	0.0647
11	毕业分配机制	0.0646	0.0689
12	奖学补贴机制	0.0725	0.0643
13	违约惩罚机制	0.064	0.0729

3. 模糊综合评价

根据问卷调查，经过统计得到二级指标的评价矩阵，如表 13 所示。

表 13　二级指标的评价矩阵

二级指标	优秀	良好	中等	合格	不合格
高校综合实力	42.63%	50.47%	5.96%	0.63%	0.31%
高校文化氛围	35.55%	52.16%	9.30%	2.33%	0.66%
高校教学质量	36.63%	42.57%	17.82%	2.31%	0.66%
学生选录质量	34.44%	48.68%	14.24%	1.99%	0.66%
个人努力程度	28.84%	44.51%	23.51%	2.82%	0.31%

二级指标	优秀	良好	中等	合格	不合格
学生家庭背景	17.42%	40.65%	34.19%	7.10%	0.65%
思想政治教育	38.27%	42.25%	13.19%	5.62%	0.66%
日常生活管理	39.93%	43.00%	13.65%	2.73%	0.68%
军事素质训练	39.27%	41.25%	14.19%	4.62%	0.66%
全程筛选机制	32.46%	44.59%	19.34%	2.95%	0.66%
毕业分配机制	22.34%	59.11%	13.75%	3.78%	1.03%
奖学补贴机制	30.13%	46.69%	15.56%	5.96%	1.66%
违约惩罚机制	29.45%	55.82%	9.59%	3.08%	2.05%

为了避免数据截尾带来的计算不够精确的问题，我们直接采用二级指标的绝对权重乘以评价矩阵，分别计算出老师和管理员模糊综合评价结果。然后，将老师和管理员两类人员的模糊综合评价矩阵乘以评语集，得到相应的国防生培养质量模糊综合评价值，如表14所示。

表14　老师和管理员对国防生培养质量的模糊综合评价值

二级指标	老师模糊综合评价值	管理员模糊综合评价值
高校综合实力	7.341	5.289
高校文化氛围	7.418	5.287
高校教学质量	8.019	6.044
学生选录质量	7.104	9.757
个人努力程度	6.315	6.756
学生家庭背景	5.499	3.938
思想政治教育	7.179	9.782
日常生活管理	6.855	8.705
军事素质训练	8.060	7.265
全程筛选机制	4.978	5.533
毕业分配机制	5.478	5.842
奖学补贴机制	6.146	5.451
违约惩罚机制	5.488	6.251
合　计	85.878	85.902

根据以上计算结果可以发现，尽管老师和管理员对影响国防生培养质量各因素的权重看法不一，但是对于国防生培养质量的模糊综合评价值差距非常小，仅相差0.024，可以忽略。据此可以得出结论，国防生的培养质量总体来说属于良好，比较令人满意。

基于层次分析法的国防生
淘汰因素分析[*]

李顺宏　陈晓春　李辉亿　朱　丹

　　国防生又称国防定向生，是指根据军队建设需要，依托地方普通高等学校，从参加国家统一招生考试的普通中学应届高中毕业生中招收培养的青年学生。近十年来，绝大多数大学生加入国防生队伍后思想稳定，学习努力，注重日常修养，积极参加军队安排的军政训练，不断提高个人综合素质，为毕业后能够尽快地适应军队的学习、工作和生活奠定了良好基础。但也有少部分同学加入国防生队伍后不能达到部队的要求，一些国防生的行为与一名合格的国防生相去甚远。把不合格的国防生淘汰出去，是国防生队伍正规化建设的要求。影响国防生淘汰的因素多种多样，为了降低国防生淘汰的比率，提高国防生的培养效率和效益，我们对淘汰的国防生做特征提取的分析和研究，以找出其被淘汰的主要原因，避免日后类似的问题重复出现。

一、分析方法

　　层次分析法是萨蒂等人在 20 世纪 70 年代初提出的一种决策方法。在错综复杂的情况下，人们期望利用各种信息做出最优决策。在做最优决策时，因素很多，有些因素可以量化，有些因素只有定性关系，如何将定性关系转化为定量计算，从而做出最优决策呢？层次分析法就是将半定性、半定量的问题转化为定量问题行之有效的方法。它将各种有关因素层次化，并逐层比较多种关联因素，为分析、决策、预测或控制事物的发展提供可比较的定量依据。层次分析法的基本

---

　　*　本文原载于《湖南大学学报》（社会科学版）2009 年第 3 期。

步骤：

首先，建立层次结构模型。将问题所包含的因素分层，一般分为最高层、中间层、最低层。最高层表示解决问题的目的；中间层为实现总目标而采取的各种方案、措施、政策，可分为策略层、约束层、准则层等；最低层是用于解决问题的各种措施、政策、方案等。当某个层包含因素超过 9 个时，可将该层再划分成若干个子层。

其次，构造成对比较阵。我们要比较 n 个因素 x_1，x_2，$\cdots$，x_{n-1}，x_n 对目标 z 的影响，就要确定这些因素在目标中所占的比重，即这些因素对目标的相对重要性。我们这里采用两两比较的方法将各个因素重要性的定性部分数量化。由全部比较结果得到的矩阵 $A = (a_{ij})$，称为成对比较矩阵。求出成对比较矩阵的最大特征值 λ_{max} 及其对应的特征向量 Y，即可用标准化后的向量 Y' 来反映这些因素对目标的重要性。

$$Y' = \left(\frac{y_1}{\sum\limits_{i=1}^{n} y_i}, \frac{y_2}{\sum\limits_{i=1}^{n} y_i}, \cdots, \frac{y_n}{\sum\limits_{i=1}^{n} y_i} \right)^T$$

由矩阵论知识可知矩阵的最大特征值是正实数且是单重的，它对应的特征向量为正。

再次，一致性检验问题。如果每个人对决策对象的比较具有逻辑的绝对一致性，即 $a_{ij} \times a_{jk} = a_{ik}$，则不会出现任何矛盾的结论。然而，实际情况是，由于人的思维活动不可避免地带有主观性和片面性，人们构造的成对比较矩阵常常是不一致阵。即可能出现 $a_{ij} \times a_{jk} \neq a_{ik}$。因此，在分析因素对目标的影响时，必须对成对比较矩阵进行一致性检验。可以证明的是：n 阶成对比较矩阵是一致阵，当且仅当比较阵的最大特征值与其阶数相同，即 $\lambda_{max} = n$，因此只须计算矩阵的最大特征值，就可以判断成对比较矩阵是否为一致阵。如果 A 不具有一致性，可以证明 $\lambda_{max} > n$，且其特征值 λ_{max} 越大，其不一致程度越严重。此时 λ_{max} 对应的特征向量 Y 就不能真实反映因素 x_1，x_2，$\cdots$，x_{n-1}，x_n 在目标 z 中所占的比重，令 $CI = \dfrac{\lambda_{max} - n}{n - 1}$，$CI$ 称为一致性指标。最后，进行层次总排序及其一致性检验。计算同一层次所有因素对于总目标即最高层相对重要性的排序权值，称为层次总排序。这一过程是由最高层到最低层逐层进行的。同样的，层次总排序也要进行一致性检验。检验也是从最高层到最底层进行，方法与前面的相同，不再赘述。

因此，本文构建一个层次分析法的模型框架，分析各个因素在国防生淘汰中所占的比重，并得出最终影响国防生淘汰的总函数。

二、模型设定和数据说明

1. 数据来源和假定

数据来源于中国海洋大学、湖南大学、长沙理工大学、中南大学、湘潭大学和湖南师范大学这六所高校的调查表。按照六所高校的调查表，可以掌握国防生的姓名、性别、培养层次、籍贯、所学专业、淘汰时间、淘汰原因等信息。按照国防生淘汰因素模型层次图，在已掌握的数据中选取所需要的数据。筛选原则和处理后的结果如表1所示。

表1　数据筛选

原有因素	选择与否	选择原因	处理后因素
姓　名	否	缺少共性	—
性　别	否	数据无差异	—
培养层次	是	可了解各个不同培养层次的不同风险	培养层次
籍　贯	是	了解各个地区的培养风险	所属地区贫困程度
所学专业	是	了解不同专业的培养风险	专业特征
淘汰时间	是	了解不同时间区间的风险	淘汰时间
淘汰原因	是	了解培养中存在的问题	淘汰原因

对以上调查数据，我们做如下假定：①国防生之间不存在合谋、串谋行为；②调查数据具有客观性、离散性的特征；③专家对各高校和社会需求比较了解；④专家打分时的意见独立；⑤各个学校的不同数据可以代表我国不同层次高校的办学水平。根据这些假定，我们可以认为单个成对比较矩阵是基本一致的。

2. 模型结构

根据上述层次分析法的基本思想和原理，按照层次分析法建模的基本步骤，以及本文要得出影响国防生淘汰因素函数这一目标，建立适合本目标的模型层次结构和框架。完成数据选取后，请专家对以上因素进行分析，两两比较打分，建立成对比较矩阵。但是根据专家意见的不确定性，决策群生成的最终决策必然会产生不一致。故采取德尔菲打分法，将意见反馈后，请专家进行新一轮的打分，如此反复，直到一致为止。

经过6轮专家打分与意见反馈后，专家意见分歧仍然较大，并没有出现专家评价一致的趋势。考虑到对6个因素进行比较，不确定性较大的情况，为了简化打分评价的过程，我们将数据进一步分析，可以得出淘汰因素分析表，如表2所示。

表2　淘汰因素分析表

因素	首要特征	比例（%）	次要特征	比例（%）
培养层次	本科生	98	硕士研究生	2
所属地区	中西部地区	50	其他地区	均分
贫困程度	贫困地区	50	中等地区	42.9
专业特征	计算机信息类	50	本校热门专业	37.1
淘汰时间	3 年	64.3	4 年	18.2
淘汰原因	成绩不合格	40	主动退出	27.1

从淘汰分析表中，我们可以看出，培养层次的数据一致性较大，对结论影响很小，故在新的层次分析模型中忽略这一因素，起到简化模型的作用。将培养层次这一因素省略后，仍存在5个因素进行比较，对5个因素进行比较，将需要构建一个5×5的矩阵，可想而知，要得到一致性较好的结论也是很困难的。所以为了进一步达到简化模型的目的，我们根据所选取的5个因素与培养学校关系的紧密程度，分为入校前因素和入校后因素两大类。对入校前因素和入校后因素分别建立成对比较矩阵，将原有的6阶矩阵有效地简化成2个2阶矩阵和1个3阶矩阵，极大地方便了专家打分，也使得比较结果更加精确。

根据德尔菲打分法得出入校前和入校后的决策函数后，进一步比较入校前后的整体因素对国防生淘汰的影响，便可以轻松得出最后的决策函数。

三、结果及建议

在请专家对新的层次模型进行了4轮专家评价的决策后，我们得到了具有一致性的权重矩阵。考虑到表格的形式不如线形图的形式更直观，我们用图的形式

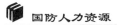

表示出来。

可以清楚看到，专家普遍认为学生的专业特征这一因素对淘汰的影响是最重要的。根据专家的评价，我们对照表2所示的淘汰因素分析表，可以得出每个因素对应的特征对决策函数的风险系数。

国防生培养风险函数 = 28.18% 计算机信息类专业 + 20.19% 该校热门专业 + 9.38% 贫困家庭学生 + 8.04% 中等收入家庭 + 5.34% 因成绩不合格淘汰 + 3.62% 违约退出 + 3.40% 大学三年级学生 + 3.13% 来自中部地区的学生。

图1 评价为 1～9 的专家权重

根据权重表和所得风险函数，发现对专业特征过于偏重，在计算中可能会造成因截尾带来不精确的后果，我们将打分的标度由原来的 1～9 改为指数标度 $e^{\frac{0}{5}}$～$e^{\frac{8}{5}}$ 的形式，这样可减小因素权重间的绝对差距，但并不影响其相对差距。新的权重如图2所示：

图2 标度为 $e^{\frac{0}{5}}$～$e^{\frac{8}{5}}$ 的专家权重

比较图2与图1可以发现，两图只是将因素间的绝对差距改变了，因素间的相互关系变化不大，仅仅是生源所属地区和淘汰主要原因的相互关系有了细微的变化。同样的，我们可以得到新的决策函数系数，如表3所示。

根据表3，我们可以得到国防生培养的风险函数：

国防生培养风险函数 = 18.44% 计算机信息类专业 + 13.68% 该校热门专业 + 12.02% 贫困家庭学生 + 10.31% 中等收入家庭 + 8.06% 来自中部地区的学

生 +5.80% 因成绩不合格淘汰 +5.47% 大学三年级学生 +3.93% 违约退出

表3　标度为 $e^{\frac{0}{5}} \sim e^{\frac{8}{5}}$ 的决策函数特征系数

因素	首要特征	比例（%）	次要特征	比例（%）
生源所属地区	中西部地区	8.06	其他地区	2.01
家庭贫困程度	贫困地区	12.02	中等地区	10.31
学生专业特征	计算机信息类	18.44	本校热门专业	13.68
在校培养时间	3 年	5.47	4 年	1.55
淘汰主要原因	成绩不合格	5.80	主动退出	3.93

　　从风险决策函数中，我们看到对培养风险的影响由高到低依次是：专业特征为计算机信息类专业和本校的热门专业、家庭收入为贫困或者中等的学生、由于成绩不合格而淘汰、来自中西部地区的学生、本科三年级的学生和选拔过程中因违约而被淘汰的学生。下面，我们就对这些淘汰风险较大的因素逐一进行分析。①专业特征为计算机信息类专业和本校的热门专业。首先，在学校培养过程中，这两类专业是所有学生的首选，故而本身的生源质量比较高，竞争较其他专业更激烈，同时筛选也比较严格，淘汰率较其他专业更高；其次，这类专业属于通用性比较强的专业，学生的选择余地大，一部分学生自愿被军队淘汰；最后，为满足军队的培养需要，国防生在这类专业中所占的比重较大，淘汰人数的绝对数大，但并不意味着相对数也大。但是若单纯为了降低风险的需要，尽量少地将国防生招入计算机信息类专业和本校热门专业，与国家培养国防生以达到提高我军的信息化水平、强化我军综合素质的目的是相违背的，会使得国防生的培养失去原有的意义。相反的是，为了提高我军的综合素质，加快部队的信息化进程，我们更需要选择国防生学习计算机信息类专业和本校热门专业。为了解决这一矛盾，可以采用加强管理、重点培养的办法，降低计算机信息类专业和本校热门专业国防生的淘汰率，达到我军培养国防生的目的。②贫困或者中等收入家庭。这类家庭的孩子在选择签订国防生协议时，有可能更多地考虑了经济因素，为了减轻家里的经济负担，而选择了国防生这条道路。那么在筛选过程中，由于意志不坚定、成绩不合格、身体不合格、不热爱国防事业等种种原因被淘汰。因为经济方面的原因而选择国防生道路的学生比较多，所以被淘汰的绝对数也比较大，但相对数并不大。考虑到相当多的贫困地区的学生有很强的进取心和毅力，有远大的理想和抱负，符合部队的发展需要，为此，可以针对不同学生的特点，有选择地加强思想政治教育、学习成绩、身体素质的培养力度。③成绩不合格。本来，国防生的筛选制度较高校的普通筛选更为严格，国防生的平均成绩应好于其他学

生。如果学生成绩不合格，原因一定多种多样，必须对症下药，切实提高学生成绩，降低国防生因成绩原因而淘汰的比例。④来自中西部地区的国防生。中西部地区的国防生的综合素质一般较其他地区低。一则是和中西部地区的经济欠发达有关。我们发现，"来自中西部地区"与"学生的家庭收入为贫困和中等"相关度为1，即来自中西部地区的学生家庭收入几乎为贫困或中等。这类学生参加的综合社会实践活动比较少。二则与中西部地区的教育模式有关。数据说明，大部分因"身体不合格"而淘汰的学生都来自中西部地区。这与中西部地区在学生培养方面过于重视学生分数，忽视整体素质提高有关。由于身体素质较差，自我学习能力不强，容易遭到淘汰。⑤本科三年级的学生。在大学三年级的时候，学生接触社会逐渐增多，譬如很多学生就已经开始考虑毕业后的工作问题。这个阶段国防生极易受到社会上高薪职位和自由生活的诱惑，选择违约，退出国防生培养；还有的是在和外界接触的过程中，放松了对自己的要求，因成绩下降、违反纪律等原因被淘汰。为此，"选培办"和学校应特别加强对大三学生的管理，以降低这一淘汰率。⑥主动选择退出。部分国防生在最初并没有清楚地认识到作为国防生的义务和责任，在进一步学习和培养的过程中感觉到这一任务的艰巨，并且对国防事业的热爱、责任心和使命感以及政治觉悟不够，从而选择主动退出；还有的可能只是为了读个好大学，以"曲线救国"的方式选择了国防生这条道路，一旦借助国防生的身份进入了大学校门，便又另寻出路，退出国防生。我们要进一步完善国防生的录入和退出制度，防止各种机会主义行为。对于主动退出者，可以考虑加大违约的惩罚力度，不仅仅从经济上给予处罚，也可以考虑记入个人信用档案，坚决杜绝此类现象的发生。

通过以上分析，对比根据不同标度得到的国防生培养风险函数，可以得出这样的初步结论：应加强对计算机信息类专业和本校热门专业的国防生的监管力度，加强对贫困家庭和中等收入家庭的国防生的思想政治教育。这样，可以降低国家在国防生的投资中存在的大部分风险。

参考文献

[1] 孙夏耘，孙延军，杜辉．论海军院校人才培养目标模式转换 [J]．海军院校教育，1999（02）．

[2] 何玄鹏．海军国防生培养工作评价研究 [D]．哈尔滨工程大学硕士学位论文，2007．

[3] 杨尚俊．数学建模简明教程 [M]．合肥：安徽大学出版社，2006．

[4] 袁震东，洪渊．数学建模 [M]．上海：华东师范大学出版社，2000．

用科学发展观统筹信息化条件下
军队人才建设战略[*]

李辉亿

党的十七大报告指出："科学发展观，第一要义是发展，核心是以人为本，基本要求是全面协调可持续，根本方法是统筹兼顾。"军队人才队伍建设贯彻落实科学发展观，就是要在认真学习和全面把握科学发展观的丰富内容、深刻领会科学发展观的精神实质和根本要求的基础上，用发展的眼光搞好信息化条件下军队人才队伍建设战略谋划。具体来说，就是要在搞好顶层设计、创新发展路子、加强统筹协调、开发利用社会人才资源等方面有一些新的举措和突破。

一、围绕有效履行我军历史使命，加强
人才战略工程顶层设计

实施人才战略工程，是贯彻和落实科学发展观，加快推进中国特色军事变革的重要举措。新世纪新阶段，国家正处在重要发展战略机遇期，国家利益逐步扩展，新形势新任务的变化为军队人才建设赋予了新的内涵，对人才战略工程顶层设计提出了更高要求。我们必须按照军委明确的战略目标，围绕有效履行职责使命，切实做好人才战略工程的顶层设计。

明确人才战略工程目标。2003 年 8 月，中央军委制定实施军队人才战略工程规划，提出"力争经过一二十年的努力，拥有一支懂得信息化战争指挥和信息化军队建设的指挥军官队伍，一支善于对军队建设和作战问题出谋划策的参谋队伍，一支能够组织谋划武器装备创新发展和关键技术攻关的科学家队伍，一支精

---

* 本文原载于《军事经济研究》2009 年第 6 期。

通高新武器装备性能的技术专家队伍，一支能够熟练掌握手中武器装备的士官队伍"，而且强调"人才战略工程分两个阶段实施：2010 年前使全军人才状况明显改观，作战部队人才建设大幅跃升；2011 年到 2020 年，实现人才建设大的跨越"。近几年来，围绕"五支队伍"建设，军队人才战略工程取得了明显成效。今后如何进一步抓好人才队伍建设，仍是军队面临的一项重要任务，各级必须不断探索和努力，根据人才战略工程目标，提出信息化人才建设的指导方针、目标、步骤和具体措施。

加强调查研究，做好机械化和信息化人才的战略布局。从总体上看，我军目前的人才队伍还不能完全满足建设信息化军队、打赢信息化战争的需要，而且由于部队建设发展不平衡，一些部队尚未完成机械化发展任务，反映到人才队伍建设上，就必须考虑部队信息化和机械化建设的双重需要。在进行人才布局时，必须通盘考虑，切忌"一刀切"。具体来说，应该把握以下几个方面：人才布局要把握机械化和信息化人才培养的特点和规律；科学预测现有的人才队伍能在多大程度上满足机械化和信息化发展的双重需要；注意比较各种人才培养途径的优势和劣势，充分发挥多种培养模式的综合优势；加快学科专业调整，采取"关、停、并、转"等办法将教育资源置换出来，并转移到下一个紧缺的学科专业上来。

突出联合作战指挥人才、高层次专业技术人才两个重点，牵引和推动部队人才队伍建设。以科学发展观为指导推动人才建设向信息化转型，根本目的是打赢信息化条件下的局部战争，提高我军应对多种安全威胁、完成多样化军事任务的能力。现在各军兵种人才队伍建设存在的主要问题是具有复合型知识结构、能够适应联合作战的军事指挥人才较少；专业技术人才素质不够高，特别是一些新型武器装备骨干人才缺口较大。要把指挥人才，特别是联合作战指挥人才的培养和专业技术人才的培养作为今后人才队伍建设的重点。把指挥干部作为重点培养，是因为各级指挥干部肩负着管理部队、培养官兵和其他人才的责任，而抓住指挥人才的培养，就抓住了人才战略工程的龙头，就抓住了人才队伍建设的重中之重。把专业技术人才作为重点培养，是因为信息化战争条件下，对抗双方人员的科学文化水平和技能的差距，将使武器装备在战争中的作用发挥得大相径庭。专业技术人才直接承担着武器装备的研制、生产、维护、保障等任务，抓住专业技术人才的培养，就抓住了人才战略工程的基础。

强化统筹协调观念，把人才建设融入战斗力建设之中。一是要坚持人才建设与战斗力建设相协调，坚持"仗怎么打，兵怎么练"。当前，信息化武器装备的创新和使用已经成为核心战斗力，人才培养就要围绕这一核心不断加强信息化作战能力建设。二是坚持人才队伍结构发展相协调。为适应复杂电磁环境下联合作战的需要，坚持把联合作战指挥人才和高层次专业技术人才的培养作为重点，并以此带动整个人才队伍的大发展。三是要坚持人的素质全面发展，确保"打得赢、不变质"。为此，必须努力提高官兵的综合素质特别是科技素质，加快实现军队建设由人力密集型向科技密集型、由数量规模型向质量效能型的转变。

二、充分发挥后发优势，推进人才队伍跨越式发展

国防和军队建设跨越式发展离不开武器装备和人才队伍的跨越式发展。这几年，军队的武器装备有了比较快的发展，这要求人才队伍也要有比较快的发展与之相适应。人才建设的跨越式发展，是相对"线性"发展而言的。所谓"线性"发展，就是循序渐进地发展。对于已经处于知识和科技领先地位的军事强国来说，循序渐进地稳步发展，符合其客观实际。而对于处于劣势的国家和军队来说，由于与处优势地位的国家和军队存在知识和技术上的差距，跟进式的培养虽然与自身相比也在发展，但与军事强国相比容易使差距拉大；跨越式培养则具有时空上的跳跃性，是一种赶超式的人才培养方式，也就是在人才培养过程中运用后发优势，将三步并作两步甚至一步走，跨越与军事强国的知识和科技鸿沟。当前，我军各级领导干部的理论水平、高新技术知识和指挥现代作战的能力都还不够，同新时期军事战略方针和自身所处领导岗位的要求尚有较大差距。这要求我们必须运用后发优势，在大量借鉴、学习外军人才培养经验的基础上，尽量缩短那些非必要的摸索过程，跳过人才培养的一个或多个低级发展阶段，直达更高的培养阶段，赶上甚至超过发达国家的人才培养水平。

树立超前培养的新人才思想。超前培养的思想就是"宁可人才等装备，不可装备等人才"的思想。一方面，人才培养有其特殊的规律性和周期性。如果从小学开始计算，培养一名博士研究生一般需要20年左右的时间，加上岗位适应性训练，一个人真正成为有用之才的时间更长。因此，军队人才队伍建设必须牢固树立超前培养的思想。另一方面，在信息化战争时代，基于信息系统的体系作战能力已经成为战斗力的基本形态，信息化武器装备的创造和使用已经成为核心战斗力，而信息化武器装备又具有更新换代快等特点，所以，我们必须善于运用战略思维，准确前瞻和把握未来战争的客观规律并据此谋划军事人才队伍建设，正确处理好部队建设当前需要与长远发展的关系，造就大批适应未来战争需要的高素质新型军事人才。

扩大人才开放和对外交流。当今世界，任何一支军队，如果关起门来搞建设，拒绝学习国外先进的东西，就不可能实现现代化。我们必须面向世界，顺应世界军事变革和发展的潮流，积极借鉴各国军队现代化建设的有益经验，有选择地引进先进的技术装备和管理办法。人才培养也是这样。在信息化社会里，关起门来育人，如同闭门造车，是培养不出高素质人才的。应该积极拓宽依托国民教育培养军队人才的路子，并坚定地走出国门，睁大眼睛看世界，积极追踪世界军事发展前沿，善于取彼所长，为我所用，推动人才培养的快速发展。

坚持人才复合培养。现代条件下的高技术战争，对人的综合素质要求越来越高，这就要求我们培养既懂政治又懂军事，既懂指挥、管理又懂专业技术的复合型人才，而复合型人才要用复合型办法培养。现代军事教育学认为，军事人才的培养是一个"从培训到实践，再培训，再实践"的循环上升过程。一些发达国家的军队，都是通过立法确保军官复合才能的培养。我们应在充分发挥军队院校主渠道培养作用的同时，加强继续教育的力度，使军官在接受不同专业培训过程中，进一步增强知识的复合性，不断通过知识的积累，实现能力和素质的提升。不同的工作岗位对人的素质要求也大不相同。加强岗位交流，通过"干中学"可以从不同的侧面培养人才，丰富任职经历，开阔工作视野，增长工作才干，提高驾驭全局和开拓创新能力，从而实现人才素质的全面提高。

三、汇聚持续发展力量，充分开发利用社会人才资源

有效开发和利用社会人才资源，推动军地人才兼容发展，是贯彻落实科学发展观，推动信息化条件下军队人才建设的必然趋势。这就要求充分依托和利用社会人才资源，把有限军费集中在军事特色鲜明的关键岗位人才培养上，积极探索人才建设军民结合、寓军于民的新途径、新办法，为军队机械化和信息化建设提供丰厚资源，汇聚持续发展力量。当前，应主要做好以下三个方面的工作：

一是进一步完善依托地方高校培养后备军官办法。依托普通高校培养后备军官，国外称之为后备军官训练团计划（Reserve Officer Training Corps，ROTC），它是美英等发达国家培养军队生长力量的通行做法和成功经验。我国依托普通高等院校培养后备军官起步晚，发展快。当前，贯彻落实科学发展观，完善依托地方高校培养后备军官，应做好以下几个方面的主要工作：加强对外军后备军官培养模式的学习和借鉴，建立和完善适应我军特色的后备军官培养模式；加强后备

军官课程建设，强化军政训练实践教学环节，切实提高后备军官的教育训练水平；营造别具一格的文化氛围和建立严格完善的淘汰机制，努力培养学生献身国防、爱岗敬业的优良品格。

二是借鉴西方发达国家的成功经验，建立和完善我军"后备军事技术人员计划"（Reserve Military Technician Program）。后备军事技术人员计划起源于第二次世界大战。当时美国军方认为，它需要在后备军官里面培养一些全职的技术保障人员，以便为将来动员做准备。美军后备军事技术人员计划几乎涵盖了美军的各个部门。美军规定后备军事技术人员具有双重身份，军队雇用新的技术人员原则上应该是"美国后备军事技术人员计划"的成员。"后备军事技术人员计划"为美军搭建了一条从普通老百姓转变为军事技术人员的快速通道，大大提高了战时军事技术人员的动员能力和响应速度。我军"后备军事技术人员计划"还处在起步探索阶段，当前应把学习借鉴美军、英军等西方发达国家后备军事技术人员计划的成功经验作为重点，譬如，在我军当前武器装备发展的新时期，可以借鉴英军"武装力量全面人员策略"的经验，大力加强我军武器装备后备技术人员队伍建设。

三是进一步拓展招才引智渠道，探索建立"不求所有，但求所用"的动态用人机制。单位用人，不外乎两种基本渠道：第一种是签订劳动聘用合同，实现"人为我所有，人为我所用"。第二种是签订劳务派出合同，实现"不求所有，但求所用"。部队在应急保障、科研攻关、演习训练的时候，对各类人才的需求往往大于平时的水平，受编制体制的影响，部队人才往往难以满足这种突然放大的人才需求。在尚不能发布国防动员令的情况下，部队必须探索新的路径从社会各领域吸纳人才。自20世纪60年代，在日本、美国和欧洲出现人才派遣业务以来，人才派遣业务至今方兴未艾。根据美国国家短期就业服务中心的统计，从事派遣工作的工作群体在1991年到1995年5年间增长了两倍，与此同时欧洲和亚洲的增长速度更快。通过派出员工创造的"柔性工作力量"已对世界经济发展产生了巨大的作用。国外经济学家预测，"派遣员工"将成为21世纪全球人力资源管理的发展趋势。为此，各级必须解放思想，更新人才观念，根据本单位的实际情况，创新引人用人机制，拓宽人才遴选渠道，充分利用地方人才资源为军队和国防建设服务。

2020 年我国人力资源对军队的支持能力分析[*]

李志远　郭　勤

促进国防和军队建设的发展，不仅需要财力和物力资源的支持，更需要人力资源的支持。对军队建设人力资源的支持，主要包括战时或平时所需的普通劳动力支持及国防科技人力的支持，而以科技人力资源的支持尤显重要。

一、2020 年普通劳动力资源对军队的支持能力

劳动力资源是国民经济最重要的资源，也是战时经济发展和军队扩充的基础。战争中劳动力资源的数量十分重要，没有足够的劳动力资源，就不能维持战时国防工业生产、民用生产和兵员补充，也就不可能维持战争。

我国是一个人口大国，又是一个"人才大国"（人才基数很大）。由于经济发展水平的提高在一定程度上能促进人力资本的增长（见表 2），从以往历年我国人口总量及总人力资本增长（见表 1）的趋势可以看出：由于我国人口基数大，随着我国 GDP 的增长，我国不仅是世界上总人力资本最大的国家，也是总人力资本增长最快的国家。可以预计，2020 年前，随着我国经济发展水平的不断上升，我国普通劳动力资源对军队建设将提供很强的支持能力。

表 1　我国人力资本及其占世界的比例

指标	1982 年	1990 年	1995 年	2000 年	平均增长率（%）	增长指数（1982 = 1）
15～64 岁人口（万人）	62517	76260	81393	88798	1.97	1.420

＊　本文原载于《中国证券期货》2009 年第 9 期。

＊　本文原载于《中国证券期货》2009 年第 9 期。

指标	1982 年	1990 年	1995 年	2000 年	平均增长率（%）	增长指数（1982＝1）
占总人口比例（%）	61.5	66.7	67.2	70.15		
平均受教育年数（年）	4.61	5.51	6.08	7.11	2.44	1.54
总人力资本（亿人年）	28.82	42.02	49.49	63.14	4.45	2.191
总人力资本占世界的比重（%）	17.6[①]	20.2	21.9	24.0[②]		

注：总人力资本＝（15~64 岁人口）×平均受教育年数，表中①为 1980 年数据，②为 1999 年数据。

资料来源：《中国统计摘要》（2001），第 36 页。Barro and Lee；World Bank，2001。

表 2　GDP、资本存量和总人力资本的相关关系矩阵（1978~1998 年）

指标	GDP	资本存量	总人力资本
GDP	1.000	0.998	0.991
资本存量		1.000	0.998
总人力资本			1.000

二、2020 年国防科技人力资源对军队的支持能力

国防科技人力资本可以分为两类：一类是以国家为主要投资主体的军校培养的或主要通过在"干中学"积累起来的国防科技人力资本；另一类是在进入国防科技系统前已拥有了较多知识和技能的国防科技人力资本。目前，我国的国防费与许多国家相比，无论是在人均军费上还是在占 GDP 的比例上均有很大差距，而现有国力又不可能在短期内增加国防费，因此，在战争爆发或平时紧急情况下，不能单纯依靠现有军队系统的国防科技人员，而必须依靠地方院校毕业生或国民经济其他行业中的专业技术人员。

军队建设对国防科技人力资本的需求主要受以下几个因素的影响：

1. 国家面临的战争威胁程度

当一个国家即将或者正在进行战争时，国防科技人力资本需求会增大。反

之，如果一个国家周边环境稳定，国防科技人力资本需求就会减少。

2. 国家军事战略

如果某国奉行军事霸权主义，在国际社会上处处树敌，为了打击竞争对手，就可能需要大量的国防科技人力资本。相反，如果某国一贯奉行和平外交政策，仅为了维护领土主权和民族尊严进行有限的国防科技活动，国防科技人力资本需求就相对较小。

3. 国家经济实力

国防科技活动耗资巨大，需要国家强大的经济实力支撑。国家经济实力增强了，在其他条件不变的前提下，就可以增加国防科研投资，国防科技人力资本需求会随之增大。

4. 国家整体科技水平

国家整体科技水平对国防科技人力资本需求的影响比较复杂，一般来说，国家整体科技水平越高，国防科技人力资本需求越少。因为国防科技成果的保密性很强，大多数情况下只能依靠本国的科技力量，如果国家整体科技水平较高，就可以把部分国防科技任务交给地方单位完成，减少国防科技人员的编制。

在以上几个因素中，虽然我国坚持独立自主的和平外交政策，在军事上不称霸，但由于未来我国仍面临复杂的周边环境，我国的和平统一大业也没有最后完成，还要为打赢敌人可能强加给我们的信息化条件下局部战争而努力。同时，随着我国经济发展水平和科技实力的不断增强，我国对国防科技人员的需求将呈上升趋势。这不仅要求我们发展整体教育水平，而且需要加强某些军队建设急需的高技术人才的培养。为此，我国教育部全军院校制订计划，规划了我国教育事业在 2020 年以前的发展蓝图（见表3）。

表 3　2020 年前我国高等教育发展规划

指标	高中毛入学率（%）	高校在校学生人数（万人）	在校研究生数量（万人）	高等教育毛入学率（%）
2005 年前	60	1600	60（其中，军校在校研究生为 2 万人左右）	15
2010 年前	70	2500	100	23
2020 年	85	比 2010 年进一步提高，并使全部入伍士兵具高中以上文化		

考虑到我国现阶段具体情况：

一是我国科技人才队伍总量相对不足。我国是人力资源大国，却不是科技人力资本大国。据初步统计，在 1994 年，我国每千人中科学家与工程师人数不到美国、日本等发达国家的十分之一。根据 2000 年第五次人口普查数据，我国接受过高等教育的人口仅占 15 岁以上劳动人口（15～64 岁）的 5.2%，而 1995～1997 年，这一比例美国是 46.5%，加拿大是 46.9%。中国与发达国家差距明显。

二是我国人才队伍的素质仍有待提高。中国人力资源丰富，但由于教育发展仍相对较落后，越是在高素质人才资源层面，与发达国家的差距越大。

三是我国人才队伍的结构不合理。人才的专业结构不够合理，教育、卫生、经济、会计四类专业技术人员占全国专业技术人员总数的 70%，而新材料、新能源、生物技术、现代医药、环保等工程技术类专业人员短缺；人才队伍产、学、研脱节严重，我国企业拥有的研究与开发人才不足 50%，企业每万人中拥有的研究与开发人才不足 3 人，而日本是 49 人，德国是 35 人，加拿大和英国均是 25 人；人才素质结构不合理，拥有高级专业技术职称的人才年龄偏高，比例偏低，仅占总数的 5.7%，创新型、复合型、外向型人才较为短缺，专业技术人员中具有本科及以上学历的仅占 17.5%。

四是近年来军队吸引地方科技人才偏少。近年来，部队中本科以上学历的科技干部显著增加，院校和科研院所的中青年科技干部有不少是博士或硕士，知识化层次发生了飞跃。全军现有大学本科学历的专业技术干部 11.3 万多名，硕士、博士研究生 2 万多名。基层干部队伍的文化知识结构也发生了显著变化。全军营以下干部具有大专以上文化程度的比例比 1978 年提高 46.3%，其中营连主官大专以上文化程度的占 48% 以上。但喜中也有忧：近年来，军队单位留住了大量部队培养的高素质科技人才，而接收的地方名牌大学一流毕业生还很少，尤其是从地方引进的高层次科技人才屈指可数。高层次科技人才流动，基本上是从军队向地方的"单向流动"，长此以往，令人担忧。

但是，我军有经过"两弹一星"等重大军事项目的国防科技积累，有着全民爱军支前的光荣传统，随着现行兵役制度的改革，如 2008 年国家出台优惠政策以鼓励高中以上文化青年入伍，2009 年国家出台八方面优惠政策以鼓励高校毕业生入伍等，而且随着军队待遇的不断提高和我国部队院校教育培养能力的不断加强，全军国防科技队伍规模将迅速扩大。全军专业技术干部从 1978 年的几万人，发展到目前约占全军干部总人数的一半。学历层次显著提高：专业技术干部队伍中拥有大学本科以上学历的人数，由过去的不足 10% 上升到 60% 多；学科带头人中，中青年占了 70%；24 个博士后流动站，培养出博士后近 300 名；以两院院士为代表的高层次人才大量涌现。

综合我国的具体情况及我国对 2020 年前对教育发展的总体规划，可得出如下结论：2020 年前我国国防科技人力资源对军队建设具有较强的支持能力。

参考文献

［1］付会敏．适应市场经济发展的国防科技人力资本研究［D］.中国人民解放军国防科学技术大学硕士学位论文，2002.

［2］陈代兴．国防人力资源开发与管理［M］.北京：海潮出版社，2006.

培养高素质装备采办人才的思考[*]

李志远

目前，装备研制和采办出现了新的特点，为适应这些新的特点，提高装备采办效率和经费使用效率，建立适应市场经济体制的竞争、评价、监督、激励机制，急需培养一大批懂得市场经济运作方式的管理人才。因此，培养高素质专业化采办人才已成为一大重要课题。

一、装备采办人员素质现状分析

近年来，我军装备采办队伍素质有了较大的改善，但和我军装备现代化建设的发展对装备采办人才的需求相比，我军装备采办人员仍存在一些不足：

第一，制度建设滞后，人力资源配置不科学。

我军装备采办制度不健全，岗位任职标准不明确，未能实行资格认证制度，没有一整套完备的采购人员资格认证体系，没有建立起有效的选拔任用机制。为了充分实现有限的人力资源的军事效能最大化，必须使合适的人干合适的事，人与事相匹配，尽量做到人尽其能、能尽其用、用尽其事、事尽其效，充分实现军队和国防建设的既定战略目标。就装备采办制度而言，它应当合理确定装备采办人员的资格认证、岗位责任以及任免、升降、交流、回避等内容。

另外，我国的装备采办系统从业人员任职教育，由于受传统的基础理论课、专业理论课、公共课三段式课程模式的影响，课程设置的组织纽带缺乏国防采办队伍从业人员的工作要素，课程设计还是偏重基础理论，缺乏针对性和可操作性。目前，我国装备采购人员的培训模式还比较单一，主要采取的是教室培训，

---

* 本文原载于《现代商业》2009年第14期。

包括任课老师的授课、聘请学术界专家及总部机关领导讲座、组织学生讨论和到军工企业参观见习，同时辅之以快速使用培训，主要是对装备采购人员进行装备采办政策的宣讲。

第二，人才激励机制不健全，采办人员缺乏主动性和创造性。

激励是现代人力资源管理的核心，是管理功能的精髓。西方管理学专家纷纷把激励看作与计划、组织和控制同样重要的管理基本职能。美国通用食品公司总裁 C·弗朗克斯曾说："你可以买到一个人的时间，你可以雇用一个人到指定的岗位工作，你甚至可以买到按时或按日计划的技术操作，但你买不到热情，你买不到主动性，你买不到全身心的投入，而你又不得不设法争取这些。"在国防经济领域里同样存在着现代社会各类组织在管理活动中所面临的困难和问题，而要很好地解决这些困难和问题，必须采取一系列的正确措施来有效地激励人们按照组织目标和管理要求干好工作、做出贡献。但我军对装备采办人员仍存在工作评价、监督激励制度缺乏，相关政策不配套、不完善，不能有效地激励采办人员发挥主动性和创造性。

第三，专业性人才缺乏，影响装备采办效率的提高。

我军在装备采办领域缺少招投标、合同审计、费用分析、项目管理等人才。如随着我军装备采办实行合同制，合同管理成为装备采办的一个重要环节，但就我军采办人员队伍现状来看，此类专业人员呈现"数量少、专业水平低"的明显劣势，这一劣势具体表现在：一是采办合同订立管理人员专业理论欠缺；二是独立承担采办合同订立管理职能的人员较少；三是合同订立人员的业务操作能力偏低。我军现有的合同订立人员操作能力偏低主要表现在对合同风险的评估能力较低，操作时应具备的技术手段少，对合同的设计优化水平低。

二、培养高素质装备采办人才的对策

第一，加快制度化、规范化建设步伐。

军用装备采办规范化是依法治军、立法强军之路的必然要求。采办队伍必须依法采办，按章办事：一是要认真贯彻执行军委总部的决策把思想统一到上级指示精神上来，在采办业务活动中自觉按上级要求规范操作。二是结合上级指示精神制定出符合本单位实际的职业道德、业务分工、工作职责、操作规程等规章制度，按章程规范采办人员的行为。三是建立军用装备采办人员资格认证制度，按照制定的专业标准，根据采办业务的需要，对采办人员的综合素质和采办业务的基本知识进行考核、认证并发给相应的资格证书，对经考核未能达到专业标准的，应进行岗位培训，直到达到资格认证为止，促进采办人员的专业化发展。

近年来，美军对装备采办进行了卓有成效的改革。对装备采办队伍而言，一是美军对国防采办进行职业规划管理，其核心是国防采办职位资质等级管理，依据采办职位职能分工职责不同，将采办职位分为16类，并将各类划分为初、中、高三级，为其制定采办职位资格标准，从工作实绩、教育程度、受训情况三方面对采办人员进行综合考评。通过等级考核，判定采办人员能否任职。二是提出学历要求，并注重实绩。美军强调国防采办职业教育培训的重要性，对各采办职位都有不同的学历文凭要求，并规定采办人员在上任前必须到国防采办大学接受相关专业培训。三是公平竞争、严格考评。美军在实施国防采办职业规划管理过程中始终贯彻公平竞争的原则，并设置了专门监督机构，确保了国防采办职业规划管理的公开性、公平性。

借鉴美军国防采办"职位分类"方法，在探索如何设置我军采办岗位问题上，一定要从我军实际出发，虽然我军采办岗位没有进行明确分类，但现已明确了各部门的采办职能，因此，在设置采办岗位时，可以不采用美军国防采办职位调查—职系划分—职位归级—编制职位规范说明书的步骤和方法，可采用自上而下的步骤和方法，即任务—机构—编制—岗位设置—资格标准的步骤和方法。目前采办的总体任务已很明确，现阶段的主要任务是根据我军采办特点，对采办岗位设置进行科学分类，建立起采办岗位的总体框架。首先应对军队采办部门现有岗位的工作内容、工作量、权责划分等情况进行全面调查，之后确定军队采办岗位基本分类因素，建立分类标准，最后以采办岗位职能分工不同作为基本分类因素的标准，对采办岗位进行比较评价，区分岗系，划分岗序和岗类。

第二，进行良性激励，推行公平考核，激发采办人员的工作热情。

人力资源激励理论认为人力与物力的一个重要区别，是人有思想感情，人的思想感情对其潜力的发挥至关重要。现代激励理论认为，人有巨大潜力，这种潜力蕴藏于人的身体之内，需要采用各种方式、方法去激励和开发。而为实现人力资源的科学化管理，必须在公平竞争的环境中，设计一个能充分激励员工的管理制度，最大限度发挥其潜能。美军国防采办职业管理为我军采办干部队伍建设提供了有益借鉴，如美军国防采办职业规划管理突出强调考评对采办人员的激励作用，将考评结果作为选拔任用、职务升降、人员调配的重要依据。我军在加强军队采办干部队伍建设过程中，也应以激励为杠杆，以考评为主要激励手段，不断提高采办干部队伍素质。

考核不同系统、不同层次、不同类别的国防采办人员，尽管内容各有侧重，选用的方法也不尽相同，但是都必须遵循考核的基本原则。国防人力资源绩效考核的基本原则有实事求是原则、综合考核原则、民主化原则、重实绩原则。其中，实事求是原则是考核的根本原则。只有实事求是，才能保证考核结果的客观、公正、科学。综合考核原则和民主化原则都是实现考核客观公正的保证原则，因为考核要达到客观公正的目的，就必须在考核的程序和方法上最大限度地听取来自各方面的意见，扩大群众的参与程度，增加考核的透明度，接受各方面的监督。重实绩原则也是考核工作必须坚持的重要原则，它有利于把握考核重点，准确确定考核结果的等次。

第三，加大培训教育力度，提高采办队伍的专业素质。

在培训工作中，教育和训练很难截然划分。美军国防采办职业规划管理中对采办人员的专业培训，要求任何等级的国防采办人员在任职前都必须进入国防采办大学接受专业教育，并将高级采办人员送到更高级别的院校进一步深造。同时，在职采办人员在规定任期内必须定期接受时间长短不等的专业训练，以不断提高采办队伍的专业素质。在我军采办干部专业培训过程中，也应以采办工作的实际需要为出发点，围绕岗位的特点进行针对性培训。这种培训旨在传授个人对于行使岗位职责、推动工作方面的特别技能，偏重专门技术知识的灌输，同时强调任更高职务时的岗前教育，使采办干部能充分了解和掌握未来岗位的职责、权力、知识和技能等，以便在担任更高职务时，尽快胜任工作，打开局面。

首先，要继续抓好在职业务人员的岗位培训。在教育内容上应充分体现以专业知识为主体，着重解决当前理论与实践中的热点难点问题，注意掌握装备采办学科的发展趋势和装备采办的实践动向，从理论和实践上解答疑难问题。同时，还要熟悉和掌握装备采办所要求的专业知识，在教育方式上要注意理论教育和实践活动相结合，通过建立相对稳定的教学网，采取模拟教学和案例教学的方法，提高教学的针对性和实效性；要立足于部队，面向社会，实现军队教育资源与社会资源的相互融合；要采取教员讲授与学员研讨、常规训练与专题训练相结合的方式，增强学员的参与意识提高学习效率。其次，要尽快完善装备采办的学科体系，聘请军内外专家，结合外军的经验，从教学目标、教学内容、教学组织等方面进行论证，以适应我军装备采办体制改革，采取边实践边探索的方式，开设相应课程，加快对装备采办人员的培养。

参考文献

[1] 刘勇.建设高素质的军用物资采购人才队伍 [J].后勤学术，2001 (8).

[2] 谭成鉴等.美军国防采办职业规划管理对我军采购队伍建设的启示 [J].军队采购与物流，2004（1）.

浅议军事人力资源管理特性、战略目标和发展趋势[*]

谢玉科　顾东明

随着知识军事快速发展，知识创新、科技创新在军事领域中的作用日益增强，军事人力资源已成为战争的最宝贵资源。军事人力资源是形成军队战斗力的第一要素，军事人力资源的质与量将决定战争的胜负。因此，研究军事人力资源管理特性、战略目标和发展趋势对充分开发和运用军事人力资源价值、提高军队战斗力具有十分重要的意义。

一、军事人力资源管理的特性

军事人力资源开发与管理是对传统的军队人事行政管理的全面更新。军事人力资源作为国家人力资源总体结构中的一部分，毫无疑问，它具有一般人力资源所具备的再生、能动、增值等一切基本性质。但是，军事组织本身具有的特性和军事人力资源的特殊性，使得军事人力资源开发与管理有其独特性。

第一，军事人员价值取向多元性。军队与私营经济组织之间存在着巨大的差异。市场经济条件下，私营经济组织的价值取向是单元的，即追求利润最大化，而军队作为公共组织，除了具有追求经济效益的价值取向外，还具有追求政治效益、军事效益和社会效益的价值取向，这就决定了军队及军事人员的价值取向是复杂的、多元化的。

第二，军事人力资源管理组织结构的复杂性。军队是按照完整统一的组织原则建立起来的体系，它意味着组织内部必须实现目标、指挥和功能的统一，以此

＊　本文原载于《军事经济学院学报》2010 年第 2 期。

建立起与军事组织相契合的纵横交错的人力资源主管部门，在上级机关的统一领导下，承担着不同部门、不同层级的人力资源管理职能。任何其他组织的人事管理权限划分都无法与军事人力资源管理机构的人事管理权限的复杂性相比。

第三，军事人力资源管理行为的政治性。军事人力资源管理不仅是一项技术性工作，在很多时候、很多方面直接涉及政治权力、政治资源的分配、调整，这本身就是一种政治行为。

二、军事人力资源管理的目标

军队作为保障国家安全利益的武装集团，其运作方式和提供的产品与经济生产单位存在根本区别，它所提供的产品是无法也无须在市场交换的公共产品，如实现国家的社会政治稳定、维护领土完整、保护国家海外利益等。这种核心差异决定了军队与私人部门所追求的管理目标的差异。军事人力资源开发与管理的目标主要是追求完善的内在运行机制。

1. 人才吸引机制

军队要保证军人队伍的稳定性、连续性，并能够吸引更多的优秀人才，就必须具备较强的吸引力。军队的吸引力来自国家政策支持和形象宣传，但是更多地来自军队内部的人才吸引机制。在管理理念上，不能将军人看成是完成工作的机器、实现组织绩效的工具或管理控制的对象，要视军人为单位的"资本"和"核心"，要以人为本。在权益保障上，要充分保障军人工作和生活的基本条件，满足他们生产以及自我发展的不同层次的需求。现代军事人力资源管理已经抛弃了传统人事行政管理那种重控制、重监督、重处罚的消极管理，注重营造军人成长的环境，尊重其主体地位，并强化激励、保障、服务、培训等引导性、开发性的管理功能。

2. 信仰塑造机制

恩格斯指出，军队是执行政治集团政治任务的工具。任何阶级和国家建立军队、进行军事活动的目的都是为了实现本阶级的利益。因此，军事人力资源管理与开发的首要任务是进行信仰塑造，使军人信仰与军队所从属的阶级利益相一致。我国作为社会主义国家，实行的是中国共产党领导的多党合作和政治协商制度，中国共产党成为社会主义建设事业的领导核心，军人最大的政治信仰就是要坚持党对军队的绝对领导，而不能由其他任何政治力量来领导。

3. 公平竞争机制

公平竞争机制能在军队内部形成一个优胜劣汰、竞争发展的环境，有利于军队发展目标的实现和军事人员能力的发挥。竞争机制需要个人可以长期维持的公平的制度规则，其有效运行的基础是所有军人在制度规则面前人人平等，军人管理机构以客观、公开的原则与程序从事管理活动。

4. 绩效激励机制

人才的竞争必然要求军队建立相应的绩效激励机制作为配套措施。虽然竞争是绩效激励机制建立的基础，但是只有军队同时制定了相关的激励政策，竞争的环境才能得到根本的保证。有效的绩效激励机制可以在军队内部形成一股"前进"的动力，对成绩突出的军人，要根据其创造价值的大小给予相应的物质奖励，并通过非物质奖励增强其成就感和荣誉感，以进一步激发其工作热情。如果没有激励，干得好得不到奖励、晋升，干得不好得不到惩戒，竞争的效用就无从谈起。

5. 流动更新机制

"铁打的营盘，流水的兵"。为了切实保证军队战斗力的提高，总是需要在不断吸纳新鲜血液的同时定期或不定期地组织一些军事人员退出现役。这是军事人力资源开发与管理中一种十分重要的新陈代谢机制，对于促使军事人力资源合理配置具有重要的作用。军事人员的更新机制包括两层含义：一是促进军事人员正常的新老交替和流动，保持军事人员年龄结构的合理性；二是更新现有军事人员知识结构和技能手段，以及根据适才适用的原则和职业生涯发展的条件进行职位交流调配。军事人力资源管理中流动更新机制包括退役退休、教育培训、交流调配、任职回避、退伍安置和人才市场完善等。

6. 制约监控机制

对一般军事人员而言，监控包括对军人的政治立场、纪律规章、工作作风、生活作风等方面的监督。对军事人力资源管理者而言，监控的主要内容是政治监督、决策监督、用人监督和廉政监督。政治监督主要看其政治方向、政治观点、政治纪律、政治敏锐性和政治鉴别力；决策监督主要看其贯彻执行民主集中制的情况；用人监督主要看其是否自觉坚持党的干部路线和德才兼备的用人原则，是否按规定程序和标准任免干部；廉政监督主要看其是否严格执行军队领导干部廉洁自律规定。

三、现代军事人力资源管理发展的趋势

我国目前的军事人力资源管理正处在由传统人事行政管理向现代人力资源管理的过渡期，纵观西方现代军事人力资源发展的脉络，结合我国军队管理环境的变化，军事人力资源管理发展的趋势如下：

1. 从刚性管理转向刚柔相济

传统的军队人员管理一直具有很强的纪律性和统一性，基本上属于"约束型"管理，哪些事可以干，哪些事不可以干，都靠军队制度和纪律约束，军队人员自我选择的余地很小，管理者较少甚至没有考虑军队人员的性格特点、思维方式和工作方式。在新时期，知识成为战斗力的主导因素，知识型军人将成为战争胜负的决定性力量。知识型军人不是被动服从型军人，而是在服从的同时必须具有主动创新能力。创新型人才的管理离不开人性化的管理方式和"宽松"的管理环境。特别是在信息化战争条件下，军队人员承担的特殊使命要求其能动地和创造地开展工作。因此，传统的过于刚性的军队人员管理方式难以适应信息时代的创新要求。在重视军队纪律的同时，要求军事人力资源管理工作更加重视军事人员积极性和潜能的发挥，在管理上增加"柔性化"因素，即在军队法律制度允许的范围内要尽可能地考虑军事人员的个性、工作方式等。

2. 重视军事人力资源的资本和绩效管理

我军以往对军队人员的评估侧重于工作态度和特质的评估，比如考察其是否忠诚于国防事业、工作是否勤奋扎实等。而在人力资源管理时代，军事人员具有较为全面的人力资本含量。就素质而言，军事人力资源具备政治素质、军事素质、身体素质、技术素质和创新素质，众多的素质共同构成了军事人力资源的资本。因此，传统的考评机制已不适应军事人力资源管理的要求。军事人力资源考评要强调"资本"和"绩效"因素，必须尊重军事人员的个体人力资本价值，考评侧重点必须由以往对军事人员态度与特质评估转向态度与动态目标管理相结合的绩效管理体系，使军事人员的个体人力资本价值得到充分的尊重和承认，并通过绩效考评作为军事人员奖惩的依据。

3. 军事人力资源管理日趋专业化

随着知识军事的来临，军队内部的技术类别及构成日趋复杂，军队管理日趋技术化和专门化。尤其是在新军事变革背景下，军事人力资源管理的环境也越来越复杂，军事人力资源管理的难度不断增大，对军事人力资源管理者的专业化程度也提出更高的要求。军事人力资源管理者不仅仅承担传统的人事档案管理、工资发放等职责，他们还应成为军事人力资源战略规划专家、军事人力资源开发专家、组织文化专家等。从某种意义上讲，其专业化程度决定了军事人力资源管理的实现程度。专业化的军事人力资源职能专家不仅能促进科学管理，更重要的是可以为军人提供高质量的咨询和服务，其功能比以往的简单管理控制更重要、更复杂。

4. 重视军事人力资源发展

面对新知识和新技术不断更新，越来越多的学者认识到军事人力资源发展，即通过持续的学习改变军人思想面貌、态度、行为和技能的重要性。更为重要的是，处于瞬息万变的军事变革时代，过去被动式的学习已经无法适应时代的要求，具备新的学习能力是军事人力资源发展的核心。未来学家约翰·奈斯比特等人亦认为，未来组织的人力资源发展将强调学习如何学习，学习如何思考，学习如何创造，并向终身学习发展。只有这样，才能保证组织旺盛的生命力和创造力。

5. 军事人力资源管理电子化

信息和网络技术在军事人力资源管理中的应用已成为显著特征。军事人力资源管理的电子化和网络化可以增加效率、节约成本，有利于军事人力资源战略和政策制定，有利于加强军事人员之间的沟通与联系，有利于实现参与管理。未来主要的发展包括电子人事政策法规和电子人力资源资料库、电子福利支付、电子动态管理等。

6. 强调军事人力资源管理的战略性

传统的军队人员管理往往是在组织确定了任务目标之后才开始。军队人员管理部门在组织中只是一个普通的部门，主要扮演行政性角色，仅是实施组织人事政策的贯彻推行者，其管理活动很大程度上只是对组织的任务目标做出被动的反应，而不能事先做好准备，其结果是阻碍人力资源工作在组织战略实施过程中作用的发挥，从而影响组织战略目标的顺利实现。现代军事人力资源管理强调进行战略规划时应把军事人员作为第一位，以保证组织层面的人力资源管理与组织战略目标之间高度协调一致，促进组织战略的形成与实施。正如派恩斯所言："通过调动起战略人力资源管理，各种机构就能够更好地使它们的人力资源要求适应于环境和满足机构本身的需要。人力资源的重点并不仅仅限于有关个体雇员的问题，也专注于把人力资源的重点整合到组织战略之中的问题。人力资源已经成为组织树立远景目标的一部分。"因此，军事人力资源管理侧重于更具全局性、前瞻性、战略性的人力资源管理内容，包括人力资源政策的制定、执行，根据组织目标的变化进行有效的人力资源规划，使各机构能够更好地使其人力资源适应组织及外部环境的要求。

四、结束语

新军事变革的快速发展、科学技术的日新月异，对军队人力资源管理提出新的要求和挑战，而军队的整体战斗力优势只有通过高素质的军事人力资源才能获得、维持和发展。为此，需要在理论上廓清军事人力资源管理特性、战略目标和发展趋势，为建构科学、有效、健全的军事人力资源管理机制奠定基础，从而促进军队战斗力和国防服务水平不断提升。

外军防止装备采办人员参与
合谋的三种机制*

李辉亿　李继业　周孝平

合谋是指这样一种行为或状态：具有多层级委托代理关系的组织的一些代理人为了追求收益最大化，除了和初始委托人达成主契约外，他们之间又达成某种子契约。这种子契约一般违反主契约，与初始委托人的意愿不完全一致，有时甚至完全相反，其目的是以牺牲委托人利益为代价来提高合谋者自身的收益。只要组织中的某人拥有评价他人的权力，组织中就存在合谋的可能性。在装备采办活动中，评价承包商的权力因素普遍存在，装备采办容易遭受合谋的侵扰。外军为防止采办人员参与合谋，除了建立和完善装备采办的法律法规以外，还非常注意发挥科学管理的积极作用，通过不同的机制设计，从各个环节防止采办人员参与合谋，收到了比较好的效果。概括起来，外军防止采办人员参与合谋的机制主要有三种：道德筛选机制、晋升机制和检举机制。

一、道德筛选机制

道德筛选机制是指装备采办机构通过考察采办人员的道德品质来选择那些具有较小可能性参与合谋的人加入到采办队伍中来。其方法主要是通过查看个人档案、记录等来获知采办人员的相关信息，了解当事人的信用记录和个人经历等，从而将那些不太可靠的人阻隔在采办机构之外。道德筛选机制提高了装备采办人才队伍的准入门槛，有助于从源头上抑制合谋的发生。

西方发达国家大都建有比较完善的社会信用管理体系，用人单位能够很方便

---

* 本文原载于《军事经济研究》2010 年第 7 期。

地从相关数据库了解个人的信用记录，军队系统也是如此。这些记录个人信用的数据库，类似于我国的档案记录。美国国防部合同管理局在招募和挑选采办人员时，首先会从数据库中调取相关人员的资料，考察其专业技术和经历，对于有不良记录的，就会直接排除掉。法国武器装备总署在招募采办人员时，会从法国著名工程技术院校挑选经过三年基础教育的综合表现最优秀的人员，在对其进行3年的专业教育后，安排两年的时间在著名公司工作，并对其进行考察，之后才能进入武器装备总署工作。通过这八年的培养和考察，保证进入武器装备总署的人员的综合素质和能力都是最强的。通过人事管理制度中的资格审查，将那些道德品质有问题的人阻隔在装备采办行业之外，本质上是一种道德筛选机制。

下面，我们对这种机制的作用机理进行分析。假设在某国军队人员中，存在一个均匀分布的道德参数 $\theta \in (0, 1)$，θ 越大代表道德水平越高，因此 $(1 - \theta)$ 就可以理解为被筛选者从事合谋的概率。又假设军队支付采办人员的工资水平为 w，装备采办人员从事合谋被发现的概率为 p，一旦被发现，就面临着退役和法律制裁的处罚，这时不仅得不到工资，还将因为法律制裁、社会谴责等遭受额外损失 C；但如果其合谋行为没有被发现，则可以在工资之外得到额外收入 B。假设某个代表性装备采办人员具有期望效用函数 $u(°)$，且满足条件

$u'(°) > 0, u''(°) < 0$

当该人受到惩罚时，惩罚带来的效用函数 $g(°)$ 具有期望效用函数的特征，满足条件

$g(0) \geqslant 0, g'(°) > 0, g''(°) > 0$

则该人总效用的期望值为：

$$\theta u(w) + (1 - \theta)(1 - p)u(B + w) - (1 - \theta)pg(C)$$

其中，第一项代表该人不参与合谋的期望效用，第二项代表他参与合谋但没有被发现情况下的期望效用，第三项代表他参与合谋被发现并受罚情况下的效用。假设此采办人员的保留效用为 v，则该候选人参加装备采办队伍[①]的参与约束条件为：

$$\theta u(w) + (1 - \theta)(1 - p)u(B + w) - (1 - \theta)pg(C) \geqslant v$$

该式中，军队所能直接控制的参数为惩罚力度 C、工资水平 w 和发现合谋的概率 p。军队的目的是让具有较低的合谋参与概率或者说具有较高的道德水平（也就是 θ 较大）的人加入到采办队伍中去。令参与约束条件式取等号，可得临界值 θ，即

$$\theta^* = \frac{v + pg(C) - (1 - p)u(B + w)}{u(w) + pg(C) - (1 - p)u(B + w)}$$

---

① 事实上，个人能否参与到装备采办队伍，决定权掌握在组织的手中，但是那些想要参加进去的人无疑具有更大的可能性加入到这个队伍中去。

只有 $\theta > \theta^*$ 的人才会进入到采办队伍中来。令

$$T = pg(C) - (1-p)u(B+w)$$
$$= p\{g(C) + u(B+w)\} - u(B+w)$$

则有

$$\theta^* = \frac{v+T}{u(w)+T}$$

因为较大的 θ^* 有利于采办队伍的纯洁，因此军队应该控制各参数以求得一个较大的均衡临界道德参数值 θ^*。可以证明，C 和 p 越大，θ^* 就越大[①]。这意味着对合谋的惩处力度越大，监管越严格，参与到采办队伍中去的相关人员的道德素质越高，发生合谋的可能性越低。

下面分析工资 w 对 θ 的影响。为此，将 T 也视为关于 w 的函数，对 θ (°) 求关于 w 的偏导数，有

$$\frac{\partial \theta^*}{\partial w} = \frac{(p-1)u'(B+w)\{u(w)-v\} - (v+T)u'(w)}{\{u(w)+T\}^2}$$

因为

$$p-1 < 0, \ u'(°) > 0, \ u(w) > v$$

所以

$$\frac{\partial \theta^*}{\partial w} < 0$$

这意味着保持其他参数不变，单纯增加采办人员的工资水平，会使道德参数的临界值 θ^* 减少，从而吸引更多的有较大合谋倾向的人选择采办工作，从而增大了军队防范合谋的成本。这是因为采办人员工资水平上涨意味着对所有人的激励水平都提高了，那些道德参数较低的人在此激励下也倾向于选择采办工作。单纯的高工资只能引起逆向选择，将吸引更多的具有较低的道德参数的人参与进来，从而使组织面临的合谋风险增大。不过高工资的作用实际在于提高了采办人员参与合谋的机会成本。当其合谋被发现以后，将至少失去水平为 w 的工资，失去的越多意味着其参与合谋的机会成本越高，从而导致那些道德水平低的人在失去高工资的风险下倾向于选择不参与合谋。

外军为了使道德筛选机制发挥出最佳的防合谋作用，还采取了其他的措施，如严格执法、加大惩处力度以及加强对相关人员和采办流程的监管等，各种措施搭配使用、控管结合。

---

① 保持 B 和 w 不变的情况下增大 p 和 C 将导致 T 增大。因为 $0 < \theta^* < 1$，所以 T 的增大将导致 θ^* 增大并趋近于 1。

二、晋升机制

晋升机制是指把那些表现比较优秀的采办人员提升到组织内的较高级别或官职。美军中，当一个人被雇用到采办组织后，他便进入到第一层次。在第一层（即三层中的第一层），他通常被要求具有相应的学位，一旦被雇用，他将受到在职和正规教育相结合的培训。对于计划管理部门来说，正规培训是 ACQ101（即《系统采办基本知识》）。经过几年工作后，他还要继续接受在职培训，以及参加 ACQ201（即中级系统采办课程的培训），并拿到二级证书。随着工作不断地取得成功，以及在国防系统管理学院通过 PMT302（即高级计划管理课程的培训），他就能获得三级证书，并有资格从事关键的采办工作。关键的采办工作是高级职位，军职为中校和上校。计划管理职位的最后一个等级，是竞争选拔管理大型系统计划和参加 PMT303（即执行计划管理课程）。这三个层次是成为重要系统计划主任的基本培训和阅历要求。

晋升机制着眼于对装备采办人员的激励和约束，着力于引导采办人员在合谋的诱惑面前不会迷失方向。装备采办人员在面临合谋与否时会进行成本与收益的比较，联系到实际情况，他考虑到的成本应该包括合谋对他的政治前途如晋升的影响。当其获得晋升时，既扩大了手中的权力、提高了社会地位，又增加了收入。因此，晋升对采办人员有比较好的激励作用。同时，采办人员也会考虑到，一旦参与合谋并被发现和记录在案，自己的前途就会受到影响。这种考虑本身就会起到遏制合谋的作用。晋升机制的正常实施依赖于一个条件，即合谋确实会影响到相关当事人的前途，而当事人的优秀表现对其晋升是有价值的。这就要求军队的晋升机制能够秉持公正性和严肃性，做到赏罚分明。外军在晋升方面一般都会有比较公开透明的程序。拿美军来讲，如果某个职位有空缺需要补充，会首先明确提出要求，如这个职位的工作需要什么样的能力、经历等，然后从数据库中选取符合条件的人，从中选取较有优势的几个人，了解其意向，对其进行全面考察，然后面谈，最后确定合适的人选。

三、检举机制

检举机制是指当发现采办人员有与承包商合谋的行为时，人们有权向相关部门举报。该机制着眼于对装备采办人员的监督，着力于形成对采办人员的威慑，目的是劝导采办人员不要以身试法。由于装备采办活动的特殊性，发生在装备采办中的合谋往往难以被发觉，在某些利益集团的牵制下，更加难以被侦查到，而检举往往能够发挥重要的监督作用。有效的监督机制对合谋有非常好的预防作用。采办人员因为检举的威慑而不敢轻举妄动。所以，监督机制的真正意义并不在于检举行为的实施，而在于潜在的合谋者因为监督的威慑而放弃合谋。

知情者对合谋的举报和做证，虽然有利于整个社会，但由于检举时一般都会要求署上自己的真实姓名，所以他们将会面对危险的后果，如合谋团伙的打击，而他们获得的报酬只是来自社会的赞扬或者政府少许的奖励。因此，一般而言，检举者的动力常常不足。外军为了解决这个问题，一方面加大对检举者的奖励力度，另一方面努力妥善保护检举者。在司法制度的设计上，各国虽然略有差别，但都鼓励知情者——包括已经参与合谋但是愿意背叛合谋团伙的当事人——检举合谋行为。对于有效的检举，检举者都会获得政府或军队一定数量的物质奖励。对于参与合谋的当事人，若其检举了之后又能够证明自己早前参与合谋是被胁迫的或者是无意的，那么不仅可以免去对其相关责任的追究，也将获得一定的奖励。对于那些虽然参与了合谋，但没有在其中扮演主要角色的，也会给予奖励。对于那些虽然在合谋中发挥了重要作用，但是后来检举时提供了重要信息，因而帮助采办部门避免了重大损失的，也会考虑免去其本来应该承担的法律责任，或者考虑减轻其需要承担的法律责任。总之，外军对检举者遵循的是区别对待和将功赎罪的原则。此外，外军还非常重视对检举人的保护工作，建立了比较完善的检举人保护制度。虽然在具体实施上大同小异，但都会采取比较好的措施对检举人进行有效的保护。如美军会将那些重大案件的检举人秘密转移到另外一个地方生活，给其配备比较完善的安全措施。

综上所述，在防止装备采办人员参与合谋的问题上，外军除了加强法制建设、加大执法力度外，还利用组织的管理职能，充分发挥道德筛选、晋升和检举三种机制的防合谋作用。其中，道德筛选机制着力于从源头上净化组织成员，晋升机制着力于发挥对采办人员的激励和约束作用，检举机制着力于形成对采办人员的监督和威慑。我军的装备采办活动也是发生在拥有多级委托代理关系的组织内的，因此不能排除发生合谋行为的可能性。外军的这些实践活动为我们提供了有益的启示。

参考文献

[1] 赵文华. 串谋及串谋的防范 [M]. 广州：广州出版社，2006.

[2] 李小宁. 组织激励 [M]. 北京：北京大学出版社，2005.

美国退役军人就业优待政策及其启示[*]

廖国庚　刘宗胜

就业优待政策是美国退役军人就业支持政策的一个核心内容，经过长期的修改和完善，目前该政策已臻于完善，并在退役军人就业中发挥着十分重要的作用。研究、了解和借鉴其成功经验，对于完善我国退役军人安置政策尤其是自主择业军转干部就业支持政策很有裨益。

一、美国退役军人就业优待政策的主要内容

美国退役军人就业优待政策主要包括就业优先权政策、特别委任权政策、政府采购优惠政策等。

1. 退役军人就业优先权政策

美国联邦法典第五部规定，联邦机构在委任竞争性或非竞争性、正式的或临时的文职官员时，符合条件的退役军人，相对于其他类型就业者，享有优先就业的权利。联邦法律赋予退役军人的这种就业优先权，被称为退役军人就业优先权。根据现行政策，美国退役军人享有的就业优先权相当广泛，体现在多个方面、多个层次。

（1）退役军人在竞争联邦政府中的竞争性文职官员工作时享有优先权。一是享有额外加分优惠。根据美国现行法律规定，退伍军人在参加竞争性考试，竞争联邦政府中的竞争性文职官员岗位时，享有在考试成绩上额外加 5 分或 10 分的优惠。不过这种优先权是建立在一定的资格条件基础上的。换言之，享有加分

＊　本文原载于《转业军官》2010 年第 8 期。

优惠的退役军人，必须符合联邦法典第五部有关规定，享有优先权资格。近年来，美国有关部门正在对退役军人优先权的资格条件进行完善。如 2006 年国家防卫授权法案为决定到底谁应该被赋予退役军人优先权，对"退役军人"这个术语的外延进行了界定，联邦政府人事管理办公室也正在修改相关规定。根据美国现行法律规定，享受退役军人就业优先权总的资格条件是：①已经满载荣誉（不是一般退役或带着耻辱退役）从海陆空三军（包括海军、陆军、空军、海军陆战队、海岸警备队）现役中退役。②不是军衔在少校以上的军事退休人员（残疾军人除外）。③为国家做出过重大贡献或做出过很大牺牲，具体条件根据优先权类型有所不同。其中，被赋予 5 分优先权的资格条件是被授予过战功奖章或奖牌，或者在战争或军事行动期间服过役；10 分优先权授予有服役残疾的退役军人或无法享受该权益的残疾退役军人的家属。

二是退役军人在录用过程之中有优先被录用的权利。根据联邦法律规定，联邦机构在通过竞争考试录用文职官员时，坚持"三人规则"，即必须在考试分数最高的前三人中选择。但是，一个联邦机构不可以舍弃享有优先权资格的人选，而去选择低等的不具有优先权资格的人选，或分数低及相同的不具有优先权资格的人选，也就是说，在考试竞争中进入前三名的享有优先权资格的退役军人，享有优先被录用的权利。但是，这种优先权是相对于非优先权资格者来说的，不适用于同样享有优先权资格的退役军人。

（2）符合条件的退役军人在联邦机构被委任非竞争性文职官员工作时享有优先权。联邦调查局、中央情报局、邮电局等属于非竞争性服务工作的部门，在招聘人员时，尽管与属于竞争性文职官员工作的联邦机构不一样，有一套自己的招聘员工的资格条件标准，不服从于联邦法典第五部下的委任、薪水、等级分类规则，但是，它们必须遵守联邦法典第五部下关于退役军人就业优先权的规定，并由人事管理办公室监督它们执行该规定。因此，这些机构在雇用人员时，无论是采用竞争性考试，还是采用其他方法遴选人员，具有优先权资格的退役军人都能享有退役军人就业优先权。

（3）符合条件的退役军人在联邦机构招聘某些特殊岗位的雇员时享有绝对优先权。退役军人在竞争联邦机构工作时享有优先权，不仅体现在面上，而且还体现在点上，即某些特殊岗位的员工招聘上。根据联邦法律的规定，无论是通过竞争性考试，还是通过其他程序委任守卫、电梯操作员、邮递员、管理人员等职位的工作人员时，只要有可录用的具有优先权资格的退役军人，就必须首先录用他们，只有满足了他们的需求后，才能录取其他人选。

（4）符合条件的退役军人在联邦机构裁减人员时享有优先保留下来的权利。根据联邦法典第五部第 3501 款、第 3502 款的规定，联邦机构在精简机构、裁减人员时，需要对雇员进行分等排序，排名的依据有四个因素，即任期、退役军人优先权、工作年数、工作成就。首先根据任期类型将雇员放到任期Ⅰ、Ⅱ、Ⅲ组，然后根据退役军人身份将雇员放到不同的亚类。在每一任期组中，有优先权资格的退伍军人都排在非退伍军人前面，是最后受减员影响的人。

实践表明，美国退役军人就业优先权政策是一项十分有效的就业优待政策，对退役军人实现就业发挥了十分重要的作用，大多数退役军人在联邦机构寻求工作时使用过退役军人就业优先权。

2. 退役军人特别委任权政策

为了帮助退役军人顺利实现由军事生活向平民生活的转换，促进他们在联邦政府机构内就业和工作进步机会的最大化，美国以法律的形式出台了退役军人特别委任权政策，鼓励联邦机构使用特别委任权雇用退役军人就业。这些委任权包括退役军人重新适应委任权、30%以上残疾退役军人委任权、退役军人就业机会法案委任权，以及其他特别委任权。

（1）退役军人重新适应委任权。退役军人重新适应委任权是一种特殊权力，通过该权力，机构（如果愿意的话）可以不遵循竞争性考试程序将一个符合条件的退役军人委任到联邦政府职员总表11中的任何等级水平的职位上。被委任者最初被雇用两年的时间，在成功完成两年的服务后，机构必须将他（她）转到一个长期的文职官员职位上。该项权力无论对机构，还是对退役军人，都是一种便利的委任方法，但该项权力的使用完全是任意的。根据美国法典第三十八部"退役军人权益"第42章4214部分的规定，接受退役军人重新适应委任权的退役军人必须符合下列资格条件之一：①是一个残疾退役军人；②曾在战争期间在海陆空三军服过现役，或在战役或远征中服过现役，并因此而被授予战役徽章；③在海陆空三军服现役时参加过一次美国军事行动，并因此而被授予海陆空三军服役奖章；④过去3年之内退出现役的退役军人。同时还必须满足受教育条件，即接受过不少于15年的教育，同意参加培训或教育计划。

（2）30%以上残疾退役军人委任权。30%以上残疾退役军人委任权是一种类似于退役军人重新适应委任权的特殊权力。这种委任权允许联邦机构临时或定期地将有30%以上（包括30%）服役残疾的退役军人委任到任何他（她）们适合的工作岗位上。在有一个满意的表现后，他（她）们可以在委任期间的任何时候被转换到一个职业的或具有职业条件的职位上。与退役军人重新适应委任权不同，该种委任权没有最大级别的限制。

（3）退役军人就业机会法案委任权。为给退役军人创造更多的就业机会，1998年美国国会颁布了退役军人就业机会法案，要求联邦机构无论什么时候从机构外部人员中招聘新成员，都必须允许符合条件的退役军人在功绩晋升程序下竞争已公告的空缺岗位，给予被选上的退役军人一个职业的或具有职业条件的职位，但有一个试用期，需符合功绩晋升计划条件。退役军人就业机会法案实际创造了一种新的特殊委任权，即 VEOP 委任权。之所以说它是一种特别委任权，是因为在对外招聘人员时，联邦机构可能滥用职权，导致仅向特权候选人（例如先前曾是文职官员的这些人）开放的限制性招聘公告不断增加，使退役军人等人员实际被排除在招聘的门外。而退役军人就业机会法案消除了这种制度障碍，实际授予了退役军人一项非退役军人群体不可利用的特殊权利，使他们实际拥有了比非退役军人群体更多的就业机会。享有 VEOP 委任权的资格条件是：具有退役军人就业优先权资格，或退役时已服 3 年以上（包括 3 年）连续现役，并属于荣誉退役。

美国退役军人特别委任权政策，虽然约束力低于退役军人就业优先权政策，退役军人从中享受到的就业优待也不如退役军人就业优先权政策，但是，它仍不失为一项有效的就业优待政策，对退役军人就业发挥着日益重要的促进作用。

3. 政府采购优惠政策

为支持退役军人创办企业和拓展企业，美国联邦机构对退役军人拥有的小企业（即退役军人拥有 51% 的所有权和控制权的小企业）实行政府采购优惠政策，即联邦机构优先采购退役军人拥有的小企业的产品。1999 年，美国政府出台了《1999 年退役军人企业家和小企业发展法案》，为联邦机构建立了一套政府采购标准，规定至少 3% 的基本合同资金要用于购买有服役残疾的退役军人小企业业主的产品，退役军人事务部有专业部门负责监督、帮助其他联邦机构达成此项采购目标。

为在支持退役军人创业方面发挥表率作用，负责退役军人工作的美国退役军人事务部还制定了一项更加优惠的自我强制执行的采购政策，并将政府采购优惠对象拓展到了非残疾退役军人。该政策规定，退役军人事务部 7% 的采购资金用于购买有服役残疾退役军人小企业业主生产的产品，10% 的采购资金用于购买退役军人小企业主的产品。

二、美国退役军人就业优待政策对我国的启示

美国退役军人就业优待政策是以美国的基本国情为基础的，我国的基本国情

与美国有很大差异，建立健全我国退役军人安置制度，不能照抄照搬其做法。但是，美国退役军人就业优待政策也给了我们许多启示和借鉴。

1. 不失时机地推进自主择业军转干部就业优待政策的创新

为促进退役军人就业，美国联邦政府对退役军人就业优先权政策进行了反复修改和完善，同时还先后出台了退役军人特别委任权政策、政府采购优惠政策等就业优待政策，从而形成了比较完善的就业优惠政策体系。自主择业军转干部就业优待政策代表着我国退役军人就业优待政策的未来，关系到退役军人安置制度改革的成败。但是，目前这一政策还很不完善，主要是缺少专门针对退役军人的政府采购优惠政策、录用优惠政策和创业优惠政策还很粗糙，等等。因此，要借鉴美国的经验，不失时机地推进自主择业军转干部就业优待政策的创新，细化、拓展就业优先政策，健全创业税收优惠政策，出台政府采购优惠政策，形成比较完善的自主择业军转干部就业优待政策体系。

2. 以法制保障自主择业军转干部的就业优待

美国对退役军人的就业优待，都是通过法律来保障实施的。联邦法典第五部、第三十八部，对退役军人就业优待的各个方面、各个环节都做了明确的规定，可操作性强。同时，还有比较健全的专门法律机构保障退役军人就业优先权的落实。我国对自主择业军转干部的就业优待，虽然《军队转业干部暂行安置办法》《关于自主择业的军队转业干部安置管理若干问题的意见》《财政部、国家税务总局关于自主择业的军队转业干部有关税收政策问题的通知》等做出了规定，但这些文件距离法律还有较大的差距，致使政策的可操作性不强、政策的效力缺乏强制性和约束力，同时亦无专门机构保障实施，因此，我们要尽快出台《退役军人安置法》《退役军人优先就业法》等法律，建立维护包括自主择业军转干部在内的退伍军人就业合法权益的专门机构、退伍军人法律咨询站，保障自主择业军转干部就业优待政策的落实。

建立退役军人就业协会[*]

廖国庚

退役军人就业安置制度最终走向市场化是不可避免的必然趋势。而退役军人就业安置走向市场化，需要具备诸多社会条件才能实现，其中，首先需要一支强大的退役军人就业支持力量。国外实践经验表明，建立一支强大的退役军人就业支持力量，不能完全依靠政府，必须充分发挥退役军人协会等民间就业支持组织的作用。反观我国现实，不仅政府就业支持力量非常有限，就业服务功能较弱，而且缺乏民间就业支持力量和服务体系。显然，这与退役军人就业安置制度市场化方向改革的要求很不相适应。因此，研究探讨建立退役军人就业协会这一理论前沿问题具有十分重要的意义。

一、建立退役军人就业协会是促进退役 军人就业的客观需要

建立退役军人就业协会，不仅符合胡锦涛同志提出的就业服务"社会化"要求，而且对完善就业支持机制、促进退役军人就业具有重大价值。

1. 可以弥补政府专门就业服务机构力量的不足，促进退役军人就业支持的社会化

政府是退役军人就业支持的核心力量。目前，政府中为退役军人提供就业支持的组织主要是人事部门的军转干部安置办、民政部门的退伍军人安置部门。但是，当前这些部门的就业服务力量仍然较弱，就业服务功能依然不强。

---

*　本文原载于《经济与社会发展》2011 年第 1 期。

就负责自主择业军转干部安置工作的部门来说，其编制和人员都很少，在省区（直辖市）一级军转办，一般只有 2~3 个编制和工作人员，在市、县一级军转办，一般只有 1~2 个编制和工作人员，同时由于专业人员十分缺乏、财政投入很少，无法为自主择业军转干部提供高质量的就业服务。民政部门的退伍军人安置部门也面临同样的问题。随着退役军人就业安置制度市场化改革的不断推进，政府部门的退役军人就业支持机构会得到进一步完善，就业力量会得到进一步加强，就业服务功能会得到进一步强化。但是，由于政府机构改革的目标模式是"小政府、大社会"，这些部门的编制、人员将很有限，只能将职能定位为主要通过制定政策法律规范、调控退役军人就业，不会也无力包揽退役军人就业支持的一切事宜。这就决定必须充分调动社会各界力量参与退役军人就业支持，承担政府不能、无力承担的就业支持任务，从而实现就业支持的社会化。

成立退役军人就业协会，不仅意味着就业服务社会化的推进，也意味着退役军人就业支持力量的壮大。一方面，该组织能够凭借自身的组织机构开展对退役军人的就业服务工作；另一方面，由于会员彼此之间具有共同性，加上"相互扶持"之类组织规范会发生作用，广大已就业会员个体也完全可能成为未就业退役军人的就业支持力量。成立退役军人就业协会，壮大了退役军人就业支持力量，同时也就意味着拓展了退役军人的就业机会。可见，成立退役军人就业协会，是弥补政府专门就业服务机构力量不足的客观需要。

2. 可以弥补现有服务机构就业服务方式的不足，增强退役军人就业支持的有效性

目前，无论是政府专门就业服务机构，还是非政府专业公共就业服务机构，开展就业咨询、就业指导工作等往往是程式化的，缺乏情感沟通和情感支持，难以治疗退役军人存在的心理疾病。而成立退役军人就业协会，可以为会员间相互交往、沟通感情提供更加广阔的空间，同时由于共同的经历、共同的文化，会员在交往和沟通时更易达成相互理解。所以，退役军人就业协会及其会员个体提供给退役军人的就业服务，从方式和内容看，不乏情感服务，能够达到治愈退役军人存在的心理不平衡的疾病。

当前，政府专门就业服务机构、非政府专业公共就业服务机构开展就业搭桥工作，不是依靠市场，就是依靠政府权威，所以，其提供的就业搭桥服务如推荐工作，由于缺乏情感联络和人际关系支持，对人才需求方的影响力往往不足，这无疑会影响退役军人就业的确定性和可靠性。而退役军人就业协会为退役军人提供的就业支持，虽然也要依靠权威，但更多是通过广泛建立起来的人际关系、情

感联络等方式来实现的，这种支持往往能够起到政府专门就业服务机构、非政府专业公共就业服务机构起不到的作用。

3. 可以弥补现有就业服务机构提供就业信息的不足，增强退役军人对就业环境的掌控力

退役军人实现第二次就业，关键是要有完备的就业信息。政府部门负责退役军人就业服务的专门机构，以及非政府专业公共就业服务机构，开展就业咨询、就业指导、就业搭桥等工作，无疑可以为退役军人提供诸如就业形势信息、就业政策信息、用人单位需求信息。但是，由于就业服务机构的信息来源渠道狭窄、资金不足等种种原因，作用往往有限；而从事就业服务的专业人员，由于受技术、能力和精力的限制，其捕获的信息也往往是有限的。所以，无论是政府部门负责退役军人就业服务的专门机构，还是非政府专业公共就业服务机构，都难以给退役军人提供全面的就业信息。而已经实现就业的退役军人，由于人数众多，同时由于他们分布在各行各业、各个地方，因地利、人和的优势，往往容易及时捕获本单位的就业需求信息，所以，一旦成立退役军人就业协会，将他们联系起来，就会形成一张巨大的信息资源供给网，大大扩大就业信息搜集范围。通过这张巨大的人际信息网络集聚起来的信息，经过加工处理，并输入电子计算机，就是一个巨大的就业信息库。而这个信息库的存在，无疑会大大增强退役军人对就业环境的掌控力，极大地减少就业的盲目性，扩展就业的可选择性。

4. 可以拓宽政府专门服务机构的信息来源渠道，增强其就业服务功能

成立退役军人就业协会，与会员建立固定联系，可以形成一张巨大的信息资源供给网，一旦政府专门服务机构与退役军人就业协会建立起组织化的联系，就可以共享这些信息。而政府专门服务机构的人员根据需要对这些信息进行再加工，完善就业信息库，并建立起系统化的信息反馈系统，将大大增强他们对就业环境的把握、对已就业退役军人情况的了解，从而大大增强其提供的就业咨询、就业指导、就业搭桥、就业培训工作的针对性，大大增强其就业服务的功能。

二、建立退役军人就业协会，有利于
促进社会主义和谐社会建设

1. 成立退役军人就业协会与构建社会主义和谐社会是完全一致的

构建社会主义和谐社会是我国的一项重大任务，要完成这项重大任务，就要充分发挥社团、行业组织和社会中介组织提供服务、反映诉求、规范行为的作用。正是基于这种认识，党中央反复强调要积极培育社会组织。党的十七大指出，要"健全党委领导、政府负责、社会协同、公众参与的社会管理格局"。党的十七届五中全会也强调，要"培育扶持和依法管理社会组织，支持、引导其参与社会管理和服务"。成立退役军人就业协会，与党中央的这一精神是完全相符合的。

从本质上说，和谐社会应该是一个利益均衡的社会，其形成基础在于利益表达机制和利益协调机制的建立，使"利益能够充分表达，不同群体的利益能够被充分地反映"。而利益均衡的建立要经历四个阶段：利益诉求、利益集团、利益表达、利益均衡。成立退役军人就业协会，不仅对促进就业发挥重要作用，而且对充分表达和反映退役军人的利益要求、维护退役军人的合法权益、实现社会利益均衡，具有重要的作用，因而也就必然有利于促进社会主义和谐社会的建设。

2. 国外实践证明，退役军人组织的建立和存在有助于促进退役军人就业和社会稳定

从国外的实践看，世界上许多国家和地区为促进退役军人就业，已建立了为数众多的退役军人组织。如美国有退伍军人协会、陆军协会、空军协会等 30 多个退役军人组织，澳大利亚有越战退伍军人协会、退役军人协会、退役军人就业俱乐部等 10 余个退伍军人组织，英国有皇家退役军人协会，日本亦有"自卫队离职者协会"等 20 多个退役军人组织，加拿大也有皇家退伍军人协会。但是，这些国家或地区退役军人组织的建立和存在不仅没有影响国家的稳定，反而为促进就业、促进社会稳定发挥了重要作用。以加拿大为例，自退伍军人协会成立以来，它有效地促进了退伍军人就业和社会稳定。第一次世界大战后，它在帮助 56 万退伍军人实现就业、重新开始平民生活中发挥了十分重要的作用。

我国是社会主义国家，社会主义制度具有资本主义制度不可比拟的优越性，我们有理由相信，通过正确管理和引导，我国同样能够使退役军人就业协会发挥促进退役军人就业、促进社会主义和谐社会建设的重要作用。

3. 我国的实践表明，合法民间组织的存在并没有影响社会稳定

20 世纪 80 年代初，随着我国改革开放的进一步深入，个体私营经济作为社会主义公有制经济的必要补充的合法地位得到了承认，个体私营经济开始出现快速增长。为使个体私营经济得到有效的管理和帮助，我国各地相继成立了一些以个体私营经济为主体的民间协会性组织——个体私营企业协会。个体私营企业协会的成立，并没有影响社会稳定，反而有力地促进了个体私营经济的快速、健康发展，以至于在 1999 年印发的《关于加快培育和发展工商领域协会的若干意见》这份个体私营协会发展的纲领性文件中，个体私营协会的作用被描述为"是企业与政府之间的桥梁和纽带，通过协助政府实施行业管理和维护企业的合法权益，推动了行业和企业的健康发展"。既然个体私营企业协会等民间组织在我国政府的管理下没有影响社会稳定，那么，退役军人就业协会在国家和政府的正确管理下也没有理由会影响社会稳定。

三、建立我国退役军人就业协会的构想

1. 我国建立退役军人就业协会应遵循的原则

我国成立退役军人就业协会，要根据《社会团体登记管理条例》，遵循下列原则：第一，法治原则，防止主观任意性和随意性，即退役军人就业协会依法成立、依法运行和国家政府对退役军人就业协会依法管理。第二，自愿原则，包括自愿入会与自愿退会两个方面。第三，服务原则，即必须服务于退役军人，为其提供就业服务，这是成立退役军人就业协会的本质要求；必须服务于政府，为政府建言献策，分忧解难，保证政府在关于退役军人方面立法与政策的科学制定，比如，在倾听退役军人意见的基础上，对自主择业政策提出修改意见。第四，不重复设立原则。坚持"一地一会"，在一个区域内不应重复设立。第五，"自主、自立、自养"原则。自主，就是不受任何社会势力操纵或左右；自立，就是要有独立管理和运作自身的能力；自养，即退役军人就业协会要有一定的经济基础和稳定的经济来源，以保障其正常运行，它是自立的关键。

2. 我国退役军人就业协会的组织宗旨与活动

总的说来，退役军人就业协会成立的根本目标是：提供就业服务，促进退役军人就业；关注国家所忽略的退役军人的利益，代表其参与政府决策，表达利益诉求，为政府制定合意的政策建言献策。只有这样，才能赢得退役军人、民众与政府三方的支持，赢得发展所需要的社会资源，赢得广阔的发展空间。

我国退役军人就业协会主要从事如下几项活动：第一，收集和整理社会就业信息；第二，为退役军人提供就业咨询、就业指导、就业搭桥；第三，组织会员的职业培训活动；第四，表达与反馈利益诉求；第五，在政府做出决策后，及时把政府的决策信息输出反馈给会员并进行教育引导。

3. 政府应加强对退役军人就业协会的管理和引导

政府在退役军人就业协会建设发展过程中应发挥如下作用：第一，给予支持。由于在我国建立退役军人就业协会还只是尝试，因而在相当一段时间内还需要政府的大力支持。一是对建立退役军人就业协会放宽限制，只有在这些组织违反法律规定时才依法予以处理；二是应该每年从财政经费中拨出一定的经费来支持退役军人就业协会的活动；三是对退役军人就业协会的活动提供法律保护和必要设施；四是提供减税免税优惠政策。第二，加强领导和引导。政府管理部门应深入协会，积极组织开展活动，做它们的有力后盾，克服协会固有的局限性，把它引导到一条既规范又活跃的道路上来。要指导退役军人就业协会制定本协会的行为规范，并对协会实施有效的管理和监督。

参考文献

[1] 中国共产党第十七次全国代表大会文件汇编 [M]．北京：人民出版社，2007．

[2] 中共中央关于制定国民经济和社会发展第十二个五年规划的建议[EB/OL]．http：//www. gov. cn/jrzg/2010 - 10/27/content. 1731694_ 2. htm，2010 - 10 -27．

[3] 吴俊杰等．中国构建和谐社会问题报告 [M]．北京：中国发展出版社，2005．

[4] 文力．多元利益集团下的社会均衡 [J]．中国改革，2005（11）．

[5] 潘忠．我国个体私营协会的定位与发展[J]．北京工商大学学报，2005(3)．

[6] 国家经贸委．关于加快培育和发展工商领域协会的若干意见（国经贸产业〔1999〕1016 号）［EB/OL］．http：//www. chinalawedu. com/news/1200/22016/22033/22507/2006/3/sh68551327122236002713 - 0. htm．

军民融合式装备人才培养的
路径分析[*]

李志远　苏海燕　谢红梅

　　胡锦涛强调,要进一步完善军民结合、寓军于民的军队人才培养体系,完善依托国民教育培养军队人才体制机制,拓宽利用国民教育资源和国家人才资源渠道,吸引社会高层次人才到军队工作,充分发挥各类人才献身国防和军队现代化建设的积极性、主动性、创造性。为完善军民结合、寓军于民的军队装备人才培养体系,走军民融合式装备人才培养的路子,我们可以从以下几个方面入手。

一、树立整体谋划、系统培养的思路,
培养好综合型装备人才

　　伴随着信息技术的飞速发展,武器装备的科技含量越来越高,装备技术转型速度加快,而装备技术的每一次转型,都是一次质的飞跃,都必然对装备人才的素质提出更高要求,这就要求我们要主动适应装备发展和科技创新的需要,重视培养综合型装备人才。

　　一是要做好装备人才培养的长远规划。装备人才成长周期长,必须超前谋划,系统培养,形成"滚动式"升级提高的全系统培训体系。如培养一名装备干部一般要经装备院校 3 ~ 4 年的培训,本职工作 5 ~ 6 年的实践,才能基本成熟起来;培养一名装备专业技术骨干也需要 3 ~ 4 年的时间;要成为某一专业或领域的拔尖人才则需要更长时间。借鉴英军的经验,对装备人才的培养,必须依据装备发展的趋势,在数量、类别、结构、层次等方面做出长远规划,系统培训,

　　*　本文原载于《经济研究导刊》2011 年第 2 期。

形成梯次、滚动式的发展格局。

二是坚持教育与训练并举的装备人才培养思路。人才培养的主要手段是培训，具体包括教育和训练两方面，教育的目的是"知其然"，训练的目的是"知其行"。在装备人才的培养工作中，教育和训练很难划分。美军国防采办职业规划管理中对采办人员的专业培训，要求任何等级的国防采办人员在任职前都必须进入国防采办大学接受专业教育，并将高级采办人员送到更高级别的院校进一步深造。同时，在职采办人员在规定任期内必须定期接受时间长短不等的专业训练，以不断提高采办队伍的专业素质。

二、充分运用地方资源，提高装备
人才培养效率

外军的实践充分证明，运用地方院校、企业等地方资源培养装备人才，可以提高装备人才培养效率。国外依托国民教育为军队培养高学历人员，具有良好的经济效益，对节约军费具有普遍意义。据统计，美军军校培训一名新军官的费用高达 20 万美元，而由地方大学培养一名军官的平均费用约为 7 万美元。俄军估算军队院校培养一名军官的费用是地方大学培养一名预备役军官的 3~5 倍。

借鉴国外的经验，对于利用地方院校教育资源培养装备人才，可以采用以下方式：

一是建立军地联通的教学网络。网络技术的迅速发展给教学手段带来了突破性的变化，给军队教育开辟了一个全新的途径。军队院校的校园网可以发展为校际网，把部队院校和地方高校及教育机构连接起来，使军队院校与地方高校在教育资源上充分共享，把地方大学及研究机构的尖端技术和教学经验及时吸收进来。如美国陆军以参谋学院和陆军训练中心为基础，通过与相关军事院校、地方院校、信息产业、电子娱乐业等有关单位达成广泛的联合办学协议，形成网络教学队伍，采用多媒体网络、分布式模拟、远距离授课等技术。同时，大力开发网络图书馆，提供收集、储存、处理实时信息的手段，为院校教学、官兵自学、部队训练等创造理想的信息支援条件。

二是依托地方院校直接培养装备人员或实现装备人才的继续教育。可以采取从地方院校引进装备人才，采取"军地接力"的培养模式；与地方高校签订不定期的培训合同；采取"借地育才"模式，开辟继续教育新渠道。可利用地方教育资源优势，采取联合办学方式，选派符合条件的军事人才到地方院校、科研院所、集团公司等教研机构以攻读硕士、博士学位或进博士后流动站做课题等形式进行深造。或定期到地方高校、科研院所、大型企业考察实习，以了解掌握前沿科学技术，及时运用于军队信息化建设和军事斗争准备。

三是借助民间和企业力量进行装备人员培训。进行装备的使用、维修管理人员的培训，可以调动制造厂、供货商等相关企业的积极性，利用其技术培训、售后服务等方面的雄厚实力，协助完成某些教学任务。按照商业合同的惯例，武器装备或其他产品的提供者都有技术培训的义务。有战略眼光的制造商为占领市场、赢得订单，都在技术服务上投以巨资，建立专门的培训机构，配备先进的装备、设施。以装备维修保障人才培养为例，可充分发挥企业尤其是原始设备制造商在人才、技术、设备等资源上的优势开展训练。

三、健全法规体系，为装备人才培养提供制度保障

法规建设是构建军民结合、寓军于民的装备人才培养体系的基本依据。装备人才培养是长期工程，只有将其纳入法制化、规范化、制度化的轨道，才能确保这项工作持续、健康、和谐发展。

外军致力于建立一个科学、完善的法律体系，为装备人才培养工作的顺利开展奠定了基础。近年来，我国也相继出台了一系列法律制度，有力地保障了军民融合式军队人才培养的顺利进行。如针对装备采购人员的《装备采购队伍建设条例》《装备科研条例》《装备采购人员行为准则规定》《装备采购人员资格认证和培训管理制度》《装备采购队伍教育培训发展纲要》等。但是，目前出台的这些规范制度覆盖面相对较窄，基本聚焦在军地共同培养初级军事人才方面，并没有涉及在编军事人才地方学习深造、代职实践以及借才引智为军服务等内容，而随着军民融合程度的日益加深，法规制度不完善带来的消极影响就会显现出来。因此，必须未雨绸缪，抓紧出台系统配套的军队，吸引保留各类人才特别是高层次装备人才等方面的制度规定，为在更高起点上加快军民融合式装备人才培养提供制度保障。

四、完善激励机制，营造装备人才
培养的良好环境

完善配套的竞争激励机制，营造装备人才培养的良好环境，是促进装备人才队伍素质整体提高，提高新型装备人才建设水平的有效方法和途径。

一是要严格新型装备人才的选拔与管理制度。严格人才选拔、使用和转退程序，把用人和管人结合起来，加大用人制度的改革。完善装备人才管理制度，要把装备人才的选拔、培养、使用等工作以法规制度的形式加以规范，纳入正规化使用管理轨道，建立定期考核、定期测评、技术评估等制度。使装备人才培养逐步走向正规化、制度化。

二是要规范奖惩制度、健全竞争机制，营造公正有效的和谐氛围。英国武装力量全面人员策略（AFOPS）的纪律政策、机会平等政策和申诉程序政策等，对如何实现公平、公正进行了研究。英军通过实行公开、公正的考核、晋升制度和对合法运作（包括军人待遇的执行情况）进行监督，允许官兵对此进行申诉，营造公平、公正的和谐氛围。我军要对装备人才进行全面、公正、科学的考核，建立公平、合理的晋升制度，奖优惩劣，充分调动装备人才的积极性和创造性，创造公平竞争、机会平等的良好环境。对于出类拔萃的装备人才施以重奖，提拔使用；对于不安心工作、成绩平庸甚至造成损失的人员实施降职、降级、调离直至淘汰等处罚。

三是要提高装备人才待遇，营造留人的环境。要构建军民结合、寓军于民的人才培养体系，一个非常现实的条件，就是要提高对高技术人才的物质待遇保障，要借鉴外军的一些成功做法，在工资、住房待遇和车辆保障上给予优待，要在成长成才上给予优先政策。英军认为，提高待遇，为服役人员提供良好的工作条件和生活条件，是保留人才的重要前提。目前，英军军人的基本薪金比同级地方人员高10%，还经常增加各种津贴和补贴，并享有各种有形或无形的福利补偿。要搞好装备人才队伍建设，必须对装备人才的成长进步、工作环境、福利待遇、住房分配、医疗保健、家属就业和子女入学、入托等方面诚心关注，解决实际问题。在现有条件下，要想方设法对在装备工作中有突出贡献者给予奖励。

四是要建立健全退役保障机制，解除装备人才的后顾之忧。切实可靠的退役保障机制，对于现役军人安心服役，提高军人工作的主动性、积极性，减少军事人才流失具有重要作用。英国武装力量全面人员策略（AFOPS）指南的五个关键主题之一，研究了为退役人员和他们的家庭提供帮助和支持问题，包括再安置政策、服役结束利益与养老金政策、退伍军人政策和丧失亲属家庭政策。英军除了保证退役军人的工资适时调整外，在住房、再就业等方面尽力提供保障。英军军人在服役期满退役时，可领取相当于3年退休金的一次性补贴，因缩编提前退役者，按其最后职务领取18个月的工资。装备人才退出现役后，面临着适应环境的再社会化过程，工作和生活上都会遇到许多问题，需要国家和社会给予保证。为此，我们必须构建军官和军士长职业化制度，建立退役军人职业培训体系，采取灵活多样的保障方式等措施，建立健全切实可靠的退役保障机制，提供充分的退役保障，解除装备人才的后顾之忧。

参考文献

[1] 胡锦涛. 走出中国特色军民融合发展路子 [N]. 解放军报，2009－07－25.

[2] 彭爱华. 积极构建军民融合式军队人才培养体系 [J]. 产业与科技论坛，2008（11）.

[3] 李志远. 培养高素质采办人才的思考 [J]. 现代商业，2009（14）.

[4] 解柏伟，李剑华，张志强. 依托国民教育培养军队人才新型模式研究 [J]. 高等教育研究学报，2003（3）.

[5] 孟庆龙，陈庆华. 借鉴英国AFOPS大力加强我军装备人才队伍建设 [J]. 装备指挥技术学院学报，2004（2）.

[6] 王伟力. 建立和完善军民结合寓军于民的人才培养体系 [EB/OL]. 学习时报网站，2004－03－25.

[7] 高海生，刘国党，王卫霞. 美军依托地方高等院校培养军事人才的现状与启示 [J]. 国家教育行政学院学报，2007（5）.

[8] 张世俊. 科学加强装备人才队伍建设 [N]. 解放军报，2007－09－18.

自主择业干部：就业之路为何多坎坷[*]

廖国庚　胡磊

当我们回过头去看看自主择业政策走过的这十年，就会发现：就业问题无论对于自主择业干部群体来说，还是对于管理服务部门而言，都是一把至关重要的"钥匙"，它决定了自主择业之门最终能否顺利打开。而所有就业问题的根本都集中到一点：自主择业干部能否顺利实现就业。

当我们把这一群体放到广阔的人才市场中去比对时，不难发现，与现代毕业生这些就业竞争对手相比，自主择业干部在工作阅历、管理经验、思维能力等方面占据优势，但同时，他们也有一些资本缺陷（这里所说的资本是一种社会学视角的广义人力资本，是指劳动者自身所具有的能够发挥效用的特性，如年龄、技能、社会关系、思想道德素质等）。这些资本缺陷决定了他们要顺利实现就业，就应该获得更多的社会支持。

一、年龄人力资本缺陷

制约自主择业干部就业的人力资本缺陷首先体现为年龄人力资本缺陷，即他们中大多数人的年龄偏大，缺乏年龄优势。

自主择业干部的平均服役时间在 20 年左右，因此，他们转业时年龄一般都比较大。调查显示，自主择业干部转业时年龄在 35 岁以上的占 99.4%，其中 40 岁以上的占 52.7%，最大年龄 49 岁，平均年龄 40.2 岁（见表1）。

＊　本文原载于《转业军官》2011 年第 2 期。

表 1　自主择业干部转业时年龄分布

年龄	人数（人）	有效百分比（%）	备注
35 岁以下	1	0.6	
35～39 岁	84	46.7	平均年龄 40.2 岁
40～44 岁	80	44.4	最小年龄 34 岁
45 岁以上	15	8.3	最大年龄 49 岁
合计	180	100	

　　35～40 岁的转业干部，单就年龄来说，本应是社会十分需要的人力资源，但由于我国是人口大国，劳动力供给十分充足，竞争非常激烈，劳动组织对应聘就业的劳动力的年龄要求比较苛刻，如果不是专门型急需人才，35 岁以上的劳动力基本被排除在招聘之外。以西安市为例：2005 年第四季度，西安市职场的招聘岗位对求职者的年龄要求集中在 25～34 岁以及 16～24 岁这两个年龄段，分别占需求总量的 38.17% 和 29.89%。而求职人群则分别集中在 35～44 岁以及 25～34 岁年龄段，分别占求职量的 37.91% 和 31.71%。即使是国家机关招考工作人员也将年龄限制在 35 岁以下。在我国这种特有的国情下，自主择业干部年龄偏大成为制约转业干部就业的重要因素。调查中，在问及"在就业过程中您是否碰到过困难"的问题时，只有 13.2% 的自主择业干部表示没有碰到什么困难，53.7% 的人碰到过一些困难或较大困难，33.1% 的人碰到过很大困难，而他们中 65.2% 的人认为造成困难的原因是年龄偏大，居所有原因之首（见表 2）。

表 2　如果您找工作时碰到过困难，那么造成困难的原因是什么（多选题）

原因	人数（人）	有效百分比（%）
年龄偏大	92	65.2
自己的知识结构、技能不适应市场需要	90	63.8
社会关系少，能够帮忙的人少	54	38.3
没有与自己身份相符的工作岗位	32	22.7
找工作的人太多	19	13.5
学历不高	9	6.4
职业中介机构少	5	3.5
其　他	10	5.6

　　注：有效样本数为 141 人。

二、知识人力资本缺陷

制约自主择业干部就业的人力资本缺陷，还体现为他们的知识人力资本缺陷。自主择业干部的知识人力资本缺陷，主要体现为如下三个方面：

1. 他们中大多数人拥有的知识、技能等知识资本的军事专用性强，军地通用性（民用性）较差

从理论上说，任何人的知识、技能等知识人力资本都可以分为专用性和通用性两种类型。专用性类型的知识、技能只适用于某一特定行业，为该行业所利用，离开特定行业，其使用价值就会大为降低，甚至丧失；通用性类型的知识、技能则适用于各行各业，在各行业都具有使用价值。

军人的知识人力资本同样可以分为两种类型，即军事专用性知识资本和军地通用性知识资本，它们产生于以提高战斗力为目标的军事人力资本投资过程。在形成战斗力的军事人力资本投资过程中，军官接受诸如操作枪炮、导弹、坦克、潜艇等知识、技能教育和训练，形成军事专用知识人力资本，这类知识人力资本具有很强的专用性、局限性，只能适用于军事部门，一旦离开该部门，其使用价值就会丧失，造成资本的闲置；而军官接受诸如电子信息技术、驾驶技术、管理技术等军民通用技能的教育和训练，形成军地通用知识人力资本，这类知识资本在军地都具有使用价值。在军官的知识人力资本中，军事专用性的知识资本含量越高，他们转业离开军营后被其他部门聘用的可能性就越小；反之，军地通用性知识资本的含量越高，则他们转业离开军营后被其他部门聘用的可能性就越大。

就绝大多数军官来说，他们拥有的知识资本中，军事专用性知识资本含量比较高，军地通用性知识资本的含量比较低，因为军事组织的主要目标和根本任务是提高战斗力，与地方其他组织存在着根本的差别（公安部门除外）。有关研究表明，转业到地方单位的转业干部，他们转业前所学专业与转业后从事的业务工作、转业前所从事的业务工作与转业后所从事的业务工作的一致性程度比较低，比较对口和完全对口的比例（见表3），这种现象存在的根本原因在于转业干部的军事专用性知识资本含量比较高。调查表明，自主择业干部中，所学专业为技术类的占49.1%，为军事指挥类的占50.9%。但是，这里有一点值得特别注意，就是自主择业干部大多是有备而选的，技术干部的比例达到了44.2%，因此，所学专业为军事指挥类的干部比例还不算高。萨缪尔森曾指出："医生与数学工作

者是属于非竞争的类别，其原因在于一个专业的成员进入其他市场是困难的和代价昂贵的。"萨缪尔森的观点对于自主择业干部也是适用的，他们知识资本中的军事专用性知识技能含量比较高，必然会削弱他们的就业竞争力，影响他们进入一个不同类别的新市场就业。事实也证明了这一点，调查中，在问及自主择业干部"如果您找工作时碰到过困难，那么造成困难的原因是什么"的问题时，有63.8%的人认为是"自己的知识结构、技能不适应市场需要"（见表2）。

表3　军转干部转业前专业、业务与转业后专业、业务一致性程度

对口程度	业务对口度		专业对口度	
	人数（人）	有效百分比（％）	人数（人）	有效百分比（％）
完全不对口	116	34.4	119	35.3
不太对口	57	16.9	65	19.3
基本对口	97	28.8	84	24.9
比较对口	42	12.5	38	11.3
完全对口	25	7.4	31	9.2
合　计	337	100	337	100

2. 一部分自主择业干部拥有的通用知识资本效用很低

就通用知识资本含量比较高的自主择业干部而言，他们中相当一部人所拥有的军地通用知识资本的效用低，实用性差。如军队政治工作人员拥有的做政治工作的知识资本，虽然军地都能通用，但企事业单位并不怎么重视思想政治工作，即使设置这类岗位，也早已满编，对政工人才的需求量少得可怜，而军队非常重视思想政治工作，"盛产"这类干部。调查显示，自主择业干部中，政工干部占大约15%，供给量较大，而社会对这类人才的需求远远小于供给量。其必然结果是，这类军地通用知识资本在地方社会中效用很低，甚至可以说是基本无用。对于拥有这类知识资本的转业干部，实现就业的风险比较大。

3. 相当一部分自主择业干部的文化程度不高

抽样调查显示，尽管16.2%的自主择业干部具有研究生学历，但具有大专及以下学历的比例也不低，为34.7%，其中高中学历的占1.2%、中专中技学历的占4.8%、大学专科学历的占28.7%。即使是拥有大学本科学历的占49.1%的自主择业干部中，也有相当一部分是通过参加函授学习获得的学历，这一点可以从自主择业干部的学位情况中反映出来。表4显示，自主择业干部中，无学位的占

61.5%，也就是说，具有本科学历的自主择业干部在有26.8%没有接受过正规本科教育。如果将自主择业的条件扩及所有转业干部，那么，在自主择业干部中，高文化程度的比例还将进一步降低。所以，就大部分自主择业干部而言，与就业竞争对手（比如地方大学本科毕业生、研究生）相比，在文化程度上的弱势地位非常明显，这必然影响和制约他们实现就业。

表4　自主择业干部拥有学位情况

学位状况	人数（人）	有效百分比（%）
无学位	104	61.5
学士学位	39	23.1
硕士或博士学位	26	15.4
合　计	169	100

三、社会资本缺陷

这里所说的社会资本是指建立在信任和互惠基础上的社会关系网络，它是一种通过对"体制化关系网络"的占有而获取的实际的或潜在的资源，社会资本反映的是处在网络或更广泛的社会结构中的个人动员稀有资源的能力。自主择业干部在社会资本方面存在的缺陷，体现为大部分人与地方社会的关系比较少，在地方社会动员稀有资源的能力小。

有关研究资料显示，转业干部在部队工作时，与非家庭地方成员交往较多、很多的很少，所占比例均在10%以下（见表5）。所以，对于大部分军队干部来说，他们与地方社会没有建立比较好的社会关系，自主择业干部也是如此，他们中大部分人与地方社会成员的社会关系少，即使有也大多属于战友、亲戚、老乡关系，社会关系圈小，动员稀有资源的能力小。

表5　在部队时您与非家庭地方成员的工作交往、情感交往多吗？　　单位:%

	很少	较少	一般	较多	很多	合计
工作交往	21.4	45.7	24.9	3.9	3.9	100
情感交往	29.4	47.2	15.7	3.9	2.1	100

资料来源：廖国庚. 转业干部——走出军营的困惑［M］. 北京：社会科学文献出版社，2005.

中国是一个典型的重人情的社会，关系取向明显，而且就业市场尚未发育成熟，关系网络在一定程度上是人力资本的替代物，承担了相当一部分求职者与就业岗位匹配的功能。大量的劳动力供给需求信息交流以及用人单位雇用人员的决定过程仍属于非制度化或半制度化的阶段，缺乏一定的公开性、规范性。所以，人们普遍认为社会网络对于获取社会资源的影响在中国社会中具有非常重要的作用。北京大学"高等教育规模扩展与劳动力市场"课题组 2003 年 6 月对我国 7 个省市近 16000 名应届高校毕业生进行调查的实证研究表明：社会资本对于人力资本"弱势"就业群体的重要性，明显大于人力资本"强势"就业群体。

自主择业干部中，人力资本"强势"的人员比例较少，"弱势"的人员比例较多，因此，社会资本缺陷必然会对他们实现第二次就业产生影响。本次调查显示，在问及"如果您找工作时碰到过困难，那么造成困难的原因是什么"的问题时，有 38.3% 的自主择业干部认为是"社会关系少，能够帮忙的人少"（见表 2）。

综上所述，相当多的自主择业干部存在着年龄人力资本缺陷、知识人力资本缺陷以及社会网络关系资本缺陷，这些缺陷都不利于他们实现就业。因此，要保证他们平等的就业权利，就必须为他们提供就业支持，以弥补他们在人力资本和社会资本方面存在的不足，降低他们的就业风险。

就业支持：前路依然漫长[*]

廖国庚　刘宗胜

2001 年《军队转业干部安置暂行办法》的颁布，开启了自主择业的新时代，从而拉开了自主择业干部就业支持的帷幕。

十年汗水，十年收获。自主择业政策走过的十年间，我国制定了一系列对自主择业干部实施就业支持的政策，相关部门为就业服务推出了许多举措。笔者对这些年来就业支持政策的内容、实施情况以及存在的问题进行了梳理，期望能借此为自主择业干部就业工作尽一点力。

一、进展：我们走了多远

继《军队转业干部安置暂行办法》（中发〔2001〕3 号，以下简称《暂行办法》）之后，国家陆续出台了《关于自主择业的军队转业干部安置管理若干问题的意见》（国转联〔2001〕8 号）、《财政部、国家税务总局关于自主择业的军队转业干部有关税收政策问题的通知》《关于进一步做好军队转业干部安置工作的意见》（中发〔2007〕8 号）、《关于加强和改进军队转业干部教育培训工作的意见》（国转联〔2008〕5 号）等文件，对自主择业干部的就业支持做了一些具体规定。根据现有政策，我国对自主择业干部就业支持主要包括就业服务、就业培训、就业优惠等方面内容。

1. 就业服务

自主择业干部的就业服务由军转部门负责。根据《暂行办法》规定，服务

＊　本文原载于《转业军官》2011 年第 3 期。

的内容："政策指导""协助就业""协调解决有关问题"。《关于进一步做好军队转业干部安置工作的意见》（中发〔2007〕8 号）对就业服务的内容做了进一步规定，即"通过提供政策咨询、发布就业信息、组织人才交流、开展就业创业培训、制定和落实有关优惠措施"等形式予以协助。根据这些规定，可将就业服务概括为四个方面内容：

（1）提供就业咨询，即在自主择业干部询问与就业相关的问题时，为其提供参考性信息，如就业政策和法规咨询、就业方法咨询等，这是就业服务较低层次的内容。

（2）提供就业指导，即在掌握就业信息、就业政策、就业形势的基础上，主动为自主择业干部提供指导性建议，引导其明确就业态势和就业方向，掌握正确的就业方法和技巧。如就业政策解读、就业形势分析、职业或岗位选择指导等。

（3）提供就业搭桥，即在自主择业干部和用人单位之间建立信息沟通渠道，其形式主要有发布就业信息、组织人才交流会、推荐工作等。

（4）提供服务平台，主要是提供多功能、信息化的服务平台，如建立自主择业干部人才网，为就业咨询、就业指导、就业搭桥提供重要支撑。

2001 年自主择业政策实施后，各地根据中央政策规定，不同程度地为自主择业干部提供了就业服务，并已取得较大进展。主要体现在：就业搭桥工作成效显著，各地军转部门积极组织自主择业干部专场招聘会，为自主择业干部推荐工作，有效地促进了他们的就业；服务平台初步建立，自新疆、湖北率先创办"新疆自主择业干部管理服务信息网""湖北省自主择业军队转业干部信息网"后，绝大部分地方政府都相继建立了类似网站，为就业服务的开展提供了支撑和依托；就业咨询、就业指导取得一定进展，各地依托就业服务信息网及公开的沟通渠道，为自主择业干部提供诸如安置政策法规咨询、就业形势分析等就业服务。

2. 就业培训

基于培训的重要性，为使自主择业干部获得从事地方经济文化建设的劳动技能和思想素质，《暂行办法》和《关于加强和改进军队转业干部教育培训工作的意见》（国转联〔2008〕5 号）对自主择业干部就业培训做出了明确规定。

（1）培训原则。〔2008〕5 号文件规定：自主择业的军转干部的就业培训，贯彻"政府主导、依托社会、个人自愿、按需培训"的原则。这个原则概括起来就是自愿性原则、需要性原则、社会化原则。所谓自愿性原则，即自主择业干部是否接受培训，接受什么样的培训都取决于自主择业干部个人意愿；所谓需要性原则，就是根据培训对象的个体需要、选择职业或工作岗位的需要，以及经济社会发展需要，有针对性地开展培训；所谓社会化原则，就是对自主择业干部的就业培训，政府要负管理之责，但不再唱独角戏，要依托社会，发挥社会现有培训资源的作用。

（2）培训机构。自主择业干部的就业培训具体由军转培训中心或地方教育培训机构实施。《暂行办法》规定："自主择业的军队转业干部的就业培训，主要依托军队转业干部培训中心具体实施，也可以委托地方院校、职业培训机构承担具体工作。"

（3）培训要求。对于培训要求，〔2008〕5号文件做出了明确规定，即"着力提高自主择业军队转业干部就业创业能力，增强自主择业军队转业干部教育培训的实效性"。

为进一步规范培训，各地方政府积极主动地根据实际情况完善了就业培训制度，并根据有关规定开展了一些培训工作。纵观近年各地组织的自主择业干部就业培训，可以概括为两个特点：一是普遍性，即全国各地大多组织了自主择业干部就业培训。二是培训形式灵活多样，各具特色。除了适应性培训外，很多地区组织了旨在提高自主择业干部就业能力的个性化培训，如汽车驾驶、计算机、英语、物业管理等方面的技能培训。

3. 就业优惠

为支持自主择业干部就业，我国政府出台了一系列支持其就业的优惠政策。

（1）教育优惠。这是一种间接的就业优惠，是就业优惠政策的重要组成内容。《暂行办法》规定："各级教育行政管理部门应当在师资、教学设施等方面，支持军队转业干部培训工作。对报考各类院校的军队转业干部，应当放宽年龄条件，在与其他考生同等条件下，优先录取；对获二等功以上奖励的，应适当降低录取分数线投档。"

（2）录用优惠。一是录用优先，即与其他群体相比，拥有优先录用的权利，这是一种直接的就业优惠。〔2001〕8号文件指出："党和国家机关、人民团体、企业事业单位从社会上公开选用人员时，在同等条件下，应优先选用自主择业的军队转业干部。""对参加全国统一组织考试取得专业技术资格证书或者执业资格证书以及参加职业技能鉴定取得国家职业资格证书的自主择业的军队转业干部，地方用人单位应在同等条件下优先录用、聘用。"二是激励社会组织吸纳自主择业干部就业，也就是说，对于积极吸纳自主择业干部就业的企事业单位，给予适当的税收优惠，这是一种间接的就业优惠政策。〔2001〕8号文件指出："对为安置自主择业的军队转业干部就业而新开办的企业，凡安置自主择业的军队转业干部占企业总人数60%（含60%）以上的，经主管税务机关批准，自领取税务登记证之日起，3 年内免征营业税和企业所得税。"

（3）创业优惠。这主要体现在：第一，享有优先办理执照的权利。〔2001〕8 号文件指出："自主择业的军队转业干部申请从事个体经营或者创办企业，符合条件的，凭有关转业证件，工商行政管理部门应当优先办理。"第二，享有创业税收优惠。〔2001〕8 号文件规定："从事个体经营的，经主管税务机关批准，自领取税务登记证之日起，3 年内免征营业税和个人所得税。"根据《关于加强军队转业干部、城镇退役士兵、随军家属有关营业税优惠政策管理的通知》的规定，自主择业干部的创业税收优惠，不仅适用于 7 人及以下的个体经营，而且适用于雇工为 8 人及以上的私营企业。第三，拥有创业信贷优惠。《暂行办法》明确规定，对从事个体经营或者创办经济实体的自主择业的军队转业干部，安置地政府应当在政策上给予扶持，金融部门应当视情况提供低息贷款。

为落实自主择业干部就业优惠政策，多数地方结合实际情况对国家政策进行了细化，并取得了明显成效，其中优先办理执照的优惠政策、税收优惠政策得到了较好落实。

总之，我国对自主择业干部的就业支持政策已经形成轮廓，并初步建立起来。这些就业支持政策的实施，对拉动自主择业干部就业率有较好的促进作用。

二、反思：前路依然漫长

尽管近年来自主择业干部就业支持工作取得了喜人的成绩，但也暴露出不少问题。

1. 就业服务机构力量薄弱，服务功能不强

就业服务机构力量弱，服务功能不强，是当前自主择业干部就业服务方面存在的主要问题。这主要体现在两个方面：

（1）从事自主择业军转安置管理服务工作的力量弱小。一是管理机构编制少、经费少。根据〔2001〕8 号文件规定，管理服务部门不仅要为自主择业干部提供就业服务、组织对他们的培训，而且要负责其社会保障和日常管理工作。且不说社会保障和日常管理工作，仅就业服务工作就是一项艰巨的工作，需要多人合作才能完成，需要人员采集信息、制作维护网络，也需要人员提供就业指导和咨询。但是，负责自主择业干部安置工作的编制和人员却很少，在省区（直辖市）一级军转办，一般只有 2~3 个编制和工作人员，在市、县一级军转办，一

般只有 1～2 个编制和工作人员。由于编制少，下拨的使用经费也就少。显然，现有的管理服务机构与他们承担的职责是不相适应的。二是专业人员十分缺乏。就业服务工作要求工作人员有充足的信息、丰富的知识储备、对就业形势与发展趋势有准确的判断。而当前从事管理服务工作的人员，大多是没有经过专门培训的非专业人员，这与就业服务工作的要求不太适应。

（2）就业服务功能不强。由于从事就业服务的工作人员不足、专业人员缺乏，所以，管理服务机构和人员无法较好地发挥就业服务功能。一是服务手段的现代化水平不高，运用现代化、信息化手段不够。目前，虽然省区（直辖市）、市一级城市，大都建立了专门的自主择业军转安置管理服务网，但太过简单，服务功能不全，与美国"优先雇佣退伍军人"网站相比有较大差距。二是就业服务内容较窄、质量不高。目前管理服务部门提供的就业服务，偏重于知识技术含量比较低、难度比较小的浅层次就业服务内容，而对知识技术要求相对较高、难度比较大的高层次就业服务则提供不足；从总体上看，偏重于就业搭桥，热衷于组织人才交流会、联系推荐工作，因为这方面工作见效快、相对容易实施，而就业咨询、就业指导提供不足。以就业指导为例，仅停留在对就业形势的一般介绍和安置政策、规定的诠释上，缺乏对就业指导工作的全局考虑和总体安排，缺乏对就业形势及其发展趋势的深刻把握和准确判断，对于如何结合本人的实际，确定自己所适合的工作类型及方向等方面的指导则更是缺乏。一份调查显示，3100名已就业的自主择业干部中，有 77% 反映就业服务内容基本上局限于安置政策、就业形势和择业信息三个方面，只有 18% 接受过择业心理测试和辅导，11% 接受过与自主择业相关的其他测评。许多自主择业干部反映，择业指导往往是一般性、通用性的指导多，个案指导少，针对性不强，对于解决择业中的具体问题没有太大帮助。

2. 就业培训机制尚不健全，有待进一步完善

（1）组织难度大，参与人员少。由于自主择业干部的培训按照自愿性原则进行，自主择业干部可以参加，也可以不参加，同时由于他们居住分散，组织培训难度较大，参与度不高。如长沙市 2005 年组织的培训，尽管军转办下了很大力气，但在 98 个人中，只有 30 多个人参加，参与度不到 40%，与前几年的情况大体一致。

（2）培训时间短。目前，自主择业干部培训大多是短期培训，时间多在 30天之内。以湖南为例，据调查，接受培训时间在 10 天（包括 10 天）以内的比例占 88.2%。这样的短期培训有助于其尽快熟悉和适应地方社会，但要提高其就业竞争能力，难度较大。

（3）心理培训缺乏。自主择业干部在部队时都是团、营职干部，享有一定的权利和威望，自主择业后无职无权，难免产生心理失衡。但目前组织的培训，却缺少心理培训这方面内容，不能满足解决自主择业干部心理问题的需要。

3. 就业优惠政策不甚完善，亟待规范和深化

（1）政策可操作性不强，难以执行和监督。虽然现有政策对于录用优先、教育优先等方面做出了一些明确的规定，但不够具体。比如《暂行办法》第49条提出的"对报考各类院校的军队转业干部，应适当放宽年龄条件，在与其他考生同等条件下优先录取"，其中所指的"适当""同等条件"等表述就很模糊。再如《暂行办法》第33条规定的"应当视情况提供低息贷款"，其中"视情况"的表述很不明确。由于政策规定不够具体，所以录用"优先"、教育"优先"在实践中很难操作，执行难度大，很可能变成一句空话。

（2）政策优惠不当。比如〔2001〕8号文件关于"新开办企业安置自主择业干部占总人数60%（含60%）以上的，3年内免征营业税和企业所得税"的规定，虽然给予了实实在在的优惠，但存在三个问题：一是适用范围过窄，只适用于新创办的企业，不适用于已经创办的企业，激励企事业单位吸纳自主择业干部就业的力度较小，同时也不利于激励企事业单位连续不断地吸纳自主择业干部就业。二是"60%（含60%）以上"这个标准太过"苛刻"，将许多吸纳自主择业干部人数较多却未达到60%的企业排除在了优惠的门外，实施效果差。三是优惠的价格通通是"3年内免征营业税和企业所得税"（国家税收大法颁布后，不能免企业所得税），缺少区分度和层次性，不利于激励企事业单位吸纳尽可能多的自主择业干部就业。

4. 政策的效力缺乏强制性和约束力，难以得到落实

法律的效力包括保护力和约束力两个方面，而现行文件提出的一些就业支持政策，只表现出对军转干部就业的保护力，没有体现出在这些政策无法实现或受到侵害时的约束力。比如自主择业干部应该享受的就业优惠，有关部门和单位不给予怎么办？答应给予却拖着不办怎么办？缺少对这些侵权行为的责任追究机制，就业支持政策就难以得到真正意义上的落实。

总之，我国的自主择业干部就业支持工作仍然长路漫漫，需要各方面特别予以重视并下大力气解决。

就业支持：政府大有可为[*]

廖国庚　刘宗胜

政府是自主择业干部就业支持的主体力量。要加强对自主择业干部的就业支持，首先必须针对现存问题，按照科学化、规范化、现代化、制度化、专业化的要求，完善政府就业服务体系。

一、服务机构如何设置

当前，我国自主择业干部的就业服务工作主要由政府承担，其专门机构是各级管理服务部门。而管理服务部门作为专门的就业服务机构，其人员编制、财力还不能与他们承担的职责相匹配。因此，摆在我们面前的选择有三个：第一个选择是壮大政府部门从事自主择业干部就业服务工作的力量，比如增强管理服务部门的力量，或在人事部门成立专门的就业服务机构，使政府部门的就业服务力量与对自主择业干部的就业服务职责相适应；第二个选择是剥离就业服务职能，将其交给非政府专业公共就业服务机构承担；第三个选择是二者兼而有之，即既剥离部分服务职能，将其交给非政府专业公共就业服务机构承担，又扩大政府部门就业服务的力量。这个选择与第一、第二个选择的差别在于，就业服务功能的剥离程度、政府部门就业服务机构的扩大程度要小些。

从长远看，应按照就业服务社会化的要求，把自主择业干部就业服务的具体工作交给或委托给非政府的社会公共服务机构来承担，政府相关部门只负责有限的宏观管理和领导的职责。但是，从当前的情况看，由于军转干部就业支持工作是一项关系到新型军转安置制度建立和军队稳定发展以及社会主义和谐社会建设

---

　　* 本文原载于《转业军官》2011 年第 4 期。

的大问题，而我国军转干部就业支持工作还处于探索阶段，法律法规很不健全，还缺乏经验，开展难度很大，一个非政府公共专门服务机构不能承担管理服务部门现在所承担的就业服务职责，因为非政府公共专门服务机构不像政府服务机构那样具有权威性。所以，当前我们的最佳选择，不是第一个、第二个，而是第三个，即将某些难度较小、能够由非政府公共专门服务机构完成的就业服务内容交给他们承担，而某些难度系数大、社会专门机构难以完成的就业服务任务则由军队、地方政府管理服务部门或政府专门就业服务机构承担。

从国家给管理服务部门规定的自主择业干部就业服务职责来看，无论是就业指导、就业咨询，还是就业搭桥的内容，大多难以剥离出来由非政府专门服务机构承担。因此，政府部门在自主择业干部就业服务方面，仍要发挥主体作用。随着军转安置制度改革的进一步推进，自主择业干部将越来越多，所以，加强政府管理服务部门的建设，也就成为当务之急。

在加强政府负责自主择业干部就业服务部门的建设方面，建议采取如下措施：

1. 增加地方管理服务部门的编制，或成立专门的就业服务机构

根据所在地区自主择业干部的人数多少、承担职责大小，适当增加地方管理服务部门的编制，保证有专门人员负责自主择业干部的就业服务工作。

2. 增加军队军转部门的编制，并进一步明确其职责

随着军转安置制度改革的不断推进，自主择业干部的不断增加，军队军转部门的职责也必然会发生相应改变。在传统的安置制度下，由于国家负责为军转干部安排工作，军队军转部门的职责主要是协调配合地方军转部门安排好安置转业干部的计划工作，职责相对较少。而在当前这种"计划分配与自主择业相结合"的军转安置模式下，军队军转部门则应该多一项职能：配合地方军转部门为自主择业干部提供就业支持。而后一项工作任务，无论从工作的难度、内容的广度来说，都比前一项工作要重得多。因此，笔者认为，随着军转安置制度改革的推进，军队负责军转工作的部门应适应形势的变化转变职能，同时适当增加编制，为自主择业干部的就业支持做一些力所能及的工作。

在"计划分配与自主择业相结合"的军转安置模式下，军队内部军转工作部门应该承担什么职责，目前还不太明确，应在认真调查研究的基础上进行确定。总的来说，在新型军转安置模式下，军队军转部门的职责应该有所扩展。笔者认为，应增加如下职责：组织对自主择业干部的离队前培训；配合地方管理服务部门做好自主择业干部的就业服务工作，如提供军转干部的详细电子资料、收

集自主择业干部的反馈信息等。

3. 招聘、选拔就业服务专业人才

就业服务工作，无论是就业咨询，还是就业指导、就业搭桥，都是专业性很强的工作，要求从业人员具有较高的专业素质。因此，做好自主择业干部的就业服务工作，应按照胡锦涛总书记提出的就业服务"专业化"的要求，积极加强自主择业干部就业服务机构工作队伍的专业化建设，选拔那些经过专门培训的专业人员来从事自主择业干部的就业服务工作，以提高就业服务水平。

二、服务方式如何改进

1. 拓展就业服务内容，提升就业服务质量

在就业咨询方面，不仅要提供知识技术含量较低、难度较小的服务，而且还要提供对知识技术要求相对较高、难度较大的服务。在就业指导方面，不仅要介绍就业形势和就业政策、规定，而且要对就业指导工作有全局考虑和总体安排，科学把握当前的就业形势及其发展趋势，根据自主择业干部的特点提供量体裁衣的服务。在就业搭桥方面，不仅要组织人才交流会、联系推荐工作，还要在发布就业信息、建立自主择业干部就业信息网等方面有所作为。

2. 实现就业服务的规范化、制度化

要建立自主择业干部的就业服务制度。首先要重点构建"三项基本制度"，即自主择业干部登记和免费就业服务制度、政府出资购买服务制度以及就业服务统筹管理制度。通过这些制度，使自主择业干部得到优质、规范的职业介绍服务，得到个性化就业指导和公益性岗位援助。同时，要建立和健全自主择业干部定期联系制度，定期询问自主择业干部的生活、工作、择业等情况，及时了解自主择业干部的思想工作状况。此外，还要建立健全服务管理责任制、信息反馈制度、优抚慰问制度、自主择业干部年度就业登记制度，使自主择业干部安置服务走上科学化、制度化、规范化、经常化轨道。

三、服务网站如何建立

在当前的网络化时代，全国性的自主择业干部就业网站建设应该提上日程。可借鉴美国"优先雇佣退伍军人"网站，建立一个既为自主择业干部提供全面优质服务又为雇佣方提供全面优质雇佣服务的就业服务信息资源网络系统。

建立系统化、现代化、服务功能齐全的自主择业干部就业服务信息网络系统，至少要做好两个方面的工作：

1. 广泛进行信息资源的开发和利用

建设网络系统的目的在于整合、开发自主择业干部就业的信息资源。信息资源开发可从五个方面入手：

一是要注意开发人才需求信息。如各地区、各部门、各行业、各组织都有哪些职位空缺、它们需要些什么样的人才、需要具备什么样的能力，这都是自主择业干部急于知道的。只有为其提供充足的就业信息，让他们有广泛的选择余地，才能确保其快速、高效就业。可学习美国"优先雇佣退伍军人"网、澳大利亚工作搜寻网的成功经验，尽快开发一个覆盖全省乃至全国的人才需求信息库。人才需求方面的预测信息也是不可缺少的。市场对人才需求变化趋势的准确预测，能够大大增强信息的导向性，使自主择业干部能够更加从容地应对市场竞争。

二是要开发与自主择业干部个人有关的信息资源。从用人单位角度看，自主择业干部的综合素质、专业技能与特长、性格特征、工作态度、工作经历等信息都是不可缺少的。目前，这方面的信息十分缺乏，因此，信息资源开发要将此作为重点。

三是必须开发与自主择业干部有关的政策信息资源。关于自主择业干部就业，国家有一系列的政策，这些政策信息也是自主择业干部需要知道的，因此，与自主择业干部有关的政策信息的开发也是必不可少的。

四是必须开发就业创业指导信息资源。自主择业干部求职应该注意什么问题？采用什么样的方式、方法比较好？是否具备创业的素质和条件？创业应注意什么问题？如何融资、设计组织结构……此类指导性信息也是信息资源网络不可或缺的内容。

五是要收集自主择业干部就业的反馈信息。自主择业干部就业后情况如何？单位有什么反映？自主择业干部有什么反映？这些反馈信息也是必要的，有利于就业服务工作的改进。

2. 提高信息收集、处理、存储和传输的专业化作业水平

可以考虑把地方四级管理服务部门和军队各级军转工作部门分为中枢、主点、支点、分支点，赋予其新的职能和职责，使其成为专业化的信息资源开发利用机构。军队军转部门主要负责与自主择业干部有关的信息的收集、加工处理、存储和传输，地方军转部门负责人才需求信息的收集、加工处理、存储和传输。信息的收集、加工和处理、存储必须由专业技术人员而不是业余人员来完成，只有这样才能保证信息的准确性、实用性和科学性。

论完善非战争军事行动人力
资源保障机制*

尹邦万　张伟超　周孝平

　　当今世界正处在大发展、大变革、大调整时期，面临的安全威胁呈现出多领域危机交织，传统威胁与非传统威胁、军事安全与其他安全、战争行动与非战争行动并存，具有综合性、突发性、联动性、复杂性、多变性、灾难性等多方面特征。安全威胁的多元化，决定了我军承担军事任务的多样化。胡主席站在时代的高度，着眼新世纪新阶段党对国防和军队建设的特殊要求，提出了"三个提供、一个发挥"的历史使命，并进而强调，我军必须以增强打赢信息化条件下局部战争的能力为核心，不断提高应对多种安全威胁、完成多样化军事任务的能力。和平发展时期，国家没有面临外部重大安全威胁时，保障持续发展就被放在突出位置，军队的非战争军事行动也就显得特别重要。目前，反恐维稳、抢险救灾、维护权益、安保警戒、国际维和、国际救援等非战争军事任务已经明确摆在我们面前。完成好非战争军事任务，离不开强大的资源保障体系的支撑。加强非战争军事行动的人力资源保障，必须建立健全非战争军事行动的人力资源保障机制。

　　军事人力资源是具有一定体力和智力、从事保卫国家安全等活动的那部分人口。非战争军事行动的人力资源（Human Resources）包括全部可用于非战争军事行动的人及蕴含其中的智力、科学技术力量和管理才能。人力资源是第一资源。参与非战争军事行动的人，既是其他物质资源、能量资源、信息资源的组织者和管理者，又是自身物质、能量、信息的综合承载体和能动转化体，所蕴含的物质、能量、信息综合地运用于军事行动之中，是参与非战争军事行动不可或缺的核心因素。非战争军事行动对军队人力资源保障提出了新的要求。军队建设除了在目标上实现由数量规模型向质量效能型、由人力密集型向科技密集型的转变，打牢军队现代化的基础外，目前迫切需要解决部队非战争军事行动中人才资

　　*　本文原载于《军事经济研究》2011年第6期。

源培养不够、储备不足、训练不力、专业不强、素质不高、使用不当等问题。无论从长远目标还是亟待解决的问题来看，建立健全非战争军事行动的人力资源保障机制都十分重要。因此，应该努力从以下四个方面加强机制建设。

第一，完善非战争军事行动的人力资源培养机制。

非战争军事行动对部队人才队伍建设提出了新的特殊要求，需要一大批能够应对新安全威胁的新型军事人才完成时代赋予的新任务。新的人才需求首先要求完善非战争军事行动的人力资源培养机制，在培养目标、培养机构、培养方式等方面形成新的机制。在新型军事人才培养目标上，应由单纯保障作战能力建设向同时保障非战争军事行动能力转变，尽快满足非战争军事行动的人力资源需求。军事人力资源培养机构，应根据现实需要抓紧培养和储备一批复合型、通用型、专业型的军事人才，逐步形成比较完备的能够完成多样化军事任务的人力资源队伍，为非战争军事行动提供人力支撑和人才支撑。军事人力资源培养方式，应由单纯依靠军队自身培养向依托社会资源培养转变。要充分利用地方科技、教育、文化资源丰富的优势，积极整合人才资源培养方式，拓宽培养渠道，广泛吸纳社会人才，合力培养专业人才，走出一条军地结合、军民融合的新型军事人才培养之路。

第二，完善非战争军事行动的人力资源训练机制。

执行重大抢险救援等非战争军事行动任务，常常是事发突然、环境恶劣、任务繁重、要求特殊，参与人员不仅需要全面素质，还需要具备一些特殊才能。因此，要尽快建立和完善非战争军事行动的人力资源训练机制，根据实际需要，加强针对性训练，提高军事训练的实效，打牢军事人员非战争军事行动的素质基础。非战争军事行动，情况复杂，时间紧急，协同要求很高，只有平时训练多、针对性强，战时才能迅速到位、应对自如。应按照训用一致的原则，从提高部队的整体素质与效能和优化官兵的知识结构与能力结构入手，不断更新训练内容和训练方式。在训练内容上，特别要注重依据时代赋予的新使命，适当增加非战争军事行动和相关保障的训练内容，将抢险救灾、出境维和、反恐维稳、安置难民等纳入训练体系，强化相关专业训练，解决专业知识和技能水平等方面的问题。在训练方式上，要采取多种多样的方式和办法搞好综合训练，培养复合人才，达到一专多能、一兵多用的目的，解决好非战争军事行动中急需的专业人才和技术人员缺乏的问题。在整体上，要结合部队可能担负的非战争军事任务，突出紧急出动、联合指挥、军地一体等方面的训练，形成行之有效的长效机制。

第三，完善非战争军事行动的人力资源动员机制。

及时保障非战争军事行动所需要的通用人才和专业人才，光靠部队常备人员是很难做到的。面对时间紧迫、任务特殊的非战争军事任务，应该建立和完善非战争军事行动的人力资源动员机制。在注重军地结合、军民结合的基础上完善国防人力资源动员系统，为非战争军事行动及时提供人力资源保障。在非战争军事行动人力资源动员上，除了通用人才保障外，应特别注重专业人才的保障。信息时代军事行动的特点，决定其对科技人力资源的需求具有数量大、专业多、层次高的要求。科技人力资源动员主要用于补充非战争军事行动所需的各种专业技术人员，建立应急专业技术分队，及时参加非战争军事行动等。人力资源动员重点应组织地质、水利、防疫、建筑、动员、危机管理、地震救援、医疗救护、工程抢险、心理干预、城镇规划、生态环境等各个领域的专家，积极参与抢险救援等非战争军事行动的指挥决策、技术指导和后续建设。在少数民族地区执行任务，还应及时为部队提供宗教、语言、法律等方面的专业人才，帮助部队尽快融入群众，积极开展行动。建立和完善非战争军事行动的人力资源动员机制，应在平时加强对通用人才和专业人才的调查和统计，掌握其数量、质量及分布情况；完善通用人才和专业人才预备役登记制度，注重在地方与军事专业对口行业、部门和企业建立民兵预备役专业技术（部）分队；制定通用人才和专业人才动员计划和方案，并经常开展动员演练，检验其可行性并适时调整和完善等。只有平时完善了动员机制，一旦有事，才能迅速保障非战争军事行动所需人力资源。

第四，完善非战争军事行动的人力资源使用机制。

人力资源的科学配置与合理使用，是建立健全非战争军事行动人力资源保障机制的重要环节和最终环节。在人力资源配置使用方面，要把建立和完善机制放在突出位置，由过去那种单纯集中编配向"大集中、小分散"转变，逐步实现前沿配置、优势配置、梯次配置相结合，及时科学地满足非战争军事行动所需人力资源需求。人力资源的科学配备和合理使用，既要注重集中力量，加强各类应急专业分队组建，确保遇有紧急情况能在主要方向、重点目标形成突击力量，及时解决难题，又要注重适度分散，广泛分布非战争军事行动所需人才，满足面上的需要，分散完成各个方面面临的任务。只有做到大集中与小分散相结合，才能在合理用兵中确保非战争军事行动的实效。要通过前沿配置，把人力资源放在最需要的地方，加强一线部队，满足前线的人才需求；通过优势配置，把特殊人才放在特殊地方解决特殊任务，发挥人力资源的最大效率和效益；通过梯次配置，分层使用已有的人力资源，实现人力资源的科学调度与合理使用，有计划、有步骤地满足非战争军事行动的人力资源需要。

从人力资源管理角度看军事代表激励约束机制中存在的问题[*]

李志远　伍　芳

建立军事代表激励约束机制，可以实现以人为本，激励创新，充分调动军事代表工作的主动性、积极性和创造性。随着社会主义市场经济的不断完善，现行的驻厂军事代表制度已不能适应内外环境变化的要求，直接影响了装备采购的效益。如何建立和完善军事代表激励约束机制，实现军事代表个人利益最大化和装备采购效益的最大化，是当前面临的一个重要问题。从人力资源管理角度来看，在军事代表激励约束机制上主要存在以下问题。

一、任用与选拔机制竞争性不强

竞争可以使军事代表树立危机意识，提高工作的积极性。但目前我军军事代表的任用与选拔机制竞争性不强，表现为：一是军事代表的选拔渠道不广。我军军事代表的任职条件中明确规定，军事代表必须是中国人民解放军现役军官。军事代表的选拔局限于军内，未能形成良好的竞争环境。而美军国防合同管理局现有一万多名从事合同管理的人员中，除关键工作由军职人员担任外，文职人员往往以20∶1的数量超过军事人员。二是全军没有建立岗位任职资格制度，军事代表的入口、晋升考核把关不严。目前我军对军事代表缺乏竞争录用机制，工作当中也很少实行淘汰制。对军事代表的培训和资格认证、任期没有明确的法律规定。三是没有建立严格的、有效的军事代表教育培训机制。军事代表的教育培训不仅有利于军事代表队伍真正成为专家队伍，也有利于军事代表的个人成长。世界上

　＊　本文原载于《中国军转民》2011 年第 6 期。

许多国家都高度重视装备采办人才队伍建设的教育、培训和管理，分别建立了完善的装备采办队伍管理和培训体系，制定了健全的规章制度。在西方国家军队中一般均设有专门培养采办人员的院校或在有关的院校中开设有军事采办课程。美国不断推进"以能力建设为核心，以培训实效为目的"的培训模式改革，建立了包括13所院校和研究机构在内的联合大学——国防采办大学，负责统一组织实施采办队伍的专业培训。此外，美国国防部还充分利用地方院校和机构进行采办人员的业务培训。目前，在我军的军事代表中，仍存在知识结构单一、专业结构与需求不相适应的问题，由于军事代表工作方式和管理方式等方面的原因，部分军事代表未能通过继续教育或培训来明显改善知识结构，对军事代表的培训缺乏统一部署和组织领导，缺乏稳定的送学渠道和固定的培训院校，缺乏专门的经费支持，这不仅影响了军事代表个人素质的提高，也影响了装备采购效益的提高。

二、绩效考评机制不科学，难以奖勤罚懒

绩效考评是人力资源管理的核心职能之一，是对工作人员业绩的考评。从业绩考评的执行来看，它是一个纯管理的过程，从业绩考评执行的结果来看，它包含对人的教育、激励、帮助、管理、监督、指导等多方面的功能。绩效考评是"知人"的主要手段，而"知人"是"善任"的前提。目前，在军事代表激励约束机制中，由于缺乏科学的绩效考评机制，难以达到奖勤罚懒的效果。如在军事代表晋升中，由于缺乏科学的绩效考评机制，能力测评标准不科学、不客观，加上信息不对称，出现晋升中"找关系""打招呼"的现象，难以做到"知人善任"，部分真正业绩突出的军事代表得不到提拔和任用，影响了军事代表工作的主动性、积极性和创造性。在技术职称评定中，不仅论资排辈现象严重，而且职称评定标准未能体现军事代表劳动的特点，采用与全军其他技术干部同一标准，即以科技成果数量、等级、论文发表数量等指标进行量化衡量，而体现军事代表主要工作绩效的发现、处理重大质量问题、合同谈判成绩、价格审查业绩等既不能申报科技成果奖励，也不能发表论文，在职称评定时难以得到体现。

三、实行刚性薪酬制度，缺乏绩效薪酬的激励效果

在市场经济条件下，军人薪酬不仅是军人劳动报酬的基本形式，更是吸引与保留人才的重要工具。当军人薪酬制度缺乏科学性时，特别是工资水平低于市场价格时，会使得潜在的军事劳动力不愿意到军队来服役，而现实的军事劳动力退出现役。

目前，我国军事代表都是现役军人，其报酬主要是平时的薪金，存在薪酬与绩效脱钩现象。这种薪酬制度缺乏激励作用，"干多干少一个样，干与不干一个样"。军事代表缺乏工作的积极性。在现行体制下，军事代表的报酬与所承担项目的重要性及装备合同金额大小没有关系。无论项目重要性如何，合同额度有多大，都是一个报酬额。另外，由于各军代室设置以及各军代室编制与所承担的任务不相适应，一些军事代表室承担任务重，但却由于受人员编制的限制，不得不加班加点，超负荷运转，而另一些军事代表却间歇性地任务不足，造成军事代表工作忙闲不均的现象。任务繁重的军事代表未能得到合理补偿。薪酬制度刚性，弱化了对军事代表的激励效果。

四、后勤保障机制不独立，军事代表与厂商经济联系过于紧密

现阶段军事代表的人员配置绝大多数是沿袭计划经济体制下的驻厂模式，而依照1989年颁布的《中国人民解放军驻厂军事代表工作条例》第31条规定："工厂应当为军事代表提供必要的检测设备及工具、办公室、通信工具，并按工厂的实际可能的条件解决军事代表及其家属的住房问题。"由于军事代表的日常福利、住房条件、医疗、通信、交通、家属工作安排以及子女入学等生活保障方面太多地依赖于厂商，在有的地方，竟全部依靠厂商提供，就造成了军事代表在订货工作中的双重身份：工作上向军方负责，生活上却受企业节制。另外，军事代表也没有任期限制，流动性差，某些军事代表还与所驻企业"联姻"，造成军事代表与厂商不可分割的利益关系，负面影响十分严重：一是军事代表对合同履

行监督的独立性、公正性受到严重影响；二是影响了装备采购经费的使用效益。从表面上看，军事代表后勤保障经费来源于厂商，但最终仍以抬高装备采购价格的形式由军队支付。

五、缺乏有效的监管机制，寻租现象严重

装备采购作为执行国家公共权力的一种，虽然它规定了明确而严格的采办程序，但并不意味着只要按照程序执行就不会有腐败现象发生。如果没有相应的约束，军事代表在装备合同签订及合同履行监督中具有绝对的权威性，必将成为滋生腐败的温床。长期以来，由于缺乏有效的监管机制，军事代表与厂商"合谋"寻租行为比较严重，也一直为人们所诟病。这不仅毁坏了军事代表的声誉，也给国家与军队带来了极大的损失，"在权力行使没有规范化的明确边界而政府又掌握大量社会稀缺资源的条件下，无法避免以权谋私、权钱交易"。基于武器装备采购的特殊性，要防止军事代表滥用权力寻租，必须建立健全对军事代表的监管机制。

军事代表激励约束机制中存在以上问题的原因在于：一是计划经济体制下建立的军事代表制度已不能适应市场经济体制的需要。二是与市场经济体制相适应的装备采购管理体制改革的发展使装备采购中的利益关系发生了变化。军工企业和军事代表的关系由计划经济时代"军民一家、利益一致，分工协作"的关系逐步演变为"利益分立、取向互异"的监督和被监督的关系。三是装备保障资源配置的不充足严重影响了军事代表职能的发挥。如何解决好这些问题，是建立和完善军事代表激励约束机制的关键所在。

就业支持：借力就业培训[*]

廖国庚　蒋均时

　　尽管自主择业军转干部有许多素质优势，但由于他们所从事的军事职业具有自身的显著特色，加上长时间生活工作在相对封闭的特殊环境里，他们在就业过程中存在着一定程度的人力资本缺陷。而"要改变一般人的本性，使他获得一定劳动部门的技能和技巧，成为发达的和专门的劳动力，就要有一定的教育或训练"（《马克思恩格斯全集》第 23 卷，人民出版社，1960 年，第 15 页）。所以，就业培训对于自主择业军转干部的就业支持工作具有重要意义。

　　基于培训的重要性，我国对自主择业军转干部开展了一些培训，取得了一些成绩，但也存在不少问题，因此，建立和完善自主择业军转干部就业培训体系，也就成为完善自主择业军转干部就业支持机制的重要内容。

　　针对当前就业培训中存在的种种问题，笔者认为，建立高效的自主择业军转干部就业培训体系，必须着重解决如下问题：

一、就业培训的国际参照

　　从世界各国看，退役军官就业培训可分为两个层次：平时培训、就业培训。平时培训就是在现役军官服役期间的平时训练过程中，对其进行军地通用知识技能的培训；就业培训，就是在退役军官退役时，对其进行的直接为实现就业服务的培训。就退役军官就业培训而言，根据军队、地方发挥作用的不同，可以将其分为三种典型类型：

　　第一种是地方主导模式。这是一种主要依托地方组织实施退役军官就业培训

---

　　*　本文原载于《转业军官》2011 年第 6 期。

的模式。这种模式的显著特点是军队一般只负责平时培训，不负责专门的就业培训，而就业培训主要由地方组织完成。如美国，退役军官的就业培训一般都交由政府机构——退伍军人事务部管理和组织实施，具体培训事务则交给公共就业服务机构、高等院校、企业以及民间以退役军人为对象的专门服务机构完成。英国等国家亦属于这种模式。

第二种是军队主导模式。这是一种主要依托军队组织实施退役军官就业培训的模式。这种模式的典型特点是军队不仅负责平时培训，而且还在退役军官就业培训中发挥主导作用，而地方在退役军官的就业培训中只发挥补充和辅助作用。如日本，自卫队根据退役军官的具体情况，在他们可能退役的前 1 ~ 2 年，由专门管理机构筹集专项经费对他们进行军内民用技术训练和军外公共职业训练。前者 3 个月，后者大约要 6 个月，目的是使受训人员都掌握一项技术，并达到国家考核合格的初级技术水平。对一年后将退役的军官，一般要进行 5 周管理业务训练，目标是培养企业的顾问和各级职员。在离队前的 3 ~ 6 个月还举办"就业指导讲座"，请厂矿企业负责人与当地政府部门的职业安置人员到部队介绍情况，讲授职业知识和到地方就业应做的思想准备，组织参观地方的工矿企业，以增加感性认识和理性知识。

法国也基本属于这种模式。法国对于服役满 15 年，年龄不满 52 岁的军官，在退役前，军队还允许其参加 6 ~ 12 个月的就业培训，包括进国防部组织的短训班或专业技术学校学习，也可申请到企业实习、见习。培训期间的待遇不变，费用由国防部支付。

第三种是军地结合模式。这种模式的显著特点是军队不仅负责平时培训，而且负责部分就业培训，但地方组织在退役军官就业培训中也发挥十分重要的作用。如澳大利亚，国防部负责退役军人就业培训的管理工作，组织国防力量转换研讨会，但具体培训工作却像美国一样，基本依托社会各类组织完成。

二、我国培训模式的长远选择

从总体上看，我国目前对自主择业军转干部的就业培训，大体上属于地方主导模式，即美国模式。但与美国不同的是，地方培训机构及其组织的培训比美国落后，发挥的作用也比较小。由于我国的军转干部就业培训模式仍然存在许多不完善的地方，有人主张采用军队主导培训模式。比如刘希旺等人就明确认为："部队应该采用定期轮训的办法，有计划地对在职干部进行地方业务培训，时间半年、一年或两年不等，根据学习时间长短，学一门或两门地方专业知识。"同时，在军官确定转业前，部队要"根据国家安置政策、地方人才需求及本人志愿，用一年或半年时间进行定向专业培训"。

那么，中国对自主择业军转干部的再就业培训，到底采用哪种模式好呢？

从长远看，应该选择地方主导模式，即美国模式。因为，军队的目标终究是实现军队战斗力的最大化，如果在军队干部转业前对其进行较长时间的培训，不仅要投入一笔数量可观的经费，还要投入一定的人力、物力，这或多或少会影响军队目标的实现。但是，应该指出的是，这种模式是以地方能够有效组织自主择业军转干部就业培训为前提的，如果这个条件不具备，那么，就不得不选择其他模式。

尽管长远选择是地方主导培训模式，即美国模式，但从目前的实际情况来看，应该走一种军队能够发挥更大作用的军地结合模式，即军队要与地方协同配合，共同组织对自主择业军转干部的就业培训。经过一个时期过渡后，再采用地方主导模式。其理由如下：

1. 地方单独组织自主择业军转干部就业培训的难度很大，军队难以置身事外，这是最主要的原因

目前我国自主择业军转干部的人数还比较少，2001 年为 0.83 万人，2002 年为 1.15 万人，2003 年为 1.39 万人，2004 年为 2.23 万人，2005 年为 1.52 万人，2006 年为 1.15 万人，2007 年为 0.72 万人，2008 年为 0.71 万人，2009 年为 0.53 万人，2010 年为 0.64 万人，而且呈现出"南少北多，东少西多"的特征。所以，除少部分地区外，大部分地区自主择业军转干部人数比较少。以湖南省为例，除长沙地区人数较多外，其他地区自主择业军转干部人数在 50 人以下，有些地区只有几个人，而且居住比较分散。基于这两个方面原因，地方政府的军转安置部门很难有效地组织对他们的培训，人数多一点的城市一年或两年组织一次，小一点的城市几年组织一次。即使组织了，参加率一般也很低。此外，由于自主择业军转干部的年龄大多在 40 岁以上，他们基本没有参与地方院校培训的动力，所以也很难发挥地方院校及其他培训机构的作用。这样，对自主择业军转干部的就业培训，在不少地方也就基本流于形式。而军队、地方协同组织对自主择业军转干部的就业培训则相对要容易得多。

2. 地方军转安置部门组织的就业培训成本较高，效率较低

地方军转部门的培训中心，由于自身缺乏必要的设施、优秀师资力量，其组织的就业培训，一般培训成本较高，包括吃住费用、支付教师酬金在内大约为每

人每天 100 元。相对来说，军地协同组织的就业培训的费用要低廉得多，因为军队可以充分依托军事院校或地方院校的设施、师资优势，大大节约住宿、教师酬金等费用。同时，军队的加盟，也意味着培训费用筹集渠道的扩展。

3. 我国以退役军人为服务对象的民间服务机构尚未建立

在国外，由于有发达的以退役军人为服务对象的民间服务机构——退役军人组织，从事退役军人的就业咨询、就业指导、就业介绍、就业培训工作，所以，即便退役军官非常分散，只要成为会员，也比较容易开展对他们的培训。而我国目前尚缺乏这类组织，当然也就谈不上发挥它们在自主择业军转干部就业培训方面的补充作用。而军队组织可以为培训工作提供一定的支持。

三、就业培训体系之建构

建立军地协调配合的自主择业军转干部就业培训机制，应该从以下几方面着手。

1. 建立完善的培训机构

组织对自主择业军转干部的转业前、转业后就业培训，必须有可靠的组织保证。因此，必须完善自主择业军转干部转业前后的培训机构。

（1）建立军地协调的就业培训组织机构。要形成地方、军队责任明确，分工负责的自主择业军转干部就业培训领导、组织机构。其一，强化国家和地方政府军转部门的组织机构，并明确其在自主择业军转干部转业前后就业培训中的职责；其二，强化军队内部负责军转工作的组织机构，要拓展军队军转部门的职责和功能，明确其协调、组织就业培训的职责，并相应增加编制和工作人员。

（2）建立自主择业军转干部就业培训中心。为了开展对自主择业军转干部的就业培训，必须建立自主择业军转干部就业培训中心，设置全国统一的自主择业军转干部就业培训网，并正式纳入国家教育体系。自主择业军转干部就业培训中心的主要任务是：了解自主择业军转干部将要定居的城市和地区流向；调研全社会特别是集中安置地区对自主择业军转干部不同年龄层次的劳动力需求；确定就业培训方向、内容和专业，实施就业培训计划等。

将全国统一的军转干部就业培训中心设在有关军队院校、地方院校、政府各级人事部门培训中心、退伍军人民间机构及其他政府核准的机构。培训中心大体可以分为三个层次：中心培训点、地区培训点和培训分部。中心培训点通常是该地区的牵头单位；地区培训点受中心培训点的指导，主要负责小范围培训；培训分部则根据需要设立。每个培训点各负责1~2个专业的培训，培训主办单位可通过招标方式确定，也可以特长、能力为标准由培训中心专家组民主决定。培训中心将及时和当地驻军、地方政府的用人单位共同研究有关问题并提出解决办法，如本年度需要培训的军转干部人数、所选专业等。

2. 科学实施就业培训

（1）科学设置培训专业。要加强与人才市场的联系，及时收集人才信息，了解、研究和预测地方人才需求变化，根据未来人才需求变化趋势、自主择业军转干部个体需求科学设置专业。

（2）制订科学的培训计划，科学确定培训内容。制订短期培训计划，要着眼于提高自主择业军转干部的整体素质。重点是要对自主择业军转干部进行民用知识和专业技能的教育和培训，使每个自主择业军转干部至少掌握一项专业技能，并达到国家考核合格的初级技术水平。同时还要进行适应性培训，邀请厂矿企业负责人与当地政府部门的职业安置人员到部队介绍情况，讲授选择职业知识和到地方就业应做的思想准备，组织参观地方的工矿企业，以增加感性认识和理性知识。要将育人内容纳入培训计划中，帮助自主择业军转干部打破传统思想观念如"官本位"观念，树立新的思想观念，如市场观念，包括创新意识、竞争意识、效率观念、新型人才观念等。

（3）实现培训形式的多样化。在自主择业军转干部就业培训形式方面，应借鉴美国、澳大利亚等国家的经验，实现培训形式的多样化。在适应性培训方面，应该讲座与参观相结合；在技能培训方面，应该有集中学习、在职训练、证书考试、攻读学位等多种多样的形式。

（4）协调与地方有关部门的关系。对于参加培训，并通过军队或国家组织统一考试的自主择业军转干部，授予相应的证书，如专业技术资格证书或者执业资格证书。

3. 建立培训资金的筹资机制

充足的培训经费是自主择业军转干部就业培训顺利进行的前提条件，要加强对军转干部的就业培训，关键是要解决培训经费问题。为此，必须拓宽自主择业军转干部培训经费的筹集渠道，走培训经费筹集社会化的道路，建立充分调动国家、军队、自主择业军转干部个人、社会各界力量，多渠道筹集培训资金的制度。多渠道筹集培训经费，具体可采取这些措施：第一，建立自主择业军转干部就业培训基金。培训基金由军队干部、政府共同筹资解决。具体办法是，借鉴美国退伍军人教育援助计划的经验，建立军队干部个人就业培训资金账户，军队干部按照每月 10 元，捐赠总额不超过 1000 元的资金，中央财政按照1:2的比例进行资金配套。第二，通过发行彩票的方式募集资金，其中一部分用作自主择业军转干部再就业培训资金。国防事业事关中国全体公民的安全，运用发行彩票的方式筹集资金，完全可以说是取之于民，用之于民，是可行的。第三，通过接受各种赞助和捐赠的方式筹集培训资金。

就业支持：找准社会定位[*]

廖国庚　蒋均时

自主择业干部就业支持作为社会就业支持工作的组成部分之一，它深深植根于我国的社会背景和当前实际。因此，必须把自主择业军转干部的就业支持工作放在社会大系统中进行考察和定位，使之与社会相关要素相协调，既保障自主择业军转干部的就业权利，使对他们的就业支持的力度合理适当，又不造成新的问题，以达到促进社会主义和谐社会建设的目的。

一、要与我国国情国力相协调

美国、澳大利亚、英国、德国、法国等市场经济发达国家，在退役军官就业支持的理论与实践方面，已经走在我国的前面。他们对退役军官实施就业支持的一系列做法，反映了退役军官就业支持的一般规律，我们应该采取"拿来主义"的态度，大胆借鉴其成功经验，但是，对自主择业军转干部的就业支持不能简单地照抄照搬国外的做法，而必须根据自己的实际情况来设计，使之与中国的基本国情相符合。因为，中国的国情与国外发达国家有很大的差异。

首先，退役军官个体素质有较大差异。在美国等发达国家，退役军官的素质一般都很高，军官全部为大学本科毕业，其中硕士、博士研究生占40%以上，大多掌握了较高的通用性知识技能。而我国自主择业军转干部（退役军官），尽管大多数人对自主择业是有备而选的，多数具有专科以上学历，但不少干部是函授专科、本科毕业的，且多数年龄偏大，其知识结构、技能不适应市场需要。据有关部门调查，2006年某市接收的78名自主择业军转干部中，虽然88.4%具有

　　*　本文原载于《转业军官》2011年第8期。

大专以上学历，但从事医疗、教育、计算机和通信等军地通用专业的自主择业军转干部仅占11.5%，45.4%的军转干部反映就业难。

其次，就业环境有很大差别。美国、澳大利亚、英国等发达国家，尽管也存在失业问题，但由于人口总量小，新增就业人口较少，就业压力一般不太大，就业环境相对较好。而我国由于人口总量巨大，就业形势远比国外发达国家严峻，就业环境相对较差。我国每年需要就业的人口，仅高校毕业生就达数百万之多。

此外，中国的社会制度、历史文化传统、经济发展水平等许多方面也与国外发达国家存在较大不同。

由于我国自主择业军转干部就业支持面临的基本国情与国外有很大差别，因此，我们在设计就业支持政策时，就必须充分考虑我国实际情况，使就业支持力度与我国的国情相一致。一方面要充分考虑制约自主择业军转干部就业的因素，使就业支持的力度与自主择业军转干部的素质、就业环境相一致，避免出现就业支持不足的问题；另一方面要充分考虑我国经济发展水平，使就业支持的力度与社会的承受能力相一致，避免出现就业支持过度的问题，避免引发新的社会矛盾和社会问题。

二、要与计划安置的力度相协调

根据现行政策，符合自主择业条件的军转干部，既可以选择计划安置方式，也可以选择自主择业安置方式。他们选择安置方式的过程，是一个在家属、战友或朋友的参与下，根据个人情况和现行政策对两种安置方式可能给自己带来的利弊进行综合比较分析的过程，只有当预期选择自主择业安置方式会带来更大收益时，才会选择自主择业。所以，实际影响军转干部选择自主择业安置方式的因素有两个方面：一是计划安置方式吸引力的影响因素。计划安置方式的吸引力源于选择它可以获得一定的正收益。选择该种安置方式的预期正收益主要有：①工资福利待遇。②职业声望。③职位递延收益。一定的职位不仅会给该职位上的人带来工资福利待遇、职业声望收益，而且会使其获得一定的运用资源的能力，从而衍生出其他有形或无形的收益。④除前三方面以外的其他收益。四种收益中任何一个方面的增加，都将增加计划安置方式的吸引力。二是自主择业安置方式吸引力的影响因素。自主择业安置方式的吸引力同样源于选择它可以获得一定的正收益。选择自主择业安置方式的预期正收益主要有：①退役金及福利待遇。自主择业军转干部按照规定每月可以领到一定数量的退役金，并能够享受医疗保险。②就业收益。如果自主择业军转干部能够顺利实现就业，他们可以获得包括工资福利待遇、职业声望在内的就业收益。两个方面中，前一方面的收益是确定无疑的，它的增加自然会增加自主择业安置方式的吸引力；而后一方面的收益存在较大的不确定性，即不一定能够找到合适的职位。影响其就业可能性的因素不仅包括就业环境因素、个人拥有社会资本情况，还包括影响就业环境因素和个人社会资本的就业支持因素。就业支持力度的增加意味着就业可能性的增加，同样也意味着自主择业安置方式吸引力的增加。

当前，从中央到地方，各级人民政府都从讲政治的高度，对计划安置军转干部给予了高度重视。为安置好计划安置军转干部，中央出台了"党政机关接收军队转业干部按计划分配数的25%增加行政编制"的政策。各级政府高度重视的结果是计划安置军转干部得到了妥善安置，这无疑增加了计划安置方式的魅力，也成为近年选择自主择业安置方式的军转干部比例呈下降趋势的部分原因。就自主择业工作来说，关键的就是要增强就业支持的力度，使自主择业军转干部就业支持的力度与计划安置的力度相适应。只有坚持自主择业军转干部就业支持力度与计划安置的力度相协调的原则，才能够顺利推进军转安置制度改革。

三、要与困难群体的就业支持相协调

为支持下岗失业人员就业，我国已经出台了一系列就业支持政策，并取得了显著成效。在新的历史时期，党中央从构建社会主义和谐社会的高度出发，把对下岗失业人员的就业支持扩展到了所有困难群体。2008年7月31日通过的《中华人民共和国就业促进法》第五十二条规定："各级人民政府建立健全就业援助制度，采取税费减免、贷款贴息、社会保险补贴、岗位补贴等办法。通过公益性岗位安置等途径，对就业困难人员实行优先扶持和重点帮助。就业困难人员是指因身体状况、技能水平、家庭因素、失去土地等原因难以实现就业，以及连续失业一定时间仍未能实现就业的人员。"党的十七大报告亦明确指出："完善面向所有困难群众的就业援助制度，及时帮助零就业家庭解决就业困难。"

对下岗失业人员等就业困难群体实施就业支持的依据主要是下岗失业人员等就业困难群体处于就业弱势地位，不能实现就业就会影响基本生活，从而影响社会主义和谐社会的建设。可见，对下岗失业人员等就业困难群体实施就业支持的理由与对自主择业军转干部实施就业支持是一致的。不同之处，首先在于对自主择业军转干部实行就业支持的主要依据是贡献，而对就业困难群体实施就业支持的主要依据是资本缺陷。其次在于资本缺陷程度不同。绝对地看，自主择业军转干部的资本缺陷程度远不如下岗失业人员等就业困难群体严重。相对来看，自主择业军转干部的资本缺陷又与下岗失业人员相差不大，因为自主择业军转干部的期望比下岗失业人员高得多，竞争对手也要强。最后在于自主择业军转干部有稳定的退役金，情况比下岗失业人员等就业困难群体要好一些。所以，对自主择业军转干部的就业支持力度应与困难群体的就业支持力度相协调，不能低于对他们的就业支持力度。只有协调和平衡好自主择业军转干部群体与就业困难群体的利益关系，才更有利于社会主义和谐社会的建设。

四、要与自主择业军转干部所做贡献相协调

军人为国家和军队做出的巨大贡献，或者说在服役期间遭受的损失和做出的牺牲，是世界各个国家及社会为退役军人提供就业支持的根本依据。美国约翰逊总统在宣布创设越战退伍军人过渡时期工作安排工程时曾指出："这些退伍军人曾以优良的业绩服务于他们的国家，那么，他们的国家唯一应该做的就是很好地服务于他们。"约翰逊总统的这段论述准确地说明了军人为国家服务与国家在他们退役后服务于他们之间的内在关系：前者是因，后者是果。在我国，情况亦不例外。我国颁布的《军队转业干部安置暂行办法》明确指出："军队转业干部为国防事业、军队建设做出了牺牲和贡献，应当受到国家和社会的尊重、优待。"就自主择业军转干部来说，情况亦是如此。自主择业军转干部为国家和军队做出的巨大贡献，是国家和社会对其实施就业支持的根本原因。因此，对自主择业军转干部的就业支持必须充分反映他们的贡献，使就业支持的力度与贡献相匹配。换而言之，贡献越大，就业支持的力度也就应该越大。

使自主择业军转干部就业支持与其贡献相协调，就是要根据贡献差异来设计就业支持权益。自主择业军转干部在服役期间为国家和社会做出的贡献可以从两个方面来计算：第一，服役年限。按服役年限计算贡献是世界各国的通行做法，我国自主择业军转干部为国家和社会做出的贡献也可以用服役年数计算，服役年数越多，意味着他们对国家和社会做出的贡献越大。第二，服役表现。自主择业军转干部是否参与过战争或抗震、抗洪救灾、抗击"非典"等重大社会活动，是否立功受奖，这也是衡量他们贡献的重要标准。所以，根据贡献差异来设计就业支持权益，就是要使不同服役年限等级、不同服役表现的自主择业军转干部享有不同等级的就业支持权益。

借鉴美军经验 加强我军装备采办队伍职业化建设[*]

李湘黔 郭 勤

一、美军装备采办队伍职业化建设的主要特点与经验

1. 把建设一支高素质的采办队伍作为武器装备建设的重要战略任务

美军在装备采办制度改革进程中，历来高度重视装备采办队伍职业化建设，投入大量人力、物力和财力，努力提高采办人员素质，为国防部源源不断地输送了一大批高素质的采办管理人才。当前，美国从事国防采办的人员有 15 万，业务范围包括项目管理、合同签订、工业资产管理、系统规划、研究与发展、试验与鉴定、质量保证、成本估算、财务管理与审计等。2009 年 5 月，美国总统奥巴马签署了武器系统采办改革法案，要求改革军队采办武器和其他装备及服务方式。为此，美国国防部出台了采办队伍改进计划，采取多项措施并投资几十亿美元，在今后 5 年内，通过招募新人及将部分由承包商承担的职能转为政府的职位，将国防部自己的采办队伍扩大 15%，即在 2015 年前增加 2 万名采办人员。

2. 建立统一管理与三军分散实施相结合的管理体制

一方面，在国防部一级，国防部长办公厅是统管机构，负责整个国防部系统

---

* 本文原载于《军事经济研究》2011 年第 12 期。

采办人员的综合管理和协调，副部长全面负责采办与技术工作。由副部长领导的采办改革的副部长帮办负责管理采办人员教育、培训与职业发展工作。同时，国防部设有"国防采办职业发展委员会"，负责国防采办人员的教育、培训和职业发展工作的政策、计划和后勤保障等事宜，并向副部长提供咨询，审批采办人员培训的经费预算，审查"军种采办职业发展计划委员会"提出的建议，并统一监督国防部采办人员教育、培训和职业发展的方针政策和具体工作的实施情况。另一方面，在军种部一级，三军也设有相应管理机构，负责本部门采办人员的职业发展和教育培训。各军种都设立了"采办职业发展管理主任办公室"，负责执行国防部统管机构有关采办人员教育培训和职业发展的方针政策，制定本部门的采办人员培训计划并具体组织实施。同时，各军种也设立了"采办职业发展计划委员会"，作为本军种采办人员培训教育与职业发展的协调管理咨询机构，负责执行国防采办职业发展委员会的政策，就采办人员的招收、训练和职业发展以及为采办机构挑选采办人员事宜向军种采办执行官提供咨询。

3. 建立三军统一的装备采办人员培训教育体系

美军早在 1971 年即成立"国防系统管理学院"，专门培训采办人员。1991 年 10 月，美国国防部根据《加强国防采办队伍建设法》，正式组建国防采办大学，其主要任务是分期分批按职业要求培训现职采办人员。这种培训体系的主要特点是：一是在教育管理上，在"国防采办职业发展委员会"下面，设立了"国防采办大学委员会""职业计划审查委员会"和"国防系统管理学院委员会"三个特别委员会，加强对国防采办队伍教育培训的监督与管理，确保了国防采办人员的教育、培训和职业发展工作的各项政策的落实。二是在教育培训目标上，把国防采办系统从业人员岗位划分为初、中、高三类，培训等级相应分为初级、中级和高级。通过培训，目的是让他们能从事合同监管工作，加强他们对整个机构业务的了解和各种工作技能的掌握，提高他们的国防领导能力和国防采办项目管理能力。三是在教育培训模式上，实行教室培训、网络培训、工作业绩支持培训等。四是在课程设置上，美国国防部把国防采办人员划分为 14 个职业领域，课程分为必修、选修和继续教育三大类共 85 门课程，由各专业领域专家以国防部长办公厅有关政策为依据，并根据国防采办队伍不同职业领域工作要求制定课程计划，课程内容与国防采办队伍从业人员工作的匹配程度较高。

4. 着力打造清晰、富有吸引力的采办队伍职业生涯

美军对国防采办进行职业规划管理，其核心是国防采办职位资质等级管理，依据采办职位职能分工不同，将采办职位分为初、中、高三级 16 个类别，为其

制定了采办职位资格标准，从工作实绩、教育程度、受训情况三方面对采办人员进行综合考评，确定采办人员能否任职。最近，美军把采办队伍更加职业化作为加强装备采办改革的一项重要措施。奥巴马政府上台以来，面对装备采办领域严重"拖进度、降指标、涨费用"的问题，要求军方加强对采办过程的审查监督力度，颁布了《武器系统采办改革法》，要求"国防部应当为采办文职人员和外场军事人员建立一种清晰的、富有吸引力的职业生涯"。

二、我军装备采办队伍建设的现状与问题

1. 采办队伍建设虽具规模，但素质不高、专业化水平低

自1998年总装备部成立以来，针对武器装备科技含量不断提高的趋势，军委、总部在干部队伍建设规划中，明确提出要着重选拔一批学历高、素质好、业务能力强的干部，充实到装备采办系统中，建设一支素质全面、能力突出、结构合理的装备采办队伍。但是，在采办工作实践中，我军装备采办人才队伍总量不足、能力单一、专业性不强、结构不合理的状况仍然没有完全改变。如作为装备采办重要环节的合同管理部门，招投标、合同审计、费用分析、项目管理等人才仍很缺乏；独立承担采办合同订立管理职能的人员较少；合同订立人员的业务操作能力偏低，对合同风险的评估能力较低，独立承担采办合同订立管理职能的人员较少等。

2. 装备采办队伍管理逐步加强，但任职考核等激励机制不健全

按工作性质，装备采办干部分为指挥干部和技术干部两种类型。指挥干部的任职资格是其担任某一职务必须具备的资历和条件，其已有的相关政策制度比较完善。但是，在装备采办技术干部制度方面，存在岗位任职标准不明确，未能实行资格认证制度，没有一整套完备的采办人员资格认证体系，没有建立起有效的选拔任用机制。装备采办技术干部主体是军事代表，但对军事代表的晋升，特别是技术职称评定，仍采用与全军其他技术干部同一标准，即"专业技术干部任期考评办法"进行评价，以科技成果奖、论文发表等指标进行量化考核，缺乏对各类各层次装备采办人才专业技能、工作业绩、教育培训等方面的规定和要求，任职资格反映不了职务、岗位需求的客观要求。同时对装备采办人员的工作评价、监督激励制度缺乏，相关政策不配套、不完善，不能有效地激励采办人员发挥其

主动性和创造性，影响装备采办效率和质量。

3. 教育培训体系基本形成，但培训内容和课程设置不合理

从目前情况看，培训的专业面还不能完全满足装备采办干部培训需求；培训规模比较小，还不能满足全军装备采办干部每一职务、职称任期参加一次院校培训的要求；急需人才的培养还跟不上形势的需要等。采办干部任职教育课程，由实施任职教育的院校根据军兵种培训方向各自设置。虽然课程分为必修课和选修课两大类近 70 门课程，但课程标准与考试由各院校制定和实施。由于受传统的基础课、专业课、公共课三段式课程模式的影响，课程设置缺乏国防采办队伍从业人员的工作要素，课程设计还是偏重基础理论，专业性和实用性不强。

4. 培训方式逐步完善，但教育观念落后、教学方法陈旧

近年来，全军部队采取各种方式，加大装备采办人才培养力度，提高科学采办、依法采办的能力，但在教育教学实践中，一是教育观念落后，重理论，轻实践；重知识，轻技能；重课堂教学，轻课外延伸。二是培训模式还比较单一，主要采取室内理论培训，专家授课和领导讲座主要也是对装备采办人员进行装备采办政策的宣讲。三是教学方法传统，虽然网络、多媒体等技术大量应用于教学实践，但有的教员缺乏采办工作实践经验，未能有的放矢，因材施教，培训效果一般。

三、加强我军装备采办队伍建设的对策

1. 创新人才培养理念，从战略高度上重视装备采办队伍建设

高素质的装备采办人才队伍，事关武器装备建设发展全局，也是装备采办制度改革取得成功的关键。必须站在国防和军队现代化建设的高度，加强对装备采办队伍建设重要性的认识，建立一支适合国情、军情的高素质装备采办队伍。要着眼装备采办人才成长周期长、需求规模小的特点，超前谋划、系统培养、形成梯次、滚动发展，确保装备采办队伍与武器发展、部队建设相适应；要着眼装备采办队伍科技素质要求高，知识、技能更新快的特点，注重继续教育，改善知识结构，促进装备人才向高学历、复合化、智能化方向发展，确保装备采办人才的知识和素质与武器装备升级换型相适应；要着眼装备采办队伍专业性强、接触面相对较窄的特点，拓宽装备采办人才内外交流、岗位轮换的渠道，体现技术素

质、专业化水平和组织指挥能力的有机统一，实现装备采办人才资源合理配置。

2. 加强组织领导，建立完善的装备采办队伍管理体制

一是总装备部作为集中统管部门，领导全军武器装备采办队伍建设，进行顶层设计，集中谋划，统一组织，制定装备采办队伍建设的发展规划、方针政策和制度措施，协调各军兵种的装备采办队伍建设。二是完善各军兵种装备采办队伍管理体制。各军兵种装备采办部门作为落实总部采办政策、计划管理和实施、装备保障和项目管理的具体机构，要根据需要建立一支规模适度、专业化分工的采办队伍，落实装备采办队伍建设过程中的各项政策。三是驻厂军代表要逐步实行总装备部集中统一管理，彻底改变各军兵种分散管理、效率低下的状况，最大限度地提高装备采办的整体效能。

3. 完善任职教育和业务培训，健全装备采办队伍培训教育体系

一是完善装备采办队伍培训机构。尽快改变装备采办人才培训渠道窄、数量少、层次低的状况，加快建立有利于装备采办人才选拔、培训、使用和管理的新机构。二是完善采办人才培养的内容体系。按照培养一支能够运用经济、法律和行政等手段，尊重装备采办工作客观规律的专业化人才队伍要求，以满足采办岗位任职为第一需要，兼顾岗位发展所需，着重加强包括政治、军事、经济、法律、管理以及合同质量、装备财务、高新技术等内容体系建设。三是完善培训模式。注意理论教育和实践活动相结合，立足于部队，面向社会，通过建立相对稳定的教学网，采取模拟教学和案例教学的方法，提高教学的针对性和实效性；应充分利用现有的军队信息技术和网络技术，建立多样化培训模式，扩大培训覆盖面，提高培训效益。

4. 强化职业发展规划，促进装备采办队伍职业化建设

美军为提高采办人员整体素质和专业技能，在加强采办队伍职业化建设方面，制定了有关采办人员招募、训练、教育、提升、使用的具体措施。借鉴美军国防采办队伍职业化建设的做法，在设置我军采办岗位时，采用自上而下的步骤和方法，即任务—机构—编制—岗位设置—资格标准。目前采办的总体任务已很明确，现阶段的主要任务是根据我军采办特点，对采办岗位设置进行科学分类，建立起采办岗位的总体框架。首先应对军队采办部门现有岗位的工作内容、工作量、权责划分等情况进行全面调查，之后确定军队采办岗位基本分类条件，建立分类标准，最后以采办岗位职能分工不同作为基本分类的标准，对采办岗位进行比较评价，区分岗系，划分岗序和岗类。

依托国民教育资源培育军队人才的思考[*]

周长峰　刘燕

中共中央总书记胡锦涛强调，要进一步完善军民结合、寓军于民的军队人才培养体系，完善依托国民教育培养军队人才体制机制，拓宽利用国民教育资源和国家人才资源渠道，吸引社会高层次人才到军队工作，充分发挥各类人才献身国防和军队现代化建设的积极性、主动性、创造性。这一论述，抓住了转变战斗力生成模式的关键环节，也是落实科学发展观，实现富国与强军相统一的实际措施，对于培养大批高素质新型军事人才具有很强的现实指导作用。

一、利用国民教育资源培养军事人才意义重大

1. 国民教育资源基础雄厚，有效弥补军队院校不足

与军队院校相比，地方普通高校尤其是一些重点建设高校，都是国家"211工程"院校，具有悠久的历史，师资力量雄厚，教学设施和手段先进，信息交流广泛，知识创新能力强，占据学科前沿，在很多方面处于世界领先地位。一些院校已与国际教育接轨，如清华大学、北京大学、浙江大学等全国重点大学，许多学科处于国际领先地位。依托国民教育资源培养军事人才可以有效地弥补军队院校的不足，有利于尽快吸纳地方先进的科学理论、高科技知识，加快复合型、创新型人才培养的步伐。

各国军队建设的实践表明，军队院校无法承担培养全部军事人才的任务，必

＊　本文原载于《中国集体经济》2011 年第 34 期。

须依靠国民教育体系。这主要表现在：军官的科学文化知识主要在地方院校打基础；相当一部分专业技术军官靠地方院校培养和输送；某些军队的继续教育和某些专业技术进修课程要在地方院校进行；军事院校的某些课程要请地方院校的教授、专家讲授。军队院校与地方院校合作培训军官，充分利用地方院校的资源优势，发展联合教育体制，培养军队所需要的高质量人才，已成为当今世界各国军队院校教育体制改革的重要趋势。

2. 大批高文化素质的人才进入军队

在新的历史时期，大批高文化素质的人才进入军队，对我军的质量建设具有重要的战略意义。充分利用地方高校人才综合素质高、专业性强的优势，有利于全面提高现代化军事人才的素质，提高培训层次、质量和效益。改革开放以来，我国高等教育得到迅速发展，培训规模不断扩大，培训质量明显提高。目前我国高等教育，不仅是当前社会优秀后备人才的主要培养地和聚集地，也是军队可以充分开发利用的人才资源的"富矿区"。

大批优秀的普通高校毕业生补入部队，带来了知识和科技，带来了智慧和活力。拥有高素质的军事人才，军队建设就会出现质的飞跃，科技强军就会拥有强大的动力。事实表明，国民教育无论是教育观念、教学内容，还是教育方法、教学手段，都有自己的特点和优势。借助国民教育资源培养的军事人才，不仅基础知识比较厚实，综合素质比较全面，而且思维比较活跃，创新精神、创新意识和创新能力都比较强。因此，依托国民教育培养军事人才，是新形势下搞好人才建设工程的一个重要渠道，是军队建设高素质人才队伍带有方向性的重要举措和必由之路。

3. 减少军费开支，降低军事人才的培训成本

人才培养作为一个系统工程，其中很重要的一个因素就是要有一定的物质条件作保障。随着科学技术的发展和军队武器装备科技含量的不断提高，人才培养的费用越来越高。美军审计局的一份报告表明，美军陆军院校培养一名毕业生需要25万美元，而在地方大学后备军官练习团培养一名军官仅需要6万美元，是军事院校的四分之一。由于军队院校教育经费的投入是有限的，因此不可能满足全部需求。通过依托国民教育培养大批的人才进入军队，可以有效地缓解财力不足的矛盾，把有限的经费花在刀刃上，提高军事教育投入的效益。

因此，拓宽选拔和培养高素质军事人才的途径，充分发挥普通高等教育在国防和军队现代化建设中的基础性作用，"尽快走出军队干部由自己培养和依托国民教育培养并举的路子"是我军跨越式发展的有效途径，是适应我军建设"两

个根本性转变"和未来"打得赢"需要的必然选择。它不是权宜之计，而是军事人才成长必须遵循的客观规律，是培养高素质新型军事人才的一条必由之路。

二、加强依托国民教育资源培养军事人才的对策

依托国民教育培养军队干部，是国务院、中央军委着眼我军跨越式发展做出的战略性决策，是军队培养高素质人才适应新军事变革的必由之路。胡主席强调指出，要加大依托国民教育培养军事人才和从社会引进专业技术人才工作的力度，更好地满足军队建设对高素质人才的需求。要落实胡主席的重要指示，关键要树立科学人才观，采取切实有效措施，全面提高依托培养质量。

1. 树立坚定不移地走依托国民教育培养军事人才道路的观念

当代军事科学技术的发展，促使军队武器装备和未来战争形态向一体化方向发展，培养融指挥、管理、技术于一体的复合型军事人才已势在必行。在这种发展趋势下培养军事人才，仅靠某一所院校的力量显然是不够的，必须树立大教育观，充分利用军内外院校和部队的教育资源，走开放办学、合力育才的路子。培养出适应我军现代化建设的高素质军事人才，就要把国民教育作为培养军事人才的深厚基础，坚持军队院校培养人才和依托国民教育培养人才同时并举，实现军事教育与国民教育有机结合和资源共享，在军地兼容中拓宽军事人才的培养途径，提高军事教育的品位，增强军事教育的活力。

2. 加大培养接收力度

现在，我军每年新增干部总数4万~6万人，而科技干部就占需求量的40%左右，单靠军事院校培养，不可能满足需要。为了适应军队建设又好又快发展和军事斗争准备的需要，很有必要出台制度规定，加大接收地方大学生干部的力度，提高接收比例。

国防生培养是当前我军依托国民教育体系培养军事人才的主要途径。国防生是指根据部队建设需要，由军队有关单位依托普通高校从参加全国高校统一招生考试的普通中学应届高中毕业生中招收培养和从签约高校在校大学生中选拔培养的青年学生。但是国防生从招生数额和质量上还远远不能满足国防建设的需要，有些中途退出培养协议的，同样也造成了资源的浪费。所以要在现有的基础上，

加大培养数额，严把培养对象的质量关，要注重强化"质量就是生命"的观念，坚持选人育人的高标准，认真选拔考核和军政训练等环节，有效地保证依托培养的质量，把一些真正的高素质人才通过院校的培养后吸收到部队中来。

3. 试行军地联合办校模式

将军事教育定位在更高的层次上，使军事教育与国民教育各有分工，突出重点。进一步研究制定相关的法律法规，并使之系统化，用法律手段保证军事教育与国民教育在培训目的、培训内容上相互衔接、相互补充。

（1）军事指挥院校与地方高校实施"2 + 2"联合培养办法。可以由军队招生，以建制学员队为单位编入地方高校培养序列之内，前两年的时间是基础教育，大学基础课程教育和考核全部依靠地方院校，两年后进入指挥院校再进行两年的相关军事专业学习。

（2）军队技术院校与地方高校联合，对军队技术专业生军官完全依托地方高校，实行"4 + 1"的联合培养办法。由军队招生，将建制学员队编入地方培养序列，全部基础课程和专业课程以及学历学位全部纳入地方院校教育体制，历时四年，在毕业后再进入军队技术院校学习一年。

（3）继续从地方高校中招收优秀大学毕业生。为了适应建设现代化军队的需要，改革和完善军队干部培训体制，部队根据党中央、中央军委的部署，广开渠道，在较大范围内选拔引进更多的优秀人才。地方高校是社会优秀人才的主要培养基地，军队增加接收地方大学优秀毕业生数量，不断提高接收质量，有利于把地方高等教育的新知识、新信息、新技术，以及各类高校不同的学术思想、风格带到部队，提高军队的整体素质。要继续把从地方高校招收优秀毕业生入伍作为军队干部的必要补充。要有计划、有针对性、有选择地切实招收优秀毕业生到部队，进行"4 + 1"严格培训。对这些人员，要针对专业进行有区分的军事技能教育，因人施教，利用其专业优势，培养专业对口的军事技术或管理人才。

实行部队和一些名校联合办校的模式，不仅可以吸收地方大学毕业生，还可以利用地方院校的教学资源培养军队现有军事人才，继续推进高层次人才强军计划，尤其是硕士和博士研究生的培养力度，选送一批军内优秀人才到校园接受更深层次的教育，尤其是一些与军队武器装备发展和军事斗争准备密切相关的工程技术类专业，军队可以为学校提供先进的管理理念、思想、方法，地方院校可以提供尖端的工程类技术，在双方的努力下，可以造就出更多的适合军队发展的优秀人才，从而从整体上提高全军人才的学历水平和专业技能，为实现军队的信息化和现代化提供强大的智力支持。

4. 完善军民融合式军队人才培养的政策制度

依托国民教育培养军事人才，首要的问题就是不断完善和建立各项规章制度。要加强法制建设，保证国家各项工作都依法进行，使各项制度不因领导人看法和注意力的改变而改变。根据军队建设需要，对依托国民教育培养人才实行宏观调控。

（1）总部要根据军队建设对人才的补充需求和高校实际，统一拟制全军接收地方高等院校毕业生和培养国防定向生的计划。各单位要按照计划确定的数量、学历层次和补充方向抓好落实。接收和补充要体现"三个优先"：优先满足新装备及兵种岗位急需人才；优先满足应急机动作战部队和战略预备队所需人才；优先满足边远艰苦地区和基层部队所需人才。要最大限度地满足部队对理工类人才的需求，严格控制女生和专业不对口的学生的接收，坚决杜绝照顾性接收。同时，总部和各大单位干部部门要对计划的落实进行跟踪检查，坚决纠正擅自调整计划、降低层次、改变补充方向的行为。

（2）军队派驻地方高校的机构应由总政治部会同总参谋部统一归口管理，解决四总部、军兵种和各军区各自为政的问题。要由总部统一在各重点院校成立"后备军官选拔培养办公室"。主要任务是在各高校内进行国防宣传动员、确定预选对象、组织军政训练，并承担直接接收地方大学生到部队工作等任务。因此，要以挖掘和开发现有签约高校的资源为主，努力提高培养效益。选择新的签约高校和设立新的选拔培养机构，要充分考虑分片划区、资源共享的需要，按照便于管理、关系顺畅、分布合理的要求，在总部的统一部署下有序进行。

三、结束语

完善依托国民教育培养军队人才体制机制，拓宽利用国民教育资源和国家人才资源渠道，吸引社会高层次人才到军队工作，对于培养大批高素质新型军事人才具有很强的现实指导作用。利用国民教育资源，可以有效弥补军校教育的不足，吸引高素质人才进入军队，降低人才培训成本，快速提升军队战斗力。为了加强依托国民教育资源培养军事人才，我们需要树立正确观念，加大培养接收力度，试行军地联合办校模式，完善军民融合式军队人才培养的政策制度，全面提高依托培养质量。

参考文献

[1] 李新民，朱斯炜，吴益.贯彻军民兼容方针加强预备役人才建设 [J].国防，2009 (1).

[2] 彭爱华.积极构建军民融合式军队人才培养体系 [J].产业与科技论坛，2008 (11).

[3] 王浩.地方大学生军事择业心理研究 [D].第四军医大学博士学位论文，2005.

[4] 张建华，毕红葵，孙益平，王红.依托国民教育资源培养新世纪军事人才 [J].空军雷达学院学报，2002 (1).

军事代表派驻方式评价研究[*]

黄朝峰　谢进堂　李继业　李志远　旷毓君

军事代表派驻制度改革是当前装备采购制度改革中的热点。根据总部部署，海军已经开始派驻制度改革的试点工作。作为改革中讨论最多的两种方案，驻地区（即集中派驻、机动派出）与驻承制单位各自具有不同的特点和适用范围。如何选择合适的派驻方式，在确保军事代表圆满完成任务的情况下，降低运行成本，消除以往依托承制单位保障的弊端，是当前军事代表派驻制度改革的焦点。

从目前的研究现状来看，已有大量关于军事代表改革的论文和研究报告问世，对军事代表的职能定位、管理模式、制度改革方向等进行了相当深入的探讨，但尚缺乏对于军事代表派驻方式的具体量化研究。面对改革的迫切要求，总装某军代局承担了军事代表派驻方式改革研究课题。课题组在大量调研基础上，对影响派驻方式的多种因素进行了梳理，分别建立了驻承制单位和驻地区两种派驻方式的评价指标体系，并应用德尔菲法请多名长期从事军事代表工作的专家对指标权重进行评分，最后对某省会地区军事代表室的设置进行了案例分析。

一、驻承制单位军事代表室派驻方式评价指标体系

根据军事代表履行相关职能的要求和军工科研生产的特点，是否在驻承制单位设立军事代表室，需要综合考虑承制单位军工科研生产任务、军工科研生产能力、地理位置、基础条件等多种因素，如图1所示。

---

* 本文原载于《装备指挥技术学院学报》2012 年第 1 期。

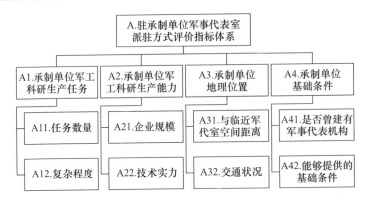

图1 驻承制单位军事代表室派驻方式评价指标体系

1. 承制单位军工科研生产任务

该指标是从承制单位承担军工科研生产任务轻重的角度考虑在承制单位设立军事代表室的必要性。显然，承制单位的军工科研生产任务越重，选择驻承制单位派驻方式的必要性就越大，反之则越小。从装备研制生产的特点出发，该指标可细分为以下两个子指标。

（1）任务数量。任务数量是从量的角度度量承制单位所承担的装备研制生产任务，可以承制单位承担的装备购置价格总额或者装备数量为衡量标准。承制单位承担的任务数量越大，就越倾向于实施驻承制单位的派驻方式。

（2）复杂程度。该指标是从质的角度度量承制单位所承担的装备研制生产任务。因为军工科研生产任务不仅与装备购置数量有关，也与装备的性质有关。例如，弹药类装备的生产工艺比较成熟简单，军事代表质量监控的任务相对较轻，而大型武器装备的生产流程复杂，技术要求高，军事代表的质量监控任务就要重，后者选择驻承制单位派驻方式的必要性显然大于前者。

2. 承制单位军工科研生产能力

指标A1衡量的是承制单位当前承担军工科研生产任务的情况。在考虑军事代表室派驻方式时，不仅要考虑当前或短期内该承制单位的军工任务情况，还应从长远出发，考虑其未来发展的可能性，统筹考虑当前与未来的关系。因为如果一个企业具有较强的军工科研生产能力，或者该企业生产的军品未来一段时间内将会面临很大需求的话，即使其当前的军品定购数量不多，未来一段时间内也可能承担较多任务，因此有必要在该企业设置军事代表室。

（1）企业规模。企业规模从总体上反映了承制单位的整体实力，具体划分可以参考国家统计局在《统计上大中小型企业划分办法（暂行)》中对工业企业规模的划分标准。

（2）技术实力。指标 A21 主要从数量上对承制单位进行划分，此外，还需要从质量（技术实力）上对承制单位进行分析。技术实力主要根据企业拥有的技术人员数量、学历、职称，以及该企业拥有先进装备的固定资产值来衡量。

3. 承制单位地理位置

（1）与临近军代室空间距离。如果与临近军代室的距离比较近，可以考虑将其业务与管理工作纳入临近军代室；反之，则可以考虑设置独立的驻承制单位军代室。

（2）交通状况。空间距离不是单一的影响因素，还应结合交通状况来考虑。如果承制单位周围的交通很不方便，即使承制单位与临近军代室的距离比较近，在一些情况下也有必要设置独立的军事代表室；反之，即使承制单位与临近军代室的距离比较远，如果交通非常便捷，也可以将其业务与管理工作纳入临近军代室。

4. 承制单位的基础条件

该指标主要指承制单位在改革前是否设有军代室和该承制单位所能提供的办公条件。承制单位的基础条件越好，在该单位设立军代室的成本就越小。当然，现在考虑利用承制单位的办公设施与传统后勤保障完全依托承制单位有本质区别。

（1）是否曾建有军事代表机构。如果在改革前曾建军事代表机构，若属军方财产，则可直接使用，从而降低新建成本；若属企业，可通过协商谈判由军队购买或租赁现有设施以节约成本。

（2）能够提供的基础条件。即使承制单位以前未建有独立的军事代表室，如果该企业能够提供一定的基础设施，也可由军队采取购买或租赁的形式来保障军事代表的办公生活条件。

二、驻地区军事代表室派驻方式评价指标体系

是否在某地区设立军事代表室，需综合考虑地区内军工科研生产任务、军工科研生产能力、军工企业分布状况、基础条件等多种因素。建立评价指标体系如

图2所示。

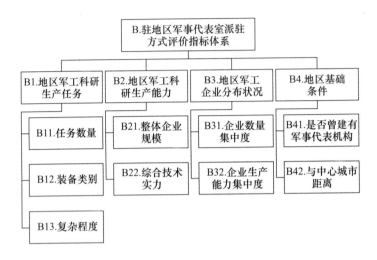

图2 驻地区军事代表室派驻方式评价指标体系

1. 地区军工科研生产任务

任何派驻方式都是为了更好地完成任务，所以派驻方式的选择首先要利于确保采购任务的完成。驻地区军代室要负责一个地区的军事代表工作，首先要考虑该地区所承担的装备研制生产任务。该指标是从地区军工科研生产任务数量的角度来衡量设置驻地区军代室的必要性。

（1）任务数量。该指标从量的角度衡量地区所承担的装备研制生产任务。可以该地区承担的装备购置总额或者装备数量为衡量标准。某个地区承担的任务数量越大，该地区设置军代室的必要性就越大。

（2）装备类别。装备类别可以划分为弹药、武器、运输工具、大型武器系统等，以此类推。该指标以地区内承担装备研制生产任务的类别数目为衡量标准。装备的类别越多，要求军事代表的构成越丰富，设置驻地区军代室的必要性越大。

（3）复杂程度。该指标从质的角度来衡量地区内所承担的装备研制生产任务，以装备在生产技术、工艺上的复杂程度来度量。

2. 地区军工科研生产能力

该指标是指区域内可动员的装备研制生产能力。军事代表连接装备采购供需双方，既了解军方对武器装备的需求，又了解供方的科研生产能力，最熟悉动员潜力的需求与供给情况。相关的法律法规也赋予了军事代表组织装备动员的相关职能任务。因此，尽管有的地区军工企业不多，承接的军事项目也不多，没有必要设置驻承制单位军代室，但若该地区的民品经济有很好的国防动员潜力，为了方便掌握动员潜力情况以及在需要的时候能够充分实施动员，可以考虑设置驻地区军代室。

（1）整体企业规模。整体企业规模是指地区内具有装备研制生产能力企业的总体规模，以大型企业、中型企业和小型企业的数量为衡量标准。企业规模的划分可以参考文献。

（2）综合技术实力。综合技术实力是指所评价地区内具备装备承制能力的企业的总体技术实力，主要根据该地区企业拥有的技术人员数量、学历、职称，以及该地区企业拥有先进装备的固定资产总值来衡量。

3. 地区军工企业分布状况

该指标用来衡量地区内装备承制企业的集中程度，是从地区内企业分布状况的角度来衡量设置驻地区军代室的必要性。

（1）企业数量集中度。该指标衡量的是企业与企业之间的空间相对位置，衡量的办法是某个地域面积范围内装备承制企业的数量。当某一地区一定范围内装备承制企业数量较为集中，设置一个驻地区军代室就可以将整个地区的承制单位和相关的军事代表工作管理起来，就没有必要设置独立的驻承制单位军代室。

（2）企业生产能力集中度。该指标衡量的是某个地域范围内企业承担的装备承制任务总量。类似于企业数量的集中度，企业生产能力的集中度越高，越倾向于考虑驻地区军代室派驻方式。

4. 地区基础条件

该指标主要指被评估地区在改革前是否设有军代室和该地区所能提供的基础条件。

（1）是否曾建有军事代表机构。如果改革前该地区曾建有军事代表机构，就可以降低新建基础设施的成本。如果存在多个军代室，但规模都比较小，可以考虑将几个军代室合并为一个驻地区军代室，实行统一管理、统一保障。

（2）与中心城市距离。中心城市地理位置优越，基础设施完善，交通便利，通信发达，有利于降低交通和管理成本。

三、评价指标权重

课题组采用德尔菲法,邀请了 10 名长期从事军事代表工作的专家对指标体系中各个指标的权重进行打分,并多次研讨,最后确定的指标权重如表 1 和表 2 所示。

表 1 驻承制单位军事代表室派驻方式评价指标权重

A1 0.60		A2 0.15		A3 0.10		A4 0.15	
A11	A12	A21	A22	A31	A32	A41	A42
0.45	0.55	0.45	0.55	0.40	0.60	0.65	0.35

表 2 驻地区军事代表室派驻方式评价指标权重

B1 0.60			B2 0.15		B3 0.10		B4 0.15	
B11	B12	B13	B21	B22	B31	B32	B41	B42
0.30	0.35	0.35	0.45	0.55	0.50	0.50	0.60	0.40

四、应用案例

根据建立的指标体系和指标权重,课题组以某省会地区军代室的设置为例进行了应用研究。

1. 目标

评估在该省会地区设立军代室及在该地区 5 个大中小型军工企业设立军代室的必要性。

2. 背景概况

该省份属于我国的军工大省,在全省分布着数十家军工企业,其中相当数量

的军工企业集中在省会和临近城市，几个大型军工企业每年装备定购合同额超过
10 亿元人民币。装备种类涵盖陆、海、空、二炮等绝大部分军兵种装备。目前
设立有隶属于总装、空军、海军、二炮等多个军代室。

3. 指标数据采集

根据所建立的指标体系，收集整理相关数据。

4. 指标数据的量化和无量纲化处理

所建立的指标体系中既有可直接采集的数量化指标，如任务数量、空间距
离，也有难以直接量化的指标，如复杂程度、基础条件等指标。即使是可以直接
采集的数量化指标，量纲也不尽相同，既有币值，也有人数、距离等。因此，在
对指标数据进行权重汇总前，需对指标进行量化和无量纲化处理。经过处理后的
指标值均介于 0 ~ 1 之间。

5. 综合评分

本文采用线性加权加法评分法进行评估打分。根据无量纲化后的指标数据乘
以相应的权重并逐级汇总，得到总的评分值。

5 个军工企业设立军事代表室的综合评分分别为 0.92、0.85、0.82、0.56 和
0.48。结合以往的工作实践，在对现实中的一些军工企业进行试评估，并与多名
军事代表多次研讨后，课题组认为，当评估得分大于 0.8 时应该设置，0.6 ~ 0.8
可以设置，0.6 以下则不必设置。显然，3 个大型企业由于承担大量军工科研生
产任务，有必要在企业独立设置军事代表室，而 2 个中小型企业设置驻承制单位
军代室的必要性不大。

需要指出的是，由于驻地区军事代表室指标体系中涉及所在地区军工企业的
研制生产任务等数据，因此，在评估是否设置驻地区军代室时应将独立设置驻承
制单位军代室的军工企业去除再进行评估。经评估测算，该地区设立军代室的综
合评分为 0.89，有必要设立地区军代室对未设置驻承制单位军代室的军工企业进
行统一管理。

五、结束语

军事代表派驻制度改革是我军装备采购制度改革的重要组成部分，涉及军

队、企业以及二者关系等多方面因素，由于装备采购的特殊性和历史原因，这一改革非常复杂，可谓"牵一发而动全身"。课题组对派驻方式的量化评估研究，仅是一个初步尝试，仍然很不成熟。所制定的评价指标体系还需不断完善，很多子指标也可以进一步细分；所确定的一些标准，例如对综合评分后的结果判定还存在较多的经验成分。尽管对部分军工企业进行了试评估，并与实际工作者多次研讨，但尚缺乏科学的理论支撑。总之，作为军事代表派驻制度改革量化研究的一个尝试，本文仅是抛砖引玉，还需要依靠军事代表工作理论和从事实践工作者的共同努力，进一步深入研究，为推进我军装备采购制度改革提供更多更好的成果。

参考文献

[1] 钱晓虎，姜毅. 我军装备采购与军事代表制度改革试点启动 [N]. 解放军报，2010-12-18（1）.

[2] 白海威，曲炜，白凤凯. 军事代表制度改革研究 [J]. 装备指挥技术学院学报，2004，15（3）：5-8.

[3] 军事代表工作模式改革研究课题组. 借鉴设备监理制度改革军事代表工作模式研究 [J]. 装备指挥技术学院学报，2009，20（1）：44-48.

[4] 季向东，秦晓君，陈松. 一体化军事代表知识管理模式构建 [J]. 装备指挥技术学院学报，2007，18（5）：43-46.

[5] 军事代表职业资格制度研究课题组. 借鉴设备监理制度建立军事代表职业资格制度研究 [J]. 装备指挥技术学院学报，2009，20（3）：18-21.

[6] 宋海涛，刘沃野，狄晓华. 驻厂军事代表工作分析 [J]. 兵工自动化，2007（7）：101.

[7] 国家统计局. 关于印发《统计上大中小型企业划分办法（暂行）》的通知 [Z]. 国统字〔2003〕17号.

[8] 叶宗裕. 关于多指标综合评价中指标正向化和无量纲化方法的选择 [J]. 浙江统计，2003（4）：25-26.

是什么影响了他们的选择

——对湖南部分自主择业军转干部选择
安置方式的调查与分析

廖国庚

一、抉择的博弈——自主择业安置方式
选择的过程

笔者在湖南省随机抽取了 180 名自主择业军转干部进行问卷调查。调查中，在问及"您选择自主择业安置方式的主要目的是什么"时，有 88.6% 的人回答是"获得更多的经济收入"、48% 的人回答是"成就自己的事业"、40% 的人回答是"获得更大的自由"、13.7% 的人回答是"帮助家庭中其他成员解决困难"（见表 1）。

表 1　自主择业军转干部选择自主择业安置方式的主要目的（多选）

项目	人数（人）	有效百分比（%）
获得更多的经济收入	155	88.6
成就自己的事业	84	48.0
获得更大的自由	70	40.0
帮助家庭中其他成员解决困难	24	13.7
其　他	32	18.3

注：有效样本数为 175。

＊　本文原载于《转业军官》2012 年第 2 期。

那么，具体来说，转业干部又是如何在自主择业和计划分配两种安置方式之间做出抉择的呢？

转业干部做出选择自主择业安置方式或计划分配安置方式的抉择过程，就是一个对两种安置方式可能给他们带来的利益、弊端进行比较分析的过程。调查显示，他们无一例外地认为自己是"经过比较分析计划分配和自主择业两种安置方式可能给自己带来的利弊后才做出选择的"，其中有60.6%的人认为，自己做出选择时"经过了反复考虑和权衡"（见表2）。

1. 转业干部评估自主择业

转业干部比较两种安置方式利弊的分析过程，其实就是评估自主择业可能带来的利益和损失，然后以计划分配安置获得的利益作为参照进行比较的过程。转业干部评估自主择业可能带来的利益、风险，主要关注四个方面的问题：

（1）直接经济补偿额。主要包括月退役金、地区补贴。就退役金来说，现有政策规定明确，且容易评估，因此他们关注长期的利益，即退役金能否持续，能否随着公务员工资的增加而适度增加。就地区补贴来说，他们要评估地方政府给予的可能性、数额的大小。而这两个方面，直接取决于国家和地方政策，所以对直接补偿额的计算，主要是转业干部对国家现有政策及其走向的判断。

表2　自主择业军转干部选择自主择业安置方式的有关情况

项目	是		否	
	人数（人）	百分比（%）	人数（人）	百分比（%）
1. 您是经过比较分析计划分配和自主择业两种安置方式可能给自己带来的利弊后才选择自主择业的吗？	175	100	0	0
2. 您选择自主择业时，是否经过了反复考虑和权衡？	106	60.6	69	39.4

注：有效样本数为175。

（2）自主择业后实现就业的可能性。转业干部虽然希望直接经济补偿越多越好，但直接经济补偿始终是有限的，且必须通过劳动创造自身价值，所以他们不能不关注这样一点：自主择业后能否顺利实现就业？如果不能实现就业，就意味着收入减少。转业干部评估自己实现就业可能性的大小，主要是分析自己的人力资本（包括年龄、知识技能）是否具有优势、社会资本（社会关系网络）是否具有优势、国家能否提供政策支持以及就业环境情况。

（3）社会保障方面的得失。自主择业后的社会保障可能有哪些？医疗保险、住房补贴有多少？是否还有其他方面的保障？转业干部对这个方面得失的计算，与直接经济补偿的计算一样，主要是对国家现有政策及其走向的判断。

（4）社会政治地位的得失。他们大多数人都深知，与计划分配安置相比，自主择业后自己的社会政治地位降低是不可避免的。

2. 转业干部对自主择业评估方法

对上述四个方面进行评估（无论是分项评估还是综合评估）并不是一个轻而易举的过程，所以，转业干部一般要通过多种途径进行了解分析，主要有：

（1）阅读、分析政策。一是自己阅读研究政策，判断政策走势。调查显示，76.1%的自主择业军转干部"选择自主择业安置方式时，阅读和研究过有关自主择业安置政策"。二是询问别人对自主择业政策的理解和看法。

（2）调研。主要是咨询已经选择自主择业的军转干部的感受和看法，比较慎重的是深入就业市场进行调查。

在对四个方面进行评估以后，转业干部将选择自主择业安置方式的利弊得失与选择计划分配安置进行比较，如果预期自主择业获得的综合收益比计划分配要大一些，则选择自主择业，如果预期自主择业获得的收益大体等于或小于计划分配，则选择计划分配安置。关于这一点，分析一下对转业干部的调查数据就可以一目了然。在问及自主择业军转干部"促使您当时选择自主择业的具体原因"时，他们的回答是"按照政策规定每月有一笔退役金""认为自主择业后自己应该能够找个工作""自主择业后有一定的地区补贴""即使选择计划分配安置也不一定能找个理想工作"，其选择比例分别为96.6%、90.9%、50.6%、44.3%（见表3）。而促使他们认为"自主择业后自己应该能够找个工作"的原因是"有政府支持"（61.5%）、"有技术"（36.5%）、"文化程度较高"（30.1%）、"年轻"（19.2%），此外，还分别有14.7%、12.2%的人认为是"有别人的帮助""就业环境比较好"（见表4）。在问及符合自主择业条件的转业干部"促使您当时选择计划分配安置的原因"时，他们认为是由于"自主择业后自己创业或找个适合工作不容易"（98.1%）、"自主择业政策不完善"（96.2%）、"担心相关政策难以落实"（82.7%）、"选择自主择业后社会地位会降低"（80.8%）、"家人反对"（40.4%）、"计划分配安置工作比较稳定"（86.5%）（见表5）。而计划分配转业干部认为自主择业后创业或找个适合工作不容易的原因主要是"年龄偏大"（94.2%）、"没有过硬的技术"（92.3%），此外是"没有多少社会关系"（40.4%）、"就业环境不太好"（36.5%）、"没有资金"（30.8%）、"文化水平不高"（11.5%）（见表6）。也就是说，部分转业干部选择计划分配安置，是因为他们预计自己选择自主择业获得的净收益不会比计划分配大，而部分转业干部选择自主择业，是因为他们预计选择自主择业后获得的综合收益会高于计划分配安置。

表3 促使自主择业军转干部当时选择自主择业的具体原因（多选）

项目	人数（人）	有效百分比（%）
按照政策规定每月有一笔退役金	170	96.6
认为自主择业后自己应该能够找个工作	160	90.9
估计自主择业后有一定的地区补贴	89	50.6
即使选择计划分配安置也不一定能找个理想工作	78	44.3
除转业费外，还有一笔自主择业费	13	7.2
其 他	19	10.6

注：有效样本数为180。

表4 认为自主择业后自己应该能够找到工作的原因

项目	人数（人）	有效百分比（%）
有政府的支持	96	61.5
有技术	57	36.5
文化程度较高	47	30.1
年 轻	30	19.2
有别人的帮助	23	14.7
就业环境比较好	19	12.2
其 他	21	13.5

注：有效样本数为156。

表5 促使符合自主择业条件的转业干部未选择自主择业的原因（多选）

项目	人数（人）	有效百分比（%）
自主择业后自己创业或找个适合工作不容易	51	98.1
自主择业政策不完善	50	96.2
计划分配安置工作比较稳定	45	86.5
担心相关政策难以落实	43	82.7
选择自主择业后社会地位会降低	42	80.8
家人反对	21	40.4
政府执行自主择业政策不力	0	0.0
其 他	10	19.2

注：有效样本数为52。

表6　计划分配军转干部认为自主择业后创业或找适合工作不容易的原因（多选）

项　目	人数（人）	有效百分比（%）
年龄偏大	49	94.2
没有过硬的技术	48	92.3
没有多少社会关系	21	40.4
就业环境不太好	19	36.5
没有资金	16	30.8
职称不高	9	17.3
文化水平不高	6	11.5
其　他	8	15.4

注：有效样本数为52。

可见，从总体上分析，转业干部比较分析两种安置制度利弊得失的过程，就是评估自主择业安置方式给转业干部带来利弊得失，并将之与参照标准——计划分配安置方式进行比较的过程。而这个过程，实际上就是一个转业干部在分析国家和地方政府已经出台、预期可能出台的自主择业政策后，做出抉择的博弈过程。在这个博弈过程中，由于国家和地方政府是博弈的发起方，军转干部是博弈的应对方，所以，军转干部有一个优势策略：自主择业政策于我有利，选择自主择业；自主择业政策于我不利，选择计划分配。

二、影响因素——社会网络关系最直接

在安置方式的选择过程中，虽然转业干部是行动者和决策者，但社会网络关系也主动或被动地参与了决策过程。调查发现，在抉择过程中，绝大多数转业干部与家庭主要成员进行了商量，而求助于家庭以外成员的比例，自主择业军转干部为53%、符合自主择业条件选择计划分配安置方式的转业干部为72%。他们咨询的对象主要为以前选择自主择业的战友、朋友、同事、亲戚及军地军转部门工作人员等（见表7）。

转业干部选择安置方式的决策过程，之所以向社会网络关系咨询，主要有两个方面的原因：

第一，转业干部无不处在社会网络关系之中，他们的抉择行动不仅影响着转

业干部个人的利益和前途，而且影响着整个家庭的利益以及重要亲缘网络关系成员的利益，只有征询家庭重要成员的意见，才不至于破坏已经建立起来的亲缘网络关系。

表7 比较分析计划分配和自主择业的利弊时，您向谁咨询过？（多选）

求助或咨询对象	自主择业军转干部		计划分配军转干部	
	人数（人）	有效百分比（%）	人数（人）	有效百分比（%）
以前选择自主择业的战友	46	51.7	30	83.3
朋友	26	29.2	17	47.2
同事	21	23.6	15	41.7
亲戚	22	24.7	11	30.6
部队军转部门的工作人员	30	33.7	13	36.1
地方军转部门的工作人员	12	13.5	5	13.9
其　他	8	4.4	3	8.3

注：自主择业军转干部和计划分配军转干部的有效样本总数分别为89和36。

第二，抉择是否选择自主择业，需要对自主择业的利弊得失有一个比较清楚的判断和分析，但是，对于转业干部来说，由于难以获得关于自主择业的全面信息和个人智慧的有限性，要做到这一点往往是困难的，所以他们只有寻求社会网络关系的支援，以期对两种安置方式的利弊得失做出更为准确的分析和判断。

社会网络关系对转业干部抉择的影响程度因关系的强度不同而不同，其中，家人对他们抉择的影响最为直接。

在被调查的180名自主择业军转干部中，77.6%的人是在家人的支持、理解或默许的情况下做出选择的（其中"很支持"的比例为14.7%，"理解但要求慎重考虑"的比例为62.9%，"反对"的比例为22.4%），而符合自主择业条件但未选择自主择业的转业干部，40.4%与家人的反对有关（见表5）。可以说，没有家人的理解和支持，绝大部分转业干部不会独断专行地做出抉择。

而影响力次于家人的是以前选择自主择业的战友，他们向转业干部提供的不仅是自主择业后的感受，还包括对是否选择自主择业的看法。

此外，自主择业军转干部选择安置方式的决策行动，还会或多或少地受到诸如朋友、亲戚、军地军转部门工作人员等的影响。

三、增加收益预期——拓宽自主择业之路的必然选择

通过上述分析可以得出如下结论：

第一，转业干部选择安置方式的过程，是一个以追求综合利益最大化为目的，从自己的客观实际情况出发，征询被咨询人员的建议，与国家和地方政府出台或可能出台的有关自主择业政策进行博弈的过程，只有转业干部预期自己选择自主择业获得的收益大于计划分配时，才会做出自主择业的抉择。

第二，转业干部在选择安置方式的过程中，对直接经济补偿包括退役金和地区补贴的有限性、自身就业弱势地位已经有清醒的认识。

第三，相当一部分自主择业军转干部，选择自主择业时早已将政府的就业支持计算在内，向政府提出了就业支持的利益诉求。

第四，参与选择安置方式决策的有家人、以前选择自主择业的战友，以及亲戚、朋友等，其中家人、以前选择自主择业的战友对转业干部选择安置方式的决策行动具有相当的影响力，他们对自主择业政策的判断和分析往往比较理性、准确。

基于转业干部选择安置方式的行动是一个与政策博弈的理性行动，对直接经济补偿的有限性和自身就业弱势地位有比较清醒的认识，因此，要使转业干部选择自主择业，就必须改变、增加他们对自主择业的收益预期。要做到这一点，除了完善直接经济补偿政策，还必须对他们实施就业支持，以降低他们的就业风险，增加他们的收益预期。只有对他们实施就业支持，才有可能走宽自主择业之路，顺利推进中国特色退役军官安置制度建设。

美国国防采办大学师资队伍
要求及其启示[*]

黄朝峰

一支高素质的装备采购人才队伍是装备采购任务顺利完成的重要保证。为了提高采购人才培养质量，满足装备建设迅速发展的需要，许多学者对中外国防采办任职教育进行了深入研究，在培训体制、培训模式、培训内容、培训方法乃至课程设置等方面，提出了很多真知灼见，为推进我军装备采购人才队伍建设发挥了重要作用。但从研究内容来看，有关采办师资队伍建设的研究较少。作为美国国防部培养采办人才的主阵地，美国国防采办大学（Defense Acquisition University，DAU）在采办人才培养方面积累了丰富经验，其师资队伍建设情况对推进我军装备采购师资队伍建设具有重要借鉴意义。

一、美国国防采办大学的师资队伍构成

2010 年，DAU 通过课堂讲授、网络远程学习、专题研讨、任务辅助、知识共享等形式为超过 23 万名学员提供了 1230 万学时的教育。如此之大的工作量主要由 DAU 的 717 名教师承担。DAU 的教师来自于军队、政府机构和工业界等多个部门，分为 6 个专业领域，如图 1 所示。相应地，DAU 的教授岗位分为 6 类，如表 1 所示。

除教师外，DAU 还拥有一批高质量的行政管理和教学支持人员。根据岗位职责的不同，这些人员被分为人力资源管理、预算分析、信息技术、管理与项目分析、图书馆管理、运行管理、维护保障、视听教材生产、视觉艺术与出版、文

＊ 本文原载于《装备学院学报》2012 年第 3 期。

字编辑等类别，分别负责相应的工作。

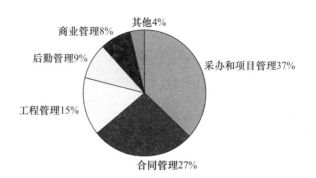

图1 美国国防采办大学教师专业领域构成

表1 美国国防采办大学教授岗位构成

教授岗位	要求
采办管理教授	具备深厚的采办项目管理知识和在政府、工业界或商业公司相关岗位的丰富采办项目管理经验。担任过重要采办项目的领导岗位，或具有国防部关键采办活动的领导经验。能够制订和实施采办文件和采办计划，擅长用主要的思维和决策工具解决有关定性定量问题
合同管理教授	对最新的变革和问题（如商业化采办、战略外包、资源选择、合同定价、基于绩效的采办、与工业界的合作、团队协同等）有充分了解和把握，能够担当国防部的商业顾问，掌握深入扎实的合同管理知识
系统工程管理教授	具有政府部门或军工企业项目质量管理工程的知识和经验，在国防部门、政府部门或商业机构担任过与国防采办有关的关键岗位，擅长用主要的思维和项目评估工具制订采办计划和解决采办执行中的定性定量问题
全寿命后勤教授	具备在武器系统采办和使用等全寿命周期各个阶段制订计划、发展、实施和管理一个有效的系统支持战略的丰富经验，掌握基于效能后勤各个方面的知识和经验，具有战时后勤需求决策与评估、后勤检验与评估、后勤合同订立、结构管理、全寿命成本、后勤预算发展和多种类型的可支持度分析等领域的知识和经验
财政管理教授	具有与系统采办管理的财政管理有关的国防采办政策、采办实践、采办过程和采办规章的丰富知识，具有国防部系统项目预算准备、预算形成与预算实施、增值管理、议会制定预算过程、合同财政管理、采办管理中的财政问题、决策过程中的合作与影响、决策支持中涉及资金管理方面的丰富经验
学习支持教授	掌握学习资产和包括课堂教学、远程学习、连续学习和专家知识系统在内的学习支持系统设计以及相关的绩效标准设计等方面的丰富知识，拥有合适的教育学位或类似经验，或在学习资产或学习支持系统和绩效标准的指导性设计方面具有专门知识和经验

二、美国国防采办大学的教师岗位职责要求

DAU 致力于打造一支具有多种背景的世界一流采办培训队伍，许多教师来自于军队、工业界、政府及民用部门中相当重要的岗位。DAU 不仅要求其教师拥有成功的采办经验，而且还能够流畅地将所掌握的知识传授给学员，即具备较高的教学水平。此外，DAU 还要求一些岗位的教师在承担教学任务的同时，在需要时还能通过技术辅导支援等形式帮助有关部门解决实际采办中遇到的问题。为了确保教学质量，DAU 对教师规定了明确的岗位职责、学历和任职经历等要求。表 2 和表 3 分别是 DAU 近期招聘的 1 个全职岗位（工程技术中心主任）和 1 个非全职岗位（合同管理教授）的职位要求与薪资待遇，尽管合同管理是一个非全职岗位，但其学历和任职经历要求与全职岗位完全相同。

表 2　工程技术中心主任职位要求与薪资待遇

项目	内容
岗位职责	作为学习能力一体化中心下属的工程技术中心主任，在信息技术、产品质量与制造、科技管理、系统设计研发与工程、检验与评估等领域运用自己的知识、经验和技能进行学习资产的管理与服务。负责对相关的学习资产和产品情况进行规划、评估、审计并向学习能力一体化中心主任汇报。在本领域，需经常与国防采办大学有关人员、职能一体化过程团队和国防部负责采办、技术与后勤的副部长等进行沟通交流
学历要求	薪资 B 级或 C 级均须具有相关领域硕士以上学位，学位需在认可的高等院校取得
任职经历最低要求	薪资 B 级：①政府或工业界 6 年以上相关工作经验；②具有完成岗位职责所需的知识、技能和能力；③具备联邦公务员普通目录 GS-13 级或相当级别 1 年以上直接相关工作经验；④在相关学科具有 DAWIA（美国国防采办队伍改进法）Ⅲ级证书或能够在聘任后两年内获得证书 薪资 C 级：①政府或工业界 8 年以上相关工作经验；②具备联邦公务员普通目录 GS-14 级或相当级别 1 年以上直接相关工作经验；③其他同 B 级
薪资	12.5 万~15.5 万美元/年
任期	4 年，如果工作出色且大学对此岗位有连续需求，任期可以延长

表3　合同管理教授职位要求与薪资待遇

项目	内容
岗位职责	运用自己的知识、经验、技术和管理领导能力为国防部采办人员提供合同管理方面的高质量教学。课程周期一般为2周，需要在学校和网上进行答疑辅导。需要经常出差到校外教学。校外工作量最多不超过总工作量的40%
学历要求	薪资B级或C级均须具有相关领域硕士以上学位，学位需在认可的高等院校取得
任职经历最低要求	薪资B级：①政府或工业界相关岗位6年以上工作经验；②具有完成岗位职责所需的知识、技能和能力；③具备联邦公务员普通目录GS-13级或相当级别1年以上直接相关工作经验；④具有合同管理或相关学科的DAWIA Ⅲ级证书或能够在聘任后两年内获得证书 薪资C级：①政府或工业界相关岗位8年以上工作经验；②具备联邦公务员普通目录GS-14级或相当级别1年以上直接相关工作经验；③其他同B级
薪资	52.00～75.5美元/时
任期	非全职岗位，任期1年。如果工作出色且大学对此岗位有连续需求，任期可以延长

三、对我军装备采购师资队伍建设的启示

1. 与武器装备采购任务构成相适应，不断优化师资队伍数量结构

武器装备采购任务的构成决定了各类采购人员的数量，而采购队伍的数量结构决定了采购培训师资队伍的数量结构。例如，采办和项目管理一直是美军国防采办的主要任务，从事人员的数量最多，相应的培训任务也最重，这就决定了师资队伍中采办和项目管理教授数量最多。从我军装备采购的任务构成来看，采办和项目管理无疑也是主要内容。然而随着装备采购不断从计划经济模式向市场经济模式转变，合同管理的任务将越来越重，合同管理人员将越来越多，与此相适应，从事合同管理教学的师资应得到加强。随着我军装备采购改革的不断深入，采购任务的结构比例也处于变化之中，优化装备采购师资队伍结构将是一个长期任务。应根据装备采购改革目标，从前瞻性出发，制定一个动态发展的师资队伍构成建设规划，以应对未来工作需要。

2. 高度重视实践经验，把具有丰富实践经验的采办专家吸收到师资队伍中来

作为实践性非常强的工作岗位，装备采购的人才培养离不开具有丰富实践经验的师资队伍。从 DAU 的教授岗位和招聘要求来看，实践经验是几乎所有类别教师的必备条件。与之相比，目前我军装备采购师资队伍中相当大比例的教员尽管学历很高，大都是硕士研究生以上学历，但往往是从院校到院校，对装备采购工作不熟悉，对装备采购计划管理、合同订立、合同履行监督等过程不了解。上述实践工作经验的缺乏造成教学内容针对性不强，从理论到理论，影响了教员与学员的交流对话，制约了教学质量的提高。尽管为了改善这种局面，一些培训院校采取了实践岗位代职锻炼、短期培训等措施，但并未从根本上解决这一问题。为此，有必要在适当的过渡期后将实践经验作为装备采购师资队伍准入的必要条件，不唯学历，不断把具有丰富实践经验的一线采办专家吸收到装备采购师资队伍中来。

3. 制订明确的岗位职责要求标准，严把入口关，不断提高师资队伍质量

从装备采购师资队伍建设来看，制订明确的岗位职责要求，严把入口关，是不断提高师资队伍建设水平的重要保证。以 DAU 为例，在科学分类的基础上，从知识、经验、能力、任务等各个方面对每一类教授都制订了明确的岗位职责要求标准，在人员招聘时这些标准也得到了充分体现。这不仅为选拔优秀人才进入装备采购师资队伍，提高师资队伍建设水平打下了坚实基础，而且为相应岗位的教员履行自身职责提供了科学依据，为管理层考核评价每个教员的工作绩效提供了标准。因此，我军装备采购师资队伍建设不仅要依据采购任务科学分类，确定合理规模，而且要从学历、经验、能力、任务等各个方面为每类教员制订科学合理的岗位职责要求标准。

4. 建立轮换兼职制度，不断补充新鲜血液，确保师资队伍紧跟实践步伐

装备采购工作不仅实践性强，而且变革比较频繁，知识更新速度快。这就造成即使是从实践岗位选调的教员，随着离开实践岗位时间的延长，不少人也会逐渐失去对装备采购工作前沿的跟踪和最新动态的把握。从 DAU 来看，通过采取任期制和兼职教授的办法较好地解决了这一问题。对于我军装备采购师资队伍建设来说，为了避免知识老化、理论逐渐远离实际的问题，有必要建立岗位轮换制度，对一些实践变革较快的采购师资岗位建立一定的任期，采取动态轮换的方法不断为师资队伍更新补充新鲜血液。此外，在专职教员队伍之外，广泛吸收有关专家和具有丰富采购经验的实践工作者组成兼职教员队伍，也是一个行之有效的做法。这种专兼结合的做法已经为我军装备采购师资队伍建设所采用，在人才培养紧跟装备采购变革步伐，满足实际工作需要中发挥了积极作用。

5. 以优厚待遇吸引和保留人才

根据美国大学教授协会的统计数据，2010～2011年美国可授予博士学位大学和可授予硕士学位大学中任教的教授平均年薪分别为127296美元和91998美元，副教授的平均年薪分别为84686美元和72469美元，助理教授平均年薪分别为72893美元和61056美元，讲师平均年薪分别为55520美元和50195美元。从学校性质来看，私立大学教师薪资待遇高于公立大学教师薪资待遇。从上述数字和表2、表3不难看出，美国国防采办大学的教师薪资待遇具有相当大的吸引力，保证了能够不断吸引优秀人才加盟和保持教师队伍稳定。因此，为了不断提高我军装备采购师资队伍素质水平，可在全军统一工资的基础上，采取工作津贴补贴等形式，适当提高薪资待遇，以吸引和保留优秀人才投身装备采购人才培养。

四、结束语

"名师出高徒"。建设一支高水平的采购师资队伍是提高采购人才培养质量的关键，但装备采购师资队伍建设并不仅仅是师资队伍建设问题，而且与装备采购体制改革密不可分，与军队建立灵活的选人用人机制密不可分。尽管美国国防采办大学的师资队伍建设较为成功有效，对我军装备采购师资队伍建设具有很强的借鉴意义，但由于国情军情不同，所处的政治经济制度环境存在很大差别，在吸收借鉴其有益之处时，必须从我国国情军情出发，与我军装备采购制度改革结合起来，与我军人事制度改革结合起来，方能发挥应有的作用。

参考文献

[1] 刘汉荣，白海威，程艳妙. 中美国防采办队伍任职教育的比较及思考 [J]. 继续教育，2006（8）：57－58.

[2] 马开权，黄荣责，齐玉梅. 外军装备采办人才培训与借鉴 [J]. 装备指挥技术学院学报，2010，21（4）：40－44.

［3］钱春丽，侯光明．我军装备采办组织管理体制现状及改革思路［J］．军事经济研究，2008（3）：58 -59．

［4］柴福智，郑绍钰，秦晓君．国外国防采办人才培训体制研究［J］．中国政府采购，2008（3）：46 -47．

［5］洛刚，秦晓君，程艳妙等．指技融合型装备采办中级指挥人才培训的思考［J］．继续教育，2007（7）：46 -48．

［6］包辛．美国国防采办大学的课程设置对我军物资采办专业建设的启示［J］．军事经济学院学报，2000（3）：47 -50．

［7］2010 Annual Report of Defense Acquisition University［EB/OL］．［2011 -12 -20］．http：//www. dau. mil/pubscats/ATL%20Docs/ANNUAL_ REPORT. pdf.

［8］Faculty Positions at the Defense Acquisition University［EB/OL］．［2011 -12 -20］．http：//www. dau. mil/careers/Pages/faculty. aspx.

［9］Staff Positions at the Defense Acquisition University［EB/OL］．［2011 -12 -20］．http：//www. dau. mil/careers/Pages/Staff. aspx.

［10］Job Opportunities at the Defense Acquisition University［EB/OL］．［2011 -12 -20］．http：//www. dau. mil/careers/Pages/joblist. aspx.

［11］Average salary and average compensation levels，by category，affiliation，and academic rank，2010 -11（Dollars）［EB/OL］．［2011 -12 -20］．http：//www. higheredjobs. com/documents/salary/SRtabs10 -11_ tab4. pdf.

英国对退役军人的就业支持[*]

廖国庚

英国是实行募兵制的国家，军人职业化程度很高，军人服役以合同方式与军方签订服务协议。服役期间，军官享受较高的工资待遇，一般来说，其工资总收入比地方同级官员高 20% 左右。由于军事职业是一种专职化职业，军人退役如同职业变更，国家没有法定义务为其安排工作。因此，英国实际上实行的是一种自谋职业的退役安置制度。就军官来说，一般采用退休方式安置，但根据英国相关法律规定，军官要服役 16 年以上或服役到 38 岁以上，才能享受退役金和退休金待遇。对于服役 5 年以上不足 16 年的退役军官，只能享受小额的"提前退休金"和相当于 3 年薪金的退役金。所以，一部分退役军官仍需要就业。对于需要就业的退役军官来说，他们同士兵一样，需要自谋职业，但可以享受政府与社会为退役军人提供的就业援助。

一、就业支持机构

英国没有像美国等国家那样设立专门的退伍军人管理机构来管理退伍军人事务，但英国设有帮助退役军人就业的协助性机构。在英国政府机构国防部下设有军外安置服务局，为即将退出现役的军人提供就业支持。除军外安置服务局外，陆海空分别在人事部设有退役军人安置与就业联络办公室，并设有专门的安置官，如海军的安置信息官、陆军的个人就业与安置官、空军的地区安置顾问，为退役军人提供就业援助。英国军方为退伍军人的再就业提供支持，始自第二次世界大战之后，在 1998 年之前，主要是利用自身资源。1998 年 10 月 12 日，通过

---

[*] 本文原载于《转业军官》2012 年第 3 期。

招标形式，国防部与库兹顾问公司（Coutts Consulting Group）建立了持续 5 年、可再续签的合同关系，希望通过合作的方式来改进就业安置工作。库兹顾问公司设有一个安置培训中心、10 个地区中心和 1 个谋职服务处。在这种合作框架下，具体的就业服务工作由库兹顾问公司承担，军外安置服务局的功能主要是与各军种一起拟定安置政策、协调库兹顾问公司与国防部的关系，代表国防部监督合同的执行等。

为退伍军人提供就业支持的组织机构，不仅有政府专门机构或政府合作公司，还有英国退伍军人协会（The Royal British Legion）等民间机构。英国退伍军人协会成立于 1921 年，是目前英国最大的民间组织之一。协会总部设在伦敦，分会遍布全国各地和海外驻地，全国现有会员 45 万多人，海外会员 1.1 万多人。该协会最高层管理机构是英国退伍军人理事会（The Board of Trustees of the Royal British Legion），下设成员委员会（The Membership Council）、管理与提名委员会（Governance and Nominations Committee）、审计委员会（Audit Committee）、投资与金融委员会（Investment and Finance Committee）、妇女分部（The Women's Section）等部门协助开展工作，各郡设郡委员会负责管理各分会，郡委员会和各分会完全由志愿者管理。英国退伍军人协会除靠每年在停战日（1918 年 11 月 11 日）募捐、会员缴纳会费等筹集活动资金外，还直接开办企业、经营学校获得收入，2007 年该协会的总收入为 952 百万英镑，总花费为 882 百万英镑。该协会为退役军人提供的援助十分广泛，与就业援助相关的内容主要有提供就业咨询、开展工作再训练、进行技能评估、提供建立小企业的建议与无息贷款等。由于英国退伍军人协会规模巨大，组织严密，经营得法，实力雄厚，就业支持内容广泛，所以，它在协助退伍军人就业方面发挥着非常重要的作用。

二、就业支持措施

根据《英国退伍军人安置指南》及相关资料，英国为退伍军人提供的就业支持主要有谋职服务、就业培训、就业优惠三个方面。

1. 谋职服务

政府为退伍军人提供的就业服务，主要有如下几个方面：一是提供就业信息。库兹顾问公司每年要替退伍军人寻找 3 万多个工作职位，获得的所有工作职位信息都被输入一个广域网计算机系统。符合条件的军人可以在退伍前 6 个月至退伍后 2 年之间，向谋职服务处提出申请并进行谋职服务登记。进行过谋职服务登记的退伍军人随时可以在地区安置中心、军官联合会或正规军就业公司的任何一个分支机构查到这些工作。如退伍军人不主动查询这些工作，系统也会自动将广域网上工作职位信息与退伍军人的情况进行比较，并将与退伍军人情况相符的工作职位信息以退伍军人希望的方式（比如邮寄或传真）通知退伍军人。享受该项服务的对象必须是服役 3 年以上的退伍军人或因病退役军人。二是配备服务顾问。转业工作开始时，转业合作公司会给每个退伍军人派一个顾问，退伍军人可以在整个就业过程中与指定顾问联系，获取相应服务。一般来说，转业合作公司会帮助退伍军人拟定一份"个人安置计划"，其中包括帮助退伍军人找工作或按退伍军人意愿开展活动的时间表。退伍军人的配偶也可以一起参加咨询活动。顾问还可以帮助退伍军人安排培训或工作配属。继续保持与顾问的联系是该项服务的一大特色。退伍军人跟顾问的联系不受限制，如退伍军人在会见顾问时遇到困难（如被调到边远地区任职），可报销三次找顾问的差旅费。这些差旅费按照分阶段安置活动以外的额外差旅费进行报销。享受该项服务的对象必须是服役 5 年以上的退役军人或因病退役军人，也就是说服役 3～5 年的退役军人无权享受此项服务。

2. 就业培训

服役 5 年以上的退役军人或因病退役军人，各军种提供资金资助，允许其参加核准的或转业合作公司举办的培训。一是参加专业讨论会和分组讨论会。为帮助退伍军人掌握基本求职技巧，转业合作公司会举办历时 3 天的专题讨论会。专题讨论会期间有面试技巧、"适用于雇主"的简历书写和自我推荐技巧等各种练习。如果退役军人不愿意做全职性工作，或打算自己创业，则有其他的专题讨论会可以参加。这些讨论会还可以把内容分成若干部分，采用半日制分组讨论的形式举办。二是参加课程培训。转业合作公司培训中心为退役军人提供了约 40 种与谋职有关的课程。课程范围涉及广泛，从各种职业的管理培训到手艺技能和保安工作。许多课程在学完后都可以获得公认的学历，而有些课程学完后还可以去与安置培训中心有稳定关系的公司工作。上述课程为期 5～20 个工作日。除了安置培训中心的培训课程外，转业合作公司也开设计算机课程，这些课程根据学员现有信息技术的程度而分班上课。三是参加军转民活动。退伍军人可以利用"军转民活动"与地方招聘单位一起工作一段时间，积累经验，边干边学，即做"军转民工作"。退役军人也可以参加不属于转业合作公司的外界课程来增加就业机会，称作"军转民培训"。参加这两种军转民活动的任何一种所用时间，都要从分阶段参加安置活动时间中扣除。"军转民培训"必须在军人服役的最后 9

个月内参加，而"军转民工作"则可以在最后两年的任何时间参加。此外，一些民间组织亦为退伍军人提供教育援助，帮助其发展职业技能。比如英国高等教育创新基金，为支持退役军人与企业之间在知识技能方面的交流与开发，为特定的企业或行业部门提供雇主需要的具有相应知识和技能的人才，2006年提供了9000万英镑的资助，让退役军人攻读面向就业的高等教育资格。入学资格由授予该学位的高等教育机构确定，其特点是学习方法灵活，包括网上学习、在职学习等多种方式。

3. 就业优惠

为帮助退役军人尽快实现就业，英国还制定了一些就业优惠政策。英国政府规定，国营事业单位对退伍军人就业要给予优待，私营工商业要保留5%的劳动力缺额来雇用退伍军人。同时，国家在某些公职人员的录用上亦优先向退伍军人开放。此外，凡是与军事有关的文职人员的聘用也优先考虑退役军官。由于英国政府、民间机构为退役军人提供了较为全面的就业支持，也由于军人的素质较高，在服役期间接受了良好的技术培训和职业领导艺术培训，英国退役军人就业率较高，离开部队时的平均就业率一般为52%，6个月之后能达到94%。

从上述分析可见，英国退役军人的就业支持模式，是一种比澳大利亚退伍军人就业支持模式更市场化、社会化的就业支持模式。政府专门负责退役军人就业安置工作部门的作用主要是与各军种一起拟定安置计划，协调关系，不从事具体的就业支持工作，而具体的就业支持工作主要交给合作公司或依托民间机构来完成。

军队装备人才培养军民融合度的
测算方法及运用[*]

刘　宁　李辉亿

军队装备人才培养军民融合度是指军队利用地方教育资源培养装备人才的程度，即地方教育资源的利用率。从数学的角度看，军民融合度是一个相对指标，表示军队装备人才培养全过程中，地方教育资源使用量占军地教育资源使用总量的比重，即军民融合度＝地方教育资源使用量÷军地教育资源使用总量。所以军民融合度是对观测对象整个培养体系军民融合、寓军于民程度的直观表达，也反映着军事部门利用社会教育资源培养所需人才的普遍程度。由于地方高等教育资源丰富，许多名优高校的学科建设历史悠久、实力雄厚，在某些方面的培训水平、效率和综合效益要比军队"另起炉灶"式的自我培养更高，故而人才培养的军民融合度，尤其是对那些地方高校拥有相对优势的专业，还可以作为考察军队人才培养效率提高幅度的重要指标。因此，军队装备人才培养军民融合度是建设军民融合式的装备人才培养体系的重要评判指标和"风向标"。

一、军队装备人才培养军民融合度的影响因素

军队装备人才培养军民融合度的测算主要是考察地方教育资源使用量占军地教育资源整体使用量的比重。这一比率受多种因素影响，涉及培养对象的培训情况、军队装备人才群体的构成、培训专业的知识通用性等各方面。

---

　　[*] 本文原载于《军事经济研究》2012 年第 6 期。

1. 军队装备人才培训政策和总体规划

军队装备人才培训政策和总体规划对军队使用社会高等教育资源的程度具有直接影响。军队作为有组织、按指令运行的特殊部门，上级决策对整个体系的运行有着决定性影响。所以，在过去军队装备人才培养没有利用地方教育资源的相关规定和政策时，军队内部很少有人能有机会到地方高等学府深造，军队各级院校和训练机构几乎承担了所有教育培训任务。然而，近两年随着国家和军队对干部任用制度、学历培养制度和继续教育制度的改革，使得各项人才培养计划以更加开放的模式呈现，比如"强军计划""委托培养""代培""进修""访问学习"等，使得整个军队装备人才培养体系在利用社会教育资源方面大幅度迈进。所以，相关政策与规划决定着具体培养制度的制定和培养计划的实施，是军队装备人才培养军民融合度的根本影响因素，圈定了该项指标变化的最大可能范围。

2. 确认培训发生的军队人员最初和最终年龄

军队人员都接受过不同层次、不同年限和不同类别的培训。计算军民融合度时，必须确定培训在某人的哪个年龄阶段内发生才能被确认为可以计入测算的有效培训。这关系到该项指标的有效性、准确性和实用性。一般来讲，计算的最初年龄越小、最终年龄越大则培训发生的总次数和培训时间越长，反之亦然。因为，在假定某个人的培训每年发生概率为常数的情况下，确认培训发生的年龄跨度越大则个人培训的机会越多，从而直接影响计算军民融合度的分母大小。

3. 确认培训发生的最低培训层次

确认培训学历层次和培训级别的高低将直接影响计算融合度的有效培训数量。比如，在计算中只对大学以上学历的培训或团以上干部的培训作为有效培训，那么将在学历层次上排除大专、中专的各类培训，在职级层次上将排除团以下干部的所有受训经历。所以，选择合理的最低培训层次对计算培训的军民融合度十分重要。因此，应当根据当前装备人才队伍中各类人员学历层次和职级情况，去除极少部分层次最低的人员培训数据，从而可以在保证指标计算客观性的同时减少计算工作量。比如，目前在装备干部队伍中，中专以下学历的人员在整个群体中所占比重极少，那么在计算指标时可以将其剔除；但是在装备士官队伍中中专以下学历的人员却占据了大部分，此时就不应盲目剔除这一学历层次的人员，以保证计算的准确性。

4. 专业知识的军民通用程度

在军队装备人才培养的专业划分中包括指挥、管理、维修、保障、科研、生产等各种专业，每种专业所包含的专业知识各有不同，所培养人才的知识结构差异明显。有些专业知识的教育在地方高等教育体系拥有优势，而有些则不然，必须依靠军队教育体系来完成。比如，装备指挥人才的培养，在指挥专业知识的培训方面，军队指挥类院校具有学科建设、知识积累、教师实力等多重优势，并且依托军队资源可以有更多的教学实践机会，从而有助于教学质量的提高，而此时地方教育体系则处于该专业教育的劣势。然而，在工程技术、管理科学、基础知识等专业知识的培训方面可以利用地方教育资源完成。因此，决定各专业培训军民融合度的关键因素是各类专业知识的军民通用程度。对于通用程度高的专业知识培训则可以通过地方院校培训完成，自然融合度较高；而对于通用程度低的专业知识培训由军队院校完成，所以融合度较低。因而，军队装备人才培养军民融合度的高低要针对不同专业培训的知识通用程度区别对待，特别是某些军队需求的特殊专业并非融合度越高越好。

5. 军用技术与民用技术发展的相对速度

军用技术与民用技术发展的相对速度决定了在社会中是军用技术带动民用技术发展，还是民用技术带动军用技术发展。由于军用技术关系到军队战斗力和国防安全，因而必然要采取诸多的保密和安全措施，从而对外形成了壁垒。在军用技术发展速度快于民用技术发展速度时，出于安全因素考虑，军队装备人才培训，尤其是既有人才的继续教育，会更多地选择军内具有此类专业技术研究前沿水平和雄厚知识储备的科研机构和院校来承担。但是，当某项民用技术走在了军用技术的前列，则情况相反，军队会将此类培训任务交给地方培训体系来实施。当然，学校和学科的发展是在接受培训和科研任务的过程中不断进步的，军队为了培养自己的科研技术体系，也会将一些地方能够承担的培训任务交由自己的院校实施，从而推动某个重点培育的军内学科或学校尽快形成技术优势。

二、军队装备人才培养军民融合度的测算公式

根据以上对军队装备人才培养军民融合度的概念界定和影响因素分析，可以

通过数学方式将测算公式予以表达。

1. 基本公式

军队装备人才培养军民融合度的测算，从静态上来看，主要是将考察时点上培养装备人才总共使用的时间（t）、物资（w）、资金（r）、培训劳务（l）、仪器设备（c）等资源的总量（K）作为当期军地共同培养人才所占用资源的总和（$K = f[t_K, w_K, r_K, l_K, c_K, \cdots]$），其中由地方教育体系培养军队装备人才所占用的地方资源总量（$j = g[t_j, w_j, r_j, l_j, c_j, \cdots]$）作为利用地方教育资源的数量。所以，军民融合度（$\rho$）的基本测算公式可以表示为：

$$\rho = \frac{j}{K} \times 100\% = \frac{g(t_j, w_j, r_j, l_j, c_j, \cdots)}{f(t_K, w_K, r_K, l_K, c_K \cdots)} \times 100\% \tag{1}$$

2. 简化公式

基本公式是按照考察时点上地方教育体系培训军队装备人员所使用资源总量占全体装备人才培训所使用军队和地方资源总量的比重表示军民融合度。但是，由于这样的基本公式计算极为不便，操作困难，鉴于每个人的培养时间不同，且培训时间能够很好地表示资源占用情况，所以可以从培训时间角度简化基本公式，使其更为简便地进行计算。这样，首先假设公式（1）中函数关系式 $f(X)$ 和 $g(X)$ 完全一致，即 $f(X) = g(X) = X$，之后将考察对象中每个人的培养时间按照实际情况分为军队培养时间（h_i）和地方培养时间（m_i），并计算每个人的地方培养时间占总培养时间的比重（ρ_i）：

$$\rho_i = \frac{m_i}{m_i + h_i} \times 100\% \tag{2}$$

然后，再按照将所有考察对象的 ρ_i 加总后取平均值的办法计算最终的军民融合度：

$$\rho = \frac{1}{n} \sum_{i=1}^{n} \rho_i \tag{3}$$

通过这样的修正可以更加准确地反映装备人才培养的融合度。

3. 修正公式

修正公式是对简化公式的完善，其建立基础是个人情况，但考虑到不同的人在接受教育总时间长短和接受地方教育的时间长短不同，在每个考察对象之间实际占有培训资源的多少差异显著，而简单地加总个人情况也不能从整体的角度客观、真实地反映军民融合度。因此，可以首先通过抽样调查取平均值的方式计算全军干部、士官接受各类培训的总年限平均值（d）：

$$d = \frac{1}{n} \sum_{i=1}^{n} (m_i + h_i) \tag{4}$$

这样，军民融合度的计算公式可以修正为：

$$\rho = \frac{1}{n} \sum_{i=1}^{n} \frac{m_i}{d} \times 100\% \tag{5}$$

另外，在对某个群体的培训情况进行军民融合度测算时，为客观地反映实际情况和进行不同研究群体间的比较，避免在群体中由于个别人较长的地方培训而直接推高计算结果，应当进一步考虑地方教育资源"覆盖面"（λ）的影响。这是指在某一研究群体中，接受过地方培训的人数（q）占整个群体人数（n）的比重。可以用公式表示为：

$$\lambda = \frac{q}{n} \tag{6}$$

所以，将 λ 引入，弥补了公式（5）中只专注于地方培训的程度而忽视广度的不足。由此测算公式进一步修正为：

$$\rho = \frac{1}{n} \sum_{i=1}^{n} \frac{m_i}{d} \times \frac{q}{n} \times 100\% \tag{7}$$

三、军队装备人才培养军民融合度测算公式的运用

根据对某团修理所人员情况的调研，利用以上公式计算该所人员构成所决定的军民融合度，以演示公式的具体运用。根据调研掌握的基本情况，该修理所为营级单位，其中干部26人，士官15人，战士11人。根据上述对军队装备人才的定义，这里只统计干部和士官的情况，如表1所示。根据统计数据，可以选取修正公式计算此样本中人才培养的军民融合度。

首先，根据公式（4）计算 d 值：

$$d = \frac{1}{n} \sum_{i=1}^{n} (m_i + h_i) = \frac{182.5}{41} \approx 4.45$$

然后，根据公式（7）计算 ρ 值：

$$\rho = \frac{1}{n} \sum_{i=1}^{n} \frac{m_i}{d} \times \frac{q}{n} \times 100\% = \frac{67.5}{4.45 \times 41} \times \frac{30}{41} \times 100\% \approx 27.07\%$$

表1　某团修理所人员培训情况统计

序号	身份	学历	培训时间总数	地方培训时间	个人军民融合度（%）	序号	身份	学历	培训时间总数	地方培训时间	个人军民融合度（%）
1	干部	大学	7	0	0	22	干部	中专	5	3	60
2	干部	大学	5.5	0	0	23	干部	中专	4.5	3	66.67
3	干部	大学	5	4	80	24	干部	中专	4	3	75
4	干部	大学	5	4	80	25	干部	中专	3.5	3	85.71
5	干部	大学	4	1	25	26	干部	中专	3	0	0
6	干部	大学	6	0	0	27	士官	大专	4	3	67.42
7	干部	大专	5	0	0	28	士官	大专	3.5	3	75
8	干部	大专	5	3	60	29	士官	大专	3.5	3	85.71
9	干部	大专	4.5	3	66.67	30	士官	大专	3	0	85.71
10	干部	大专	4.5	3	66.67	31	士官	大专	3	0	0
11	干部	大专	4	1	25	32	士官	中专	6	3	0
12	干部	大专	4	0.5	12.5	33	士官	中专	6	3	50
13	干部	大专	3.5	0.5	14.29	34	士官	中专	6	1	50
14	干部	大专	3.5	0.5	14.29	35	士官	中专	5.5	3	16.67
15	干部	大专	3	3	100	36	士官	中专	5.5	0	54.55
16	干部	大专	3	3	100	37	士官	中专	4	0	0
17	干部	大专	3	3	100	38	士官	中专	4	0.5	0
18	干部	中专	6	1	16.67	39	士官	中专	4	1	12.5
19	干部	中专	6	3	50	40	士官	中专	3	0	25
20	干部	中专	5.5	1	18.18	41	士官	中专	3	0	0
21	干部	中专	5.5	0.5	9.09						

注：个人军民融合度以个人培训情况为参照，按公式（3）计算。

另外，该测算公式还可以根据样本中学历层次或职级情况整理培训年限数据，计算不同学历层次和职级的人员对地方高等教育资源的利用率，从而在结构上考察培训军民融合度的变化情况。在考虑时间维度变化的情况下，以上公式还可以动态地反映一段时期内的培训军民融合度的变化。

澳大利亚对退役军人的就业支持[*]

廖国庚

澳大利亚是英联邦内的独立国家，其国防军实行志愿兵役制，每年国防军约占总兵力的 10%，合计 5000 名左右军人退役，其中军官占退役人员的 1/3 左右。由于澳大利亚国防军实行志愿兵役制，职业化程度很高，未达到退休条件的军官与士兵的就业安置没有区别。澳大利亚是市场经济国家，采取的是退伍军人自谋职业、国家提供就业支持的安置模式。

一、就业支持力量的社会化

澳大利亚《1903 国防法》2002 年人事修正案规定，军人退役后的工作及生活安置主要依靠社会就业和保障体系。这一规定指出了澳大利亚退伍军人就业支持的一个显著特点，即退伍军人就业支持力量的社会化，换言之，就是政府组织与民间组织协作支援退伍军人就业。

在退伍军人就业支持方面，澳大利亚政府有一支不错的支持力量。在澳大利亚，负责退伍军人安置工作的机构是澳大利亚退伍军人事务部（Department of Veteran Affairs）。该部是联邦政府内阁的一个部，下设赔偿处、健康服务处、综合发展处、战地墓地管理处 4 个处，各州、市均有相应的机构，共有工作人员 2400 余人。虽然该机构的主要责任是负责伤残赔偿和信息管理、参战退伍军人的健康医疗和住房及老年照顾、资源管理和战略支持、战争中阵亡的军人墓地管理等事务，没有像美国退伍军人事务部那样设置专门机构直接负责退役军人的就业支持工作，但是，它设置了相应机构负责残疾退伍军人的职业康复工

---

  * 本文原载于《转业军官》2012 年第 6 期。

作，代表国防部提供转换管理服务（Transition Management Service，TMS），参与退伍军人的职业转换工作。同时，在该事务部的官方网站上亦专门设立了一个国防军退役支持（Supporting the ADF）栏目，帮助国防军退役人员实现从军事服务向民间生活的转变，其中，帮助他们实现民间就业是其首要服务内容。

在澳大利亚国防部（Department of Defence），有专门负责退伍军人就业支持工作的部门，在该部人事行政部门（Personnel Executive），由征兵、调动和退休、退役部门（Recruitment，Redeployment & Retirement/Discharge）专门负责退伍军人的职业转换援助，同时，国防部还有所属机构——国防支持团（Defence Support Group，DSG）协调组织澳大利亚国防转换研讨会，参与职业转换援助工作。此外，澳大利亚教育、就业与劳动关系部（Department of Education，Employment and Workplace Relations）这一面向全社会的公共就业支持政府组织，也为退伍军人提供就业支持，该组织创立的"JobSearch"网，在退伍军人就业方面发挥着莫大的作用。

尽管澳大利亚政府组织在退伍军人就业支持工作方面发挥着重要的作用，但是退伍军人就业支持的许多工作是融入社会，依托广泛的民间组织完成的。退伍军人获得就业服务，寻找工作或创业都需要依靠民间组织的帮助来实现。可以为澳大利亚退伍军人提供就业支持的民间组织主要有两类：一类是综合性民间组织。如军队服务人员公司、澳大利亚国防联合会、澳大利亚武装力量协会、澳大利亚海军协会、澳大利亚空军协会、越战退伍军人协会等。这类组织都兼职服务退伍军人就业支持，把协助退伍军人就业作为重要工作内容，例如澳大利亚武装力量协会的一条宗旨就是"作为退役军人就业发生问题时的协调代表"。另一类是专业民间就业支持组织，如澳大利亚退役军人就业俱乐部、澳大利亚职业培训协会等。这类组织的目的是为包括退伍军人在内的社会成员提供就业培训、就业指导、就业搭桥等就业支持服务。这类组织在澳大利亚退伍军人就业中发挥着十分重要的作用。所以，澳大利亚政府部门的安置计划都把"帮助退役军人实现就业多样化，包括选择间歇的就业培训和加入其他的就业俱乐部"作为一个重要目的。

在澳大利亚，正是由于民间力量和政府力量两种力量协同，为退伍军人就业提供了可靠的力量保证，大大拓宽了就业渠道，丰富了就业服务的内容，才确保了绝大部分退伍军人顺利地实现了就业。

二、就业支持的内容集中于就业
服务和就业培训

澳大利亚是典型的市场经济国家，人们普遍认为政府强行干预市场有违公平竞争的原则，因此，在退伍军人就业支持方面，澳大利亚不像美国，没有为退伍军人提供特殊的就业优惠政策，但是，其对退伍军人的就业支持也很有特色。

澳大利亚国防部、退伍军人事务部等政府机构为退伍军人专门提供的就业支持就是职业转换援助。为指导退伍军人职业转换援助，澳大利亚国防部人事行政部门出台了退伍军人《职业转换援助计划》（Career Transition Assistance Scheme，CTAS）。根据该计划，国防部在军人离开部队时为他们提供职业转换援助，目的在于促进他们向民事职业的转换。但是，国防部为退伍军人提供职业转换援助不是为他们提供一个特定的工作，而是教会他们如何较好地在民事市场上销售自己的技能和经验。澳大利亚国防部职业转换援助工作主要由职业转换援助执行官、地方安置官、军队安置官、转换协调官共同负责组织。职业转换援助的基本原则是：尽量减少成员的职业中断过程，加快他们由军事职业向民事职业的转换过程；最大限度利用现有条件和技能，尽量减少不必要训练，以最小代价帮助成员获得在就业竞技场上销售自己，猎取职业的能力；尽量满足成员的希望与需要；帮助成员成功实现职业转换，即帮助成员谋取可靠适当的职业。

国防部、退伍军人事务部有关部门为即将退役的现役军人或退伍军人提供的职业转换援助，涵盖就业服务和就业培训两个方面，具体项目包括：

1. 核准休假

现役军人如能提供已经提交退役申请的证据，经安置官核准，可以在离队前享受相应职业转换援助级别的休假，主要用于参加核准的各项转换活动，包括参加与职业介绍所的、旨在获取专业人士就业建议的约会；与预期雇主见面；参加核准的职业转换训练；参加核准的在职训练；参加职业转换管理训练等。

2. 发展履历训练

符合条件的军人有权接受撰写履历的专业指导训练，即履历训练，其目的是帮助成员掌握撰写履历的技能。职业转换援助级别二、三等以及因身体、冗余等原因退役的成员，任何时候都可以使用该权益，但时间限制在退役后 12 个月之内。

3. 职业转换培训

职业转换培训（Career Transition Training，CTT），目的是提供直接指向就业的教育和培训，即职业技能培训。该训练必须与职业转换成员在民事部门从事职业的技能相一致，特别是要与退役后就业相一致。享受该权益的成员，必须遵循最小必要培训的原则，即必须充分利用他们的现有条件和技能，以便他们在竞争意向行业的职业时更具有竞争力。成员所选择的意向职业必须适当，也就是说，这个职业成员可以接受，而根据安置官员的意见，这一职业也充分利用了成员现有技能，仅需要最小额外训练。

4. 在职体验

现役军人经批准在离队前后可以接受相应职业转换援助级别的在职体验（On–Job Experience，OJE）。所谓在职体验，就是一种与军人退役时预期职业领域相关的全职工作培训。成员从事在职体验期间不能接受雇主任何形式的报酬。因为，如果接受任何形式的报酬，一旦他们遭受与在职体验相关的疾病和伤害，他们在《2004年军事复员与补偿法案》中的索赔权益就会受到损害。退役前从事在职训练的成员，必须遵守军队纪律，服从军队指导，因为他们只是临时附属于一个组织，他们仍在服役，仍是军人。在职体验和职业转换培训一样，是为了帮助成员发展有助于获得适当工作的技能，必须遵守最小必要训练的原则，即必须充分利用他们的现有条件和技能，选择与现有职业技能相一致、与就业目标职业相一致的在职体验。如果成员不遵循这个原则，他们所申请的在职体验就不可能获得安置官员的批准。因为，在澳大利亚人看来，尽管在职体验不付费用，但它涉及国防机会成本。

5. 澳大利亚国防力量转换研讨会

澳大利亚政府每年都按计划举办国防力量转换研讨会（ADF Transition Seminars），研讨会一般在所有的首府城市和省会中心举行，为期三天，其目的是通过提供基本信息帮助成员准备向平民生活转换及引导成员关注更多的特定信息资源。研讨会有近30个主题，内容包括寻找工作技能与就业前景，自我雇用，向平民工作和生活方式的转换，可利用的权益，个人事务管理如投资、税收等许多方面。各场研讨会的演讲者均是经过精选的被该领域公认的专家。举行国防转换研讨会后，地方转换委员会还要就各主题的适当性、持续时间、趣味性等问题对参加者进行问卷调查，并提交年度调查报告，以便进一步增强研讨会的针对性，提高研讨会质量。

6. 职业转换管理训练

服役 12 年及以上成员，可以选择职业转换管理训练（Career Transition Management Coaching，CTMC），以替代职业转换培训；因身体、冗余等原因退役的成员可以同时选择二者。包括在职业转换管理训练中的服务主要限于：发展履历方面的技能训练；面试准备与呈词；确定可转换的技能；确定工作选择；工作寻找策略；心理评估。但并不是上述所有的服务都需要包括在成员的职业转换管理训练中。

7. 职业康复就业服务

这是一项专门为服役残疾退伍军人提供的，主要由退伍军人事务部负责的，被《军事康复与补偿法案（2004）》确认的，旨在最大限度恢复退伍残疾军人的潜能，帮助他们实现职业转换的就业服务。政府主要为服役残疾退伍军人提供如下就业援助服务：评估康复潜力，制订康复计划，申请康复服务，最大限度恢复残疾军人的劳动能力；提供职业能力评估，即评估退伍残疾军人从事民事职业的能力，目的是鉴定向民事职业转换的技能，并确定适当的工作选择；帮助找到适当工作；提供转换管理，即将某些退伍残疾军人作为案例，帮助他们实现向平民生活的转换，如为其提供关于可以享受哪些权利和服务、如何获得这些权利和服务的建议。

8. 转换管理服务

转换管理服务（Transition Management Service，TMS）是一项特别为很可能或已经因身体原因退役的现役军人发展的、由退伍军人事务部代表国防部提供的可选择性免费职业转换服务，其目的是通过为他们提供充分信息和有助于他们转换的服务，确保他们成功地由军事生活向平民生活转换。如果一个成员很可能因身体原因退役，那么转换管理服务协调官将为其提供如下服务：解释退役程序并使其明白需要做出的决定；告知其可能的权益以及如何申请这些权益；引领其求助于退伍军人事务部相关部门，以商讨补偿和康复问题；引领其求助于外部或团体提供者，以获取额外的援助；鼓励其参加澳大利亚国防转换研讨会等。当成员正式因身体原因退役时，他的转换管理服务协调官将为其制订一个个人转换计划，内容包括退役权益的最大化、将来的可能职业选择、退役后就业事务、金融计划等。

澳大利亚政府虽然制定了退伍军人职业转换援助政策，但职业转换援助的许多服务包括就业服务和就业培训，都是以社会公共就业支持服务体系、就业支持培训体系为依托的，退伍军人职业转换援助网站有通往"JobNetwork""Job-Search"等社会公共就业支持服务网站以及澳大利亚职业顾问协会、退伍军人协会等就业支持机构的链接。因此，退伍军人不仅可以享有澳大利亚国防部、退伍军人事务部等政府机构为其专门提供的就业服务和培训，而且可以享有社会公共就业服务机构为社会成员提供的就业服务和培训。

三、就业支持保障的法制化

为保障退役军人的权益，澳大利亚先后制定了一系列的法律，如《澳大利亚退役军人权利法案》（1986）、《国防军退休和死亡安置条例》和《国防军退伍安置纲要》。这些法律大都是在宏观和整体上规定退役军人权利和义务的实体法，如1986年出台的《澳大利亚退役军人权利法案》，共4卷，自1986年颁布以来，每年更新很多次，对退役军人包括获得就业支持等一系列权利作了详细的规定，是退役军人维权的最权威法律。

此外，澳大利亚还根据上述实体法的精神，制订了具有程序法特点和效力的就业安置计划，如1997年出台的《澳大利亚退役军人就业安置计划》《职业转换援助计划》，详细阐释了退役军人就业支持的具体运作。这些针对退役军人权利的法律，不仅详细地规定了退役军人所享有的权利，同时还对他们权利遭到危害后的维权途径作了详细规定。值得注意的是，澳大利亚退役军人就业支持的相关法律和具有法律性质的计划都由本领域的专业人士制订，需要取得国防部退役军人就业安置委员会和退役军人群体双方的一致同意后才能生效。一个基本的原则就是退役军人就业支持最低目标要达到"能找到一份合适待遇的工作，而且这份工作所带来的收入至少不能少于同等条件下没有工作的人"。由于澳大利亚退役军人就业支持是建立在强有力的、完备的法律保障基础之上的，因此，澳大利亚退役军人就业支持机制能够高效运转，退伍军人的再就业权益能够得到切实维护。

论我国退役士兵自主就业制度的完善[*]

廖国庚　曾　立　郭　勤

2011 年 6 月 27 日十一届全国人大常委会第二十一次会议审议通过的《中华人民共和国兵役法修正案（草案）》指出："对义务兵和服现役不满 12 年的士官退出现役，按照国家规定发给退役金，实行自主就业。"这一规定是对现行退役士兵安置制度的重大创新。但这一政策的顺利实施，需要有一整套完善的配套制度来保证。目前，我国这方面的配套制度还很不健全。因此，认真研究自主就业各项配套制度，建立一套符合我国国情的退役士兵自主就业制度体系，是我国退役士兵安置制度改革亟待解决的重要课题。

一、建立统一、适度的经济补偿标准

经济补偿制度，是退役士兵自主就业制度的基本组成部分。目前，我国退役士兵自主就业基本经济补偿没有统一标准，各地区根据情况自行确定，致使补偿标准差异较大，很不一致。比如湖北省的规定是："城镇退伍义务兵按入伍地的市县人民政府正式公布的统计数据所列上年度城镇职工年平均工资的三倍，领取自谋职业一次性经济补助""转业士官按入伍地上年度城镇职工年平均工资的五倍，领取自谋职业一次性经济补助和安家补助费。"陕西的规定是："自谋职业补助金的标准，按照属地原则，参照当地财力情况和职工生活水平，由退役士兵所在地的设区市人民政府制定。"广东的规定是："城镇退伍义务兵、服役满一、二期的城镇复员士官按当地上年度在岗职工人均工资收入的 100% ~150% 发放；转业士官按当地上年度在岗职工人均工资收入的 150% ~200% 发放。"退役士兵

---

* 本文原载于《军事经济研究》2012 年第 7 期。

自主就业经济补偿标准的混乱，在理论上有违社会公平原则，在实践上容易造成补偿失度，产生新的社会不公。因此，必须尽快完善现有退役士兵自主就业经济补偿制度，建立一套统一、适度的经济补偿标准。

退役士兵自主就业应得的基本经济补偿，取决于五个因素：一是全国职工工资收入水平。退役士兵作为一种有能力进入就业岗位的人力资本，在服役期间，会因人力资本的军事占用而遭受一定的收入损失，其每年的收入损失大体相当于当年全国职工平均工资收入。这部分经济损失，理所当然应予以补偿。二是军事职业贡献性补偿系数。军事职业由于其特殊性，比一般职业要做出更多付出，理应在全国职工平均工资收入水平基础上获得一个增加额。根据我军干部工资收入水平应比地方同职级公务员高20%的规定，退役士兵的贡献性补偿系数可以确定为0.2。三是服役年限。退役士兵服役年限越长，遭受的收入损失就越多，应得经济补偿也应越多。四是个人应承担兵役义务。我国《兵役法》规定，每一个公民都有平等服兵役的义务。但是，在一定时期，这一义务主要落在兵役适龄人口身上。换言之，每个兵役适龄人口都有平等服兵役的义务。退役士兵作为兵役适龄人口，理应承担相应的兵役负担，这部分应从经济补偿中扣除。每个退役士兵应承担的兵役负担从理论上说为全国退役士兵补偿总额与兵役适龄人口之比。但从实际情况看，由于军事职业对女性需求很少，退役士兵应承担的兵役负担实际大约为理论上的2倍。五是服役期间领取的工资。义务兵不领取工资，但士官领取工资。退役士官在服役期间每年领取的工资，属于应扣除部分。

因此，从理论上说，退役士兵服役期间各年度应得基本经济补偿（c）＝当年全国职工平均工资收入（s）×（1＋军事职业贡献性补偿系数0.2）÷（1＋当年全国入伍服兵役人口占兵役适龄人口比重（r）×2）－服役当年领取工资（g）。其中，各年度入伍服兵役人口占兵役适龄人口比重虽然略有差异，但相差不大，因此，可用"人口普查年度的全国入伍服兵役人口占兵役适龄人口比重"来代替。退役士兵服役期间应得基本经济补偿总额为：$C = c_1 + c_2 + \cdots + c_i + \cdots + c_n$，其中，$c_i$为服役第$i$年的经济补偿，$c_n$为服役最后一年的经济补偿。

从实践角度看，考虑到物价上涨因素会增加补偿计算难度，同时考虑到计算补偿的传统习惯以及方便性要求，建议以退役士兵退出现役时上一年度全国职工工资收入水平为基数计算退役士兵自主就业经济补偿。

对于义务兵退役基本经济补偿，按照"应得基本经济补偿总额（C）＝服役年限（n）×退出现役时上一年度全国职工工资收入水平（s）×（1＋军事职业贡献性补偿系数0.2）÷（1＋全国入伍服兵役人口占兵役适龄人口比重（r）×2）"计算。

对于士官退役基本经济补偿，可将服役期间领取的工资收入视为已获得相当于全国平均职工工资收入。即按照如下简便方法计算：应得基本经济补偿总额

(C) = 服义务兵役年限（即 2）× 退出现役时上一年度全国职工工资收入水平 (s) × （1 + 军事职业贡献性补偿系数 0.2）÷（1 + 全国入伍服兵役人口占兵役适龄人口比重 (r) × 2）+［服役年限 n - 服义务兵役年限（即 2）］× 军事职业贡献性补偿系数 0.2 × 退出现役时上一年度全国平均职工工资收入。

当地平均职工工资收入水平高于全国平均水平的，按照退出现役时上一年度当地职工工资收入进行计算。对于发达地区的退役士兵来说，服役期间其人力资本因军事占用造成的收入损失，会大于全国职工平均工资收入，理应获得与发达地区经济发展水平、职工平均收入水平相当的收入补偿。

二、完善退役士兵就业优惠政策

完善的就业优惠政策，可以大大优化退役士兵就业环境，提高其就业竞争力，增加就业可能性。我国就业优惠政策由就业优先权政策、录用税收优惠政策两部分组成，但都不成熟，应予以完善。

1. 完善就业优先权政策

在美国，为支持退伍军人就业，国家明确规定，退伍军人拥有两类就业优先权：一是相对优先权，即有条件的、一定程度的优先。如美国《法典》第五部规定，在联邦政府文官招聘竞争考试中，符合条件的退伍军人比其他人员享有额外加 5 分或 10 分的权利。二是绝对优先权，即只要招聘员工就业，就必须首先满足退伍军人的就业要求。美国法律规定，政府雇用门卫、电梯操作员、邮递员、管理人员等职位的工作人员时，必须首先从符合条件的退伍军人中招聘，只有当招收数量未达到指标时，才考虑非退伍军人。显然美国关于退伍军人的就业优先政策规定十分明确，具有很强的可操作性。对此，我们应积极借鉴美国经验，结合我国国情，首先，修改完善相对优先权政策，增强吸引力和可操作性。我国退役士兵就业相对优先权主要体现在 2004 年颁布的国办发〔2004〕10 号文件中，该文件规定："用人单位在面向社会招聘员工时，同等条件下要优先录用自谋职业的城镇退役士兵。各级行政机关在考录公务员时，应允许符合报考条件的自谋职业的城镇退役士兵参加考试，服役期视为具有社会实践的年限，在同等条件下优先录用。"这一政策中的"同等条件"含义模糊，可操作性差，很难落到实处，且优惠程度很有限，缺乏吸引力。同时对农村退役士兵有歧视。对此，可以将上述政策中的"同等条件下优先录用"进行具体化，即对符合条件的退役士兵，在竞争考试中给予额外加分优惠；在考试成绩相同的情况下优先录用。同时，将优惠政策的享受对象扩展到农村退役士兵。其次，出台绝对优先权政策。退役士兵绝对优先权政策，在我国还是一片空白。为扶持退役士兵自主就业，应制定具有我国特点的退役士兵绝对优先权政策。建议党政机关、企事业单位在招聘雇用保安等员工时，必须优先聘用退役士兵。同时研究还有哪些岗位适合给予退役士兵绝对优先权。

2. 完善录用税收优惠政策

2004 年颁布的财税〔2004〕93 号文件明确规定：为安置自谋职业退役士兵就业而"新办的服务型企业""新办的商贸企业""新办的商业零售企业""新办的从事商品零售兼营批发业务的商业零售企业""当年新安置自谋职业的城镇退役士兵达到职工总数 30% 以上，并与其签订 1 年以上期限劳动合同的，经县级以上民政部门认定，税务机关审核，3 年内免征城市维护建设税、教育费附加和企业所得税""当年新安置自谋职业的城镇退役士兵人数不足职工总数 30%，但与其签订 1 年以上期限劳动合同的，经县级以上民政部门认定，税务机关审核，3 年内可按计算的减征比例减征企业所得税。"该政策至少存在三个方面缺陷：一是将享受对象规定为新创办企业，对老企业不公平。因为，新创办企业、已创办企业，都为退役士兵安置制度的改革承担了一定成本，理应得到公平的奖励。二是对农村退役士兵不公平，他们因户籍身份这一先赋条件的差异，不能享有与城镇退役士兵相同的待遇。三是按吸收退役士兵比例享受税收优惠，会导致用人单位得不到公平奖励。

对此，一是应扩大税收优惠范围，即将税收优惠政策的对象由原来规定的新办企业，扩大到已经创办的老企业，以激励更多的企事业单位吸纳退役士兵就业。二是调整税收优惠标准。应参照《关于延长下岗失业人员再就业有关税收政策的通知》（财税〔2004〕23 号）中关于下岗失业人员的税收优惠标准，将"按吸收退役士兵比例享受减征或免征营业税和企业所得税"，改为"每吸纳 1 名自谋职业的退役士兵，每年可享受企业所得税 4000 元定额税收扣减优惠"。三是将录用对象扩展到农村士兵。将文件中的"城镇退役士兵"修改为"退役士兵"。

三、健全退役士兵自主创业激励政策

完善的自主创业激励政策，可以大大减小退役士兵创业风险，增强其自主创业成功概率。我国退役士兵自主创业激励政策已初步形成体系，其内容主要有三个方面：一是自主创业免费优惠政策。国办发〔2004〕10 号文件规定：自谋职业城镇退役士兵从事个体经营的，除国家限制的行业外，自工商部门批准其经营之日起，凭《城镇退役士兵自谋职业证》3 年内免交下列费用：工商部门收取的个体工商户注册登记费（包括开业登记、变更登记）、个体工商户管理费、集贸市场管理费、经济合同示范文本工本费；卫生部门收取的民办医疗机构管理费；劳动保障部门收取的劳动合同签证费；各省、自治区、直辖市人民政府及其财政、价格主管部门批准设立的涉及个体经营的登记类和管理类收费项目；其他有关登记类、管理类的收费项目。二是自主创业税收优惠政策。财税〔2004〕93 号文件规定：对自谋职业的城镇退役士兵从事个体经营（除建筑业、娱乐业以及广告业、桑拿、按摩、网吧、氧吧外）的，自领取税务登记证之日起，3 年内免征营业税、城市维护建设税、教育费附加和个人所得税。对自谋职业的城镇退役士兵，从事开发荒山、荒地、荒滩、荒水的，从有收入年度开始，3 年内免征农业税。对从事农业机耕、排灌、病虫害防治、植保、农牧保险和相关技术培训业务以及家禽、牲畜、水生动物的繁殖和疾病防治业务的，按现行营业税规定免征营业税。三是自主创业信贷优惠政策。国办发〔2004〕10 号文件规定：自谋职业的城镇退役士兵从事个体经营或创办经济实体，经营资金不足时，可持《城镇退役士兵自谋职业证》向商业银行申请贷款。符合贷款条件的，商业银行应优先予以信贷支持。

尽管我国退役士兵自主创业激励政策已初步形成框架，但依然存在诸多不足之处。对此，一是将自主创业激励政策的享受对象扩展到农村士兵。二是删除关于免征农业税的规定。自 2006 年 1 月 1 日起，《中华人民共和国农业税条例》已宣布废止，财税〔2004〕93 号文件中关于"免征农业税"的有关规定已名存实亡，应该予以删除。三是细化信贷优惠政策。国办发〔2004〕10 号文件中关于"符合贷款条件的，商业银行应优先予以信贷支持"的规定缺乏可操作性。建议出台实施细则，使退役士兵切实享受贷款优惠，如低息贷款等。四是制定政府采购优惠政策。为支持退伍军人创办企业和拓展企业，美国联邦机构对退役军人拥有的小企业实行政府采购优惠政策，即联邦机构优先采购退役军人拥有的小企业的产品。我国应借鉴美国的经验，对退役士兵创办的小企业实行政府采购优惠政策，即规定政府必须留出一定比例的采购资金，优先购买符合条件的退役士兵拥有的小企业生产的产品，以支持退役士兵创办、拓展企业。

四、强化退役士兵安置机构的就业服务功能

目前我国政府专门负责退役士兵工作的各级安置机构设置不甚合理，在一定程度上影响了就业服务制度作用发挥。对此，一是要增加安置部门编制，建立就业服务机构。结构决定功能。美国退伍军人之所以能得到全方位、人性化、高效率的就业服务，根本原因在于拥有一支强有力的就业服务力量。仅退伍军人事务部2007年就有26万人从事退伍军人服务工作，就业服务机构设置完备，不仅设有退伍军人就业培训机构、促进就业机构，还设有协助退伍军人创办小企业机构等，为退伍军人提供包括就业培训、就业指导、政策咨询、产品销售推介、联系贷款等在内的全方位就业服务。同时还有国防部、劳工部、人事管理办公室等政府机构、30多个退伍军人民间组织参与其中。目前，我国退役士兵就业服务主要依赖于退役士兵安置机构，它们提供不了像样的就业服务的根本原因在于机构简单、编制少、力量小。如江苏省，每年有近4万退役士兵，而安置机构负责退伍军人各项事宜的，省一级只有2人、市一级只有1~2人，县一级只有1人。因此，应借鉴美国经验，根据所在地区退役士兵的人数多少、承担职责大小，增加安置部门的编制，设置专门从事退役士兵就业服务的机构，不仅要有专人负责就业咨询指导、就业培训，而且要有专人负责创业指导与帮助。二是招聘、选拔就业服务专业人才。退役士兵就业服务工作，无论是就业创业咨询，还是就业创业指导、就业创业维权，都是专业性很强的工作，要求从业人员具有较高的专业素质。因此，应按照胡锦涛同志提出的就业服务"专业化"要求，加强退役士兵就业服务机构工作队伍的专业化建设，招聘、选拔那些经过专门培训的专业人员来从事就业服务工作，提高就业服务水平。

五、加强退役士兵自主就业相关法制建设

首先，要完善退役士兵安置法律体系，实现有法可依。目前，我国已出台的有关退役士兵安置的规定，大多是通知、意见之类文件，它们离真正意义上的法律还有很大一段距离，不仅没有对经济补偿、就业援助各个方面、各个环节进行明确细致的规定，而且没有对违背它们应受到何种处罚做出明确规定。因此，必

须加快退役士兵安置立法工作，尽快制定和颁发"退役军人安置法""退役军人优先就业法""退役军人培训法"等法律，尽快出台"退役士兵安置条例"，对退役士兵就业培训、就业援助的方式手段、组织机构设置、经费来源，以及退役士兵个人及国家与社会的权利、义务等做出明确细致规定，保护退役士兵再就业权益。

其次，要建立健全退役士兵就业援助法律机构。目前，我国政府和军队都没有专门的保护包括退役士兵在内的退役军人权益的机构，这与我国这样一个兵员大国不相称，也不利于相关法律的落实。对此，一方面要建立维护退役军人就业合法权益的专门机构，比如在地方县以上法院或退役士兵安置部门成立维护退役军人合法权益的专门办事机构，协调处理退役士兵就业和保障制度落实中出现的涉法问题；另一方面要设立退役军人法律咨询站。建议在地方退役安置机构及军队各级退役安置机构设立法律咨询站，配备专业人员，为退役士兵提供法律咨询、建议及其他帮助。

参考文献

［1］湖北省人民政府〔2000〕192 号．湖北省城镇退役士兵自谋职业试行办法［EB/OL］．中国劳动咨询网，http：//www. 51labour. com/lawcenter/lawshow - 63262. html.

［2］陕西省政府〔2006〕110 号．陕西省城镇退役士兵自谋职业办法［EB/OL］．宝鸡政府网，http：//www. baoji. gov. cn/0/1/4/41/17269. htm.

［3］广东省人民政府〔2003〕89 号．关于全面推进我省城镇退役士兵安置改革工作的通知［EB/OL］．广东省人民政府网，http：//www. gd. gov. cn/govpub/zfwj/zfxxgk/gfxwj/yf/200809/t20080916_ 67224. htm.

［4］廖国庚．美国退伍军人就业优待政策及其对我国的启示［J］.中国人才·转业军官，2010（8）．

［5］国办发〔2004〕10 号．关于扶持城镇退役士兵自谋职业优惠政策意见的通知［EB/OL］．民政部网站，http：//yaj. mca. gov. cn/article/tysbhfygbjsaz/fgzc/200712/20071200006183. shtml.

［6］财税〔2004〕93 号．关于扶持城镇退役士兵自谋职业有关税收优惠政策的通知［EB/OL］．民政部网站，http：//yaj. mca. gov. cn/article/zcwj/.

［7］廖国庚．自主择业军转干部就业支持研究［M］.武汉：湖北人民出版社，2009.

［8］陶礼仁等．退役士兵安置若干问题思考［J］.中国民政，2005（5）．

湖南省高层次创新型科技人力资源优化配置研究[*]

周长峰　刘　燕

一、前言

2011 年 7 月，科技部、人力资源和社会保障部、教育部、中国科学院、中国工程院、国家自然科学基金委员会、中国科协等 7 个部门联合以国科发政〔2011〕353 号文件印发了《国家中长期科技人才发展规划（2010～2020 年)》，旨在推进科技人才队伍建设，为 2020 年我国进入创新型国家行列、实现全面建设小康社会的目标提供科技人才支撑。未来 10 年是我国经济社会发展的战略机遇期，同时也是湖南省实现创新发展的关键阶段，为湖南省科技人才队伍建设提供了重大机遇。大力实施科教兴湘和人才强省战略，推进科技人才队伍建设，特别是加强高层次创新型人才队伍建设，优化人才结构，带动各类科技人才队伍全面发展，对于加快科技进步和创新，进一步提升湖南省自主创新能力具有重大意义。

二、国内外研究发展趋势

21 世纪是知识经济时代，知识经济的发展动力是以科技创新为核心的知识创新。从世界经济、政治和社会发展趋势看，科技进步和创新能力越来越成为增

　＊　本文原载于《现代商贸工业》2012 年第 24 期。

强综合国力和国际竞争力的最重要的决定性因素，谁拥有更强的知识创新能力和人才优势，谁就能在日益激烈的国际竞争中占据主导地位。作为知识载体的人才，尤其是高层次创新型人才已成为各国争夺的焦点。美国是一个移民国家，一直把争夺世界各国优秀人才作为一项国家战略。几十年来，美国采取不断修订移民法、将留学生作为人才的后备力量、"绿卡"政策和打造优越的社会环境留住人才等措施从别国引进大批人才，特别是高科技人才。美国的历史不过 200 多年，却拥有世界上 1/2 的博士、1/3 的硕士和 1/4 的学士，拥有的世界顶级科学家占全世界的一半还多。日本政府针对有专业技术和知识的外国人为对象，即将出台"有关优秀海外高级人才积分制"的新政策，外国高级人才及其配偶等亲属和家务佣人可以一同来日，并且缓和配偶的工作限制等。德国政府于 2006 年推出了包括培养和吸引创新型高级人才的"高技术战略"，力图在全球人才、技术和市场领先地位的竞争中立于不败之地。近两年，德国相继推出"通过教育起飞""保证就业岗位、提高增长动力和国家现代化——德国就业和稳定一揽子计划"以及"工作移民对保证德国专业人才基础的贡献"三项人才培养和动员计划，进一步加大了对人才培养的投入，从而为国家的未来发展打下坚实基础。

2010 年 5 月 25 日胡锦涛同志在全国人才工作会议上明确提出，要培养造就规模宏大、结构优化、布局合理、素质优良的人才队伍。北京市委市政府印发了《关于加快建设中关村人才特区行动计划（2011～2015 年）》，包括 6 大工程和 10 项支持政策。上海通过三轮"海外人才集聚工程"打造引才品牌。深圳把打造"人才高地"作为深圳经济社会发展的一项战略选择。江苏无锡的"530"计划、广西梧州的"乐业工程"为创新创业搭建了广阔舞台。近年来，湖南省大力推进人才强省战略，通过实施"科技领军人才培养计划""新世纪 121 人才工程""'五个一批'人才工程"和"芙蓉学者计划"等一系列人才工程，高层次创新型人才队伍建设取得长足发展。

从目前的实际情况和研究成果来看，湖南省作为一个人口大省，仍不是人才强省，人才规模、素质、结构等人才发展指标总体上在全国还不具备比较优势，其中一个突出问题就是高层次创新型科技人才稀缺及结构不合理，因此必须着力优化人才结构，加快实施湖南省高层次创新型科技人才队伍建设。另外，借鉴人力资本相关理论、模型及方法对其进行合理配置，以低成本扩张的方式实现湖南省高层次创新型科技人才资源的优化配置。因此，运用定量化的方法对湖南省高层次创新型科技人力资源优化配置问题进行研究是非常必要的。

三、湖南省高层次创新型科技人力资源优化配置实现过程

实现湖南省"人才强省"战略必须要对高层次创新型科技人力资源进行优化配置。当前，人才资源整体上呈现结构性短缺与结构性失衡是实现湖南省高层次创新型科技人力资源优化配置应着力解决的问题。本文通过三个步骤实现湖南省高层次创新型科技人力资源配置优化。

1. 湖南省高层次创新型科技人力资源优化配置系统分析与理论框架构建

借鉴人力资本理论，界定湖南省高层次创新型科技人力资源的内涵，总结归纳其特点和结构，在此基础上，从影响因素和结构优化等方面，构建湖南省高层次创新型科技人力资源优化配置理论框架，提出湖南省高层次创新型科技人力资源优化配置系统理论及规则。

2. 湖南省高层次创新型科技人力资源优化配置影响因素分析

湖南省高层次创新型科技人力资源作为湖南省人力资源中特殊的组成部分，其配置效果受到各种因素的影响，比如既受到湖南省经济社会发展的影响，又要受到市场经济要求的影响，同时还受到个人内部因素的影响。本文将运用文献研究法、专家访谈法归纳总结出湖南省高层次创新型科技人力资源优化配置的影响因素，建立相应的理论分析模型，运用多元统计建模分析方法，找出影响湖南省高层次创新型科技人力资源配置效率的关键因素及其影响力（即权重），为下一步优化配置的目标函数提供依据。

3. 湖南省高层次创新型科技人力资源配置结构优化

针对湖南省高层次创新型科技人力资源的实际需求，基于熵理论和模糊集理论，以湖南省高层次创新型科技人力资源对 GDP 增长贡献度最大化为目标，建立湖南省高层次创新型科技人力资源配置结构优化分析模型，该模型涵盖学历结构、职称结构和年龄结构等，并系统地考虑了各子结构间协调性配置问题，最终得出科学的、实用的、可操作性强的湖南省高层次创新型科技人力资源结构合理配置表，并且给出结构合理的评价标准和指标。

四、湖南省高层次创新型科技人力资源优化配置的方法选择

本文借鉴人力资源配置相关理论和模型，结合湖南省高层次创新型科技人力资源的具体特征，综合运用规范分析与实证分析相结合的研究方法，对湖南省高层次创新型科技人力资源优化配置进行系统的研究。

第一，运用文献综述和理论分析相结合的方法，对国内外高层次创新型科技人力资源优化配置的相关理论基础和研究现状进行分析和总结，归纳出湖南省高层次创新型科技人力资源优化配置要解决的基本问题和初步构思；采用系统分析方法，从多因素协同和系统综合角度，构建湖南省高层次创新型科技人力资源优化配置系统理论框架。

第二，在影响因素分析中，运用结构方程理论思想，构建湖南省高层次创新型科技人力资源配置系统影响因素结构方程模型，找出影响湖南省高层次创新型科技人力资源配置效率的关键因素及其权重。

第三，在结构优化中，运用模糊数学方法，建立湖南省高层次创新型科技人力资源配置结构优化模型，得出科学的、实用的、可操作性强的湖南省高层次创新型科技人力资源结构合理配置表。

五、结语

坚持以"存量结构调整"为主，以"增量结构调整"为辅，尽可能用低成本扩张的方式实现湖南省高层次创新型人力资源的优化配置。本文将人力资源配置的理论、模型和方法引入湖南省高层次创新型科技人力资源优化配置研究中，对湖南省高层次创新型科技人力资源优化配置进行系统分析并构建理论框架，建立湖南省高层次创新型科技人力资源优化配置影响因素理论分析模型及结构优化模型，提出相应的求解方法，为湖南省高层次创新型科技人力资源优化配置提供决策参考。

参考文献

[1] 国家中长期科技人才发展规划（2010~2020年）[EB/OL]. http://

www. most. gov. cn/tztg/201108/t20110816 – 89061. html,2011 – 8 – 16.

　［2］湖南省中长期人才发展规划纲要（2010—2020 年）［EB/OL］. http://www. hnleader. gov. cn/html/2010 – 8/2010824153335157. html. 2010 – 8 – 24.

　［3］乌云其其格. 发达国家高科技人才培养、使用与引进政策述要［J］. 中国科技论坛, 2007（10）: 122 – 127.

　［4］创新型科技人才队伍建设研究课题组. 高层次创新型科技人才的内涵及成长规律［J］. 科技智囊, 2008（10）: 52 – 63.

　［5］Daisy Chauhan. Effect of Job Involvement on Burnout［J］. The Indian Journal of Industrial Relations, 2009（3）: 441 – 453.

　［6］Drucker Peter F. The Discipline of Innovation［J］. Harvard Business Review, 2002（4）: 95 – 103.

　［7］张小菁, 周斌, 刘峰. 湖南省高层次创新型科技人才队伍建设研究［J］. 湖南社会科学, 2009（5）: 130 – 133.

　［8］王刚. 我国科技创新型人才战略研究［D］. 北京交通大学博士学位论文, 2009.

　［9］范云霞. 国外科技创新人才举措[J]. 创新科技, 2007(1): 54 – 56.

论军队"发展型"薪酬福利制度建设[*]

李辉亿

一、"发展型"薪酬福利制度是我军薪酬福利制度的新阶段

军队薪酬福利是用来生产和再生产军事劳动力的,它既要与一定的社会生产力水平相适应,也要满足不同时期军人和军人家庭的消费需求。因此,不同时期的薪酬福利制度会呈现出不同的阶段性特点。

自 1955 年建立薪金制以来,我军薪酬福利制度建设先后呈现出"基本保障型""忍耐型"和"补偿型"等阶段性特征,目前正进入"发展型"薪酬福利制度建设的新阶段。

从 1955 年到改革开放前,我军实施的是"基本保障型"薪酬福利制度。这一时期,军队的薪酬福利水平虽然比地方相对较好,但也只能维持个人和家庭的基本生活需要,薪酬福利水平低,和全国人民一样,军队过的也是"紧日子"。"基本保障型"薪酬福利制度是与当时的社会生产力和经济发展水平相适应的。

20 世纪 80 年代改革开放初期,军队薪酬福利制度进入"忍耐型"发展阶段。这个时期,国家的经济实力和财政状况开始有了好转,但是为了服从和服务于国家经济建设,军人薪酬福利水平并没有随着经济社会的快速发展和国家财政状况的不断改善而同步变化,为了支持和服务于国家经济建设这个中心,军队继续实行低水平的、仅仅能够满足军人及其家庭基本生活需要的薪酬福利制度。"忍耐型"薪酬福利制度是国防费增长进入"忍耐期"在薪酬福利方面的具体表

* 本文原载于《军事经济研究》2013 年第 5 期。

现，是改革开放初期百废待兴条件下国防建设和经济建设协调发展的战略抉择。对此，邓小平同志有过精辟论述，"四化总得有先有后。军队装备真正现代化，只有国民经济建立了比较好的基础才有可能。所以，我们要忍耐几年。"

进入21世纪，随着我国经济社会的快速发展和国家财力的迅速增长，军队薪酬福利制度逐渐实现了由"忍耐型"向"补偿型"的转变。为弥补过去形成的"历史欠账"，军队通过较大幅度提高薪酬福利标准，完善薪酬福利结构，丰富补贴津贴形式等方式实现了军人薪酬福利待遇的较快增长，使军人薪酬福利的发展能够赶上经济社会的发展。如2006年和2010年全军范围内两次较大的工资调整。"补偿型"薪酬福利制度是对军人"忍耐型"薪酬福利制度的调整，是对"军队要忍耐"的历史补偿，是新的历史条件下军队薪酬福利制度的飞跃。它既是国防费"补偿型"增长在薪酬福利待遇上的具体体现，也是新的历史条件下军人与全国人民共享改革开放伟大成果的生动实践。

薪酬福利"补偿型"增长的主要目的是为了补足过去的"历史欠账"，当补足"历史欠账"一旦完成，薪酬福利制度就逐渐进入"发展型"薪酬福利制度阶段。笔者认为，2010年全军工资调整完成之后，就逐渐进入这个阶段。所谓"发展型"薪酬福利制度，指的是与传统"补偿型"薪酬福利制度相区别的、以促进军人和家庭全面发展为根本目的的薪酬福利制度。它主要包括四层含义：一是坚持军人薪酬福利待遇的改善与国家经济社会的发展相同步，实现军人薪酬福利水平的持续稳定协调发展；二是优化薪酬福利结构，突出以人为本、关注与推进军人和家庭全面发展的新理念，把教育扩展、健康促进、就业援助等"上游干预性"领域纳入军人薪酬福利体系；三是从中长期军队人才发展战略规划的角度制定军人薪酬福利政策，加强军人薪酬福利支出的投资功能；四是坚持军人薪酬福利制度的渐进发展过程，既不急于求成，也不停滞不前。"发展型"薪酬福利制度实现了新的历史条件下军人和家庭对未来美好生活的新期待。

二、优化薪酬福利在不同时点的分布比例，增强全寿命薪酬福利总量的发展效应

我国公职人员薪酬福利在不同时点上的分布并不均衡，一个重要表现就是"在职期"的薪酬福利占全寿命薪酬福利总量的比重偏轻，退休期偏重，具有一定的退休后补偿性效应。这种补偿性效应长期存在，有它的合理性：一是对公职人员"在职期"较低的财政工资起到了一定的补偿作用；二是按照职级差异对

公职人员的退休待遇执行不同的标准，具有一定的奖励性质。在国家公职人员中，军人薪酬福利制度的这一特征更为明显，也较好地体现了军队按军功奖励的特点。但是，随着社会主义市场经济体制的不断完善，特别是医疗、养老等社会保障体系的不断健全，补偿性效应的合理性在不断消失。相反，其累积的财富代际转移效应日益凸显。军人全寿命薪酬福利时点分布的不均衡在未增设"工作性津贴"之前最为明显。自增设"工作性津贴"之后，这种退休后的补偿性效应已有明显弱化。不过，由于"工作性津贴"占整个薪酬总量的比例不高，军人的薪酬福利制度的退休后补偿性特征在一定程度上仍然存在，其负面影响日趋明显。一是个人贡献与薪酬福利在时点分布上不匹配。调查表明，如果达到退休干部平均寿命，干部"在职期"的薪酬福利比重会低于"退休期"，但贡献毋庸置疑是"在职期"高于"退休期"。所以，就一生来说，干部的劳动贡献总量与薪酬福利总量可能是匹配的，但在两期的分布上是不均衡的，这种不均衡不符合劳动贡献与工资待遇相匹配的原则。二是在两期薪酬福利总量一定的情况下，"退休期"的比重过大，相当于延期支付的薪酬比例多，延期支付实际上相当于征税，或者少支付。无论对于干到退休和不能干到退休的军人来说，都是不利的。对能干到退休的军人来说，因为延期支付，两期总薪酬的时间价值会缩水。对复员或转业的军人来说，根本就得不到退休后的补偿，而且退出现役的时间越晚，机会成本越大。三是军人家庭综合支出与收入在时点分布上不匹配，不利于个人和家庭的发展与稳定。一般来说，工作期是家庭综合开支最高的时期，个人面临购房、结婚、生子、送学、养老以及个人继续深造等诸多开支，既是个人一生中家庭负担最重的时期，也是个人和子女全面发展的投资关键时期。退休后，除了健康开支多一点以外，其他开支或大幅减少，或基本结束。在调查中，一些老干部就表示："要是把现在退休工资中的一部分早些年发给我们就好了。"

提高军人在职期的薪酬福利分布比例有利于增强军人薪酬福利早期支出的人力资本投资功能，体现其发展型特征。基本思路是，在全寿命薪酬福利货币价值大体不变的情况下，逐步提高在职期的薪酬福利比重。当然，在职期薪酬福利比重的上升自然意味着退休期薪酬福利比重的下降。需要指出的是，因为货币价值总量不变，提高在职期的薪酬福利比重实际上会使所有军人都得到时间价值增值的好处。从近年的工资调整改革情况看，基本上是按照这一思路在实施，如工作性津贴的设置。下一步，应考虑增设一些激励军人学习成才的津贴补贴项目，并持续加强部队基础设施建设，为部队官兵特别是基层部队官兵提供更多、更好的学习条件、工作福利和生活福利。

三、丰富"发展型"津贴补贴种类，增强薪酬福利开支的激励学习功能

我军现有的津贴补贴大多是因为工作的艰苦与危险而给予的补偿性福利，具有被动性。而激励军人学习科学文化知识和掌握特殊技能等促进个人全面发展的主动性补贴津贴并不多，可以考虑增设一些鼓励学习成才和掌握职业技能的特殊津贴补贴。

一是增设特种语言、战斗技能、信息技术等技能型津贴补贴。设立技能型津贴补贴是外军提高军人学习成才自觉性、帮助军人掌握特殊才能的常用做法。比如，美军五角大楼为鼓励军人学习"关键外语"，推出了"国家安全语言倡议"，各军兵种为此设置了诸多门类的语言津贴补贴。美军院校和地方院校的后备军官训练团也设置了特种语言教学经费。毕业学员到部队任职后，可根据掌握的外语语种数量和"战略价值"享受每月 100 ~ 500 美元不等的津贴。如果掌握两门"战略要地语言"，如阿拉伯语、汉语、波斯语的语言专家每月最高可获 1000 美元津贴补贴。新形势下，随着我军国际维和、联合军演、海外护航、远洋访问等多样化军事任务的不断增多，对军人完成多样化军事任务能力的要求越来越高。可以借鉴美军的做法，根据我军军人的知识水平和任务需求，增设语言、战斗技能、信息技术等特殊津贴补贴，这对于提高部队完成多样化军事任务的能力，具有重要的战略意义。

二是完善工作奖励性津贴补贴。以美军为例，美军的各种奖励性津贴归纳起来主要分两大类：一类是美军每月发放的特种津贴，主要有危害生命勤务津贴、冒险勤务津贴、国外勤务津贴、职业水平津贴、海上勤务津贴、潜艇勤务津贴、飞行勤务津贴、潜水津贴、军事医疗津贴等。另一类是工作奖励性津贴，主要有自愿服役奖、延长服役奖、延长在国外服役奖、海上勤务奖、操作核动力设备奖、科研人员奖等。比如科研人员奖，主要给予电子学、航空学和航天学领域里的工程技术人员和科学工作者，每年最多可达 3000 美元。借鉴美军的做法，我军可以考虑增设或完善以下工作奖励性津贴：增设职业水平和学位学历津贴，增强对国内外高学历、高层次人才的吸引力；完善航空航天、核、生化等特殊专业工程技术人员和科技工作者奖励性津贴；完善海上勤务、危害生命勤务和非战争军事行动能力奖励性津贴等。

四、完善军人职业生涯规划和金融支持计划，提高个人和家庭发展潜力

完善军人职业生涯规划，就是引导军人把自身的发展与军队的发展紧密结合起来，努力协调个人的发展目标与军队的发展远景，使军人充分体会到军队发展对个人发展的重要性，真正把军队的发展当作自己奋斗的目标，保持良好的工作积极性。同时，也要把军人福利延伸到退役后的二次就业和家庭生活及子女教育中。一是强化军人服役期间的知识、技能储备和退役后的职业培训，为军人退出现役后的二次就业做好准备。强化官兵终身学习理念，积极推进远程网络教学模式，为官兵学习深造提供便利。充分利用地方教育资源，丰富课程内容体系，满足官兵不同的兴趣爱好。积极探索与驻地附近的地方院校联合办学模式，采取驻地大学来部队授课和部队人员到驻地大学听课等方式，鼓励军人参加在职学习和脱产进修，鼓励军人取得修单科结业证书和军地通用的专业技能证书，提高军人退役后再次就业能力。加强退役军人的再就业培训，探索依托地方高校建立退役军人再就业培训中心，提高军人综合素质和再就业能力。建立健全退役军人助学金制度，丰富退役军人过渡时期的就业培训途径。二是拓展军人职业生涯规划内容，建立健全军人子女教育优待长效机制。军人职业生涯规划不仅要满足军人在职业发展方面的需要，而且要考虑军人家庭成员在职业发展，特别是子女成长方面的需要。抓紧落实《军人子女教育优待办法》，不断完善军地协作机制，确保优待政策落到实处。应重点解决军人子女在入学择校、中考加分、减免费用等方面的政策优待。特别针对边疆海防军人在大中城市缺少生活依托、一些城市中小学没有寄宿制学校的实际，应考虑专门建立"边疆海防军人子女就学食宿站"，为军人子女异地上学提供住宿、就餐、接送、管理和辅导等保障。

军人良好的财务状况是军人家庭和谐和部队安全稳定的重要保障。世界大多数国家对军人、警察投资股票类的风险性投资都有严格的规定，并要求军人、警察随时保持良好的个人财务状况，如果出现异常，会要求军人立即做出解释。同时，这些国家也考虑到军人驻地偏远、投资受限，或其他特殊情况，一般会设立一个专门账户，以高于市场利率的办法，存储军人工资，实现其保值增值。如美军，如果发生战争，参战军人专门账户上的存款利息最高可达10%。借鉴外军的做法，我们可以考虑建立这样一个相类似的金融支持计划，以实现军人工资，特别是小、远、散部队官兵工资的保值增值。

推进军民融合式装备人才培养的思考[*]

刘　宁　李辉亿　李　亮

装备人才培养走军民融合式发展路子是响应中央号召，贯彻国防和军队建设战略的必然之举，也是破解装备人才力量不足、素质不高、结构不合理等现实难题的科学之举。军民融合式装备人才培养体系不同于传统的军队院校培养体系，也不同于社会化的地方高等教育体系，它必须以装备发展战略规划为导向，以装备建设需求为牵引，将军地教育资源有机整合，形成互为支撑、优势叠加，能够产生聚合效应的新型教育培训体系。

一、准确把握军民融合式装备人才培养特点

传统上，军队装备人才培养的对象主要是现役军人，而军队院校中的生长干部则又占到其中的绝大多数。但是，近年来在军民融合思想的影响下，装备人才培养对象发生了较大变化：一是进入结构调整期。在军事高科技发展的推动下，军事装备的业务范围迅速拓展，知识更新速度持续提升，装备人才培养已由装备部门建立初期的规模急速扩张期，进入到当前的稳步调整期，即总体规模趋于稳定，但结构性调整需求较为强烈。二是地方高等教育对军队院校教育的替代性增强。在军民融合式发展的推动下，装备人才培养中的国防生和地方入伍大学生所占比重持续增加，对军队院校装备专业生长干部培养规模产生"替代效应"，并导致生长干部培养规模持续下降。三是专业人才愈加抢手。由于装备工作的专业化、知识性等方面的标准提升，要求更具有专业技能的人员从事专向工作，使得接受全程装备专业培养的人员比重逐步增加，而由其他行业转入的人员比重不断

＊　本文原载于《军事经济研究》2013 年第 10 期。

下降。四是为适应装备工作需求，军队装备的继续教育对象逐渐成为培训的主要部分和重要环节。

二、科学调整军民融合式装备人才培养结构

首先，推动学历结构整体升级。随着装备人才培训体系的不断完善，装备系统工作人员的整体学历水平也迅速得到提升。但从总体来看，真正接受过系统、全面培训的全日制本科及以上学历的较少，通过函授、自学考试、培训班等形式获取学历的较多。同时，值得注意的是我军装备领域士官队伍的学历层次较之西方国家，甚至周边一些发展中国家明显偏低。为此，应当在引进地方高学历人才的基础上，推动军队装备领域学历教育改革：一是取消军队装备教育体系中中专学历教育，并逐步减少大专层次培训；二是在硕士培养向应用型转变的趋势下，加强本科和硕士层次的学历教育，使其逐渐成为培训主体；三是在培养研究型和专家级人才的战略规划指引下，进一步加大博士学历人才的培养力度，以保证每年有一定比例的技术骨干和科研精英进入装备领域；四是确保士官与军官享受同等学历教育待遇，拓展对士官队伍的本科以上学历培训，鼓励具有高学历的应用型人才加入士官队伍。

其次，推动职级结构协调发展。我军装备人才按职级划分为初、中、高三个层次：初级人才多数处于执行层，是一线技术人员或基层管理骨干；中级人才是衔接初级与高级的中坚力量，决定着装备人才队伍能力素质的整体水平；高级人才作为管理决策者或者技术专家，是指引装备建设发展方向和提高装备建设水平的核心力量。但由于现行培养、选拔和任用方面的不足，基层装备人才的职业发展面较窄，使得人才流出量逐渐大于流入量，出现了一定范围的供给缺口，这削弱了整个装备人才梯队的基础，使得现有职级构成由理想的"三角形"逐渐向"宝石型"演变，容易引起装备人才体系的非可持续发展。所以，应当在大力进行中高级人才队伍建设的同时，科学规划各级人才培训规模，加强对初级人才的培训，拓宽其职业发展面和晋升空间，吸引有识之士加入队伍、弥补缺口，从而为装备人才队伍良性发展奠定坚实基础。

最后，推动专业结构均衡设置。装备人才培养的专业应当根据现实工作需要，实现系统、均衡的设置。装备专业人才培养按应用领域划分，可以分为应用人才培养（主要针对装备勤务工作需求）和研究人才培养（主要针对装备学科发展和研发需求）；按岗位需求划分，则包括指挥、管理、保障、研发、维修、

训练、操作等专业人才培养。从专业人才培养数量结构考察，近年来装备研发人才培养占据了装备人才培养人数近3/5，在军内主要依托国防科技大学、解放军理工大学、信息工程大学、海军工程大学、空军工程大学、二炮工程学院等军内理工类高等学府，在地方主要依靠各类重点理工类大学进行人才培养；装备指挥、管理和保障类人才的培养目前基本依靠军队院校实施，以装备技术指挥学院为核心，辐射全军各类相关专业的人才培养。近年来这几类人才培养的规模和速度持续增加，但是在装备采购、全寿命管理、教育训练、综合评估方面的专业人才培养仍然是整个培养体系中的薄弱环节。为此，应当在整体规划基础上，以现实需求为导向，加强对培训短板的建设，尤其是交叉专业的培训，使专业设置更具实用性、前瞻性、发展性和科学性。

三、不断完善军民融合式装备人才培养体系架构

经过多年的探索与实践，目前我军在装备人才培养方面已经形成了一整套较为完善、灵活多样、兼顾各类培养对象的系统化培养模式，体系化的培训框架基本建成。一是在培训基础方面，已经初步建成了由初级、中级、高级装备院校组成的军队培训核心力量。二是在利用社会培训资源方面，军队与地方理工、管理、财经类大学建立了长期培训机制。三是在后续教育方面，军队不但加强了自我培训能力，而且在制度方面提供了干部学历教育和继续教育机制。但是，总体来看，这些教育培训资源尚未在统一管理下实施有效统筹配置，相互之间既有重叠部分，也存在共同的"盲区"。

鉴于此，有必要以现有军队和地方装备教育资源为依托，统筹规划形成教育内容广泛、专业知识丰富、学制灵活、方式多样、结构合理、充满活力的"四位一体"人才培养体系。这一体系的基本架构可以称为"一主三辅"，即以院校教育为主，以职前培训、在职训练和自学辅导为辅助的模式。一是院校教育，包括生长军官培训和研究生学历教育。生长军官培训主要是工程技术专业知识培训，是在各个工程技术院校，包括军队院校和地方院校中完成。这种培训是整个装备人才培训中的主体，也是基础性培训。对于高学历的研究生教育主要是培养涉及军事装备学、国防经济学、武器系统与运用工程、管理科学与工程等学科的硕士、博士等专业技术和管理人才。所以，结合军地高等教育的院校教育，承担着改善装备人才结构的重任。二是职前培训，主要是指挥干部提升领导职务培训和

技术干部晋升专业技术职务培训,包括初级、中级和高级培训,学制一般为半年到一年,重点学习装备建设与管理的基本规律和基本理论。三是在职训练,即轮训和短期培训,是在结合部队作战任务、装备发展需要及年度训练安排后所制定的培训任务。重点在于掌握新知识、新理论、新装备,注重指挥、谋略方面的培训,目的是将所学的知识转化为平时装备管理、使用、保障、维修等方面的工作能力,适用于在职各级装备人才,根据不同层次和不同岗位,按专题组织,包括装备技术知识和装备指挥管理知识培训。四是自学辅导,就是把个人自学和辅导纳入装备人才培养的统一规划,采取"以老带新""干中学,学中干"的方式进行自我业务素养的培训。

目前装备专业的生长干部、国防生、继续教育等各类人员的培训管理分散于军内各级单位和部门,与地方教育机构和部门的沟通也主要限于单位或学校之间,没有固定的交流机制和联合管理机构,在一定程度上造成军民融合式装备人才培养系统运行的松散和低效。因此,为便于实施管理,确保该系统的高效运行,应当首先将其划分为横向和纵向两个子系统,并以此为基础形成组织管理机构(见图1)。其中,纵向子系统的管理可由总装备部主管训练培训的部门牵头实施,横向子系统的管理可由总装备部选派人员与指定地方大学相关负责人共同组成联合管理常设机构实施管理,并且在两个子系统之上还应当建立军队与教育部的联合管理部门或定期联席会议制度,保证培训要求的统一实施和瓶颈困难的协同处理。

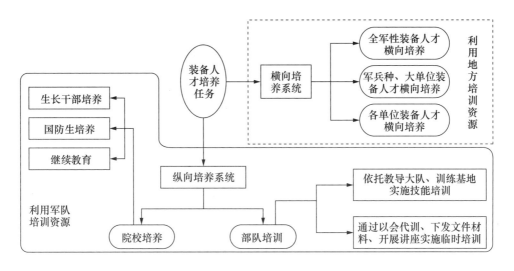

图1 装备人才培养体系运行示意图

四、严格遵循军民融合式装备人才培养原则

从我军目前的装备人才培养军民融合度测算结果来看，在军地教育资源整合力度、充分利用地方教育资源的程度方面还有所欠缺。具体表现在以下几个方面：一是在一些军地专业通用性较强的培训方面还没有将丰富的地方高等教育资源调动起来，军队装备部门在派往地方一些具有领先技术优势领域学习的人员还不够多。二是把利用地方资源培训军队装备人才的模式理解为单一的院校系统教育，对联合科研、邀请客座教授、举办培训班、聘请技术专家指导学习等其他方式的运用还没形成规模，培养方式不够灵活多样。三是在进行军队和地方教育资源有机结合方面较为落后，将军地教育系统的使用简单地理解为"你进我退"的"零和模式"，在看到通用性地方培训对军队自主培训具有一定"挤出"效应的同时，没有强调后者在指挥、军事管理、掌握军队特点、面向部队需求和某些军事技术领域的培训优势，在进行培训总量调整的同时，对培训结构调整的重视不够。四是继续教育体系中的地方培训还没有形成有效的支撑，通过军地合办网络学校、可视化教学等高科技、信息化手段推动培训体系升级的积极作用尚未充分发挥。外军的装备人才培养模式或许能给我们一些启示，他们的主要做法是：军队院校主要承担军官任职后的军事专业教育，并贯穿军官终身职业生涯，以不断改进和完善他们的知识结构，提高其业务水平和适应能力；充分利用地方高等教育资源，建立起完善、稳定、正规化的军民融合式培训体系；按照各类院校的教育训练分工，构建各具特色的人才培养模式。借鉴外军经验，可见科学整合军队与地方高等教育资源是军民融合式装备人才培养体系高效运行的基础与保证。因此，在推进军民融合式装备人才培养的过程中，科学合理地整合军地教育资源应当遵循以下原则：一是科学运用地方教育资源，不能贪多求大，要按照装备专业设置情况和实际需求，有步骤、有规划地实施；二是充分提高军队院校教育体系的培训效率，不能有"撂挑子""甩包袱"的消极思想，要纵向和横向两个子系统一起抓，使其共同发挥作用来提升培训质量；三是积极建立军队院校体系与地方高等教育体系衔接机制，有效整合两类资源，使其相辅相成、相互支撑。

军校教员人力资源配置问题及对策研究[*]

周长峰　叶磊磊

军校教员人力资源配置是一种基于军校整体发展战略的管理模式，以研究制定和规划实施符合军队发展战略目标的军事人才战略为核心，以提高符合战略目标的教员团队和个人绩效为根本任务，以提升全校军事人才的整体竞争力，实现军队战斗力的提升为最终目标。现今，军校中的教员人力资源配置现状不容乐观，如何更有效地优化教员配置成为一项迫在眉睫的任务。

一、军校教员人力资源配置存在的问题

1. 学缘结构单一

调查显示，我国1000多所大学的专任教师中，本校毕业的教师大都在50%以上。在军校，这种现象更为严重，最高的达到65%，这样很容易造成学科建设的不全面和教员队伍学缘结构的单一。严重的"近亲繁殖"会束缚教员思想的自由交流和碰撞，制约教员思想的创新和自由风气的形成，千篇一律的思维模式不利于军队人才的培养和武器装备科研水平的提高。

2. 年龄结构畸形

《2005年：中国教育发展报告》显示，在全国高校中，40岁以下教师所占比重达到68%，30岁及以下年龄段教师比重最大。而在新增教师中，青年教师所占

＊　本文原载于《当代经济》2013年第18期。

比例超过60%，中年教师比例明显偏低。整个教师队伍的年龄结构呈明显的"V"形，中年骨干教师数量明显不足，不利于学科带头人的新老交替，缺乏发展后劲。

3. 学历层次较低

军队院校教员学历层次与1999年在《关于新时期加强高等学校教师队伍建设的意见》提出的"863"目标相比仍有一定的差距。军校与军校之间教员学历层次差距较大，而军校内部自身发展过程中高学历教员比例提升也较缓慢，这样容易造成教员所传授的知识无法满足学员需求的情况，对军校长远发展十分不利。

二、军校教员人力资源配置问题的原因分析

军校教员人力资源配置存在着高学历教员比例过小、"近亲繁殖"现象严重和教员年龄断层等问题。这些问题产生的主要原因如下：

1. 军校管理者对教员配置问题缺少重视

军队经历了长期的和平环境，经济发展、社会繁荣，到处都是欣欣向荣的景象。在这种环境条件下，加之军队执行非军事任务的数量增多，能够更广泛地接触社会和群众，从而滋生出当"和平官"的思想。加上经济快速发展带来的繁荣的市场，也带来了灯红酒绿的消极影响，拜金主义、享乐主义滋长。这些因素很大程度上导致了军事院校的管理者们缺乏忧患意识，对现代战争特别是信息化战争条件下打仗方式、练兵方法，想得不够全面，不够深远。在教员管理过程中的政策断断续续，对教员的管理缺少应有的重视，片面地、主观地进行管理。总体上来讲，军校管理者缺少针对未来战场需求，站在国家兴旺民族复兴的历史高度，对教员进行深层次、系统化、科学化、理性化管理，因此导致在军校教员人力资源配置中各种问题凸显。

2. 教员管理过于僵化

科学的管理是提高教员工作积极性、缓解工作压力的重要环节。教员处于为人师表的地位，他们重视精神鼓励，希望得到尊重，荣誉感和成就感也比较强。因此，军校的管理者要尽量满足教员的这些需求，在日常管理中，通常采取比较灵活、自主的管理机制。在管理过程中坚持以人为本和尊重教员主体地位的原则，强化管理就是服务的意识，切实把教员队伍当作军队院校服务的主要对象。

然而在一些军校，对教员的管理十分僵化。在管理规章的制定上，以军校学员的标准要求教员。在一些生活制度方面，严格分分秒秒把关，无视教员工作生活的特殊性，强硬推行军队管理的统一性，严重影响了教员在教学计划和科研计划上的积极性和效率。

3. 绩效管理缺乏效率和目标

教员是一所军校能否为国家和军队培养德、智、军、体全面发展的建设者和接班人的关键，军校的办学水平及教学质量的高低受多种因素的影响，其中教员的素质和水平起决定性作用。因而，如何有效加强师资建设、增强教员的工作责任心、树立良好的教风、切实提高教学质量，就需要制度化、规范化、科学化的管理手段，而绩效管理就是一种融过程监督与结果控制于一体的科学管理模式。然而，现代军校绩效管理并不以效率和目标为导向，反而由此产生偏见或晕轮效应，从而导致军校教员人力资源配置中出现了诸多问题。

三、优化军校教员人力资源配置的对策

军校教员作为一个特殊的人群，在人力资源配置方面有其特殊性，因此应该考虑到军校教员自身实际，并结合地方高校的有效做法提出相应的对策。

1. 树立以教员为本的人力资源配置理念

以教员为本的人力资源配置理念就是要把增强教员队伍的活力作为配置管理的目标，并在全校上下树立为教员服务、依靠教员进行管理的观念。"哈军工"时期，陈赓院长曾形象地把学生、教师和管理干部的关系比喻为：学生是到餐馆吃饭的客人，教师是厨师，而管理干部是端盘子的，饭菜怎么做，由教师决定，要给教师充分的权力。"端盘子"的管理思想就是以教员为本的思想，军校各级领导机关要带头为教员服务，工作上大力支持教员，生活上真诚关心教员，急教员之所急，帮教员之所需，尽可能为教员提供良好的物质精神保障，为教员成才铺路搭桥，千方百计解除教员的后顾之忧。对于高学历和有特殊贡献的人才，应有特殊的政策，使人才留得住、用得好，有发展前景。因此，树立以教员为本的资源配置理念，必须充分依靠广大教员，竭诚为广大教员服务，增强教员队伍的活力，以先进理念推动教员人力资源配置，为军校发展注入不竭动力。

2. 优化教员人力资源配置结构

系统论观点认为，系统的结构决定功能。军队院校要重点调整好以下几个方面的结构，才能使教员人力资源配置结构得到优化：第一，优化军校教员人力资源的学缘结构。这就需要多元化、多渠道补充教员，防止因"近亲繁殖"所带来的诸多弊端。在此过程中，要立足于政治素养过硬的前提，聘用的教员既要来源于军内外不同高校，又要拥有不同的学习工作经历，尤其要重视对在不同国家留学人员的引进。第二，建立合理的年龄结构。合理的年龄结构是人力资源配置结构优化的重要方面，只有合理的年龄结构，才能避免出现新的"年龄断层"和"素质断层"。合理的年龄结构，按 5 年一段，一般可分成 7 个年龄段，每个年龄段控制在 14％左右为宜。第三，提高教员的学历层次。这是提高教员教学水平的重要措施之一，也是教员队伍建设的重要方面。军校应当以各种方式支持思想政治表现好、热爱军营、爱岗敬业的青年教员通过不同的形式提高学历层次。教员自身也应抓住读研、读博机会，在相关研究领域出作品、出成果，提高业务素质。以上三个方面的结构调整，必须落实在军校教员人力资源宏观结构的优化之中，军校管理者应着眼于发挥军校整体人才资源的最大效能，合理、优化配置人力资源结构，使人力资源的能力得到放大、强化和延伸，从而为军队培养更多的优秀人才。

3. 完善教员日常管理和绩效管理机制

随着军队院校教育体制改革的不断深化，军校教员管理要适应时代发展的要求，就必须打破陈旧的管理模式，不断发展和完善军校教员日常管理和绩效管理机制，形成军校内部管理和外部环境相统一的人力资源管理体系。

首先，在日常管理方面，要为教员营造良好的工作环境，发展和壮大人才队伍。良好的工作环境不仅包括良好的办公环境，还包括良好的人际关系所创造的工作氛围，军校在教员人力资源管理过程中应充分体现以人为本的要求，注重人的差异性、层次性，强调人的不同需求，突出人的主体性和能动性。充分重视高层次人才的合理使用，采取一系列有效措施，对现有的优秀教员人才在政治上予以信任，在工作上予以重用，在生活上予以关心，使教员专心致志搞工作，增强责任感和使命感。

其次，在绩效管理方面，要强调客观，防止因感情影响造成判断失误，切忌简单化；要以公开求公正，考核的内容、标准、方法、程度、结果、奖惩等均公之于众，增加"透明度"；注意制订严密的制度加以规范和控制，严格避免考评工作的随意性。经过考核，对成绩突出的教员，要给予表彰和奖励；对不求上进、不负责任的教员要进行教育帮助；对确实不适宜当教员的，应及时进行调整。

总之，人力资源是军校教育资源的第一要素。在这样一个知识经济时代，军校不仅需要高素质人才，还需要将军校教员人力资源配置上升到战略高度，在如何求才、选才、育才、知才、爱才和用才上多下功夫，切实提高军校教育质量、科研水平和办学效益，促进军校可持续发展。

注：本文受国防科技大学预先研究项目（JZ12 – 08 – 21）和湖南省自然科学基金项目资助（11JJ4064）。

参考文献

[1] 周琪. 中国高校教师人力资源优化配置研究 [D]. 湖南大学硕士学位论文，2008.

[2] 王付根. 军校教员队伍管理研究 [D]. 郑州大学硕士学位论文，2006.

[3] 李莉. 军校教员工作压力与社会支持的现状与关系研究——以蚌埠市为例 [D]. 南京航空航天大学硕士学位论文，2009.

军事科技人力资源优化配置研究[*]

周长峰　刘　燕

当今世界，以信息技术为核心的高新技术的飞速发展，深刻地影响着人们的生活方式和国际政治、经济、文化关系，同时也有力地促进了世界新军事变革。在世界新军事变革的挑战面前，我军正加速实施人才战略工程，大力培养和造就适应未来高技术战争需要的五支队伍。

如何在建设信息化军队、打赢信息化战争中促进军队科技人力资源潜力的发挥，使军队科技人力资源得到最优配置，这是一个能否有效提升部队战斗力所面临的一个极其重要的研究课题。本文借鉴人力资源配置相关理论和模型，结合军队科技人力资源的具体特征，综合运用规范分析与实证分析相结合的研究方法，对军事科技人力资源配置优化进行系统的研究。本文的研究不仅丰富与扩展了人力资源管理理论及其研究内容，而且能够有效破解当前军队科技人力资源管理面临的突出问题，具有较强的理论价值和重要的现实意义。

一、国内外研究现状述评

军事科技人力资源是军事知识和技术创新的重要力量，主要指在军事部门直接从事或有潜力从事系统性科学和技术知识产生、促进、传播和应用活动的人力资源。军事科技人力资源优化配置是在遵循经济发展规律、依据国防建设要求基础上，运用科学的方法和手段，合理有效地配置军事科技人力资源，实现其与物质资源的良好融合，充分挖掘军事科技人力资源的最大潜能，最终获得最大的军事效益和经济效益。相关文献主要集中在如下几个方面：运用西方经济学的边际

＊　本文原载于《经济研究导刊》2013 年第 24 期。

理论论述企业如何合理配置资源，调整人力资源结构，使资源配置达到均衡；从人力资源的规划、人员招聘与流动、培训以及绩效考评等方面定性地介绍了人力资源优化配置的全过程；构建了人力资源优化配置的线性规划指派模型、线性回归模型、多目标规划模型、人员流动优化模型等，提出了人工神经网络、模糊熵、粒子群优化算法等方法；对科技人力资源竞争力指数进行了研究，结合专家访谈和层次分析法，找出了影响科技人力资源竞争力大小的因素、子因素和指标权重；从管理哲学、经济学等方面对科技人力资源的多重性进行了深入分析，并阐述了科技人力资源开发及配置的基本原则与方法；以人才学理论、人力资本理论、科技管理理论为基础，横向比较国外先进经验，提出管理的总体模式及加强区域科技人力资源配置与管理能力的对策策略，从微观层面构建区域科技人力资源配置与管理的评价指标体系。对于军事科技人力资源配置的研究，目前主要集中在军事人力资源的内涵、规划、流动和价值计量等方面，对于军事科技人力资源的研究相对很少。万玺等对军事科技人力资源胜任特征进行实证研究，构建了军事科技人力资源胜任特征评估模型。

综上所述，现有文献已针对军事科技人力资源这一主题展开论述，但在如下方面仍须进一步研究：①现有文献对于军事科技人力资源配置的相关理论、方法研究还很少，未能从系统的角度梳理出其理论分析框架；②从目前相关文献来看，现有研究成果对军事科技人力资源配置缺乏定量分析并以此为基础提出合理的政策建议。

二、军事科技人力资源优化配置实现过程

本文遵循"理论框架—影响因素—规模优化—结构优化—人岗匹配"的思路，系统地研究军事科技人力资源优化配置问题。借鉴国内外研究成果，通过分析军事科技人力资源优化配置的特点和结构，构建军事科技人力资源优化配置理论框架。借助数学分析方法，找出影响军事科技人力资源配置效率的关键因素及其权重，分别对军事科技人力资源总量、结构和人岗匹配策略进行优化。

1. 军事科技人力资源优化配置系统分析与理论框架构建

借鉴人力资本理论，给出军事科技人力资源的概念和内涵，结合边际收益理论，分析军事科技人力资源优化配置的特点和结构。在此基础上，从军事科技人力资源配置的影响因素、规模优化、结构优化和人岗匹配等方面，构建军事科技

人力资源优化配置理论框架，揭示军事科技人力资源优化配置实现过程，提出军事科技人力资源优化配置系统理论及规则。

2. 军事科技人力资源优化配置影响因素分析

军事科技人力资源作为军事人力资源中特殊的组成部分，其配置效果受到各种因素的影响，比如既受到国防发展战略的影响，又受到军队现代化建设要求的影响，同时还受到军人内部因素的影响。本文将运用文献研究法、专家访谈法归纳总结出军事科技人力资源优化配置的影响因素，建立相应的理论分析模型，运用多元统计建模分析方法，找出影响军事科技人力资源配置效率的关键因素及其影响力（即权重），为下一步优化配置的目标函数提供依据。

3. 基于供需均衡的军事科技人力资源规模预测

军事科技人力资源配置的优化，首先是配置"量"的优化。本文基于军事科技人力资源需求系统的复杂性和稳定性，运用多目标规划法建立军事科技人力资源需求预测模型；随后基于军事科技人力资源内部供给情况属于一种流入、晋升、流出系统的特点，运用马尔科夫链方法构建军事科技人力资源内部供给模型；在需求和供给分析的基础上，构建军事科技人力资源综合预测模型，对人力资源进行供需预测，找出人力资源配置的总量差距，实现军事科技人力资源配置数量的调整。

4. 军事科技人力资源配置结构优化

针对军事科技人力资源的实际需求，基于熵理论和模糊集理论，以军事科技人力资源对战斗力生成贡献度最大化为目标，建立军事科技人力资源配置结构优化分析模型，该模型涵盖军事科技人力资源的学历结构、职称结构、年龄结构、职级结构和衔级结构，并系统地考虑各子结构间协调性配置问题，最终得出科学的、实用的、可操作性强的军事科技人力资源结构合理配置表，并给出军事科技人力资源配置结构合理的评价标准和指标。

5. 军事科技人力资源人岗匹配优化策略

人力资源配置的最终目标是：人尽其才、才尽其用。本文将通过分析军事科技人力资源人岗匹配中人员和岗位两大核心要素，提出人岗匹配的原则和参考因素；通过建立军事科技人员素质测评矩阵、岗位要素权重矩阵和人员配置矩阵，构建军事科技人力资源人岗匹配优化模型，最终给出军事科技人力资源人岗匹配优化策略。

三、结束语

实现中国"科技强军"战略必须要对中国军事科技人力资源进行优化配置。坚持以"存量结构调整"为主，以"增量结构调整"为辅，尽可能用低成本扩张的方式实现中国军事科技人才资源的优化配置是中国军队建设的必然选择。本文归纳总结军事科技人力资源优化配置的影响因素，并运用数学建模方法找出其中的关键因素、各种因素之间的相关关系及对优化配置效率的影响程度。从宏观层面分析军事科技人力资源配置的总量需求，并进一步从具体岗位和军事科技人力资源个人自身素质的特点出发，找出不同类型军事科技人员中的最佳人选，为军事科技人力资源优化配置提供决策依据。

参考文献

［1］ Mark L. Lengnick – Hall, Cynthia A. Lengnick – Hall, Leticia S. Andrade, Brian Drake. Strategic Human Resource Management：The Evolution of the Field［J］. Human Resource Management Review, 2009（19）：64 – 85.

［2］ Max Visser. Configurations of Human Resource Practices and Battlefield Performance：A Comparison of Two Armies［J］. Human Resource Management Review, 2010（20）：340 – 349.

［3］ Chun – Che Huang, Wen – Yau Liang, Shian – Hua Lin, Tzu – Liang（Bill）Tseng, Hui – Yi Chiang. A Rough Set Based Approach to Patent Development with the Consideration of Resource Allocation［J］. Expert Systems with Applications, 2011（38）：1980 – 1992.

［4］ 饶建伟，胡伟文．基层部队人力资源优化配置的动态规划模型研究［J］.运筹与管理，2009（5）.

我国退役士兵自主就业经济补偿制度研究[*]

廖国庚　　廖雅风

党的十八届三中全会通过的《关于全面深化改革若干重大问题的决定》指出，要完善退役军人安置制度改革配套政策。退役士兵自主就业经济补偿制度，是我国退役军人安置制度改革配套政策的重要组成部分。其完善与否，直接关系到我国适龄青年入伍当兵的积极性、部队军心士气的凝聚和退役士兵安置制度市场化改革的成败，从而直接关系到党在新形势下强军目标的实现与社会主义和谐社会的建设。目前，关于如何建立合理补偿、公平负担的退役士兵经济补偿制度，学术界尚未有专题研究，深入探讨这个前沿性课题，具有重要的理论和实践价值。

一、建立我国退役士兵自主就业经济补偿制度的科学依据

1. 补偿退役士兵所做牺牲和贡献的必然要求

退役士兵在服役期间为军队建设和国家安全做出了特别牺牲和贡献，这是退役士兵自主就业经济补偿制度建立的根本依据。退役士兵所做的特别牺牲和贡献，主要体现在：第一，其承担的义务重于未服兵役的公民。虽然《兵役法》明确规定每一个公民都有服兵役的义务。但我国是一个人口大国，在一定时期内，只有极少数人实际履行服兵役的义务。据《中国统计年鉴》（2013）数据，

＊　本文原载于《甘肃社会科学》2014 年第 1 期。

2012 年我国人口为 13.54 亿，其中 15～64 岁的人口为 10.04 亿，若按 1 岁为 1 个年龄段，平均每个年龄段是 2000 多万人，符合法律规定服兵役年龄条件的 17～22 岁的人口有 1.2 亿多，如按每年征兵 60 万计算，服兵役的大约仅占兵役适龄人口的 0.5%；如不算数量极少的女兵，只算男兵，其比例大约仅为兵役适龄青年的 1%，这大约为 1% 的兵役适龄人口承担了该年度所有公民服兵役的义务。退役士兵作为少数服兵役的公民，其承担的义务明显重于未服兵役的公民。第二，其在参加军事劳动过程中支出了高额的成本。军人参与"国防安全"生产的劳动，是一种特殊性劳动，从投入角度看，其特殊性在于支出成本高，是一种高风险、高强度的劳动。他们不仅要投入可度量的肉体（包括平时体力、脑力活动的超负荷，战时鲜血、生命付出的无条件），还要投入不可度量的精神（严格的纪律，封闭的环境，单调的生活以及两地分居带来的压抑感、孤寂感、内疚感等精神损耗）；不仅要投入自身，而且还要投入家庭亲人的幸福、安定、就业和就学等正当权益。士兵作为军人的一部分，同样在军事劳动中支出了高于一般劳动的超额成本。退役士兵做出的这些特别牺牲和贡献，在服义务兵役期间并没有得到应有的补偿。

现代法学理论中的公平负担平等学说认为，国家在任何情况下都应以平等为基础为公民设定义务，当政府为了公共利益的需要而实施的行政行为加重了一部分人承担的义务，使其承担的义务重于同等情况下的其他人时，国家应设法调整和平衡这种义务不均衡现象，使全体公民和受害者之间的平衡机制得到重新恢复。法学理论中的特别牺牲说理论亦认为，国家为了公共利益的实现而进行公法上的活动，有些合法行政行为造成了特定行政相对人合法权益的损害，使行政相对人为国家做出了特别牺牲，这种特别牺牲具有个案性质，从法律上来说，是不公平的。在现代法制社会中，通常通过建立行政补偿制度，平衡私人之间的利益关系以及私人利益与公共利益之间的关系。根据行政补偿理论，针对退役士兵的这些特别牺牲和贡献，国家理应坚持公平公正的原则，建立科学的补偿制度，给予合理的经济补偿，以调整和均衡兵役义务负担，平衡退役士兵与其他未服兵役公民的利益关系。

2. 顺利推进退役士兵安置制度市场化改革的必然选择

在现代社会，社会保障已成为社会成员一种基本的、独立的权利，是人权概念的重要组成部分。为保障退役军人的生存权和发展权，褒扬其为国家做出的贡献，世界各国都建立了退役军人安置保障制度。我国作为社会主义国家，更加重视对包括退役士兵、转业干部在内的退役军人的安置保障。在计划经济时代，我国建立了以指令性计划方式安排城镇退役士兵就业的安置制度，很好地保障了退役士兵的权益。但是，随着社会主义市场经济的建立和完善，企事业单位、政府部门用人自主权的全面落实这种传统的安置制度受到了严峻挑战，生存空间不断被挤压，安置难问题日益突出。为此，从 20 世纪 90 年代末开始，我国就在局部地区尝试推进退役士兵安置制度市场化改革并在逐步积累经验的基础上，于 2011 年在全国范围内确立了退役士兵自主就业制度，将自谋职业扩及绝大多数退役士兵。退役士兵安置制度市场化改革的推进，只是意味着政府对退役士兵安置保障的方式发生了改变，并不意味政府对退役士兵社会保障责任的减轻，也不意味退役士兵享受保障权益的减少。国家在深化改革、建立与市场经济相适应的新型退役士兵安置制度的同时，必然要建立退役士兵自主就业经济补偿制度，以保证退役士兵在新制度下享有的保障权益与以前大体相当。如果违背社会保障水平的刚性发展特征，在改革传统安置制度时，不建立补偿制度为自主就业退役士兵提供合理的经济补偿，就必然会因损害退役士兵的权益而遭到强烈反对，退役士兵安置制度市场化改革也就不可能顺利推进。

3. 激励广大青年入伍当兵、献身国防的客观需要

建设一支与我国国际地位相称、与国家安全和发展利益相适应的强大军队，为国家发展提供更加坚强的安全保障和战略支撑，是建设中国特色社会主义、实现中华民族伟大复兴中国梦的必然要求。而建设一支来之能战、战之必胜的强大人民军队，关键在人，其中非常重要的一个方面，就是要把地方的优秀人才吸引到部队中来并使其安心军营、奉献国防。但是，"人们为之奋斗的一切，都同他们的利益有关"。对于应征入伍的青年来说，亦不例外。当前，我国正在加快推进军事制度创新，士兵直接提干的比例非常小，绝大多数士兵退役后政府不再安排工作，人们期望通过入伍当兵实现身份改变或就业的机会大大减少；同时，随着社会主义市场经济的建立和发展，人们的利益观念已树立起来并不断强化。这种客观环境，必然加重人们对经济利益的追求，使经济因素具有更加明显的激励作用。我们只有在推进退役士兵安置制度市场化改革的同时，建立起科学、合理的退役士兵经济补偿制度，才能确保我国兵役制度的激励作用不减，广大青年入伍当兵的积极性不退，广大士兵安心军营谋打赢的意志不变，从而为建设一支听党指挥、能打胜仗、作风优良的强大人民军队提供重要的制度保障。

二、我国退役士兵自主就业经济补偿制度的主要内容及其不足

1. 该制度的建立及主要内容

2011 年 10 月，国务院、中央军委颁布《退役士兵安置条例》（以下简称《安置条例》）。该条例规定：国家建立以扶持就业为主的退役士兵安置制度；义务兵和服现役不满 12 年的士官退出现役的，由人民政府扶持自主就业；符合安排工作条件的退役士兵，退役时可以自愿选择自主就业的方式安置。对于自主就业的退役士兵，由国家发给一次性退役金，地方视情况发给一次性经济补助。在《安置条例》实施后的 3 年时间里，全国共有 30 个省（自治区、直辖市）陆续公布了关于退役士兵自主就业一次性经济补助的规定。这样，伴随着自主就业安置制度在全国范围内的确立，城乡一体化退役士兵经济补偿制度在全国范围内建立起来。这一制度的初步建立，标志着我国退役士兵安置制度市场化改革发展到了一个新阶段。

我国初步建立的城乡一体化退役士兵自主就业经济补偿制度，概括起来，主要包括如下内容：

（1）经济补偿的构成。根据《安置条例》第十九条的规定，自主就业退役士兵的经济补偿包括两部分：一是由军队发给的一次性退役金；二是由地方政府发给的一次性经济补助，其中的第二部分国家没有提出硬性要求，发放与否，完全由地方政府根据当地实际情况自主决定。

（2）经济补偿的标准。它包括国家退役金标准、地方经济补助标准两方面。"国家一次性退役金标准，由国家根据国民经济发展水平、全国职工年平均工资收入和军人职业特殊性等因素确定，并适时调整。"国家一次性退役金标准，包括基本标准和增发标准。基本标准为，士兵服现役每满一年，发给 4500 元，并适时调整。增发部分根据退役士兵的服役表现，以基本标准为基数，按下列标准增发：获得中央军委、军区级单位授予荣誉称号，或者荣获一等功的，增发 15%；荣获二等功的，增发 10%；荣获三等功的，增发 5%。至于地方一次性经济补助标准，《安置条例》没有统一规定，由省（自治区、直辖市）人民政府自行确定。目前，30 个省（自治区、直辖市）人民政府，以当地经济社会发展实际情况为依据，制定了各具特色的退役士兵自主就业一次性经济补助标准。

（3）经济补偿的负担。根据《安置条例》第三条、第十九条的规定，退役士兵自主就业经济补偿，实行由中央政府和地方各级人民政府共同负担的制度，其中，一次性退役金由中央财政专项安排；一次性经济补助，由地方各级人民政府承担。

（4）经济补偿免税。退役士兵自主就业所得的经济补偿，包括一次性退役金和一次性经济补助，都属于我国《个人所得税法》第四条中的免税项目，实行免除个人所得税制度。《安置条例》第十九条规定："一次性退役金和一次性经济补助按照国家规定免征个人所得税。"

2. 存在的主要不足

由于我国退役士兵自主就业经济补偿制度才刚刚建立，运行时间很短，加之理论研究不够，不可避免地存在着一些不足之处，主要体现在：

（1）国家一次性退役金标准不甚合理。一是基本标准过低。2011 年，我国退役士兵一次性退役金给付基本标准为每年 4500 元，只相当于《中国统计年鉴》（2012）公布的 2011 年度我国城镇单位就业在岗职工年平均工资 42452 元的 1/9.4，城镇居民人均可支配收入 21810 元的 1/4.8。二是未考虑退役士兵所在服役地区的差异。现行的退役金标准，虽然考虑了立功、授奖人员的特殊贡献，但却将进藏兵、进疆兵、高原条件兵、边海防兵等在艰苦条件下服役的士兵，与在正常环境条件下服役的士兵一样看待，没有考虑他们做出的特殊牺牲和贡献，这对他们显然是不公平的。

（2）地方一次性经济补助标准不够科学。由于一次性经济补助由地方政府根据实际情况自行确定，致使各地区补偿标准差异极大。主要问题有：一是参照标准很不一致。有的以部队发放的一次性退役金为参照标准，如安徽、云南、山西、山东；有的以当地居民人均收入（城镇人均可支配收入、农村人均纯收入）为参照标准，如甘肃、青海、陕西、河北、江苏、福建、浙江；有的以当地城镇居民人均消费性支出为参照标准，如北京；有的以当地在岗职工年平均工资为参照标准，如辽宁；有的参照标准不明确，如上海、天津、西藏、新疆、四川、海南、贵州。二是补助金额差距很大。义务兵服役 2 年的经济补助；多的达 5 万 ~ 6 万元，如黑龙江城镇退役士兵为 6.26 万元（按 2011 年数据计算），西藏、上海为 5 万元；少的只有几千元，如湖南的最低标准为 4000 元，贵州、云南为 7200 元，山西、山东、江西、湖北为 9000 元，省（自治区、直辖市）之间最高值与最低值相差 10 多倍。三是多数地方经济补助标准太低。在 30 个省（自治区、直辖市）中，绝大多数地方退伍义务兵 2 年的经济补助，不足上年度在岗职工 1 年的平均工资。以 2012 年为例，上海退伍义务兵 2 年的经济补助只相当于上年度（2011）在岗职工平均工资的 0.65 倍，天津为 0.62 倍，北京为 0.58 倍，河北为 0.35 倍，海南为 0.30 倍，山东为 0.24 倍，贵州为 0.20 倍，湖南为 0.12 倍①。四是仍存在城乡歧视现象。根据《安置条例》的规定，城乡退役士兵实行统一的安置政策，但在经济补偿方面，个别地方政府仍实行城乡有别的政策。如重庆的城市义务兵补助标准为农村义务兵的 2.5 倍。黑龙江、广东的城镇退役士兵经济补助，分别为农村退役士兵的 4.12 倍和 4.8 倍。此外，各省（自治区、直辖市）的经济补助标准，与国家一次性退役金标准一样，未考虑退役士兵所在服役地区的差异。

（3）经济补偿的负担分配不够均衡。负担退役士兵自主就业经济补偿，是全社会的应尽义务，但是，目前这种义务负担分配仍然不够平衡。一是中央政府、地方政府之间的分配不够平衡。从总体上说，中央政府负担的比例过低，地方政府负担的比例较高。二是未服兵役的兵役适龄青年对经济补偿没有承担应尽义务负担。未服兵役的适龄人口，作为一般公民应承担的义务，可以理解为已由中央政府、地方政府通过使用公共税收承担，但是，作为兵役适龄人口这个特定年龄阶段的人群应尽的义务负担，他们却并未承担，这显然是不公平的，也不利于增强适龄青年的兵役意识和国防意识。

三、我国退役士兵自主就业经济补偿制度的完善

完善我国退役士兵自主就业经济补偿制度，必须加强对这一问题的理论研究和顶层设计，坚持公平正义原则，合理确定经济补偿标准，合理分配经济补偿的义务负担，以建立一套符合中国国情、反映客观规律的经济补偿制度。

1. 完善国家一次性退役金标准

（1）适当提高一次性退役金基本标准。一次性退役金基本标准的高低，主要取决于退役士兵在服义务兵役期间遭受的经济损失。从全国的角度来看，退役士兵在服役期间的基本经济损失（L）（不包括就业转换成本）取决于 5 个因素：①当年全国职工年平均工资收入水平（S）。从我国就业实际情况来看，兵役适龄人口，无论是农村人口，还是城镇人口，都是可以进入城镇就业的劳动力。因

---

① 根据各省（自治区、直辖市）公布的退役士兵一次性经济补助标准和《中国统计年鉴》（2012～2013）提供的数据计算而得，下文同。

此，如果不考虑其他因素，退役士兵在从事军事劳动期间遭受的经济损失，大体相当于当年全国职工平均工资收入水平。全国职工年平均工资收入水平越高，他们应得的经济补偿就相应越多。②军事职业贡献性补偿系数（R）。军事职业由于其特殊性，比一般职业要付出更多牺牲，理应在全国职工平均工资收入水平基础上获得一个增加额。根据我国军队在职干部工资收入水平应比地方同职级公务员高20%的规定，退役士兵的贡献性补偿系数可以确定为0.2。③服役年限（N）。退役士兵服役年限越长，遭受的收入损失就越多，应得的经济补偿也应越多。④个人应承担的兵役义务。退役士兵作为兵役适龄人口，理应承担相应的兵役负担，这部分应从经济补偿中扣除。每个退役士兵应承担的兵役负担，从理论上来说为全国退役士兵补偿总额与兵役适龄人口之比（r），但从实际情况来看，由于军事职业对女性需求很小，退役士兵应承担的兵役负担实际上应为理论上的2倍，即如本文第一部分所述，大约为1%。⑤服役期间的消费性开支（C）。义务兵在服役期间的生活开支，由军队统一安排，社会保障由政府承担，属于已得部分，理应扣除。这部分虽难以精确计算，但可以类比计量。因为退役士兵即使在地方工作，也会产生一个消费性支出。所以，可以视他们的这部分所得，数量大体相当于当年全国人均消费性支出。若用函数关系表示，则义务兵服役2年的经济损失和应得补偿为：$L = S_1 \times (1 + R) \div (1 + 2_r) - C_1 + S_2 \times (1 + R) \div (1 + 2r) - C_2$。以2012年12月退役的义务兵为例，他们的经济损失为2011年与2012年经济损失之和，即 $L = 42452 \times (1 + 0.2) \div (1 + 2 \times 0.5\%) - 15161 + 47593 \times (1 + 0.2) \div (1 + 2 \times 0.5\%) - 16674 = 76111$（元），比现行标准高67111元。当然，中央政府不应该，也不可能负担退役士兵的所有经济损失，但负担比例和退役金标准不能低于退役士兵经济损失太多。笔者认为，义务兵一次性退役金基本标准，应该按照上述公式进行科学计算，提高到不少于其每年经济损失的20%，也就是在现行标准基础上提高50%~60%，即2011年的基本标准为每年不低于7000元，2012年为每年不低于8000元，使退役金标准更加充分地反映退役士兵的经济损失。

（2）确立艰苦地区服役士兵退役金增发标准。进藏兵、进疆兵、高原条件兵、边海防兵等，在高海拔、强紫外线、高湿度、高盐度等艰苦条件下服役时，往往要忍受恶劣天气环境对身体造成的伤害以及情感上的孤独，比在正常条件下服役的士兵要付出更大的牺牲，理应得到更多的补偿。要加强调查研究。根据艰苦地区的不同类别，为曾经在艰苦地区服役的退役士兵提供不同等级的退役金增加额，回报其为国防安全做出的额外贡献。具体可以按退役士兵服役所在部队士兵每月艰苦地区津贴与正常条件下服役士兵每月津贴的比值增发。因为军队确定的艰苦地区津贴，大体反映了艰苦地区服役士兵所付出的额外牺牲。

2. 规范地区一次性经济补助标准

我国地区之间的经济社会发展程度差异性大，要建立一套完全统一的经济补助标准，不必要，也不可能。但应看到，不管曾经是哪种类别或在哪些地区服役的退役士兵，他们在服役期间都从事了军事劳动，都尽了保家卫国的义务，因此，从公平正义的视角来看，他们的经济补助，又不能是随意无章的，应有科学的计算依据和统一的计算方法。为此，国家应对《安置条例》第十九条的规定进行修改完善，把对退役士兵的经济补偿规定为地方政府的应尽义务并规范一次性经济补助计算方法，增强经济补助的科学性和合理性。

（1）确立统一的一次性经济补助参照标准。一次性经济补助参照标准，即以什么为参照物计算一次性经济补助的问题。从科学的角度来看，《安置条例》确立的"职工年平均工资收入"参照标准，比地方政府采用的"居民人均收入""人均消费性支出"等参照标准更加切合实际。"居民收入""人均消费性支出"等参照标准，实际上是把退役士兵或兵役适龄人口，看作纯粹的消费者而不是劳动者，这显然有违客观事实。退役士兵在他们参军入伍时，已是一个合格劳动力，如不上学，绝大多数已从事工作，属于劳动者，而不是纯粹的消费者，他们参军入伍遭受的经济损失是劳动者收入，而不是一般居民收入。就参军入伍的大学生来说，也是如此。因为，如果他们没有参军入伍，就会提前毕业而成为获得收入的劳动者。因此，国家应明确规定，各级地方政府应将"职工年平均工资收入"作为一次性经济补助的参照标准，以"当地职工年平均工资收入"作为参照标准，取代其他不合理的参照标准。

（2）确定统一的基本经济补助计算方法。地方政府支付的一次性基本经济补助标准（B），与一次性退役金相同，取决于退役士兵在服役期间遭受的经济损失。其影响因素也与退役金基本标准有许多共性，其中，军事职业贡献性补偿系数（R）、服役年限（N）、个人应承担兵役义务三因素完全一致，职工年平均工资收入水平（S）、服役期间的消费性开支（C），应按当地数据计算。此外，还会受到其他因素影响。一是国家支付的一次性退役金，这部分属于扣除项。二是义务兵服役优待金（Y），这部分可以看作是支付给退役士兵的经济补偿，应予以扣减。三是供求关系，如当地兵役适龄人口多，参军入伍积极性高，有效供给过剩，则经济补偿金额会相应下降，反之，则会相应上升。如不考虑供求关系，义务兵一次性基本经济补助的计算公式为：$B = S_1 \times (1 + R) \div (1 + 2r) - C_1 + S_2 \times (1 + R) \div (1 + 2r) - C_2 - 2Y - 2L$。以北京为例，2012年12月退役的义务兵应得基本经济补助为：$B = 75834 \times (1 + 0.2) \div (1 + 2 \times 0.5\%) - 21984 + 85307 \times (1 + 0.2) \div (1 + 2 \times 0.5\%) - 24046 - 2 \times 20000 - 2 \times 4500 = 98146$，比现行标准（义务兵退役上年度人均消费性支出的 2 倍即 2×21984 元)高 54178 元。如果引入供求关系，则退役士兵应得一次性基本经济补助，将会围绕公式计算值上下波动。

（3）消除一次性经济补助的城乡歧视。在当前这样一个大开放大改革的时代，早已打破城乡边界，农村兵役适龄人口即使未参军入伍，也绝大部分在城市就业，其作为劳动者遭受的经济损失，与城镇士兵没有本质差别。因此，少数地方政府必须尽快废除城乡有别的不公平、不合理的经济补助标准，实行城乡统一的补助标准，避免给同样为国防事业而献出青春与热血的农村自主就业退役士兵带来情感上的伤害和物质上的损害。

（4）完善一次性经济补助增发标准。义务兵的一次性经济补助增发标准，除考虑退役士兵服役期间的立功受奖情况外，还应考虑他们的服役地区差异，对进藏兵、进疆兵、高原条件兵、边海防兵等在艰苦条件下服役的退役士兵，按照艰苦地区类型发放增量经济补助。

3. 明确兵役适龄人口中未服兵役人员的义务负担

要加强兵役制度创新，完善现行法律法规，明确规定未服兵役适龄青年应该承担的兵役义务，依据公正公平的原则，将退役士兵经济补偿作为兵役义务负担，在政府、兵役适龄青年之间进行合理分配，让实际未服兵役的人员承担一定数量的退役士兵经济补偿。从理论上来说，退役士兵作为兵役适龄人口，实际已承担 1% 的兵役义务负担，那么，99% 的未服兵役的适龄青年也应该承担相同数量的义务负担，也就是说，每个未服兵役的适龄青年，要承担本地区 1 名退役士兵 1% 的经济补偿。但从实际情况看，要使未服兵役的适龄青年承担较大数量的经济补偿，是不现实的，因为这会加重他们的家庭经济负担，招致强烈反对。同时也是不必要的，因为明确兵役适龄人口中未服兵役人员的义务负担，虽然有经济方面的考虑，但这并不是主要目的，主要目的在于增强兵役适龄青年的兵役意识、国防意识，让每位适龄青年，即使在和平环境中也不至于忘记服兵役是自己应尽的法定义务，所以，在退役士兵经济补偿方面，未服兵役适龄青年应承担的兵役义务负担，又只能是象征性的，比如每人每年缴纳 20 元人民币的费用。当然，具体如何操作，还有待深入细致的研究。

参考文献

[1] 魏友先. 职业军人劳动的特殊性及其成本补偿 [J]. 西安政治学院学报，2000（1）：78.

[2] 曹竞辉. 国家赔偿法立法与案例研究 [M]. 中国台北：台湾三民书局，1988.

［3］城仲模．行政法之基础理论［M］．中国台北：台湾三民书局，1994.

［4］马克思．马克思恩格斯全集（第1卷）［M］．北京：人民出版社，1956.

［5］国务院．退役士兵安置条例［EB/OL］．http：//www. chinalawindex. cn/，2011.

［6］财政部等．自主就业退役士兵一次性退役金发放管理暂行办法［EB/OL］. http：//qinghai. mca. gov. cn/，2011.

［7］廖国庚．论我国退役士兵自主就业制度的完善［J］．军事经济研究，2012（7）：32.

军民融合式装备科技人才
培养模式研究*

郭　勤　廖东升　郭　静

科技人才是指具有一定专业知识和专门技能，在科学技术的创造、传播、应用和发展中做出积极贡献的人。这类人才包括专业领域的高级学者、专家和知名教授，主要分为科学研究人才、工程技术人才、科技教育人才、科技管理人才和经济管理人才等。

军事装备科技人才除装备科技研究人员外，还包含装备科技参谋人员、装备科技指挥管理人员、装备技术专家和高技能人员。装备科技研究人员主要由高层次研究型学者组成，从事装备科技领域的基础研究；装备科技参谋人员主要为装备指挥管理者出谋划策，提供技术和智力支持；装备科技指挥管理人员主要负责装备科技的发展规划和科技管理活动，是装备科技发展的领导者和决策者；装备技术专家主要由从事应用研究和生产的高层次学者组成，对某个领域的技术问题进行深入研究；装备高技能人才主要由军工企业生产部门的技术人员和在部队从事装备使用、维修和保障的技工或士官组成。这些人才职能岗位不同，素质要求不同，因而培养模式也有所不同，但依托地方院校培养人才是最主要的培养途径，也是今后装备科技人才培养的大趋势。

一、军民融合式装备科技人才
培养的科学依据

培养军民融合式装备科技人才，是充分利用国民教育资源和知识优势提高军

＊　本文原载于《科技进步与对策》2014年第2期。

事人才培养质量效益的需要，是从根本上解决我军建设信息化军队人才的需要，也是构建军民结合、寓军于民军队人才培养体系的需要。

1. 正外部性强

装备科技人才培养具有很强的正外部性。军事装备科技人才作为武器装备科研、生产、维修、保障等领域的专门人才，具有专用性。不可否认，对其培养具有正外部性。一是其最终劳动产品是国防安全。国防安全属于公共产品，对其消费不具有竞争性和排他性，因此具有很强的正外部性。而加强装备科技人才培养，能使其知识和技能获得提升，从而提高战斗力，使国防安全获得保证。二是加强对装备科技人才的培养，提高其发展能力、创新能力、创业能力，培养大量的优秀工程技术人员和管理人员，可以为国家人才素质整体提升和人力资本积累奠定坚实的基础。三是当这些人才从涉军部门转移到民用部门后，其知识和技能中与新岗位要求相通的部分能促进生产率提高，从而促进社会经济发展。

2. 遵循教育规律

任何一种教育都要遵循特定的规律——传道、授业和解惑。一切教育都要研究知识与技能传承的基本特点、学生学习的基本方式、思维的基本规律等。这些基本教育规律不以人的意志为转移，也不因教育类别不同而不同。认识并遵循这一规律，是人才培养的基础性和前提性要求。因此，装备科技人才在部分教育环节与国民教育是相通的。在基础教育阶段，装备科技人才培养完全与国民教育相通，其目的都是为了让人们掌握基本知识，以便在日后的受教育过程中获得更多知识和技能。可以通过加强对广大青少年的培养，夯实其理论基础，提高其学习能力，为装备科技人才储备后备力量，从而大大提高未来转入该领域工作的人员起点。高等教育分为研究型大学教育、教学研究型大学教育、教学型本科院校教育、高等专科学校教育和高等职业学校教育。在高等教育阶段，装备科技人才培养也与国民教育部分相通。无论是装备科技研究人员，还是装备科技参谋人员、指挥管理人员、技术专家以及高技能人员，都可以在此阶段依托国民教育体系培养军民通用人才。

3. 技术本质趋同

在高新技术迅猛发展的信息时代，军用技术与民用技术融合的趋势越来越明显。科学技术是人类创造性劳动的产物，是人类认识和改造世界的智慧结晶，本没有军用技术和民用技术之分，只是就二者适用范围不同而从称谓上加以区分。随着信息技术革命和新军事变革的迅猛发展，军用技术与民用技术的结合面越来越广、融合度越来越深。研究表明，85%的现代军事核心技术同时是民用关键技术，超过80%的民用关键技术可以直接运用于军事目的。目前，我国正大力推进军地资源开放共享和军民技术相互转化。装备科技人才掌握的专业技术，从本质上与民用技术相通，都是认识和改造世界的智慧结晶，其蕴含的知识和理论是相同的，都遵循研究、发现并创新的基本规律，只是在具体应用领域上存在差别；装备科技人才掌握的基础技术与民用技术更是别无二致。因此，通过国民教育培养装备人才的军民通用技术是由技术的本质属性决定的。

4. 政策法规保障

我国正在积极探索依托国民教育培养装备人才的新模式。1997年，江泽民同志明确指出："军队培养干部要逐步走向军队自己培养和依托国民教育培养并举的路子，从更大范围内选拔培养高素质的人才。"2000年，国务院、中央军委颁布实施《关于建立依托普通高等教育培养军队干部制度的决定》。2005年，解放军四总部联合下发《关于进一步做好接收和培养地方大学生干部工作的意见》。2009年，胡锦涛同志指出，要进一步完善军民结合、寓军于民的军队人才培养体系，完善依托国民教育培养军队人才的体制机制，拓宽国民教育资源和国家人才资源渠道，吸引社会高层次人才到军队工作。在国家开展的"十二五"中期检查和"十三五"预研工作中，统筹经济建设与国防建设、推动军民融合深度发展是重要议题之一。党的十八大报告进一步提出，坚持走中国特色军民融合式发展路子，坚持富国和强军相统一，加强军民融合式发展战略规划、体制机制建设、法规建设。2013年，习近平同志提出，要进一步做好军民融合式发展这篇大文章。这些重要指示和规定为构建军民融合式装备科技人才培养模式指明了方向，并提供了重要政策法规保障。

5. 借鉴世界经验

许多国家都认同并实施由国民教育力量培养装备科技人才，并提供了很好的借鉴。一是依托地方院校。如美国国防部制定了"工程与科学教育计划"，为毕业后愿意从事装备科技工作的地方院校学生提供贷款和奖学金助其完成学业，并从中遴选品学兼优者进入装备技术领域。此外，美军在几百所地方大学开办"后备军官训练团"，利用地方院校的师资、技术和信息等资源，为其培养和输送包括装备科技人才在内的军事人才。俄军每年从地方高等院校征招一定数量的理工科毕业生，经短期军事训练后到部队任职。二是借助制造厂和供货商来培养。按照西方国家商业合同惯例，武器装备和器材供货商有义务对购买方进行技术培训，因而国外的武器装备制造商和供货商开设了专门的技术培训机构，对购货的装备技术人员进行使用、保障等方面的技术培训。三是采取军地联合办学。美军与地方教育部门及全美高校联合会等组织合作，建立入网学校。这些院校对军队装备科技人员采取许多特殊政策。例如，将装备科技人员的军事技能训练折算成学分，把他们获取的专业技能证书甚至工作经历折合成学时，为其提高理论水平、取得学历提供便利。

二、军民融合式装备科技人才培养模式构建

目前，我国相关专家学者都在积极探索军民融合式装备科技人才培养模式。如谢芳伟和刘志斌认为，要充分利用社会资源培养装备科技人才。于雷和刘君认为，依靠社会力量培养军事装备科技人才已成为许多国家的主要做法，并且总结了三种主要技术培训方式。李志远、苏海燕等提出，为完善军民结合、寓军于民的军队装备人才培养体系，需要充分利用地方资源，加强法制建设，营造良好的环境，培养出综合型装备人才，从而提高装备效益。陆云峰和张彦庆提出，要按照"基础厚、能力强、素质高"的总体要求，改变我军装备科技人才培养模式，并将我军装备科技人才训练体系区分为院校和科研院所、试验基地、部队等三大训练体系。从上述研究可以看出，我国军民融合式装备科技人才培养模式正在积极探索中，没有现成模式可以直接套用。

根据国民教育在装备科技人才培养中发挥的作用，本文将军民融合式装备科技人才培养模式分为以下三种：

1. 吸纳型模式

在吸纳型模式中，国民教育在装备科技人才培养中发挥的作用最明显。直接接收提干、直招士官、聘用文职人员等都属于这种模式。国民教育院校具有数量多、师资力量雄厚、招生规模大等优势。据教育部发布的《2011年全国教育事业发展统计公报》显示，全国共有小学24.12万所，初中阶段教育学校5.41万所（其中职业初中54所），高中阶段教育（普通高中、成人高中、中等职业）学校2.76万所，普通高等学校和成人高等学校2762所，为装备科技人才提供了充足的培养基地。

吸纳型培养模式有利于缓解国防资源紧张、军队院校人才培养规模小、武器装备发展受限等现象。这种模式下培养出的人才文化底蕴深厚、学习精神优良、

知识储备丰厚，但是对军队装备科研情况了解较少，不能直接满足任职要求，需要经过一段时间的军队任职培训和后期专业化训练，才能适应军事装备工作。

2. 依托型模式

在依托型模式中，国民教育在装备科技人才培养中发挥较大作用，如国防生的选拔和培养等。国防生是指根据部队建设需要，由军队依托地方普通高校从参加全国高校统一招生考试的应届高中毕业生（含符合保送条件的保送生）和在校大学生中选拔培养后备军官。

我国正在积极探索依托国民教育培养军事人才的路子。2000年，国务院、中央军委颁布实施《关于建立依托普通高等教育培养军队干部制度的决定》，开始了依托国民教育培养军事人才的探索。以国防生培养为例，10多年来，军地双方先后联合出台了20多个政策性文件，对国防生招收选拔、军政训练、教育管理、培养使用等问题进行了规范。如2003年的全军实施人才战略工程规划、2005年的《关于进一步做好接收和培养地方大学生干部工作的意见》、2007年的《国防生培养管理规定》、2010年的《关于加强国防生军政训练和任职培训工作的实施意见》等，为装备科技人才培养提供了重要政策保障。

依托型培养模式有利于降低军事装备科技人才的培养费用，节省军费开支。但该模式在我国起步较晚，人才培养的整体规模、结构、选拔、制度的配套与衔接等方面都存在一定问题。随着相关制度的不断创新和完善，依托型培养模式将成为培养军事装备科技人才的重要方式。

3. 嵌入型模式

在嵌入型模式中，待培养人才一般出自部队。该模式利用国民教育资源，或者同时利用军地双方教育资源培养装备科技人才，然后将培养成功的人才再输送回部队。如军地院校联合培养、选送现役装备科技人才到普通高校学习深造等就属于该模式。

国民教育院校开设的许多基础课程和专业课程同样也适用于装备科技人才培养，军队完全可以借助国民教育院校资源对装备科技人才进行学历教育和技能培训，传授一般文化科学知识和专业知识。如2002年开始实施的"高层次人才强军计划"，在国家研究生招生计划内由某些地方普通高校为军队定向培养研究生。首批列入实施强军计划的有北京大学、清华大学等27所教育部、国防科工委及中国科学院直属高等院校。招生专业为与军队武器装备发展和军事斗争准备密切相关的工程技术类专业，招收人员以新武器装备较多的部队技术骨干为主。

嵌入型培养模式将装备科技人才需求嵌入地方教育体系，利用普通高等院校优势教育资源，为国防和军队现代化建设提供强大的人才和智力支持，有利于实现军地教育资源共享，优化教育资源配置，提高资源使用效率。但这种模式规模有限，需要在招生、培养等各个环节为军队提供政策倾斜，才能为现役装备科技人才提供更多进修、深造的机会。

三、军民融合式装备科技人才培养思路

党的十八大报告提出："坚持走中国特色军民融合式发展路子，坚持富国和强军相统一，加强军民融合式发展战略规划、体制机制建设、法规建设。"这一论述为当前和今后一个时期进一步做好军民融合式装备科技人才培养工作指明了方向。

1. 切实转变思想观念，树立融合意识

转变思想观念、树立融合意识，是构建军民融合式装备科技人才培养模式的前提条件。我国针对依托国民教育资源培养装备科技人才这一问题的研究还处于探索阶段，对这方面的认识尚存在不足。一方面，一些国民教育院校把军事装备科技人才培养当成是军队或军队院校的事情，不愿意走融合培养之路。近年来，依托普通高校培养国防生的工作虽然取得了一定进展，但是目前参与国防生培养的国民教育院校数量有限，培养规模较小，相关制度不完善，培养质量也与军队需求相差甚远。另一方面，一些军队单位由于涉密等原因，不愿走出自我培养和自我发展的圈子。因此，要构建军民融合式装备科技人才培养模式，必须转变思想观念，树立融合意识，积极主动参与，完善融合制度，拓宽融合渠道。

2. 加强军民融合式装备科技人才培养战略筹划

加强战略筹划是构建军民融合式装备科技人才培养模式的重要前提。我国传统教育体系是借鉴苏联经验建立的，军校教育独立于国民教育系统之外，两者自成体系、各自封闭，造成了军地双方教育资源闲置、重复建设、条块分割等问题。然而，随着新军事变革和社会主义市场经济体制改革的不断深化，利用国民教育资源培养装备科技人才，实现资源共享是大势所趋。因此，要从国家安全和经济发展对装备科技人才需求的大局出发，加强战略筹划和顶层设计，妥善处理好需要与可能、当前与长远、军需与民用、整体与局部的关系，构建以需求牵引筹划，以制度规范进程，以标准控制质量的融合思路，努力推进装备科技人才培

养与国民教育的融合。教育主管部门和国民教育院校要把装备科技人才培养作为重要政治任务，始终摆在教育工作的突出位置，通过军地各级、各部门科学部署，逐步形成各司其职、密切合作的人才培养格局。

3. 完善军民融合式装备科技人才培养体制机制

完善体制机制是构建军民融合式装备科技人才培养模式的重要基础。目前，我国除总部直属院校承担一部分装备科技人才培养任务外，各军兵种、大军区也都承担一定的装备科技人才培养工作，耗费了大量的财力、物力和人力。要确保装备科技人才培养真正融入国民教育体系，就必须建立相应的体制机制。建立健全军民融合式装备科技人才送学机制，军队与国民教育院校合力建立一套科学、严格、规范的选拔录取制度，并全程跟踪人才培养的各个环节；制定健全军民融合式装备科技人才培养评估机制，建立以政治素养、文化学习、军事训练为主要内容的综合素质评估制度，实现人才培养的优胜劣汰；建立健全军民融合式装备科技人才培养信息反馈制度，通过定期沟通和有效反馈，及时了解装备科技人才培养工作中存在的问题，保证装备科技人才培养工作健康有序发展。

4. 健全军民融合式装备科技人才培养法律法规

健全的法律法规是构建军民融合式装备科技人才培养模式的重要保障。虽然我国陆续出台了一些相关的法律法规，但存在建设滞后、不够具体、相关法律法规不配套等问题，导致军民融合式装备科技人才培养基本依靠行政手段。军民融合式装备科技人才培养是一项长期工程，只有将其纳入法制化和规范化轨道，才能确保这项工作持续健康有序发展。这就需要军地双方共同努力，增强法律法规意识，以法促融合，以法促培养。一方面，军队要完善利用国民教育资源培养装备科技人才的甄选、激励和保障等法规政策，使人才培养的法律政策协调配套；另一方面，地方也要加快立法进程，出台具有针对性、可操作性的法律法规，使军队利用地方资源培养装备科技人才的各个环节都有法可依。

参考文献

[1] 斯蒂芬·P. 罗宾斯. 管理学 [M]. 北京：中国人民大学出版社，1997.

[2] 陆云峰，张彦庆. 关于实施装备科技人才培训战略的几点思考 [J]. 继续教育，2012（1）：39–41.

[3] 斯蒂格利茨. 经济学 [M]. 北京：中国人民大学出版社，2000.

[4] 陈名千. 军事装备人力资本投资收益研究 [D]. 国防科技大学硕士学位论文，2008.

［5］于雷，刘君．军事变革呼唤科技人才——外军重视装备技术人才培养［N］．中国国防报，2003 - 07 - 22（4）．

［6］谢芳伟，刘志斌．装备科技人才动员刻不容缓［J］．国防，2002（6）：45 - 46．

［7］李志远，苏海燕，谢红梅．军民融合式装备人才培养的路径分析［J］．经济研究导刊，2011（2）：214 - 215．

［8］陆云峰，张彦庆．关于实施装备科技人才培训战略的几点思考［J］．继续教育，2012（1）：39 - 41．

美国对退役军人的创业支持[*]

廖国庚

美国现有 245 万个退役军人小企业，几乎每 9 个退役军人就有 1 个人创业，这源于美国非常重视对退役军人的创业支持，并建立了比较完善的创业支持体系。了解美国支持退役军人创办和发展小企业的做法和经验，对于我国加强对退役军人的创业支持具有一定的借鉴意义。

一、建立全覆盖的创业服务支持网

美国建立的创业服务专门政府组织和专门社会组织，构成了一张覆盖全美国的退役军人创业服务支持网。

退役军人企业发展处。美国小企业管理局是美国联邦政府专门负责支持和保护小企业发展的政府管理机构，其中专门设有以退役军人企业为目标对象的职能处——退役军人企业发展处，负责经营退役军人拓展项目、残疾退役军人项目、预备役军人项目等，为退役军人创办、发展小企业提供支持和保护。该组织设有10 个区域办事处，68 个地区办公室，其中各地区办公室亦安排有专门的退役军人企业发展官，负责管理该地区退役军人小企业事宜。

退役军人企业中心。美国退伍军人事务部小弱企业利用处设有退役军人企业中心，通过与退伍军人事务部的各项目办公室密切合作、管理采购签约事宜，可以确保退役军人小企业在退伍军人事务部采购中实现机会的最大化，可以为退役军人创办和发展小企业提供咨询、指导等服务。同时退伍军人事务部门户网站的"小弱企业利用处"网页，设计有退役军人企业主门户，为退役军人提供关于如

* 本文原载于《转业军官》2014 年第 9 期。

何创办和扩张小企业、如何与联邦机构做生意、如何获得部门采购机会等丰富信息。

专门社会组织。在专门政府组织之外，有一大批作为小企业管理局协作伙伴的专门社会组织，为退役军人提供创业服务，其中，有三支专业队伍作用特别突出。一是美国小企业发展中心协会，在全国各地建有 63 个小企业发展中心，约 1000 个服务点，能够为退役军人创办、发展小企业提供免费咨询和指导。二是美国退休经理人员服务社团，在全国各地设有 350 多个分会，800 多个服务点，能够为退役军人小企业的各阶段发展提供免费咨询和指导。三是退役军人小企业拓展中心组织，在美国建有 15 个退役军人小企业拓展中心，能够为退役军人提供创业咨询和指导等服务。

二、构建宽阔的创业培训渠道

美国特别注重对退役军人的创业培训，并构建了宽阔的培训渠道，使退役军人既可以通过社会渠道，也可以通过专门渠道接受创业培训。

实施教育援助项目。为提升退役军人的就业竞争能力，美国十分重视对退役军人的教育援助，推出了多种类型的教育援助项目，包括蒙哥马利 GI 法案——现役人员教育援助项目、精选后备役人员教育援助项目，以及退役军人教育援助项目。根据法律规定，参加这三类教育援助项目的退役军人可以在自退役之日起 10 年内，享受不超过 36 个月的教育援助福利。退役军人如果有创办或发展小企业的需要，可以使用所享有的教育优待权益，申请并选择方便的培训网点参加创业培训，以丰富创业知识，提高创业能力。如果退役军人期望积累创业的实践经验，还可以在规定的福利范围内，选择参加由退伍军人事务部核准的在职训练。参加创业培训的退役军人按规定享受教育津贴生活费补助。

推出小企业引导项目。自 2012 年开始，国防部修订的被称为"转换 CPS"的转换培训援助项目中，增设了一个选修性质的创业教育项目——"小企业引导：从服役到创业"。该项目由小企业管理局与其资源伙伴合作完成，覆盖了美国各地区。项目分为三个阶段：第一阶段是导入，即在为期 5 天的转换 CPS 课程中，安排一个描述创业轨迹、呼吁退役军人考虑创业的简短视频介绍。第二阶段是创业入门，即安排一个为期 2 天的独立选修课程，其中包含一个 90 分钟的个人训练课程，目的是要使参加者了解创业的基本原理，完成创业想法的可行性分析。第三阶段是综合训练，是一个以创业入门课程为基础的，关于创业计划的元素、创办小企业的技术和技巧的深层次技术指导选修课程。

建立自主学习网络平台。为帮助退役军人创业，美国小企业管理局专门网站设计有学习中心，安排有关于小企业启动、企业计划编制、小企业经营管理、融资和会计、营销与广告、政府签约、电子商务、国际贸易、联邦税收征管等10多个方面的系列网络课程。在退役军人小企业拓展中心、退役军人企业资源中心等许多社会组织网站，亦设有免费创业培训网络课程或在线训练资源。通过这些自主学习网上平台，退役军人可以根据需要，自主选择时间、内容进行创业培训，拓展创业知识，提高创业技能。

三、给予有力的创业信贷支持

为帮助创办或发展小企业的退役军人解决融资问题，美国小企业管理局协同借贷协作伙伴，专门面向退役军人创业者提供了种类多样的信贷支持。

小企业管理局的信贷支持。为帮助创办和扩张小企业的退役军人、预备役人员及其家属解决融资问题，小企业管理局于2007年专门设计和推出了一款优惠贷款项目——爱国特快信贷项目，即由小企业管理局提供担保、由信贷机构提供信贷资金的特快、优惠贷款项目，该项目贷款利率低于一般的特快贷款项目。此外，小企业管理局还推出了"退役军人承诺倡议"，鼓励小企业管理局20个全国性借贷合作伙伴和遍布全国的100个地区和社团借贷合作伙伴，增加对退役军人小企业的贷款，以回报他们为国家做出的牺牲和贡献。

退役军人企业基金组织的贷款支持。退役军人企业基金是为退役军人创业提供借款而建立的非营利性组织。它为符合资格条件的退役军人创办或扩张小企业，提供零利率优惠贷款，但借款金额不超过退役军人的自有资本额，比如退役军人启动小企业时已拥有50000美元的存款，则该基金提供的借款额为50000美元。

四、实行政府采购优惠政策

为帮助退役军人企业占有稳定的销售市场份额，保持持续发展的动力，美国联邦政府制定了采购优惠政策，规定政府采购时，必须从退役军人所有或控制的企业购买一定数额的产品和服务。美国联邦法律明确规定，每个财年的联邦政府采购中，应与残疾退役军人所有或控制的企业签订总值不少于3％的主合同和分包合同，每个联邦机构应在与小企业管理局协商后，确定本机构给予残疾退役军人的采购优惠目标，同时在每个财年制订落实目标的具体计划，并向小企业管理局报告计划执行和目标实现情况。

为使一般退役军人企业、残疾退役军人企业获得更多的采购机会，2006年，美国议会还通过法律，准许退伍军人事务部在部门采购中给予退役军人企业更多优惠，即退伍军人事务部在每个财年，不仅要为参加该部门采购合同竞争的残疾退役军人小企业确定一个采购目标，而且要为参加该部门采购合同竞争的一般退役军人小企业确定一个采购目标，且不低于《美国小企业法》规定的目标，具体比例由部门秘书确定。为实现部门优惠采购目标，美国还制定了退伍军人事务部小额合同非竞争性规定和有限竞争规定，并赋予退役军人企业优先签订部门小额采购合同的权利。

美军人力资源规划制度与理论述评[*]

易比一　曾　立

党的十八届三中全会对国防和军队改革进行了专门部署，"重头戏"之一，就是健全、完善与军队使命任务需求和国家政策制度创新相适应的军事人力资源政策制度。人力资源规划制度是军事人力资源政策制度改革的重要方面，也是顺利推进国防和军队改革的重要保证。美军的人力资源规划制度建设和理论方法有许多可取之处和有效措施，对健全完善我军人力资源规划制度机制有一定的借鉴作用。

一、美军军事人力资源规划的体制机制框架

为适应全面推进军事转型的需要，美军的人力资源规划制度方面呈现出许多新特点和新趋势。

1. 美军军事人力资源规划的组织领导结构

美军历来重视军官队伍人力资源管理，美国国防部专门设有人力、预备役与后勤的助理部长，负责起草人力资源规划相关文件，内容涉及附属机构、志愿活动、个人规划、人力需求和变动，并征求其他国防部长办公室对人力资源投入的需求意见，撰写国防人力资源程序解释专题报告、分析和附件，整合与提交已完成的报告。

参谋长联席会议的联合参谋部设有人力与人事部，负责全军人力与人事规划政策，结合作战任务主管总动员计划，执行全军人力需求计划，监督计划执行情

　＊　本文原载于《人力资源管理》2014 年第 11 期。

况；制订联合人力和人事计划，主要包括：管理人事资产；评估战斗支援机构所提出的人力资源需求并提交至参联会；评估联合预备役的人力资源需求；为军事人力资源需求提供说明解释等。

陆海空和海军陆战队等军种部各有一名人力与预备役助理部长，总管本军种人力资源和人事政策，职责是整合军队和民间的一切人力资源，以支援应急响应。

2. 美军军事人力资源规划的主要政策文件

美国国防部、参联会和军兵种都有人力资源规划的相关文件。其中，国防部文件，如国防部命令、国防部指示、国防部出版物、国防部手册等，都有军事人力资源规划相关的专门文件。它们体例有所区别，但都包含目的、适用范围、相应职责和内容四个方面。对这些文件从分类、目的和使用范围进行整理和分析，可大致分为三类：

一是评估计划类文件，旨在指导人力资源规划评估计划，主要包括《国防部文职雇员人力成本年度报告》《国防部军事人力资源评估计划》《军事人力资源报告》《军事人力质量分布》《现役军事人力计划和计算》《国防人力资源需求报告》。这些文件分别对人力需求、人力成本、人力数量及人力质量等要素的评估计划过程做出了详尽的规定，主要适用于国防部长办公室、军种部门、国防机构等单位。

二是程序规范类文件，旨在对人力资源规划相关工作程序进行规范，主要包括《军事人力资源记录照片》《联合人力和人事计划》《医疗人力资源和人事》《国防部人力情报训练》《战时人力动员计划政策和程序》《国防部人力情报行动集中管理》《人力资源情报行动》《国防部人力资源行动》《人力资源和单位组织机构文件的自动归档》。文件通过对国防部文件进行补充说明，通过制定政策等方式，对具体的数据、要素、程序进行规范，主要适用于国防部长办公室、军种部门、参联会、作战司令部、国防部检察长、国防机构等。

三是指南手册类文件，旨在对人力资源规划相关工作的依据、办法、操作提供指导，主要包括《海岸警卫队人力调动和支援计划》《人力情报收集》《人力资源保障》《战时人力资源动员计划指南》《人力资源计划者动员手册》《战时人力动员计划系统用户手册》《人力资源整合指南》《人力资源管理指南》。对人力资源规划相关量化、取样、运行工作提供理论指导与具体方法，主要适用于国防部长办公室、军种部门、参联会、国防机构、海岸警卫队等。

3. 美军军事人力资源规划的主要特点

总体来看，美军人力资源规划制度具有以下特点：

（1）人力资源全过程规划。各类人力资源规划文件的结构虽然有所不同，但都包括需求、计划、管理三个方面，对人力资源规划的设计具有全过程性。例如，《国防人力资源需求报告》针对美国国防人力资源需求做了详细的阐述，特别阐述了国防人力需求和国防部的机构对人力资源的需求，提出了针对人力资源需求的计划和管理。《人力资源管理指南》详细阐述了指导原则、确定需求、人力资源分配、人力计划和管理，对人力资源规划进行了全过程设计。

（2）人力资源全要素规划。美军人力规划从人力质量、人力数量、人力情报和其他人力相关要素进行了详细设计，包含了人力资源的全部要素。例如，《军事人力质量分布》修正了政策以管理记录在册的预备役与现役军队人力资源，并对能力素质指标、教育凭证指标等要素进行了具体的说明。《现役军事人力计划和计算》为国防部的军事人力资源计划和计算制定了统一的政策、程序和定义。《国防部人力情报训练》以实施情报训练更新政策和职责，建立统一性政策和标准为国防部情报训练分配责任。

（3）紧贴联合作战制定规划。绝大部分涉及人力规划的美国国防部文件都从作战任务出发，紧紧围绕联合作战进行了科学的人力规划，为提高战斗力输出提供了行之有效的战斗力生成模式。《战时人力资源动员计划指南》为军事和民用人力供求准备，提供量化指导与取样方式，并且分别提供了具体数据准备的命令。

（4）在规划中充分考虑经济成本。人力成本测算是人力资源规划的重要组成部分，美军在人力资源规划方面对人力成本进行科学测算和严格控制，以实现合理和最优化配置。《国防部文职雇员人力成本年度报告》直接面向人事管理办公室和国防高级研究计划局、国防通信局等10个国防部机构，对文职雇员人力成本做了详细报告，包括初级和高级雇员人力年度成本、员工福利费用、基本工资、带薪休假或离职等内容。

二、美军军事人力资源规划理论方法

美军从需求评估的理论框架研究入手，科学评估及分析人口组成和经验对战斗能力的影响，结合军事生产理论和人力成本，分析军事人员生产率的影响因素，为人力资源规划提供了理论支撑。

1. 军事人力资源规划论证理论框架

美军规划制定中尽可能从广泛的角度来论证赢得各种战争及地区性冲突所需

要的军队人数，用在给定战备水平条件下对军队人数的需求来解释期望战斗力。一旦确定了战斗力的期望值，管理者就能够确定达到期望战斗力的各种人力和装备的组合，以及资源与战备力之间的军事生产函数关系。

以寻求步兵连队费效比最高的投入组合为例，假定该连队所能具有的战备火力是基于它所能支配的手枪或其他武器的数量和处于战备状态的人员数量；不同组合的装备和人力数量可以形成一定的战斗力，为了维持一个固定水平的战斗力，减少装备就需要增加人员，装备和人力在形成战斗力时是可以相互替代的，两者的边际产品均为正值。随着资源相互替代的发展，二者之间的替代变得愈发困难，如此边际替代率就会随着人员的增加和武器数量的减少而下降，反之亦然。当二者投入的比例使边际产品之比与价格之比相等（在投入价格固定的情况下）或边际产品之比等于边际成本之比（在投入价格随人力和装备的数量而变化的情况下）时，给定战斗力水平的成本为最小。

该模型对军事人力资源规划的理论框架进行的论证具有重要意义。一旦确定了满足期望战斗力的人力和装备的组合，管理者就要确定其中最有效率的组合及资源的结构。因为军队装备种类繁多且技术复杂，对于现代军事组织来说，要确定生产函数和确定成本最小的投入组合是一项艰巨的工作，而技术的迅速发展使得事情变得更为复杂。

2. 军事人力资源供给效率评估方法

人力资源的供给效率是影响人力资源数量规模和结构的重要因素，分析的方法和工具很多，估算各种人员的边际生产率和人员类别之间的替代弹性，对人力资源规划具有重要意义。

对美国海军所做的两项研究表明，假设装备不变、人员的边际生产率为正值，相对海军所规定的船舶对人员的一定的数量需求，人员配备水平的增长会提高工作绩效。人员配备较好的船，维修停工期短，正常执行任务的时间长；经验丰富的或高职别的人员的生产率要高于低职别的人员。

根据对士兵情况的调查对不同经验类别的人员间的替代概率进行分析。以具有4年平均经验的专家为标准，对目前个人对团队生产的净贡献，以及从现在起1年后和4年服役期后个人对团队生产的净贡献进行评估，得出的结果对每个人的估计可以解释为对边际生产率的估量。数据以团队为单位来合计，计算了不同经验水平人员的平均生产率。

通过对双水平 CES 生产函数的估计和不同替代的回归分析，计算出所有首次服役人员的加权平均产品，并估计相关的边际生产率和首次服役人员与职业业人员的替代弹性。同时，就17种空军人员技术专业进行分析，研究发现首次服役人员中不同类别间的替代和首次服役人员与职业人员间的替代相对容易。在边际水平上，空军人员技术专业的技能程度越高，职业人员的相对边际生产率越大，首次服役人员与职业人员的替代弹性也越小。利用推广的里昂惕夫生产函数，估计了海军航空维护人员的三个级别间替代的概率。其中，对产出的衡量包括对航空中队架次率和有能力完成任务的比率等 292 项观测值。据马库斯的计算，所得结果与阿尔布雷克特的分析一致。

上述二者通过对不同经验类别的人员间的替代概率和人员替代弹性的分析与估计，论证了经验丰富人员的高生产率，并为人力资源的数量规模和结构层次的规划提供了量化指导。

3. 人力资源规划素质结构分析方法

自实行全志愿兵役制后，美军始终在探索如何产生一支最优经验或素质组合的团队，试图得出三种陆军职业和三种空军专业中首次服役/职业的最优组合。每一军种都包含一个高技能水平、一个中等技能水平和一个低技能水平的专业。研究从军队组合和所实行的补偿金水平开始，计算考虑了最初入伍到退役之间的全部成本，并且为保持一定的战斗力可以调整军队的总规模。每个专业战斗力都是根据科布—道格拉斯生产函数确定的，该模型预测的相关职业军人的边际生产率与阿尔布雷克特对空军低、中、高技能的估计一致，用低、中、高技能人员在给定军种中总的比例来衡量这三个类别的职业比率，得出了每一个军种最优总职业比率。

战争的不确定性使得那些具有多种技能和能迅速适应不同环境的人员具有更高价值。富有经验的人员更有可能接受不同技能的交叉训练，他们拥有较多的各类经验，比低级人员更容易适应战争中的紧急情况。静态分析没有考虑到生产率这一部分，因此可能会低估经验丰富的人员的价值。一旦装备购入后，装备在使用中与人员的比例是固定的，使用高素质人员的好处不是来自人员的节约，而是来自装备费用的减少。不同类别人员间生产率的区别越大，装备越昂贵，提高军队素质程度的费效比也就越高。考虑到即使不同素质类别人员间生产率的微小差别都能使节约装备成为可能，则军方重视征募和保留高素质人员就非常合理了。

一支更富有经验的军队可能具有更高的生产率，但同样也会有更高的成本代价，尤其是考虑到未来退役后所负担的经济责任。确定最优的经验或素质组合是很困难的，因为这必须从团队或职业层次开始考虑，然后再加以汇总。

三、对健全完善我军军事人力资源
规划政策制度的几点启示

经过长期的实践和研究，美军形成了一整套比较完善和科学合理的人力资源规划制度体系和理论方法，对于我军深化军事人力资源规划理论研究，健全和完善军事人力资源规划政策制度具有一定的启示和借鉴意义。

1. 高度重视人力资源规划问题

军事人力资源规划，是国防政策与国防战略以及国防资源配置问题中十分重要的基础性和根本性问题。改革开放以来，世界安全格局和军事变革发生了深刻变化，传统安全威胁与非传统安全威胁的重大变化、国家利益观与安全观的重大调整、军队完成多样化任务的使命要求、国家人口分布形态与人口结构的重大变化以及国家改革开放与经济社会发展的新阶段，均对我国传统的军事人力资源规划带来了重大挑战，我军人力数量和结构都需进一步优化。必须在国际战略视野下，根据我国国体、政体和军制以及国家安全战略和国防政策，结合国内经济社会发展状况与人口分布格局，对我军军事人力资源进行系统规划和部署，把人才发展纳入军队整体发展战略。

2. 规划要从全要素、全过程着眼进行顶层设计

建立中国特色军事人力资源制度，必须围绕提高作战能力和职业素养，从人力资源规划中需求、计划、管理出发，考虑人力数量、质量、情报等重要要素，着眼人力规划的全过程性和全要素性进行顶层设计。抓住军官服役、分类管理、任职资格、等级设置等关键性问题，系统调整改革选拔任用、培训交流、福利待遇、退役保障等政策制度，构建科学规范、导向正确、前景透明的职业发展路径，健全完善文职人员制度和兵役制度、士官制度、退役军人安置制度改革配套政策，继续深化军人医疗、保险、住房保障等制度改革，为打造托举强军目标的高素质人才队伍提供制度支撑。

3. 规划要紧贴作战需求以增强针对性和操作性

解放和发展生产力靠改革，解放和发展战斗力同样靠改革。进入 21 世纪以来，世界军事变革不断深化，战争形态和作战样式不断升级，新装备、新的作战

思想和理念层出不穷，面对国家安全和军队建设的新任务，我军现行的军事人力资源规划已经很难满足国防和军队建设以及人民军队履行新世纪新阶段历史使命对官兵素质、知识和能力的相关要求。人力资源政策制度的改革，要为提高信息化条件下作战能力、有效履行我军职能使命而服务。要充分考虑作战需求，紧紧围绕联合作战进行科学的人力规划，为提高战斗力输出提供行之有效的战斗力生成模式。军队是为打仗而存在的，必须坚持战斗力这个唯一的、根本的标准，一切建设和工作向能打胜仗聚焦。加快人力资源政策制度的改革，紧贴作战需求，必须下大力气突破制约战斗力建设的体制性障碍、结构性矛盾、政策性问题，不断提高我军打赢信息化条件下局部战争的能力。

4. 要深入研究人力资源规划的特点规律和科学方法

我军军事人力资源规划事关国防和军队现代化建设的全局，是我国人才队伍建设的重中之重和当务之急，更是一个复杂的系统工程。军事人力资源规划既有人力资源规划的一般性特点规律，又有其特殊性。必须借鉴先进经验，破除路径依赖，在人力资源规划设计、实施和评价的各个阶段须紧密结合国情军情，掌握其特点规律和科学方法，有效把握我军军事人力资源规划工作的整体性和节奏性，研究新时期中国特色国防人力资源规划制度和政策等具体问题，注重理念、体系、流程、方法与实践的有机结合，注重定量与实证研究，注重模型化、体系化和具体对策，提高军事人力资源管理科学化、法治化、标准化、精细化水平。

参考文献

［1］Photographs for Military Human Resources Records, 2008.

［2］Joint Manpower and Personnel Program, 2008.

［3］Guidance for Manpower Management, 2005.

［4］Department of Defense Human Resources Activity, 2008.

［5］Guidance for Determining Workforce Mix, 2007.

［6］Qualitative Distribution of Military Manpower, 2005.

［7］DoD Military Personnel Accession Testing Programs, 2005.

［8］DoD Human Intelligence (HUMINT) Training, 2008.

［9］Human Resources Support, 2007.

［10］Human Intelligence Collector Operations, 2006.

［11］国防经济学手册（第1卷）［M］.北京：经济科学出版社, 2001.

提高国防生培养质量探要[*]

郭　勤　李顺宏　廖东升

　　依托普通高校培养国防生，是新时期我军干部培养制度的重大创新，是军队培养生长干部的重要渠道，是走军民融合式发展路子的必然要求。十八届三中全会强调，要推动军民融合深度发展，改革完善依托国民教育培养军事人才的政策制度。这就要求我们要适应国防和军队现代化建设发展要求，适应国防生成长成才发展需要，不断深化国防生培养制度改革，推进人才培养走向深度融合，提高国防生培养质量。

一、依托普通高校培养国防生的现状

　　国防生是指根据军队建设需要，由军队依托地方普通高校从参加全国高校统一招生考试的普通中学应届高中毕业生中（含符合保送条件的保送生）招收的和从在校大学生中选拔培养的后备军官。国防生在校学习期间，要按照军队的有关要求，接受并完成必要的军政教育训练。毕业时应具备军队干部的基本素质，在经过系统的任职培训后，能够较快适应岗位任职的需要。1998年7月21日我军与北京大学、清华大学签订为军队培养干部的协议，开启了我国依托国民教育培养国防生的先河。十几年来，我军先后与120所普通高校签订了依托培养协议。每年招收培养的国防生接近军队生长干部年度招生总量的1/3，学科专业涵盖航空航天、电子信息、武器系统、气象水文等110多个领域，大多数为优势学科和特色专业，为部队建设高素质新型军事人才队伍注入了生机和活力。近年来，国家站在国防和军队现代化建设的战略高度对培养国防生的高校进行调整压

---

　　*　本文原载于《军事经济研究》2014年第11期。

缩，仅保留60所"有特色、有水平"的高校继续招收培养国防生。其中，招生院校以"985工程"和"211工程"高校为主。截至目前，累计招收选拔了十几万名国防生，绝大多数毕业生补充到了部队，为拓宽军队干部培训渠道、缓解军队院校培养压力、降低人才培养成本提供了有效途径。

近年来，国防生培养工作取得了显著进展，国防生质量有了大幅提高。但是，仍然存在一些亟须解决的问题。比如，作为后备军官，部分国防生献身国防的思想基础不牢固，军政素质不过关。某军区组织的对1250名国防生的问卷调查中，在回答加入国防生的原因时，505人想减轻家庭负担，101人想解决就业出路，56人听从家人意见并非本人自愿，这样的情况比例高达53%。在调查前的3年时间里，先后有22人因思想原因退出国防生，43人因功课不及格而补考，11人因学习成绩差被淘汰，还有一些人巧借国防生录取政策之优惠，走曲线读大学、读重点大学的路子等。此外，只有26%的国防生毕业后愿意从事指挥工作，有3人分配到部队后因不愿意到基层工作而要求退役。

二、影响国防生培养质量的原因分析

我国国防生培养制度起步较晚，相关规定和配套措施还不完善，导致高校与军队、学生个人与高校及军队之间信息不对称，影响了国防生培养质量的进一步提升。

高校与军队之间信息不对称。军队与普通高校签约培养军队干部，两者之间存在代理关系。这种代理关系是一种不完全的契约关系。其原因主要有：一是预期不清晰。社会经济环境、就业率、个人心理预期等因素的变化，对国防生培养的数量和质量产生的影响是无法完全预期的，不能有针对性地制定未来处理所有事件的具体条款。二是成本不确定。军队承担的国防生教育成本包括国防奖学金、军政训练、军队院校任职培训、岗前培训成本等，高校承担的成本包括在报刊、网站等宣传国防生招生信息支付的宣传费用，处理国防生违约需要付出的费用等。这些成本都会随着市场经济的变化而起伏波动。军队依托普通高校培养国防生，希望以较小投入获得较大产出，即培养出高质量的军事人才，为国防和军队现代化建设服务。在同等成本水平下，选择能带来更高收益的高校，是军队在遴选高校时关注的核心问题，也将直接影响国防生的培养质量。三是目标有差异。高校在培养目标上注重知识结构和文化修养，而军队不仅注重知识结构和文化修养，更注重综合素质和执行能力的培养。如果忽略了这种差异的存在，就会影响国防生的招生和培养质量。事实上，并非每所大学都能充分意识到培养国防生是为国家、为民族做贡献，并将这种理念贯彻到国防生的招生和培养工作中。有的高校国防生招生计划无法完成，只能从在校生中补录。其原因是多方面的，主要是高校宣传不力，导致许多考生对于国防生制度缺乏了解。有的高校把承担国防生培养任务视为提高学校声誉和降低财务风险的重要途径等。

学生个人与高校、军队之间信息不对称。高校招收国防生，选培办、国防生与高校签订《国防奖学金协议书》，从而明确三方的权利和义务。在军队与国防生签约前，考生知道自己的真实能力，但军队并不知道，军队只知道考生的高考成绩。成绩固然能在很大程度上表明考生的文化素质，但并不能代表其全部能力。国防生毕业后到军队报到任职后，工资级别均定为副连职（或专业技术 13 级）中尉军衔。一些人可能愿意接受这一工资水平，从而与军队签约成为国防生，而另一些人有可能不愿意签约而放弃去部队工作。在军队与国防生签约后，国防生在 4～5 年的学习、培训期间，外部环境和个人思想认识、努力水平都可能发生较大变化，而这种变化无法准确预期并形成条款。国防生无论能力高低，在毕业时都必须按契约志愿入伍。由于军队在这种契约关系中具有完全控制权，国防生预期到这种行为后，可能会有两种选择：一是考虑到在校期间无论是否提高个人综合素质，毕业后都必须履行契约服从分配，而且工资待遇或工作单位与个人努力水平无关，国防生就可能会投资不足，即在校期间的努力水平大打折扣，学习动力不足。二是由于国防生的人力资本专用性不强，不是只有到军队工作才能使其人力资本投资获得补偿。因此，国防生可能会选择违约，拒绝到军队工作，将人力资本投资收益归为己有，避免被军队"套牢"。

三、提高国防生培养质量的对策建议

当前，提高国防生培养质量，迫切需要军地各级密切协作，积极破解发展难题，加强军地协调与信息沟通，深化制度改革，建立健全国防生培养的全过程控制管理。

第一，严格国防生培育市场准入制度。优秀的代培院校是提升国防生培养质量的重要保障。普通高校进入国防生培育市场应该有一个门槛，门槛太高、太低都不行。门槛的设置应简单有效，尽量利用现有指标体系而不是另外设计指标体系，以达到节约教育资源的目的。具体来说，有三种办法：一是选择"211 工程"和"985 工程"院校。国防生的培养院校可以考虑以"211 工程"和"985

工程"院校作为基本条件。二是根据学科排名来遴选国防生培养院校。军队需要什么专业的国防生,在学科排名前100位的相关院校中进行选择。这就意味着,被遴选的院校很可能不是"211工程"或"985工程"院校,但可能更适合培养某一专业的国防生。三是兼顾两种办法,选择学科专业排名在前100位的"211工程"或"985工程"院校为基本条件。"211工程"和"985工程"院校主要是综合排名,反映的是学科专业的平均水平。所以,如果单纯以"211工程"或"985工程"院校作为培育国防生的条件,存在不科学的地方。第三种办法结合了前两种办法的优点。在具体实施时,军队可以根据培养对象的不同,侧重点有所区别。比如,在选择国防生培养院校时,如果培养的是专业技术干部,就以学科专业排名为基本要求。如果培养的是指挥干部,则以"211工程"或"985工程"院校为基本条件。当然,也可以考虑其他机构发布的综合排名情况作为参考条件。

第二,加强国防生"入口"和"出口"的质量控制。国防生的"入口"是国防生质量控制的关键。目前,我国选拔国防生主要是在全国普通高等学校统一招生中,根据计划招收品学兼优的学生,进行定向培养,或者在与军队签约的普通高校中,根据低年级学生学习及综合表现情况,选拔一部分志愿为部队服务的优秀学生。要提高国防生"入口"质量,关键是要扩大国防生报考基数,在更大范围内吸引高中毕业生和在校大学生。首先要加强国防生制度的社会宣传力度,解决制约国防生培养信息不对称问题。其次要设计适当的激励性制度。现行的国防奖学金采用平均分配方式,平均每人每年10000元。要想充分发挥国防奖学金制度的激励作用,应进一步扩大奖学金的来源与种类,改进奖学金的分配方式,建立健全以补偿性国防奖学金为基础,以竞争性国防奖学金为补充的多层次国防生奖学金体系。国防生的"出口"管理,既是科学配置人才的重要手段,也是提高国防生培养质量的重要环节。加强国防生的出口管理,首先要完善考核和评估体系,把不符合质量要求的国防生淘汰出去,这是一种负激励。其次采用正激励的方法,让综合素质优秀者真正得实惠。具体来说,就是把国防生的综合素质按照考核和评估结果进行排序,在待分配岗位中,根据排序结果由毕业生选择岗位。这样做既体现公平原则,又对学生形成正激励,给国防生一个合理预期,从而强化学习结果的可预见性。

第三,加强国防生的综合素质培育。国防生综合素质的高低直接反映依托培养工作的质量。加强国防生思想政治教育、军事训练和日常生活管理,可以减少国防生学习动力不足,增强爱军习武的使命感,提高第一任职能力。一要抓好思想政治教育。提高国防生思想政治教育质量,要充分挖掘军地院校教育资源,创新教育方法和手段。地方高校应严格遵守相关规定要求,把政治教育课程纳入教学计划，积极采用多媒体等现代化教育教学手段，提高国防生思想政治教育的有效性和针对性。国防生在校期间要逐步接受部队系统的政治思想教育，加快向合格军人、合格军官的转变，坚定政治信仰，热爱军队，献身国防，加强军人思想品德修养和组织纪律观念。二要提高国防生军事训练效果。国防生军事素质的培养主要依靠军事训练来实现。目前，全国已有多所高校建立了国防生军事训练基地，但各自为政，利用效率不高。因此，应根据国防生培养的实际需要，整合现有军地教育资源，建立统一的国防生训练基地。通过基地建设，为国防生军事训练提供正规保障，加深国防生对部队的了解认识，提高军事训练的效果。三要严格国防生日常生活管理。严格的日常生活管理是国防生从大学生向合格军官转变的重要条件。在实践中，随着国防生培养规模不断扩大，"相对集中住宿，分散教学管理"已经成为培养国防生的主要模式。在调查研究中，究竟采用何种方式对国防生进行管理，有人提出成立专门负责国防生教育管理的二级学院。但不管怎样改革，都应以改革创新的思维积极探索国防生的管理模式，这是提高国防生培养质量的重要保障。由于国防生培养的分散性和各个签约高校实际情况的不同，培养方式应突出特色，呈现多样性，切忌"一刀切"。

参考文献

[1] 李顺宏，李辉亿.国防生培养质量控制与管理［M］.北京：国防大学出版社，2012.

[2] 周鹏.加大融合力度　提高国防生培养质量［J］.高等教育研究学报，2014（3）.

[3] 习近平.深入贯彻落实党在新形势下的强军目标－加快建设具有我军特色的世界一流大学［N］.解放军报，2013－11－07.

完善我国兵役制度应着力
解决的几个问题[*]

周孝平　李志远　黄小伟

我国实行义务兵与志愿兵相结合、民兵与预备役相结合的兵役制度。其优点是当大规模战争发生时，借助于这种兵役制度可以征集到更多的兵员，同时中央政府可以节约相当数量的交易成本。但随着国际环境和我国国情的变化，这种兵役制度也需要不断完善。一般来说，一种成功的兵役制度取决于以下因素：合理的入伍标准、适当的工资水平、提升和发展的机会、良好的军事人力资源管理水平等。笔者认为，构建中国特色的兵役制度，提高军队战斗力水平，应着力解决好以下几个问题。

第一，建立合理的入伍标准。随着世界新军事革命的加速推进，尤其是在我军深入开展信息化条件下军事训练、加快转变战斗力生成模式的今天，兵员素质更是强军梦不可缺少的一大支柱。要提高兵员素质，必须把好入伍关，想方设法招收社会上的优秀青年，提高应征入伍者的基本素质标准。首先，要注重应征入伍者的体魄和心理健康标准。在未来信息化战争中，无论是军官还是士兵，都需具备健壮的体魄、灵敏的反应能力和良好的心理素质。因此，在征兵时应把应征入伍者的身体、心理健康作为遴选的基本标准。其次，要注重应征入伍者的文化知识素养。2011 年新修订的《兵役法》取消了在校大学生可以缓征的规定，并将全日制高校毕业生的征集年龄放宽至 24 周岁，为加大征集大学生入伍力度提供了法律依据。近年来，全国各地均展开了调整兵员征集主体的工作，着力从高校大学生中征集高素质兵员。但目前仍然存在调整的幅度不够大、大学生占兵员征集总数的比例不够高等问题。以 2012 年冬季征兵为例，全国只有北京、上海等少数城市征集大学生入伍，人数占征兵总数的50％以上，多数省市只有20％～30％，个别地方则更低。因此，各地仍要在调整兵员征集主体、加大高素质兵员

　　＊　本文原载于《军事经济研究》2014 年第 11 期。

征集力度上狠下功夫，争取征集更多的大学生投身军营。

第二，提高军人的薪酬水平。适度提高军人的薪酬水平是兵役制度改革的关键。在市场经济条件下，军人工资不仅是军人劳动报酬的基本形式，更是吸引与保留人才的重要工具。当军人工资待遇制度缺乏科学合理性时，会使潜在的军事劳动力不愿意到军队来服役，甚至使现实的军事劳动力提前退出现役。因此，要想稳定军心，吸引更多的高素质人才，并使之自觉自愿地为国防建设贡献力量，必须根据机会成本原理，合理地确定军人的薪酬水平。一是定期对全国各地区、各行业的从业人员的工资收入状况进行深入细致的调查，科学测定各类军事劳动均衡价格的技术参数，并以此作为参照。二是充分考虑军事劳动的艰苦性、危险性等特点，正确制定各级各类军人的经济待遇。军人职业与社会其他职业相比，具有较大的差异，大多数军人驻守在边远、艰苦地区，有的长年驻守在人迹罕见的高山顶、沙漠中、孤岛上，条件极为艰苦。军人职业也意味着随时要准备付出鲜血和生命。受领抢险救灾和执行特殊任务时，需要有超常的突击力和忍耐力与恶劣环境抗争。因工作需要换防和调动多，决定了军人劳动流动性大、积累性小，这些都应该给予适当的补偿。三是针对军人职业对其生活的影响，应在基本工资的基础上，建立与之相应的补助补贴制度。军人不能兼职，不能从事股票和其他经营性活动，收入来源单一；军人的工作和生活地点不固定，难以建立比较稳定的生活基础，大部分军人与配偶两地分居，造成军人家属随军安排工作难，子女入托、入学困难，特殊性消费较高。军人职业的这些特点，决定了军人在履行职责时，体力和脑力消耗大，心理和经济负担重。确定军人收入分配政策，应充分考虑这些特点，使军人工资福利标准高于地方大多数行业。

第三，提升军事人力资源开发与管理水平。提升军事人力资源开发与管理水平，使军人个人发展与国家军队建设的需要充分结合，既能促进军人个人成才，又能提高整个军队的战斗力。军事人力资源开发与管理包括军事人力资源规划、挑选与征募、军事人力资源的退出管理、军事人力资源的教育与培训、军事人力资源的绩效考评、军事人力资源的激励机制、军事人力资源的薪酬管理、军事人员的行为规范与军营文化建设等。在不同的阶段，可以运用的政策工具是多种多样的，可以充分借鉴民事部门在人力资源管理方面的成功经验和做法，按照激励理论设计军方的政策工具，把军人个人发展和军队建设的需要结合起来。激励的重要功能在于引导人们把个人需要实现的目标统一于组织的整体目标，从而推动人们努力工作。比如加强军人的训练和学习，对军人而言，既提高了个人素质，又增强了军人退役后的职业竞争力；对于军队而言，提高了整个军事人力效能。再如军人的任免，如果任免得当、及时，就能发挥军人的积极性、主动性，起到及时激励的作用，激发军人努力工作；任免不当、滞后，则容易挫伤军人工作的积极性、主动性，影响军事劳动的效率。

第四，切实做好退役安置工作。首先，要合理解决退役金的发放问题。广大官兵把自己的青春、智慧和汗水献给了国防事业，在他们退役时应当得到一定数量的退役金。这方面可以借鉴国外的做法，例如，美国《军事法典》规定，一个服役满 20 年的校级军官，凡属自愿退役者，可以领取 72 万美元的自愿退役鼓励金。一个军龄满 20 年的退役军官可以领取原工资的 40% ~50% 的月薪，军龄满 30 年者，可以领取原工资的 75% 的月薪。俄罗斯《军人退休金保障法》规定，一个军龄满 20 年的退役军人每月可以领取原薪金的 50% 作为自己固定的经济来源，还可以到地方各企业或事业单位兼职，一般可以补足到退伍前的工资水平。其次，为了帮助退伍军人有效提高自身素质以便更好地适应社会就业需要，很多国家都在大力提倡并尽量创造条件让现役军人利用业余时间进行专业技术学习。有的是在职进行函授学习，有的是选送到地方大学进行脱产学习，使他们拿到国家统一颁发的学业文凭或技术证书，使其退伍后能够被地方部门直接聘用。美国《退伍军人紧急职业培训法》规定给每个退伍军人 1 万美元的退伍培训津贴，作为每个退伍军人在地方大学或职业中学学习 18 个月的培训及生活费用。此外，美国政府部门录用人才时在同等条件下优先考虑退伍军人的录用。就我国的具体情况看，传统的安置退伍军人的方法已不能完全适应现实的需要，或将遇到更多的困难。这就需要借鉴国外经验做法，结合我国的具体情况制订适合国情的退伍军人安置的新措施、新办法。只有这样，才能吸引社会上优秀人才到部队服役，确保我国军事人员素质不断提高。

参考文献

[1] 任志强. 20 世纪世界兵役制度发展变革的历史思考 [J]. 军事历史研究，2002（4）.

[2] 贾晓炜. 加快推进兵役制度改革 [N]. 北京：解放军报，2008 - 03 - 08.

[3] 严剑峰. 兵员征募制度的经济学分析 [M]. 上海：上海财政大学出版社，2007.

[4] 黄瑞新，王惠德. 西方防务经济理论 [M]. 北京：海潮出版社，2001.